elevar las ciencias

¡Eres un autor!

Este libro es para ti. Puedes escribir y dibujar en él.
También puedes anotar tus datos y hallazgos.
¡Eres un autor de este libro!

Escribe tu nombre, escuela, ciudad y estado a continuación.

Mi foto

Savvas Learning Company LLC, 15 East Midland Avenue, Paramus, NJ 07652

Cover: La foto de portada muestra un tren de alta velocidad. FCVR: Scanrail/iStock/Getty Images; BCVR: Marinello/DigitalVision Vectors/Getty Images.

Attributions of third party content appear on pages PF35–PF37, which constitute an extension of this copyright page.

ISBN-13: 978-0-328-96225-9
ISBN-10: 0-328-96225-2
8 23

Autores del programa

ZIPPORAH MILLER, EdD
Coordinator for K-12 Science Programs, Anne Arundel County Public Schools.
Zipporah Miller currently serves as the Senior Manager for Organizational Learning with the Anne Arundel County Public School System. Prior to that she served as the K-12 Coordinator for science in Anne Arundel County. She conducts national training to science stakeholders on the Next Generation Science Standards. Dr. Miller also served as the Associate Executive Director for Professional Development Programs and conferences at the National Science Teachers Association (NSTA) and served as a reviewer during the development of Next Generation Science Standards. Dr, Miller holds a doctoral degree from University of Maryland College Park, a master's degree in school administration and supervision from Bowie State University, and a bachelor's degree from Chadron State College.

MICHAEL J. PADILLA, PhD
Professor Emeritus, Eugene P. Moore School of Education, Clemson University, Clemson, South Carolina
Michael J. Padilla taught science in middle and secondary schools, has more than 30 years of experience educating middle grades science teachers, and served as one of the writers of the 1996 U.S. National Science Education Standards. In recent years Mike has focused on teaching science to English Language Learners. His extensive leadership experience, serving as Principal Investigator on numerous National Science Foundation and U.S. Department of Education grants, resulted in more than $35 million in funding to improve science education. He served as president of the National Science Teachers Association, the world's largest science teaching organization, in 2005–6.

MICHAEL E. WYSESSION, PhD
Professor of Earth and Planetary Sciences, Washington University, St. Louis, Missouri
An author on more than 100 science and science education publications, Dr. Wysession was awarded the prestigious National Science Foundation Presidential Faculty Fellowship and Packard Foundation Fellowship for his research in geophysics, primarily focused on using seismic tomography to determine the forces driving plate tectonics. Dr. Wysession is also a leader in geoscience literacy and education, including being chair of the Earth Science Literacy Principles, author of several popular geology Great Courses video lecture series, and a lead writer of the Next Generation Science Standards*.

---

*Next Generation Science Standards is a registered trademark of WestEd. Neither WestEd nor the lead states and partners that developed the Next Generation Science Standards were involved in the production of this product, and do not endorse it. NGSS Lead States. 2013. Next Generation Science Standards: For States, By States. Washington, DC: The National Academies Press.

Revisores

Asesores del programa

Carol Baker
Science Curriculum
Dr. Carol K. Baker is superintendent for Lyons Elementary K-8 School District in Lyons, Illinois. Prior to that, she was Director of Curriculum for Science and Music in Oak Lawn, Illinois. Before that she taught Physics and Earth Science for 18 years. In the recent past, Dr. Baker also wrote assessment questions for ACT (EXPLORE and PLAN), was elected president of the Illinois Science Teachers Association from 2011-2013 and served as a member of the Museum of Science and Industry advisory boards in Chicago. She is a writer of the Next Generation Science Standards. Dr. Baker received her BS in Physics and a science teaching certification. She completed her Master of Educational Administration (K-12) and earned her doctorate in Educational Leadership.

Jim Cummins
ELL
Dr. Cummins's research focuses on literacy development in multilingual schools and the role technology plays in learning across the curriculum. Elevate Science incorporates research-based principles for integrating language with the teaching of academic content based on Dr. Cummins's work.

Elfrieda Hiebert
Literacy
Dr. Hiebert is the President and CEO of TextProject, a nonprofit aimed at providing open-access resources for instruction of beginning and struggling readers, and a former primary school teacher. She is also a research associate at the University of California Santa Cruz. Her research addresses how fluency, vocabulary, and knowledge can be fostered through appropriate texts, and her contributions have been recognized through awards, such as the Oscar Causey Award for Outstanding Contributions to Reading Research (Literacy Research Association, 2015), Research to Practice Award (American Educational Research Association, 2013), William S. Gray Citation of Merit Award for Outstanding Contributions to Reading Research (International Reading Association, 2008).

Revisores del contenido

Alex Blom, Ph.D.
Associate Professor
Department Of Physical Sciences
Alverno College
Milwaukee, Wisconsin

Joy Branlund, Ph.D.
Department of Physical Science
Southwestern Illinois College
Granite City, Illinois

Judy Calhoun
Associate Professor
Physical Sciences
Alverno College
Milwaukee, Wisconsin

Stefan Debbert
Associate Professor of Chemistry
Lawrence University
Appleton, Wisconsin

Diane Doser
Professor
Department of Geological Sciences
University of Texas at El Paso
El Paso, Texas

Rick Duhrkopf, Ph.D.
Department of Biology
Baylor University
Waco, Texas

Jennifer Liang
University Of Minnesota Duluth
Duluth, Minnesota

Heather Mernitz, Ph.D.
Associate Professor of Physical Sciences
Alverno College
Milwaukee, Wisconsin

Joseph McCullough, Ph.D.
Cabrillo College
Aptos, California

Katie M. Nemeth, Ph.D.
Assistant Professor
College of Science and Engineering
University of Minnesota Duluth
Duluth, Minnesota

Maik Pertermann
Department of Geology
Western Wyoming Community College
Rock Springs, Wyoming

Scott Rochette
Department of the Earth Sciences
The College at Brockport State University of New York
Brockport, New York

David Schuster
Washington University in St Louis
St. Louis, Missouri

Shannon Stevenson
Department of Biology
University of Minnesota Duluth
Duluth, Minnesota

Paul Stoddard, Ph.D.
Department of Geology and Environmental Geosciences
Northern Illinois University
DeKalb, Illinois

Nancy Taylor
American Public University
Charles Town, West Virginia

Revisores de seguridad

Douglas Mandt, M.S.
Science Education Consultant
Edgewood, Washington

Juliana Textley, Ph.D.
Author, NSTA books on school science safety
Adjunct Professor
Lesley University
Cambridge, Massachusetts

Maestros revisores

Jennifer Bennett, M.A.
Memorial Middle School
Tampa, Florida

Sonia Blackstone
Lake County Schools
Howey In the Hills, Florida

Teresa Bode
Roosevelt Elementary
Tampa, Florida

Tyler C. Britt, Ed.S.
Curriculum & Instructional Practice Coordinator
Raytown Quality Schools
Raytown, Missouri

A. Colleen Campos
Grandview High School
Aurora, Colorado

Ronald Davis
Riverview Elementary
Riverview, Florida

Coleen Doulk
Challenger School
Spring Hill, Florida

Mary D. Dube
Burnett Middle School
Seffner, Florida

Sandra Galpin
Adams Middle School
Tampa, Florida

Margaret Henry
Lebanon Junior High School
Lebanon, Ohio

Christina Hill
Beth Shields Middle School
Ruskin, Florida

Judy Johnis
Gorden Burnett Middle School
Seffner, Florida

Karen Y. Johnson
Beth Shields Middle School
Ruskin, Florida

Jane Kemp
Lockhart Elementary School
Tampa, Florida

Denise Kuhling
Adams Middle School
Tampa, Florida

Esther Leonard M.Ed. and L.M.T.
Gifted and Talented Implementation Specialist
San Antonio Independent School District
San Antonio, Texas

Kelly Maharaj
Science Department Chairperson
Challenger K8 School of Science and Mathematics
Elgin, Florida

Kevin J. Maser, Ed.D.
H. Frank Carey Jr/Sr High School
Franklin Square, New York

Angie L. Matamoros, Ph.D.
ALM Science Consultant
Weston, Florida

Corey Mayle
Brogden Middle School
Durham, North Carolina

Keith McCarthy
George Washington Middle School
Wayne, New Jersey

Yolanda O. Peña
John F. Kennedy Junior High School
West Valley City, Utah

Kathleen M. Poe
Jacksonville Beach Elementary School
Jacksonville Beach, Florida

Wendy Rauld
Monroe Middle School
Tampa, Florida

Bryna Selig
Gaithersburg Middle School
Gaithersburg, Maryland

Pat (Patricia) Shane, Ph.D.
STEM & ELA Education Consultant
Chapel Hill, North Carolina

Diana Shelton
Burnett Middle School
Seffner, Florida

Nakia Sturrup
Jennings Middle School
Seffner, Florida

Melissa Triebwasser
Walden Lake Elementary
Plant City, Florida

Michele Bubley Wiehagen
Science Coach
Miles Elementary School
Tampa, Florida

Pauline Wilcox
Instructional Science Coach
Fox Chapel Middle School
Spring Hill, Florida

Tema 1

4-PS3-1, 4-PS3-2, 4-PS3-3

La energía y el movimiento

Misión

En esta actividad de la Misión, conocerás a una ingeniera de seguridad de vehículos que te dará un reto de diseño. Tienes que diseñar una nueva prestación de seguridad para un carro.

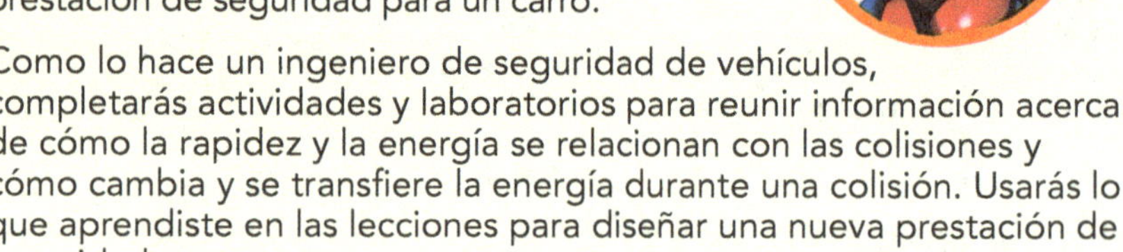

Como lo hace un ingeniero de seguridad de vehículos, completarás actividades y laboratorios para reunir información acerca de cómo la rapidez y la energía se relacionan con las colisiones y cómo cambia y se transfiere la energía durante una colisión. Usarás lo que aprendiste en las lecciones para diseñar una nueva prestación de seguridad para un carro.

Busca tus actividades de la Misión en las páginas 2–3, 13, 22–23, 32, 40–41, 42.

La Conexión con la carrera de ingeniero de seguridad de vehículos está en la página 43.

 ASSESSMENT

 VIDEO

 eTEXT

 INTERACTIVITY

 VIRTUAL LAB

 GAME

 DOCUMENT

El Texto en línea está disponible en español.

Pregunta esencial

Tema 2

4-ESS3-1, 4-PS3-4, 3-5-ETS1-1

Utilización de la energía

ASSESSMENT

VIDEO

eTEXT

INTERACTIVITY

VIRTUAL LAB

GAME

DOCUMENT

El Texto en línea está disponible en español.

Misión

En esta actividad de la Misión, conocerás a un ingeniero eléctrico que te dará un reto de diseño. Tienes que diseñar un aparato mecánico que aporte energía eléctrica.

Como lo hace un ingeniero eléctrico, completarás actividades para diseñar y construir tu aparato. Demostrarás cómo funciona tu aparato y pensarás en maneras de mejorarlo.

Busca tus actividades de la Misión en las páginas 52–53, 63, 72–73, 80, 91, 92.

La Conexión con la carrera de ingeniero eléctrico está en la página 93.

Tema 3

4-PS4-1, 4-PS4-2, 4-PS4-3, 3-5-ETS1-2

Las ondas y la información

ASSESSMENT

VIDEO

eTEXT

INTERACTIVITY

VIRTUAL LAB

GAME

DOCUMENT

El Texto en línea está disponible en español.

Misión

En esta actividad de la Misión, conocerás a una analista de inteligencia que te dará un reto: desarrollar un código de comunicación. Tienes que diseñar un código que los espías puedan usar.

Como lo hace un analista de inteligencia, completarás actividades y laboratorios para diseñar un código que los agentes secretos puedan usar para atrapar a un ladrón de joyas en una nueva película. Usarás lo que aprendiste en las lecciones para escribir un código que los actores puedan usar en un museo poco iluminado y ruidoso.

Busca tus actividades de la Misión en las páginas 102–103, 113, 123, 132–133, 140, 142.

La Conexión con la carrera de analista de inteligencia está en la página 143.

Pregunta esencial

Tema 4

4-ESS2-1, 4-ESS2-2 , 3-5-ETS1-1

Las características de la Tierra

El Texto en línea está disponible en español.

Misión

En esta actividad de la Misión, conocerás a una geóloga que te dará un mapa. El mapa tiene pistas sobre tesoros enterrados en tres zonas diferentes. Tienes que identificar pistas que te ayuden a encontrar los tesoros.

Como lo hace un geólogo, completarás actividades y laboratorios para reunir información acerca de cómo pueden cambiar los accidentes geográficos. Usarás lo que aprendiste en las lecciones para buscar el tesoro y presentar tus hallazgos.

Busca tus actividades de la Misión en las páginas 152–153, 163, 173, 182–183, 192, 194.

La Conexión con la carrera de geólogo está en la página 195.

Pregunta esencial

Tema 5

4-ESS3-2, 3-5-ETS1-2

Los peligros naturales de la Tierra

El Texto en línea está disponible en español.

Misión

En esta actividad de la Misión, conocerás a una vulcanóloga que necesita tu ayuda para aconsejar a una ciudad acerca de los impactos de los peligros naturales. Buscarás maneras de reducir el impacto de una erupción volcánica.

Como lo hace un vulcanólogo, completarás actividades y laboratorios para aprender de qué manera los volcanes pueden afectar el medio ambiente. Usarás lo que aprendiste en las lecciones para escribir una carta para los funcionarios de la ciudad con consejos sobre las acciones que pueden seguir.

Busca tus actividades de la Misión en las páginas 204–205, 215, 224, 232–233, 234.

La Conexión con la carrera de vulcanólogo está en la página 235.

Pregunta esencial

Tema 6

4-ESS1-1

La historia del planeta Tierra

El Texto en línea está disponible en español.

Misión

En esta actividad de la Misión, conocerás a un revisor de museo que te dará un reto de fósiles. Tienes que determinar si un fósil que fue hallado hace poco se corresponde con un fósil animal ya identificado.

Como lo hace un revisor de museo, completarás actividades y laboratorios para estudiar las capas de roca en las que se encontraron ambos fósiles. Usarás lo que aprendiste en la lección para aportar evidencia para tu decisión acerca de los fósiles.

Busca tus actividades de la Misión en las páginas 244–245, 254, 266–267, 268.

La Conexión con la carrera de revisor de museo está en la página 269.

Pregunta esencial

Estructuras y funciones

El Texto en línea está disponible en español.

Misión

En esta actividad de la Misión, conocerás a una fotógrafa de la naturaleza que te desafía a resolver un problema de los seres humanos. Como lo hace un fotógrafo de la naturaleza, observarás cómo las estructuras de las plantas y de los animales los ayudan a realizar diferentes tareas. Usarás lo que aprendiste para elegir una característica que pueda ayudar a resolver un problema de los seres humanos.

Busca tus actividades de la Misión en las páginas 278–279, 290–291, 299, 307, 314, 323, 326.

La Conexión con la carrera de fotógrafo de la naturaleza está en la página 327.

Pregunta esencial

Tema 8

4-LS1-1, 4-LS1-2

Los sistemas del cuerpo humano

ASSESSMENT
VIDEO
eTEXT
INTERACTIVITY
VIRTUAL LAB
GAME
DOCUMENT

El Texto en línea está disponible en español.

Misión

En esta actividad de la Misión, conocerás a un técnico en imágenes médicas que te dará un reto de diseño. Tienes que desarrollar una cámara que se pueda usar en un estudio por imágenes del cuerpo humano.

Como lo hace un técnico en imágenes médicas, completarás actividades y laboratorios para reunir información sobre el cuerpo humano. Usarás lo que aprendiste en las lecciones como ayuda para desarrollar una cámara a control remoto que pueda tomar imágenes del interior del cuerpo.

Busca tus actividades de la Misión en las páginas 336–337, 347, 357, 364–365, 374, 376.

La Conexión con la carrera de técnico en imágenes médicas está en la página 377.

Eleva tu conocimiento

Elevar las ciencias eleva la ciencia a otro nivel y te hace ser dueño de tu aprendizaje. Explora el mundo que te rodea a través de la ciencia. Investiga cómo funcionan las cosas. Piensa críticamente y resuelve problemas. *Elevar las ciencias* te ayuda a pensar como un científico, para que estés preparado para un mundo de descubrimientos.

Misión Arranque

STEM **Encuentra la mezcla correcta, ¡y párate en ella!**

¿Cómo podemos mezclar los ingredientes para hacer un modelo del camino de piedras?

Hola, soy Alicia Gómez, una científica de materiales. Imagina que una escuela está instalando un hábitat de pradera. En esta actividad de aprendizaje basada en un problema, tú deberás construir un modelo para un camino de piedras que sirva para que los estudiantes puedan observar el hábitat sin dañar las plantas.

Como lo hace un científico de materiales, deberás evaluar tu diseño y aprender diferentes combinaciones de materiales para hacerlo más eficiente. ¡Y también podrás decorar tu modelo de camino de piedras!

Sigue el camino para llevar a cabo la Misión. Las actividades de cada lección te ayudarán a completarla. Al completar cada actividad,

Conexión con la comprensión visual

¿Qué es la materia?

Toda la materia está hecha de pequeñas partículas. ¿Cómo puedes observar el aumento de la materia?

Describir Si miraras de cerca una camiseta, como una camiseta de algodón, ¿qué podrías observar a simple vista?

Explora el mundo

Explora escenarios de la vida real de todo el mundo, a través de Misiones que te hacen profundizar en los temas científicos. Puedes:

- Resolver problemas reales
- Emplear destrezas y conocimientos
- Comunicar soluciones

Haz conexiones

Elevar las ciencias conecta la ciencia con otras materias y te muestra cómo entender mejor el mundo a través de:

- Las matemáticas
- La lectura y escritura
- El conocimiento

Matemáticas ▸ Herramientas

Usar modelos Los modelos pueden ayudarte a representar pensamientos o ideas. ¿Cómo puedes usar los bloques de la imagen para explicar la idea de que las partículas se reordenan cuando forman nuevas sustancias?

Desarrolla destrezas para el futuro

- Domina el proceso del diseño de ingeniería
- Emplea el pensamiento crítico y las destrezas analíticas
- Conoce las carreras en ciencias, tecnología, ingeniería y matemáticas (STEM)

Enfócate en las destrezas de lectura

Elevar las ciencias crea conexiones con la lectura que te ayudan a desarrollar las destrezas que necesitas para tener éxito. Algunos recursos son:

- Leveled Readers
- Conexiones con la lectura
- Revisiones de lectura

Lectura
▸ Herramientas

Usar evidencia del texto
El agua está formada por la combinación de átomos de estos dos eleme
y oxígeno. ¿Es l
pequeña de agu
una molécula? ¿

REVISAR LA LECTURA **Usar evidencia del texto** ¿Por qué crees que los aerogeles podrían usarse para limpiar los derrames de petróleo en tu comunidad? Subraya los datos importantes en el texto que apoyan tu afirmación con evidencia.

Entra a la zona de laboratorios

Los experimentos en los laboratorios prácticos y virtuales te ayudan a probar tus ideas, y las evaluaciones te ayudan a mostrar lo que sabes. Los laboratorios incluyen:

- STEM Labs
- Design Your Own
- Open-ended Labs

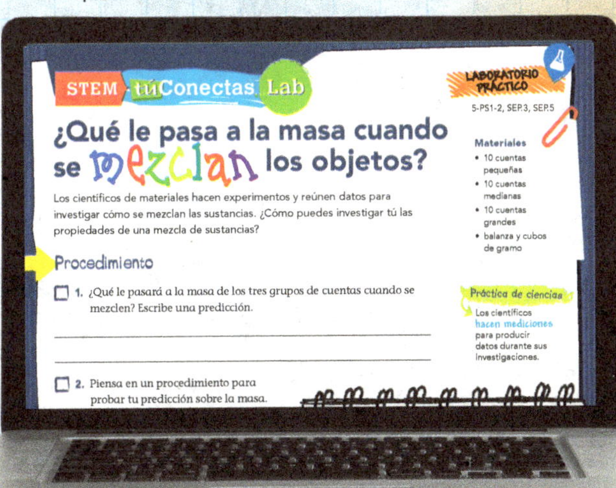

Tema 1

La energía y el movimiento

Estándares de Ciencias para la Próxima Generación

4-PS3-1 Usar la evidencia para crear una explicación que relacione la rapidez de un objeto con la energía de ese objeto.

4-PS3-2 Hacer observaciones para aportar evidencia de que la energía se puede transferir de un lugar a otro mediante el sonido, la luz, el calor y las corrientes eléctricas.

4-PS3-3 Hacer preguntas y predecir resultados acerca de los cambios que ocurren en la energía cuando los objetos chocan.

Pregunta esencial

¿Qué es la energía y cómo se relaciona con el movimiento?

Muestra lo que sabes

Los carros de carreras se mueven por la pista. ¿De qué maneras crees que la energía es importante para las carreras de carros?

____

____

Misión Arranque

Cambios de la energía en colisiones

¿Cómo puedes diseñar un carro seguro?

Hola, soy Anna Alomar, y soy ingeniera de seguridad de vehículos. Estudio qué pasa con los carros y los camiones que sufren accidentes. En esta actividad de aprendizaje basada en un problema, diseñarás una nueva prestación de seguridad para un carro. El criterio más importante para tu diseño es la seguridad de los pasajeros. Debes tener en cuenta cómo la rapidez y la energía afectan las colisiones de carros. Después, aprenderás cómo cambia y se transfiere la energía durante una colisión. Usarás lo que aprendas sobre la energía para diseñar una nueva prestación de seguridad.

Sigue el camino para llevar a cabo la Misión. Las actividades de cada lección te ayudarán a completarla. Al completar cada actividad, marca tu progreso para indicar que es una **MISIÓN CUMPLIDA** ✓. Conéctate en línea para buscar más actividades de la Misión.

Misión Control 1

Lección 1

Aprende cómo la energía afecta la rapidez y la dirección de los vehículos en movimiento.

Estándares de Ciencias para la Próxima Generación

4-PS3-1 Usar la evidencia para crear una explicación que relacione la rapidez de un objeto con la energía de ese objeto.

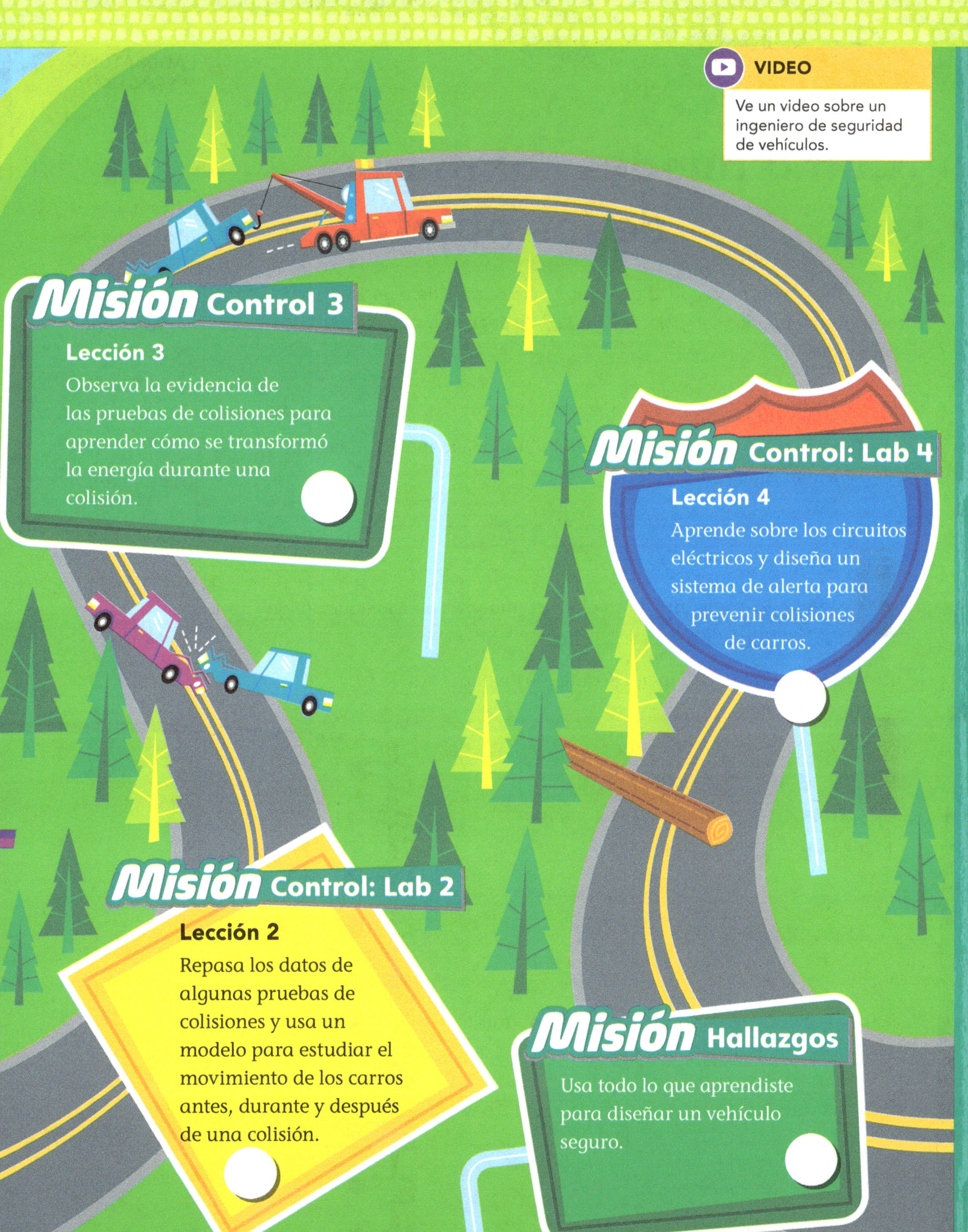
VIDEO
Ve un video sobre un ingeniero de seguridad de vehículos.
Misión Control 3
Lección 3
Observa la evidencia de las pruebas de colisiones para aprender cómo se transformó la energía durante una colisión.
Misión Control: Lab 4
Lección 4
Aprende sobre los circuitos eléctricos y diseña un sistema de alerta para prevenir colisiones de carros.
Misión Control: Lab 2
Lección 2
Repasa los datos de algunas pruebas de colisiones y usa un modelo para estudiar el movimiento de los carros antes, durante y después de una colisión.
Misión Hallazgos
Usa todo lo que aprendiste para diseñar un vehículo seguro.

túConectas Lab

LABORATORIO PRÁCTICO

4-PS3-1, SEP.3

¿Cómo puedes comparar la energía de los objetos?

Los científicos miden la cantidad de energía que se transfiere durante un suceso. ¿Cómo puedes comparar la cantidad de energía de dos objetos de distinto tamaño?

Materiales

- pelotas de golf
- canicas grandes
- regla
- balanza y cubos de gramo
- platillo
- arena fina
- lentes de seguridad

Usa lentes de seguridad.

Procedimiento

☐ **1.** Predice qué objeto tiene más energía: ¿un objeto más grande o un objeto más pequeño?

____

____

☐ **2.** Usa todos los materiales para planear una investigación que ponga a prueba tu predicción.

☐ **3.** Muestra tu plan a tu maestro antes de empezar. Anota tus observaciones.

Práctica de ciencias

Los científicos **reúnen datos** para usarlos como evidencia.

Observaciones

Analizar e interpretar datos

4. Interpretar ¿Los resultados respaldan tu predicción? Explica tu respuesta.

____

____

____

5. Explicar ¿Qué evidencia usaste para comparar la cantidad de energía de cada objeto?

____

____

____

____

____

Causa y efecto

GAME

Practica lo que aprendiste con los Mini Games.

Las relaciones de causa y efecto pueden explicar cómo se relacionan dos eventos. Una causa es la razón por la que pasa algo. Un efecto es lo que pasa. Usa estas estrategias para identificar causas y efectos cuando leas textos informativos.

- Haz preguntas como *¿qué pasa?* o *¿cómo cambió?* para identificar un efecto.
- Pregúntate *por qué* para identificar la causa.
- Busca palabras clave como *porque* y *entonces*. Pueden indicar causa y efecto.

Un empujoncito

¿Alguna vez viste cómo cae una larga fila de fichas de dominó? Las fichas de dominó tienen que colocarse cuidadosamente para garantizar que la energía pueda pasar de ficha a ficha. Con un empujoncito, las fichas caen porque la energía se transfiere entre ficha y ficha. Si una cantidad de energía suficiente pasa de ficha a ficha, siguen cayendo. A veces, todas las fichas caen. Otras veces, las fichas dejan de caer, y algunas quedan de pie.

REVISAR LA LECTURA **Causa y efecto** Encierra en un círculo las palabras que identifican una causa. Subraya las palabras que identifican un efecto.

Lección 1

Energía, rapidez y objetos en movimiento

Puedo...

Explicar qué es la energía y describir algunas formas de energía.
Explicar cómo se relacionan la rapidez y la energía de un objeto.

4-PS3-1

Destreza de lectura

Causa y efecto

Vocabulario

energía
energía potencial
energía cinética
rapidez

Vocabulario académico

transferir
transformar

VIDEO

Ve un video sobre los objetos en movimiento.

INGENIERÍA Conexión

¿Notaste alguna vez cuántos carros tienen una forma similar? La mayoría de los carros tienen el frente curvo. Tienen una suave pendiente sobre el cofre, el parabrisas y el techo. Los espejos laterales también son curvos. Las curvas y las pendientes suaves del diseño del carro permiten que el aire pase fácilmente sobre él.

El aire es materia, por lo que se necesita energía para moverlo. Los carros que están en contacto con menos aire pierden menos energía, lo que significa que van más rápido y usan menos combustible. Los ingenieros estudian cómo el aire afecta a los objetos para poder diseñar carros que van más rápido y consumen menos combustible.

Escríbelo ¿Cómo diseñarías un nuevo carro? Haz una lista de criterios que podrías tener en cuenta en tu diseño.

túInvestigas Lab

4-PS3-1, SEP.6

¿Cómo afecta la altura inicial la energía de un objeto?

Cuando trabajan en la seguridad de los vehículos, los ingenieros tienen en cuenta factores que afectan la rapidez y la dirección del vehículo. ¿Cómo puedes estudiar la energía de un objeto en movimiento?

Materiales

- pelota
- regla de un metro
- cronómetro
- cinta adhesiva de papel
- varios libros
- tabla lisa y plana

Procedimiento

☐ **1.** Predice cómo la altura de una rampa afecta la rapidez con la que baja un objeto por esa rampa.

☐ **2.** Usa los materiales para hacer un plan para poner a prueba tu predicción. Muestra tu procedimiento a tu maestro antes de empezar.

☐ **3.** Realiza tu prueba. Registra tus observaciones.

Práctica de ciencias

Los científicos **crean explicaciones** basándose en la evidencia.

Observaciones

Analizar e interpretar datos

4. Explicar ¿Cómo afecta la altura inicial de un objeto que se mueve hacia abajo la rapidez a la que avanza? Respalda tu respuesta con evidencia de esta actividad de laboratorio.

Lectura
▸ Herramientas

Causa y efecto Una causa puede tener más de un efecto. Busca una causa en la foto que tenga dos efectos.

Energía

La **energía** es la capacidad de hacer un trabajo o causar cambios. Hay energía cuando algo se mueve o cambia. La energía no puede crearse ni destruirse, pero puede cambiar de forma y transferirse. Cuando la energía se **transfiere**, pasa de un objeto a otro.

Inferir Algunas formas de energía son más fáciles de observar que otras. Si estuvieras en esta montaña rusa, ¿qué tipos de energía crees que podrías observar?

____

____

____

Misión Conexión

¿Cómo puede transferirse energía en un carro?

____

____

Energía en reposo

Cuando estas fichas de dominó se colocan en su lugar, tienen energía almacenada. La energía almacenada en un objeto en reposo se llama **energía potencial**. La energía potencial de las fichas proviene de cómo están posicionadas. Cuando las fichas comienzan a caer, la energía potencial se convierte en energía del movimiento. La cantidad de energía potencial que tiene un objeto depende de su forma o de su posición.

Energía en movimiento

La energía de un objeto en movimiento se llama **energía cinética**. La energía cinética de un objeto depende de su masa y de la rapidez con la que se mueve. Vemos los efectos de la energía cinética cuando algo cambia de lugar. Las fichas de dominó que caen tienen energía cinética. Parte de la energía cinética se transfiere de una ficha a la siguiente cuando colisionan. Cuando la energía se **transforma**, se convierte de un tipo de energía a otro. Cuando las fichas caen, parte de la energía se transforma en energía sonora. Por esos puedes oír el ruido que hacen las fichas. El calor, la luz y la electricidad son otros tipos de energía cinética.

REVISAR LA LECTURA **Causa y efecto** ¿Cómo se vería afectada la energía cinética de las fichas si la primera ficha no golpeara la segunda?

______

______

______

______

______

______

INTERACTIVITY

Completa una actividad sobre la energía cinética y la energía potencial.

Conexión con la comprensión visual

¿Cómo afecta la energía a las partículas de la materia?

Al igual que los objetos más grandes, las partículas más pequeñas de la materia también tienen energía.

almohada normal

Energía potencial

Hay energía potencial cuando los objetos se doblan, se estiran o se comprimen.

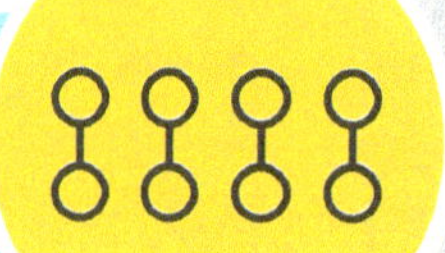

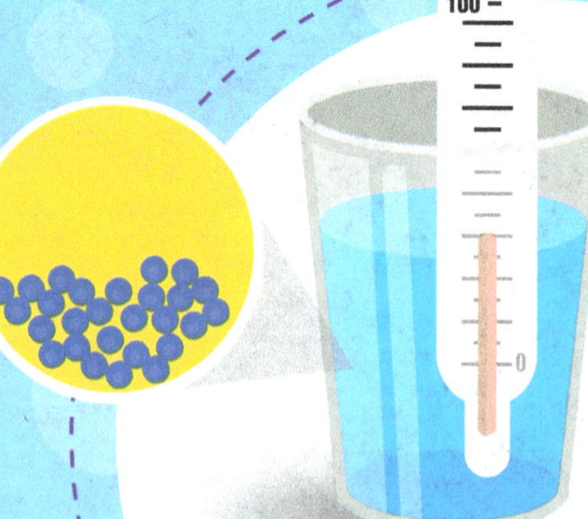

Energía térmica

La energía térmica es la energía que tiene un objeto por el movimiento de sus partículas.

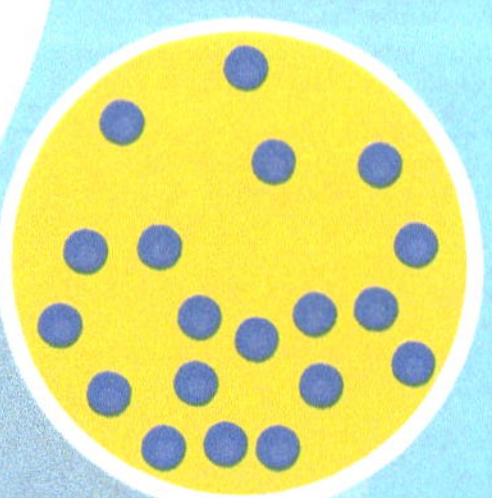

Energía eléctrica

La energía eléctrica es producto de las partículas con carga que fluyen en una dirección.

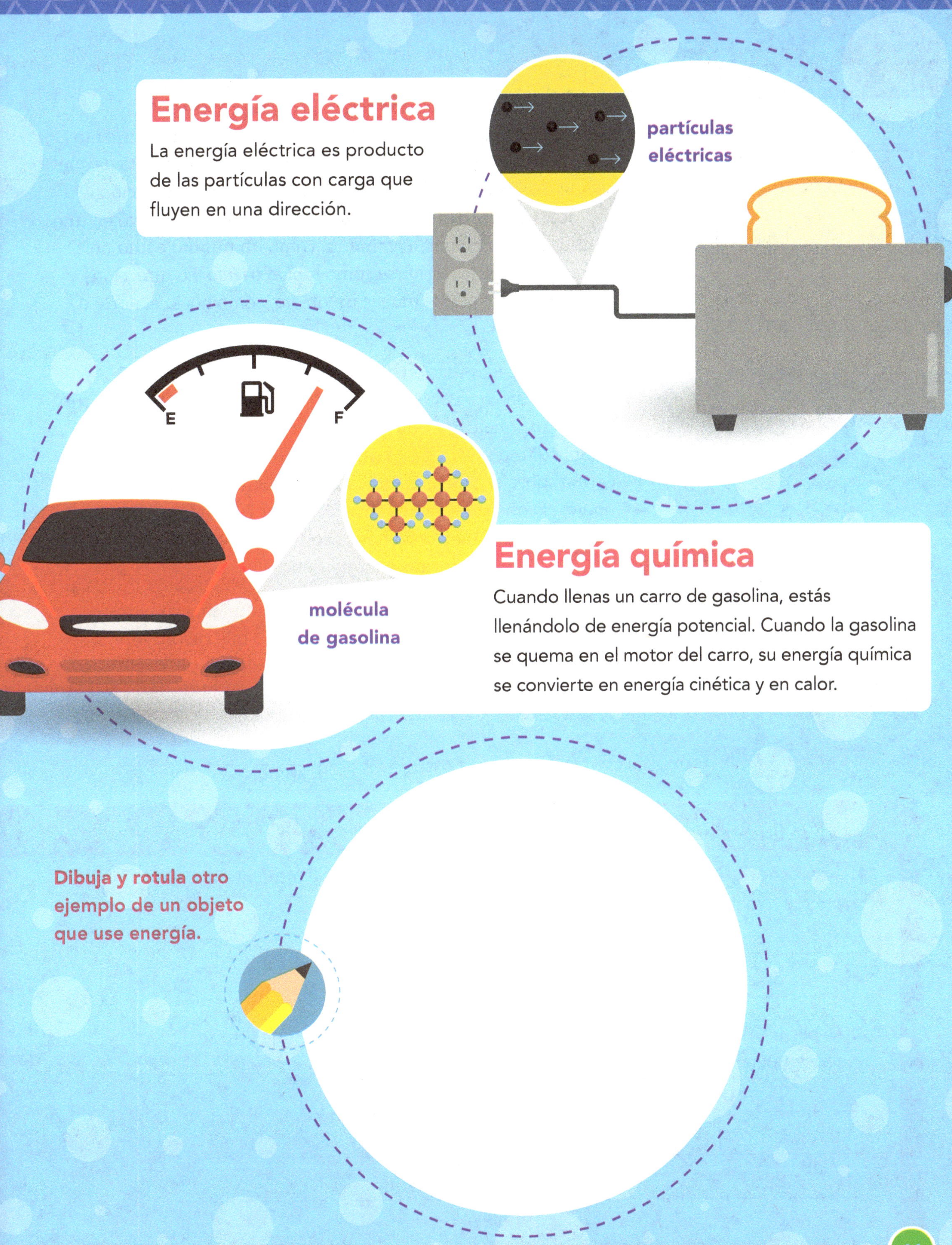

Energía química

Cuando llenas un carro de gasolina, estás llenándolo de energía potencial. Cuando la gasolina se quema en el motor del carro, su energía química se convierte en energía cinética y en calor.

Dibuja y rotula otro ejemplo de un objeto que use energía.

tú, Científico

Fuerza y rapidez Busca una pelota que puedas hacer rodar con facilidad. Con un adulto, mide la distancia que recorre la pelota si le das un empujón suave. Luego, mide la distancia que recorre con un empujón más fuerte. ¿Cómo se relacionan la fuerza y la distancia recorrida?

Movimiento y energía

El movimiento es una característica de toda la materia, incluidas las partículas que forman la materia. El movimiento puede observarse, describirse y medirse. Dos características que suelen usarse para describir el movimiento son la dirección y la rapidez. La **rapidez** es la distancia que recorre un objeto en una cantidad de tiempo determinada, como un minuto o una hora. La rapidez suele describirse como *rápido* o *lento*. La dirección es el sentido en que se mueve un objeto, como hacia el norte o hacia el sur.

La rapidez o la dirección de un objeto están afectadas por distintas fuerzas. Por ejemplo, se necesita una gran fuerza para lanzar un cohete, porque el peso del cohete lo jala hacia abajo. Se aplica una fuerza hacia arriba en el cohete. Si la fuerza hacia arriba sobre el cohete es mayor que la fuerza que lo jala hacia abajo, el cohete despega y sube. A mayor fuerza hacia arriba, más rápido se mueve el cohete. Eso se debe a que cuanto más rápido va un objeto, más energía tiene.

Aplicar Una pelota comienza a rodar lentamente colina abajo, pero su rapidez aumenta a medida que rueda. ¿Cómo se relacionan la rapidez y la energía de la pelota?

___

___

Lección 1: Revisión

1. **Sacar conclusiones** ¿Qué hace que un objeto que no se mueve aumente su energía cinética?

___

___

2. **Explicar** ¿Cómo sabes que una ficha de dominó que cae y hace que otra se mueva tiene energía?

___

___

___

Energía, rapidez y movimiento

¿Cómo se relacionan la energía, la rapidez y el movimiento? Los ingenieros de seguridad de vehículos usan pruebas de colisiones para investigar cómo interactúan la energía, la rapidez y el movimiento. Los resultados de sus investigaciones ayudan a diseñar carros más seguros.

1. Dibuja una flecha que muestre en qué dirección se movían los carros en cada colisión.

2. ¿Por qué crees que los ingenieros de seguridad de vehículos prueban los vehículos con distinta rapidez y dirección en sus investigaciones de colisiones?

____

____

____

____

____

____

____

____

MISIÓN CUMPLIDA

tú, Ingeniero Diseñar STEM

INTERACTIVITY

Conéctate en línea para buscar actividades interactivas relacionadas con esta sección.

Juguetes en movimiento

Mires donde mires, es probable que veas una máquina que puede moverse. Cada tipo de máquina está diseñado para hacer un trabajo determinado. Por ejemplo, los carros están diseñados para moverse hacia delante. Los helicópteros están diseñados para moverse hacia delante y hacia arriba. Algunas máquinas son juguetes. Manejar un carro de juguete a control remoto por una acera puede ser muy divertido. La gente se divierte mucho viendo las pruebas aéreas de los helicópteros de juguete. Para que las personas disfruten jugando con un juguete que se mueve, es preciso que un ingeniero lo diseñe antes. Los ingenieros analizan qué debe hacer el juguete. Luego, usan su conocimiento científico y sus destrezas de resolución de problemas para hacer el trabajo. Si pudieras construir cualquier tipo de juguete con movimiento, ¿qué construirías?

Diséñalo

Una empresa de juguetes te pidió que construyas un juguete que corra carreras contra otros juguetes. Tu juguete debe recorrer al menos 1 metro en 10 segundos o menos. Hay muchas maneras de construir tu máquina. ¡Tú decides cómo hacerlo!

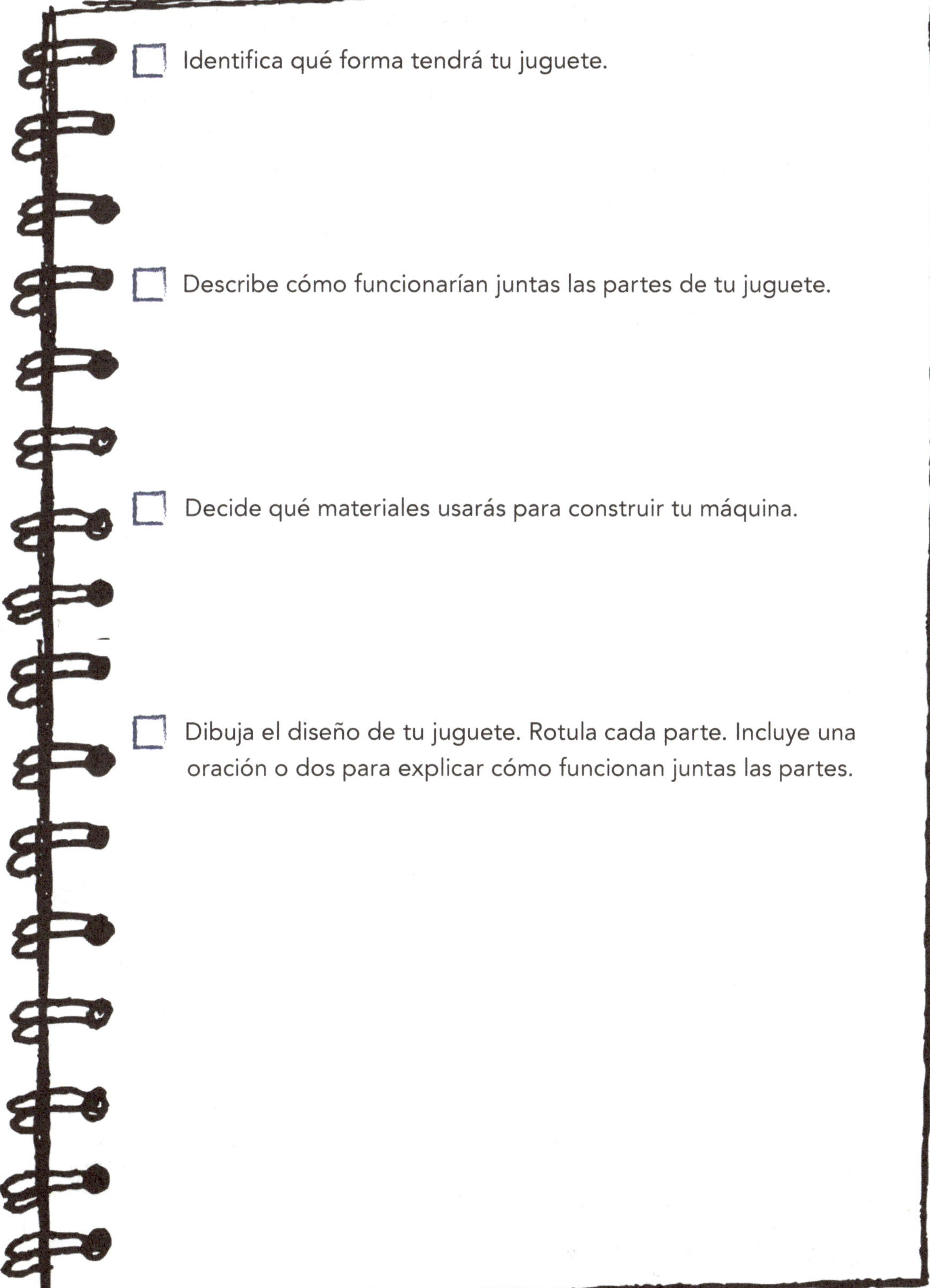

Lección 2

Las colisiones

Puedo...

Predecir los cambios de energía que se producen cuando colisionan los objetos.

4-PS3-3

Destreza de lectura
Causa y efecto

Vocabulario
colisión

Vocabulario académico
simular

VIDEO

Ve un video sobre las colisiones.

DEPORTES Conexión

¡TAC! Un palo golpea un disco de hockey sobre hielo. Para el movimiento, es necesario que se transfiera energía del palo de hockey al disco. Los jugadores de hockey usan la fuerza de sus cuerpos para golpear el disco. Cuanto más fuerte golpeen el disco, más lejos llegará. Los jugadores de hockey no son los únicos atletas que aprovechan la transferencia de energía. El tenis, el béisbol y el críquet son deportes en los que los jugadores también usan la transferencia de energía a su favor.

Identificar ¿Qué otros dos deportes conoces en los que haya transferencia de energía entre objetos? ¿Dónde se produce la transferencia?

____

____

____

____

túInvestigas Lab

LABORATORIO PRÁCTICO

4-PS3-2, SEP.3

¿Cómo se *transfiere* la energía entre los objetos?

Los ingenieros de seguridad de vehículos investigan los factores que afectan las colisiones. ¿Qué pasa con la energía de los objetos cuando chocan entre sí?

Materiales

- canicas con distintos tamaños y masas
- rampa o tobogán pequeños

Práctica de ciencias

Los científicos **diseñan investigaciones** para responder una pregunta científica.

Procedimiento

- [ ] **1.** Elige una variable que quieras investigar acerca de dos objetos que choquen entre sí. Elige entre distintas masas, distinta rapidez, en movimiento o en reposo, o distintas alturas iniciales. Haz una predicción acerca de qué pasará con los objetos cuando colisionen.

____

____

____

____

- [ ] **2.** Usa los materiales para hacer un plan para poner a prueba tu predicción. Muestra tu plan a tu maestro antes de empezar.
- [ ] **3.** Lleva adelante tu investigación y anota los datos.

Observaciones

Analizar e interpretar datos

4. Explicar ¿Qué transferencia de energía se produjo en tu investigación? ¿Cómo lo sabes?

____

____

____

____

____

Conexión con la comprensión visual

Cambios de energía EN UNA COLISIÓN

Cuando un objeto choca con otro objeto, esa acción se llama colisión. Durante una colisión, se transfiere energía. Observa lo que pasa cuando una pelota de básquetbol golpea el suelo de la cancha.

La energía se transforma cuando la pelota se mueve hacia abajo.

Los objetos se comprimen un poco cuando colisionan. La pelota se comprime como si estuviera hecha de resortes.

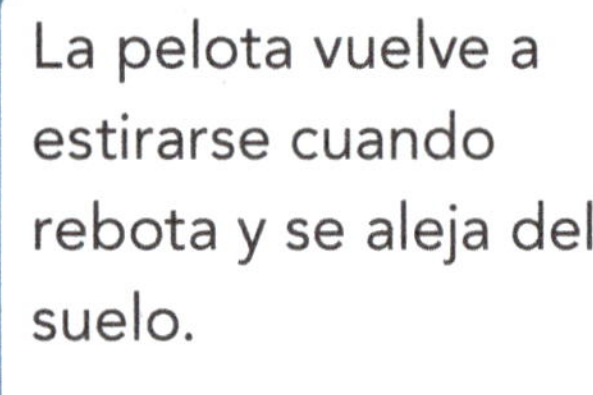

¿Qué cambios de energía se producen cuando la bola golpea los bolos?

Otros cambios de energía

Cuando una bola golpea los bolos, se oye un sonido fuerte. El sonido es evidencia de un cambio de energía. Parte de la energía cinética de la bola se convierte en energía sonora. Las colisiones también pueden generar un cambio de energía cinética en energía luminosa, energía térmica u otros tipos de energía.

¡Represéntalo!

Dibuja dos objetos que estén colisionando y transfiriendo energía cinética a otro tipo de energía. Rotula los cambios de energía que se producen.

Práctica de ingeniería ▸ Herramientas

Diseñar una solución Una empresa quiere mejorar su bola de bolos para que avance en un línea más recta. Define un problema que tengan que resolver los ingenieros para mejorar el diseño de la bola.

Misión Conexión

¿Por qué la colisión entre dos carros que avanzan con mucha rapidez produciría más daño que una colisión entre dos carros que van lento?

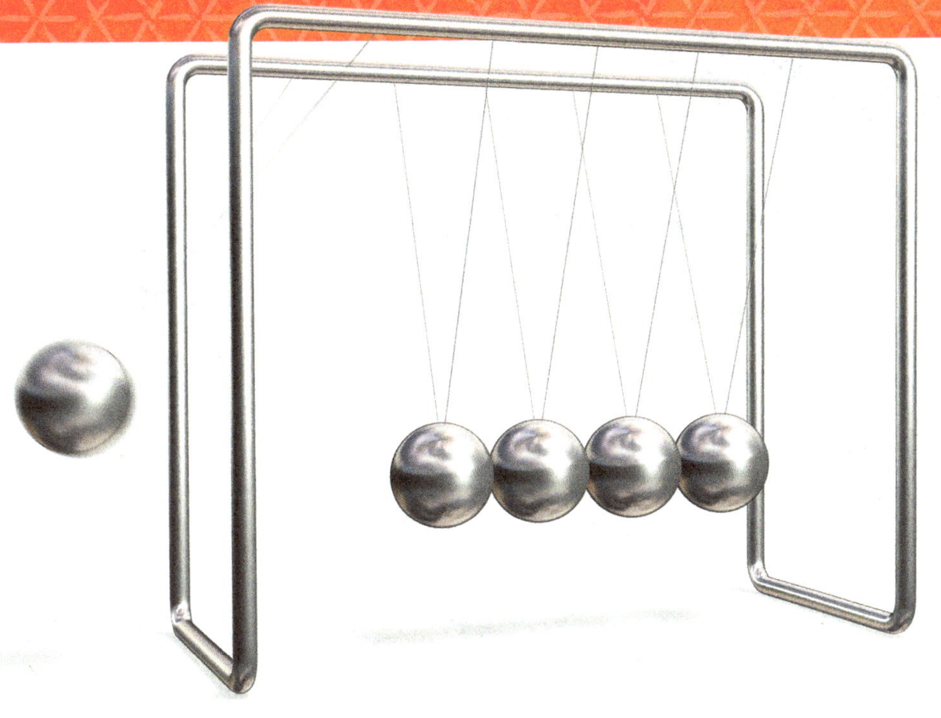

INTERACTIVITY

Completa una actividad sobre la energía cinética.

tú, Científico

Construir un péndulo

Con la ayuda de un adulto, busca algunos objetos de tu casa que puedas usar para hacer tu propia versión de un péndulo de Newton. ¿Cómo se comparan las transferencias de energía de distintos objetos? ¿Qué propiedades crees que hacen que los objetos sean mejores para este fin?

El dispositivo de la imagen es un péndulo de Newton. Muestra cómo la energía puede moverse entre objetos en una colisión. Puede **simular**, es decir, representar, colisiones más grandes. Cuando levantas una esfera y la dejas caer, la energía de esa esfera se transfiere a las demás. Eso hace que la esfera del lado opuesto se levante. Luego, esa segunda esfera baja, y la primera que dejaste caer se levanta. Las esferas del medio casi no se mueven. Gran parte de la energía cinética se transfiere a través de ellas.

Lección 2: Revisión

1. REVISAR LA LECTURA **Causa y efecto** En el péndulo de Newton, ¿por qué las esferas del medio casi no se mueven?

____

____

2. **Predecir** Supón que vas a jugar a los bolos sin una bola y que solo tienes una pelota de softbol y una pelota grande de plástico para golpear los bolos. ¿En qué se diferenciarían la rapidez y el movimiento de esos objetos de los de una bola de bolos pesada?

____

____

____

STEM Misión Control Lab

¿Cómo ayudan los modelos a entender una colisión?

Los ingenieros de seguridad de vehículos usan modelos para entender lo que pasa en una colisión. Al estudiar los efectos de la colisión, los ingenieros pueden usar los datos para desarrollar diseños que mejoren la seguridad en el carro. ¿Cómo te ayuda un modelo a entender lo que pasó en la colisión que se muestra en la imagen?

Materiales

- carros de juguete
- lápices o marcadores de colores
- papel

Práctica de ingeniería

Los científicos **usan modelos** para identificar relaciones de causa y efecto.

Procedimiento

☐ 1. Identifica cualquier evidencia que ayude a explicar las causas y los efectos del choque. ¿Qué cadena de sucesos llevó a la colisión? Escribe la información en el Informe de accidente.

☐ 2. Usa los carros de juguete y los demás materiales para representar la colisión. Recrea el choque. Haz dibujos en el Informe de accidente para mostrar la escena antes, durante y después de la colisión.

4-PS3-2, SEP.2

Informe de accidente

Evaluar el modelo

3. **Evaluar** ¿Ofrece tu modelo información suficiente para determinar cuál fue la causa del choque? ¿Cómo podrías mejorar el modelo para que sea más útil?

4. **Sacar conclusiones** Sobre la base de tus datos, ¿cuál crees que fue la causa del choque?

5. **Inferir** ¿Qué puedes inferir a partir de tu modelo acerca de los cambios de energía que se produjeron en el choque?

MISIÓN CUMPLIDA

Lección 3

La transferencia de energía

Puedo...

Dar ejemplos de energía que se transfiere entre un lugar y otro.
Explicar que el calor fluye de los objetos calientes a los objetos fríos.
Demostrar que algunos materiales son buenos conductores de calor y otros no.

4-PS3-2, 4-PS3-3

Destreza de lectura

Causa y efecto

Vocabulario

calor
radiación
luz
sonido
onda

Vocabulario académico

generar

STEM Conexión

Muchos animales, como los murciélagos y los búhos, están activos únicamente de noche. Los científicos quieren saber cómo se comportan los animales en su hábitat natural. Sin embargo, una cámara normal necesita luz visible para formar una imagen, por lo que no funcionaría bien de noche. ¿Cómo podemos ver los animales por la noche?

Para capturar imágenes en la oscuridad, los científicos usan cámaras térmicas, o cámaras que detectan el calor del cuerpo del animal, en lugar de la luz visible que detectan las cámaras comunes. Las imágenes que producen las cámaras térmicas no muestran lo mismo que ves con tus ojos. En cambio, las imágenes se ven como las que se muestran aquí, que muestran diferencias de temperatura. En una foto térmica de un animal en su hábitat, las áreas rojas muestran las partes más calientes de un animal y su entorno, y las áreas azules muestran las partes más frías. Las plantas también pueden detectarse con imágenes térmicas.

Escríbelo En tu cuaderno de ciencias, di cómo usarías las imágenes térmicas para analizar un animal en su hábitat.

túInvestigas Lab

LABORATORIO PRÁCTICO

4-PS3-2, SEP.3

¿Cómo se mueve el calor?

Los científicos estudian la facilidad con la que el calor se mueve a través de distintos materiales. ¿Cómo puedes identificar qué materiales permiten que el calor se mueva con facilidad?

Materiales
- baño de hielo
- agua caliente
- termómetro
- cilindro graduado

Materiales recomendados
- vasos de plástico
- vasos de espuma
- vasos desechables
- vasos de metal
- vasos de vidrio
- tazas de cerámica

Ten cuidado cuando manipules agua caliente.

Ten cuidado cuando uses objetos de vidrio.

Práctica de ciencias
Los científicos **reúnen evidencia** realizando experimentos.

Procedimiento

☐ 1. Mira los materiales recomendados. Plantea una hipótesis acerca de qué materiales permiten que el calor se mueva fácilmente y cuáles no.

____

____

☐ 2. Haz un plan para poner a prueba tu hipótesis. Muestra tu plan a tu maestro antes de empezar. Anota tus observaciones.

Analizar e interpretar datos

3. **Resumir** ¿Qué mostraron los resultados de tu experimento? ¿Respaldan tu hipótesis?

____

____

____

Conexión con la comprensión visual

¿Cómo se transfiere la energía?

La energía puede transferirse a través del calor, el sonido, la luz y la electricidad.

El **calor** es la transferencia de energía térmica entre un objeto y otro. El calor fluye por conducción, por convección o por radiación. Las bobinas calientes de la tostadora transfieren calor a la tostada por radiación. La **radiación** es energía que viaja en forma de onda.

Inferir Encierra en un círculo los lugares en los que piensas que se está transfiriendo energía.

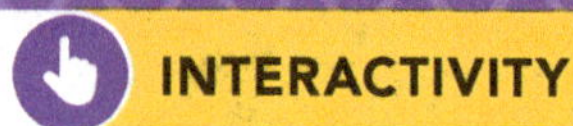

INTERACTIVITY

Completa una actividad sobre la energía térmica.

La energía y el movimiento de las partículas

Toda la materia, incluido tu cuerpo, está hecha de partículas en movimiento. Esas partículas en movimiento tienen energía cinética. Cuando usas un termómetro para conocer la temperatura de una sustancia, estás buscando la energía cinética de sus partículas. La energía sale de la materia por la radiación.

Comparar Observa las partículas de los dos diagramas. ¿Qué diferencia ves?

____

____

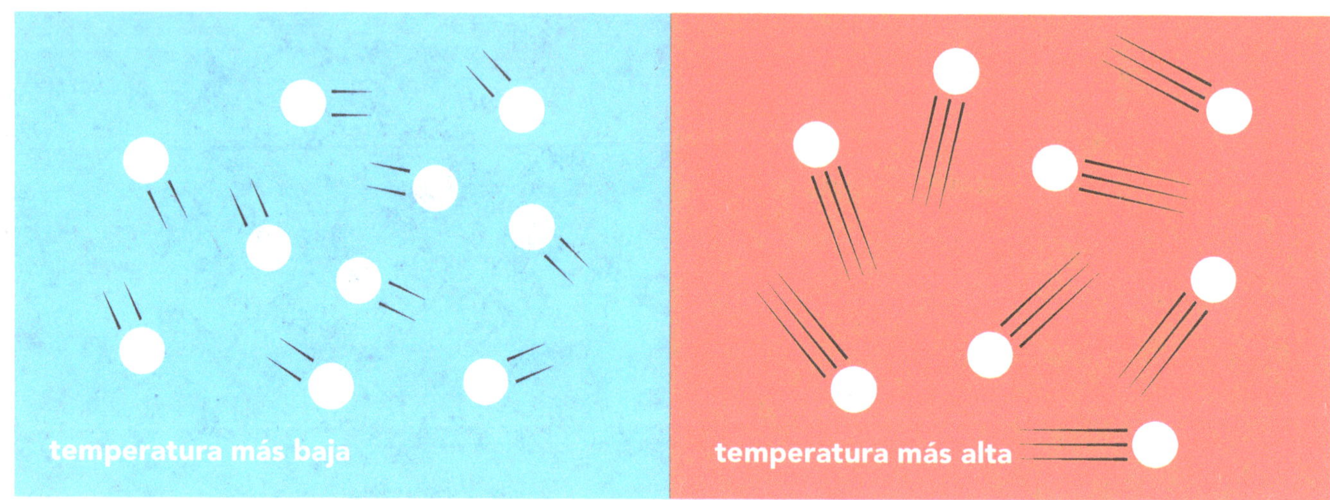

Cuando el calor se transfiere a un objeto, las partículas de ese objeto se mueven más rápido. Por eso aumenta la temperatura del objeto. Cuando la radiación lleva la energía del Sol a tu piel, sientes más calor. La radiación del Sol hace que las partículas de tu piel se muevan más rápido.

REVISAR LA LECTURA **Causa y efecto** ¿Qué crees que pasa con las partículas de materia del objeto que transfiere el calor a otro objeto? ¿Cómo afecta eso su temperatura?

____

____

Energía luminosa

Todo objeto que sea una fuente de luz tiene energía luminosa. La **luz** es una forma de energía que podemos ver. Parte de la energía que llega del Sol a la Tierra como radiación puede verse como luz. Otras estrellas emiten el mismo tipo de radiación. Por eso podemos verlas en un cielo oscuro. También puedes ver luz cuando un rayo brilla en el cielo oscuro. Algunos animales, como estas medusas, pueden **generar**, o producir, su propia luz. Muchos de estos animales viven en las profundidades del océano, donde la energía del Sol no llega. La luz que producen estos animales son ejemplos de fuentes naturales de energía luminosa. Los científicos también desarrollaron maneras de generar otras formas de energía luminosa, como las bombillas, las linternas y el láser.

¡Pregúntalo! ¿Qué otras formas de energía luminosa puedes identificar? ¿Cómo usas distintas formas de energía luminosa todos los días?

Energía sonora

Cuando golpeas una campana, escuchas un sonido: el tañido de la campana. Para que la campana suene, la energía cinética de tu mano se transfiere a la campana y hace que vibre. El **sonido** es energía en las partículas que vibran a medida que atraviesan la materia. Cuando las partículas que vibran chocan entre sí, forman un patrón similar al que se ve en la imagen. El sonido puede viajar a través de sólidos, líquidos y gases. El sonido suele describirse en términos de tono, o qué tan rápido o lento vibran las partículas cuando atraviesan la materia. Un sonido con un tono agudo tiene partículas que vibran más rápido que las partículas de un sonido grave.

REVISAR LA LECTURA **Comparar y contrastar** ¿Qué sonido tiene más energía: el que hace una rana o el que hace un cerdo? ______________________

Misión Conexión

Cada vez que una partícula de aire interactúa con otra, se transfiere una parte, no la totalidad, de su energía cinética. ¿Qué crees que pasa finalmente con la energía del sonido a medida que avanza por el aire?

____

____

Ondas sonoras

La energía sonora viaja como onda desde la fuente del sonido, como un teléfono móvil. Una **onda** es una forma de transferencia de energía. Cuando una onda atraviesa la materia, la materia no se mueve con la onda. Una onda sonora se mueve en todas las direcciones desde la fuente del sonido.

Vuelve a pensar en la campana. Tal vez no puedas ver cómo vibra, pero puedes sentirlo. El metal de la campana se mueve hacia delante y hacia atrás cuando vibra. Cada vez que se mueve hacia delante, empuja las partículas de aire, y las partículas de aire se mueven y se acercan más entre sí. Cuando el metal se mueve hacia atrás en la vibración, las partículas de aire vuelven a separarse. Eso es lo que causa el patrón.

Lección 3: Revisión

1. **Explicar** ¿Qué pasa con las partículas de materia cuando se calientan?

____

____

2. **Sacar conclusiones** Alguien apoya una olla caliente sobre una mesa fría. ¿En qué dirección fluye el calor entre la olla y la mesa? ¿Por qué?

____

____

____

¡Choque!

Lee el registro de eventos del ingeniero de seguridad de vehículos y el informe desde el lugar de la prueba.

Registro del ingeniero de seguridad de vehículos

La siguiente prueba de choque de vehículos se realizó el 20 de enero de 2017. El vehículo era un vehículo de pasajeros. Se probó su seguridad en una colisión de frente a 35 millas por hora (m.p.h.), o aproximadamente 56 kilómetros por hora (km/h).

1:00 P.M. – Vehículo colocado en pista de prueba con muñecos de prueba dentro. Cable de remolque eléctrico colocado.

1:10 P.M. – Control de seguridad previo a la prueba realizado. Todos los ingenieros de seguridad están ubicados para supervisar la prueba sin riesgo.

1:12 P.M. – Secuencia de choque iniciada. El cable de remolque eléctrico comienza a jalar del vehículo.

1:13 P.M. – El vehículo impacta contra barrera de concreto a 35 m.p.h.

1:15 P.M. – Control de seguridad final terminado. Prueba de choque terminada.

Resultados de prueba de choque

Se oyó una gran explosión al momento del impacto. El frente del vehículo se comprimió un 30%. La estructura del carro también se dobló. El parabrisas del vehículo se astilló en un 90%. Todos los demás cristales estallaron. Las retenciones del vehículo (cinturones de seguridad) y las bolsas de aire funcionaron correctamente. Los muñecos de prueba mostraron signos menores de daño.

1. ¿Qué tres cosas de esta investigación son evidencia de que se transfirió energía?

____

____

2. ¿De qué dos maneras se transformó la energía durante la prueba?

____

____

Distancia relativa

La lanzadora está sobre el montículo a 60 pies del *home*. Mira sobre su hombro para ver a la corredora de la primera base. Se prepara y lanza la pelota a la receptora. La pelota tarda exactamente 1 segundo en llegar al guante de la receptora. ¿Con qué rapidez iba la pelota?

Como ya sabes, la rapidez nos dice qué tan rápido se mueve algo. La lanzadora arrojó la pelota a 60 pies en 1 segundo. A menudo, la rapidez de un lanzamiento se mide en millas por hora (m.p.h.). Sin embargo, una pelota nunca recorre una milla. La distancia entre la lanzadora y el *home* es de aproximadamente 60 pies. ¡Una milla es igual a 5,280 pies! ¿Cuántos lanzamientos entran en una milla? Completa la ecuación para descubrirlo.

[pies en una milla] / [pies entre la lanzadora y la receptora] = ________________

Si la pelota va a 60 pies por segundo, ¿con qué rapidez iba en m.p.h.? Para responder la pregunta, primero debes descubrir cuánto tarda la pelota en recorrer 1 milla. ¿Cuántos segundos tarda la pelota en recorrer 1 milla?

____

Hay 3,600 segundos en una hora. ¿Cuántas millas podría recorrer una pelota en 1 hora si su rapidez no cambiara? Redondea tu respuesta al número entero más cercano.

3,600 / _______ = ~ ____________

Pasa tu respuesta a kilómetros. ________

1 milla = 1.6 kilómetros

Lección 4

Los circuitos eléctricos

Puedo...

Usar modelos para describir cómo fluyen las corrientes eléctricas en los circuitos.

4-PS3-2

Destreza de lectura

Causa y efecto

Vocabulario

carga eléctrica
corriente eléctrica
conductor
aislante
resistencia

Vocabulario académico

fuente

VIDEO

Ve un video sobre las corrientes eléctricas.

CURRÍCULO Conexión

Los tubos de los letreros de neón están rellenos de algunos gases que producen luz cuando absorben energía. Cada tipo de gas produce un color de luz particular. Por ejemplo, el neón produce luz roja, y el argón produce luz azul. Los gases pueden mezclarse para crear muchos colores de luz distintos. Si mezclas argón con un gas que produzca luz amarilla, la luz que llena el tubo será verde. La fuente de energía que forma esos distintos colores de luz es la electricidad.

Describir ¿Qué tipo de cambio de energía causa la electricidad en el tubo del letrero?

____

____

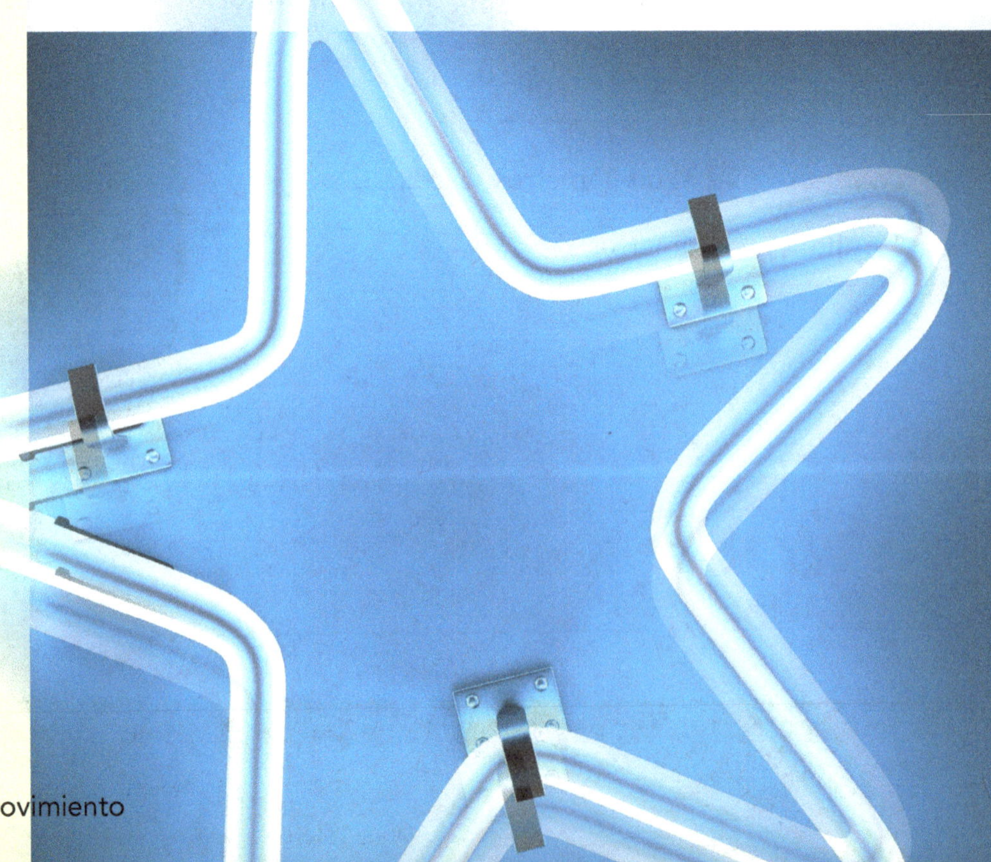

túInvestigas Lab

LABORATORIO PRÁCTICO

4-PS3-2, SEP.2, SEP.3

¿Cómo fluye energía eléctrica en los circuitos?

Los ingenieros usan modelos para diseñar productos que usan la energía eléctrica de nuevas maneras, más seguras. ¿Cómo puedes usar un modelo para describir cómo fluye la energía?

Materiales

- dos pedazos de cable
- bombilla y portalámparas
- pila y portapilas

Práctica de ciencias

Los científicos **usan modelos** para describir fenómenos.

Procedimiento

☐ **1.** Mira los materiales. ¿Cómo puedes conectarlos para que la bombilla se encienda? Haz un dibujo.

☐ **2.** Muestra tu plan a tu maestro antes de empezar. Pon a prueba tu idea. Si la bombilla no enciende, corrige tu plan. Sigue probando hasta que hayas combinado los materiales de una manera que logre que la bombilla se encienda.

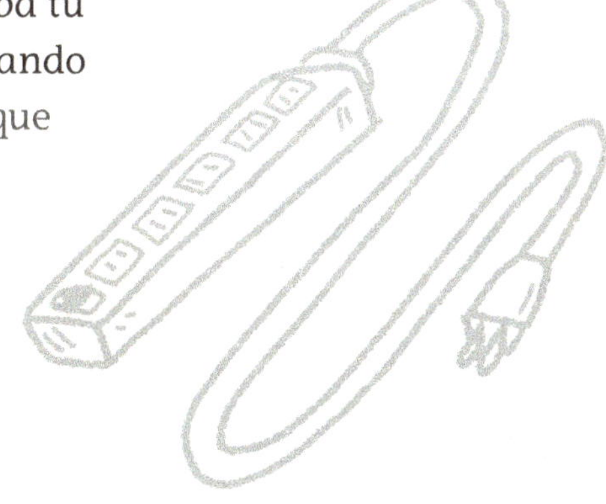

Analizar e interpretar datos

3. Evaluar ¿Cómo se mueve la energía en este sistema? Haz flechas en tu dibujo para mostrar la dirección.

Conectar conceptos ▸ Herramientas

Sistemas Un sistema es un conjunto de distintas partes que trabajan juntas. Cuando enciendes una bombilla, estás usando un sistema eléctrico. ¿Cuántas partes puedes identificar en el sistema?

Carga eléctrica

Cuando enciendes una luz, la energía eléctrica se mueve. El flujo de energía eléctrica se produce porque las partículas que forman la materia se mueven. Esas partículas tienen una **carga eléctrica**. La carga eléctrica es una propiedad que hace que la materia tenga una fuerza, llamada fuerza eléctrica, cuando se ubica cerca de otra materia con carga. Las cargas eléctricas pueden ser positivas (+) o negativas (–). Dos partículas con la misma carga se repelen, o se rechazan, entre sí. Si las cargas son opuestas, se atraen, o se acercan.

Inferir ¿Crees que el globo y la toalla tienen cargas opuestas? Explica tu respuesta.

____

____

¡Represéntalo!

Los círculos del diagrama representan partículas con cargas eléctricas. Dibuja flechas para mostrar si cada par de partículas se atrae o se repele.

Cargas eléctricas en movimiento

Las partículas con una carga eléctrica se pueden mover de un lugar a otro. El flujo de partículas con carga en una misma dirección se llama **corriente eléctrica**.

Algunos materiales permiten que la corriente eléctrica los recorra fácilmente. Un material que permite que la corriente eléctrica fluya a través de él se denomina **conductor**. El metal es un buen conductor de la electricidad. Por esa razón, el cobre es un metal que se usa para hacer cables eléctricos.

Otros materiales no permiten que la corriente fluya. Un material que no permite que la corriente eléctrica fluya a través de él se denomina **aislante**. El plástico es un material aislante.

Inferir ¿Por qué crees que el interior y el exterior de los cables eléctricos están hechos de distintos materiales?

____

____

____

____

____

Misión Conexión

¿Cómo puedes usar lo que sabes sobre conductores y aislantes para mejorar el diseño de seguridad de tu vehículo?

____

____

____

____

Completa una actividad sobre cómo se transfiere la electricidad.

Los circuitos eléctricos

En un material conductor, como un cable, la corriente eléctrica necesita una **fuente** de energía, o punto inicial, para seguir en movimiento. La corriente eléctrica debe hacer un recorrido completo. Ese recorrido se denomina circuito eléctrico. La foto muestra el recorrido de un circuito eléctrico.

REVISAR LA LECTURA **Causa y efecto** ¿Cómo crees que el interruptor evita que la corriente eléctrica llegue a este circuito eléctrico?

____

____

____

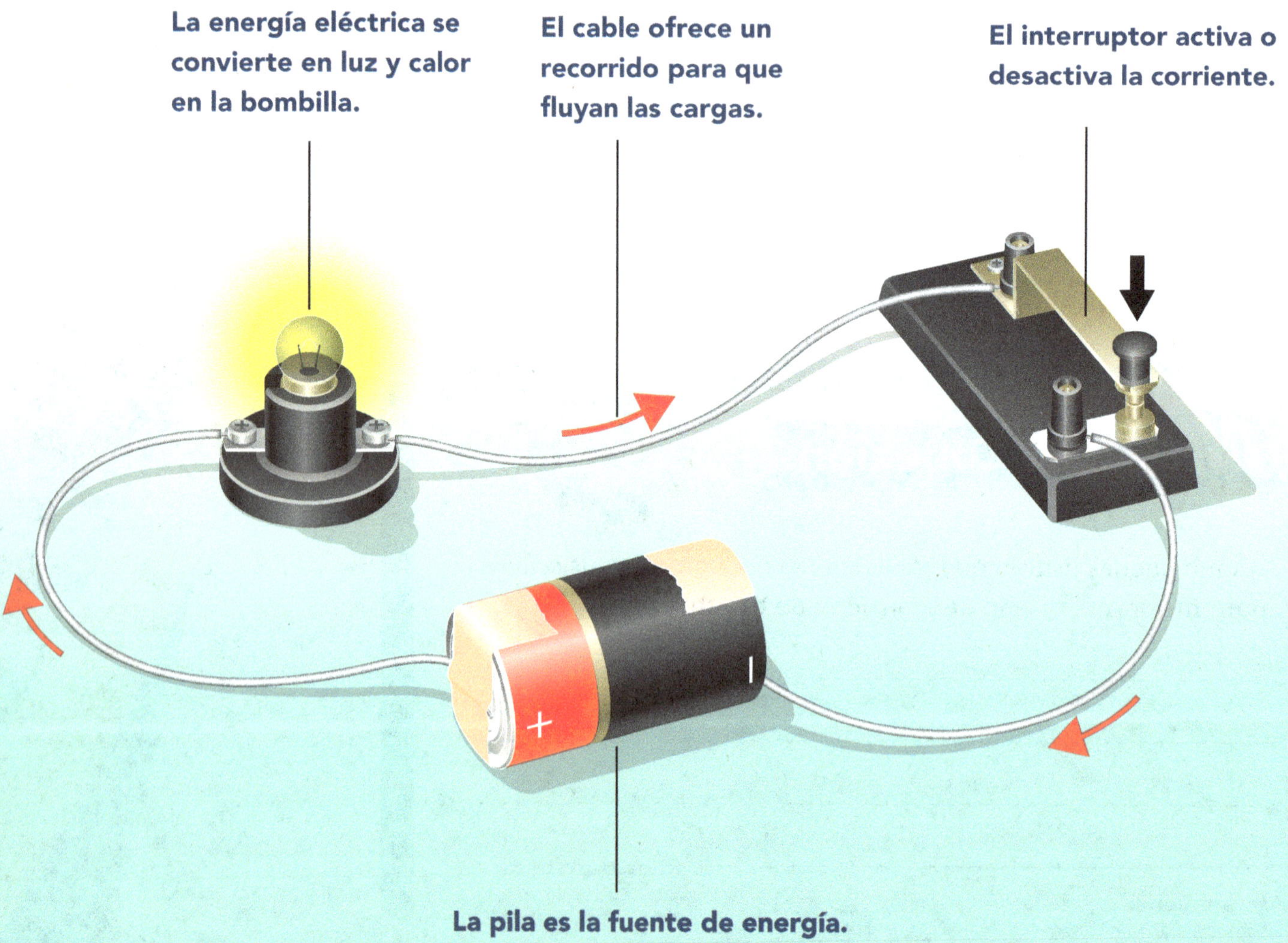

La energía eléctrica se convierte en luz y calor en la bombilla.

El cable ofrece un recorrido para que fluyan las cargas.

El interruptor activa o desactiva la corriente.

La pila es la fuente de energía.

Resistencia

En el circuito, la corriente fluye a través del cable y de la bombilla. La bombilla ilumina, pero el cable no. La diferencia es que la bombilla tiene un cable hecho de un material que no permite que la corriente eléctrica fluya con facilidad. El cable es una **resistencia**, que es un dispositivo que controla el flujo de electricidad. Cuando la corriente atraviesa una resistencia, a menudo la energía eléctrica se convierte en otra forma de energía, como luz o calor. El cable que lleva la corriente desde y hasta la bombilla está hecho de un material conductor.

Explícalo Estudia tu casa para ver cuántos objetos generan calor o luz. ¿Cuáles de esos objetos dependen de que una corriente eléctrica fluya a través de una resistencia?

Lección 4: Revisión

1. **Causa y efecto** ¿Qué hace que una bombilla brille en un circuito eléctrico?

____

____

____

2. **Explicar** Describe cómo fluyen las corrientes eléctricas en los circuitos.

____

____

____

____

____

STEM Misión Control Lab

¿Cómo puede un circuito eléctrico ayudar a prevenir las colisiones?

Los semáforos con luces rojas, que son comunes en casi la totalidad de los Estados Unidos, fueron diseñados por los ingenieros para controlar el tráfico y prevenir accidentes. Sin embargo, no pueden controlar todos los accidentes, como la colisión sobre la que leíste en las actividades de Misión: Control anteriores. ¿Cómo puedes usar un circuito eléctrico para diseñar un sistema de alerta que evite las colisiones traseras?

Materiales

- timbre eléctrico
- pila y portapilas
- cable con aislante
- tijeras

Materiales recomendados

- bombilla con portalámparas
- cartón
- papel de aluminio

Ten cuidado cuando uses tijeras.

Planear y construir

☐ **1.** Haz una lista con dos ideas en las que se use un circuito eléctrico para desarrollar un sistema de alerta.

____

____

____

____

Práctica de ingeniería

Los ingenieros **hacen y reciben críticas** sobre modelos y procedimientos.

☐ **2.** Elige una idea y escribe o dibuja un plan para hacer un modelo de esa idea. Incluye los materiales que usarás y cómo pondrás a prueba tu modelo. Usa todos los materiales y cualquiera de los materiales recomendados.

Mi modelo

4-PS-3-2, SEP.7

- [ ] **3.** Comparte tu plan con un compañero o una compañera. ¿Qué sugerencias tiene para mejorar el diseño?

___

___

___

- [ ] **4.** Incorpora cualquier sugerencia útil a tu plan. Muestra tu plan final a tu maestro antes de empezar.

- [ ] **5.** Construye tu modelo y ponlo a prueba. Registra tus observaciones.

Observaciones

Evaluar el diseño

6. ¿Funcionó tu modelo como esperabas que funcionara? Sobre la base de tus observaciones, ¿crees que la nueva prestación de seguridad ayudaría a evitar colisiones?

___

___

___

___

Misión Hallazgos

INTERACTIVITY

Pide ayuda para diseñar tu carro seguro.

STEM

Cambios de la energía en colisiones

¿Cómo puedes diseñar un carro seguro?

Diseñar una solución

A lo largo de la Misión, aprendiste acerca de la energía y de cómo cambian las formas de la energía. Diseñaste un dispositivo de seguridad para un carro. Ahora tienes que dibujar un modelo de un carro que muestre dónde se ubicará el dispositivo. También debes mostrar cómo la energía activa el dispositivo.

Mi modelo

Comunicar la solución

Presenta el diseño de tu vehículo a tus compañeros. Explica cómo tu diseño protege a los pasajeros.

Conexión con la Carrera

Ingeniero de seguridad de vehículos

¿Te gustan los carros y los camiones? ¿Quieres que el mundo sea un lugar más seguro? Los ingenieros de seguridad de vehículos usan su conocimiento de la energía, las fuerzas y los materiales para diseñar vehículos más seguros. Usan datos del mundo real, simulaciones de computadora y experimentos de pruebas de choques para desarrollar sus diseños.

Los ingenieros de seguridad de vehículos pueden trabajar en laboratorios del gobierno o para empresas privadas. Son una parte esencial de los equipos que diseñan nuevos carros y camiones. Si quieres ser ingeniero o ingeniera de seguridad de vehículos, necesitas un título de ingeniería. ¡Los ingenieros de seguridad de vehículos pueden ayudar a que el mundo sea un lugar más seguro!

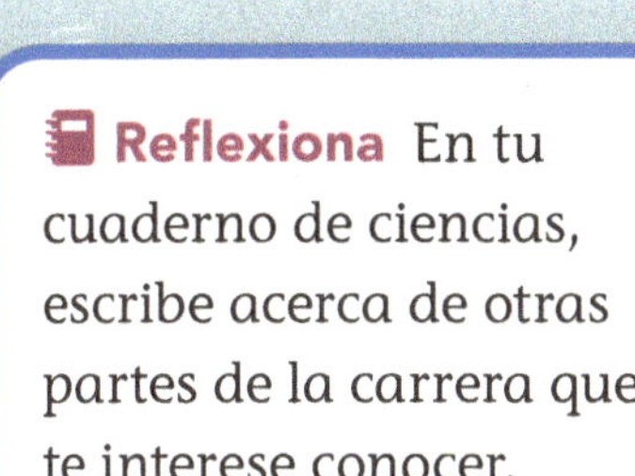
Reflexiona En tu cuaderno de ciencias, escribe acerca de otras partes de la carrera que te interese conocer.

Evaluación

1. **Vocabulario** Lamar enchufa una lámpara a la pared. La electricidad sale del tomacorriente, pasa por el cable y llega a la bombilla. ¿Qué opción describe mejor el cable?
   - **A.** conductor
   - **B.** corriente
   - **C.** aislante
   - **D.** resistencia

2. **Describir** ¿Qué enunciado describe mejor el calor?
   - **A.** El calor pasa de los objetos calientes a los objetos fríos.
   - **B.** El calor solamente se mueve por conducción.
   - **C.** El calor aumenta a medida que los objetos se enfrían.
   - **D.** El calor es la temperatura de un objeto.

3. **Comparar** Se pide a una estudiante que compare el sonido y la luz. ¿Qué enunciado debe usar?
   - **A.** El sonido y la luz son formas de energía eléctrica.
   - **B.** El sonido y la luz son formas de energía térmica.
   - **C.** El sonido y la luz son formas de energía potencial.
   - **D.** El sonido y la luz son formas de energía.

4. **Identificar** ¿Cuál de los siguientes materiales esperarías que fuera un conductor térmico?
   - **A.** el plástico
   - **B.** la espuma de poliestireno
   - **C.** el metal
   - **D.** la madera

5. **Explicar** ¿Qué produce energía sonora?
   - **A.** los objetos calientes
   - **B.** las partículas con carga
   - **C.** la energía luminosa
   - **D.** los objetos que vibran

6. **Calcular** ¿Qué vehículo avanzaba con más rapidez?
   - **A.** un carro que recorrió 96 kilómetros en 2 horas
   - **B.** un autobús que recorrió 160 kilómetros en 5 horas
   - **C.** una bicicleta que recorrió 64 kilómetros en 4 horas
   - **D.** un camión que recorrió 320 kilómetros en 5 horas

7. **Explicar** ¿Qué determina el tono de un sonido?

A. la rapidez de las partículas con carga

B. el tamaño de la fuente del sonido

C. la rapidez de las partículas que vibran

D. la temperatura de la fuente

8. Cuatro bolas de bolos de distintos colores con la misma masa ruedan por la pista de bolos. Usa los datos de la tabla. ¿Cuál tiene más energía cinética?

Color de bola	Rapidez promedio (m/seg)
 (azul)	7.15
 (roja)	6.26
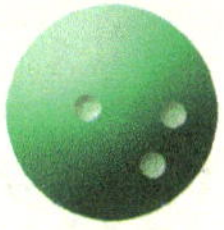 (verde)	8.94
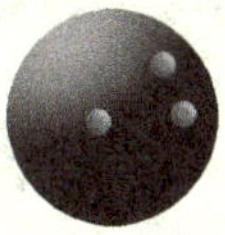 (negra)	6.71

A. bola azul

B. bola roja

C. bola verde

D. bola negra

9. **Vocabulario** ¿Cómo se llama la capacidad de generar movimiento o cambios?

A. conducción

B. energía

C. rapidez

D. temperatura

Pregunta esencial

¿Qué es la energía y cómo se relaciona con el movimiento?

Muestra lo que aprendiste

¿Qué transformaciones de la energía se producen en un carro durante una carrera?

Evaluación basada en la evidencia

Un científico miraba un partido de béisbol y sintió curiosidad acerca de lo que ocurría cuando la pelota era golpeada con el bate. Reunió datos sobre que ocurrió cuando las pelotas fueron golpeadas con el bate. Usa los datos de la tabla para contestar las preguntas.

Golpe	Rapidez del bate	Rapidez de la pelota
1	9 m/s	24 m/s
2	12 m/s	30 m/s
3	15 m/s	34 m/s
4	18 m/s	37 m/s
5	21 m/s	40 m/s
6	24 m/s	20 m/s*

1. Escribe una pregunta que se pueda responder con los datos de la tabla.

____

____

2. Durante el golpe 6, el bate del jugador se rompió. ¿Cuál de estas conclusiones respaldan los datos de la tabla sobre el golpe 6?

A. La energía del golpe se perdió por inercia.

B. La energía del golpe fue absorbida por el bate.

C. La energía del golpe se transformó en calor.

D. La energía del golpe fue transferida al jugador.

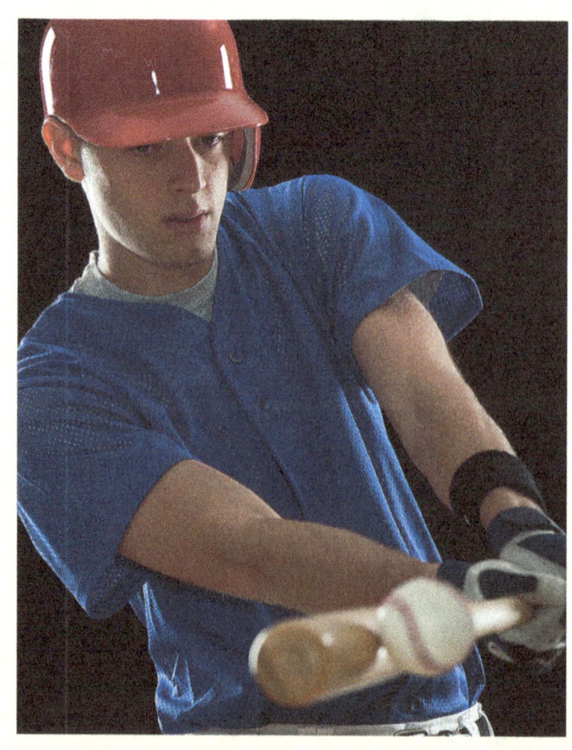

3. ¿Qué ocurriría si se usara un bate más pesado con la misma rapidez de movimiento?

   A. La pelota viajaría más lentamente.

   B. Se transferiría más energía cinética.

   C. Menos energía cinética se transformaría en energía sonora.

   D. Más energía se transformaría en energía potencial.

4. ¿Qué golpe produjo el sonido más fuerte al golpear la pelota?

   A. golpe 1

   B. golpe 2

   C. golpe 3

   D. golpe 4

5. ¿Qué dos variables que podrían afectar la rapidez de la pelota después de ser golpeada con el bate?

   A. la altura del jugador y la longitud del bate

   B. el tamaño del estadio y la rapidez del viento

   C. la rapidez del lanzamiento y la elevación del estadio

   D. el peso del bate y la cantidad de energía luminosa.

6. Escribe una explicación acerca de cómo la rapidez y la energía de un objeto están relacionadas. Usa evidencia de la tabla para respaldar tu explicación.

____

____

____

____

____

túDemuestras Lab

¿Qué afecta a la transferencia de energía?

Los ingenieros de seguridad de vehículos usan lo que saben sobre distintos materiales para crear nuevos vehículos, más seguros. ¿Cómo afecta la rapidez la cantidad de energía que se transfiere durante una colisión?

Materiales

- pelota de goma de 1 pulgada
- regla de un metro
- lentes de seguridad
- tazón desechable
- arena

Usa lentes de seguridad.

Práctica de ciencias

Los científicos **reúnen datos** que usan como evidencia.

Procedimiento

☐ **1.** Predice cómo la altura desde la que se deja caer un objeto afecta la cantidad de energía que transfiere.

☐ **2.** Usa todos los materiales. Haz un plan para poner a prueba tu predicción. Muestra tu plan a tu maestro antes de empezar.

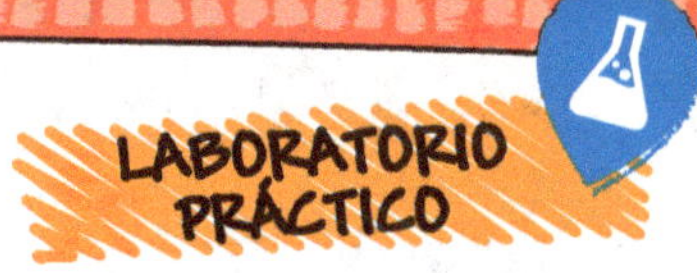

4-PS3-1, SEP.3

☐ **3.** Registra tus datos.

Analizar e interpretar datos

4. Usar evidencia ¿Respaldan tu predicción los datos que reuniste? Usa evidencia para justificar tu respuesta.

5. Explicar ¿Cómo se relaciona la rapidez de un objeto con su energía?

Tema 2

Utilización de la energía

Lección 1 Transformaciones de la energía

Lección 2 Las fuentes de energía no renovables

Lección 3 Las fuentes de energía renovables

Lección 4 Impacto ambiental del uso de la energía

Estándares de Ciencias para la Próxima Generación

4-ESS3-1 Obtener y relacionar información para describir que la energía y los combustibles derivan de recursos naturales y su uso afecta el medio ambiente.

4-PS3-4 Aplicar ideas científicas para diseñar, probar y refinar un aparato que convierta la energía de una forma a otra.

3-5-ETS1-1 Definir un problema sencillo de diseño que refleje una necesidad o un deseo y que incluya criterios específicos para el éxito y restricciones en materiales, tiempo o costo.

El Texto en línea está disponible en español.

Pregunta esencial *¿Cómo transformamos la energía para satisfacer nuestras necesidades?*

Muestra lo que sabes

Las personas usan mucha energía eléctrica en sus hogares, en las escuelas y en las empresas. ¿Cuáles son algunas maneras de producir energía eléctrica a partir de otros tipos de energía?

____

____

____

Misión Arranque

STEM La energía de las personas

¿Cómo puede un aparato convertir energía de una forma a otra?

Hola, soy Barry Arnold. Soy ingeniero eléctrico. Trabajo para una empresa que diseña equipos de ejercicio. Tal vez te parezca un trabajo inusual para un ingeniero eléctrico, pero no lo es. Ahora mismo, mi principal proyecto es el diseño de una bicicleta de ejercicio que genere energía para tu hogar mientras entrenas. Una sesión de una hora en bicicleta genera energía suficiente para que tu computadora portátil funcione durante diez horas.

Necesito tu ayuda para diseñar un aparato o dispositivo mecánico que genere energía eléctrica. Tal vez podría servir para cargar tu teléfono celular. Para probar el aparato, debes hacer que genere energía para un pequeño motor eléctrico. Luego demostrarás cómo funciona tu aparato y pensarás maneras de mejorarlo.

Sigue el camino para llevar a cabo la Misión. Las actividades de cada lección te ayudarán a completarla. Al completar cada actividad, marca tu progreso para indicar que es una MISIÓN CUMPLIDA. Conéctate en línea para buscar más actividades de la Misión.

Misión Control 1

Lección 1

Identifica algunos criterios y restricciones de tu aparato de energía.

Estándares de Ciencias para la Próxima Generación

4-PS3-4 Aplicar ideas científicas para diseñar, probar y refinar un aparato que convierta la energía de una forma a otra.

3-5-ETS1-1 Definir un problema sencillo de diseño que refleje una necesidad o un deseo y que incluya criterios específicos para el éxito y restricciones en materiales, tiempo o costo.

VIDEO

Ve un video acerca de un ingeniero eléctrico.

Misión Control: Lab 3

Lección 3

Convierte tu aparato para cargar energía de un aparato de pila a un aparato solar.

Misión Control 4

Lección 4

Evalúa el impacto ambiental de tu aparato.

Misión Control: Lab 2

Lección 2

Construye un aparato que use una pila para crear movimiento.

Misión Hallazgos

Para el ejercicio final, construye un aparato para cargar el teléfono celular.

túConectas Lab

LABORATORIO PRÁCTICO

4-ESS3-1, SEP.8

¿Cómo se usan los recursos energéticos?

Los ingenieros eléctricos tienen en cuenta la disponibilidad de una fuente de energía. ¿Cómo puedes mostrar el efecto del uso sobre las fuentes de energía renovables y no renovables?

Materiales

- 160 fichas
- cubos con números

Procedimiento

☐ **1.** Decidan quiénes serán los 2 proveedores de energía y los 2 usuarios de energía en esta actividad de laboratorio. El proveedor de energía A y el proveedor de energía B tienen 45 unidades (fichas) de energía cada uno al comienzo. Cada proveedor tiene un usuario.

☐ **2.** Los usuarios tiran un cubo de números por turnos. En cada turno, el usuario recibe la cantidad de fichas que muestra el cubo. En cada turno, el proveedor B recibe 10 fichas adicionales. El proveedor A recibe 0 fichas adicionales. Escribe las cantidades en la tabla.

☐ **3.** El cubo se tira hasta que cada usuario haya tenido 5 turnos.

Práctica de ciencias

Los científicos **obtienen y combinan información** para explicar fenómenos.

	Proveedor A			Proveedor B		
Turno	Adicional	Usada	Total	Adicional	Usada	Total
0	45	0	45	45	0	45
1	0			10		
2	0			10		
3	0			10		
4	0			10		
5	0			10		

Analizar e interpretar datos

4. Predecir ¿Qué proveedor podrá ofrecer unidades por más tiempo? Crea una explicación.

____

____

____

Usar características del texto

Las características del texto ayudan a organizar la información que ofrece el texto. Te ayudan a entender mejor el significado general del texto. Algunos tipos comunes de características del texto son las imágenes, los pies de ilustración, los encabezados y las palabras resaltadas.

Lee el siguiente texto sobre alternativas de energía. Presta especial atención a las características del texto.

GAME

Practica lo que aprendiste con los Mini Games.

La energía del futuro

La búsqueda y el uso de fuentes de energía distintas de los combustibles fósiles son metas importantes para los científicos y las personas de todo el mundo. Las siguientes son dos alternativas nuevas.

Energía de las olas

La energía del agua en movimiento puede usarse para que gire la hélice de una turbina. La turbina convierte esa energía en movimiento en electricidad. La energía de las olas puede capturarse sobre la superficie del océano o debajo de ella, cerca de la costa o lejos. Al igual que la energía eólica, es decir, la energía del viento, es una fuente segura y limpia.

Energía solar

Muchos hogares ahora usan paneles solares para recolectar energía solar que puede convertirse en electricidad. Los científicos están desarrollando actualmente cristales de ventanas que pueden usarse para recolectar energía solar. El cristal captura la energía de la luz solar que no podemos ver y deja pasar la luz visible.

REVISAR LA LECTURA Usar características del texto

Encierra en un círculo las características del texto que te ayudaron a entender lo que leíste.

Lección 1

Transformaciones de la energía

Puedo...

Describir cómo se convierten los recursos naturales en energía y en combustible.

4-ESS3-1, 4-PS3-4

Destreza de lectura
Usar características del texto

Vocabulario
combustible
combustión
turbina
generador
pila

Vocabulario académico
aparato
primario

STEM Conexión

¡En el mundo hay más de mil millones de carros! Casi todos funcionan con gasolina. Sin embargo, muchas personas ahora conducen carros híbridos. Esos carros funcionan con gasolina y con electricidad. Otros carros funcionan únicamente con electricidad. Esos carros tienen motores eléctricos conectados a grandes baterías y solo usan electricidad. En lugar de llenar el tanque de combustible, se recarga la batería. Los carros eléctricos son mucho más eficientes que los carros que funcionan con gasolina: usan menos energía en total.

¿Y si no fuera necesario recargar la batería? Algunos ingenieros dedicados a la investigación han construido carros solares. Los paneles solares cargan la batería siempre que hay una cantidad de luz suficiente, por lo que no es necesario conectar el carro a una estación eléctrica. Esos nuevos carros son experimentales, así que todavía no están a la venta. Algún día, sin embargo, podrás viajar en un carro que solo necesite la luz solar como combustible.

Explícalo En tu cuaderno de ciencias, explica por qué un carro solar podría tener problemas para funcionar de noche. Escribe un plan para resolver ese problema.

STEM túInvestigas Lab

LABORATORIO PRÁCTICO

4-PS3-4, SEP.6

¿Cómo puede una papa generar energía para una bombilla?

Los ingenieros diseñan aparatos que usan recursos naturales como fuente de energía. ¿Cómo puede una papa generar energía para encender una bombilla?

Materiales

- tiras de cobre
- tiras de cinc
- bombilla LED
- papas frescas
- lentes de seguridad
- pinzas de contacto

Materiales recomendados

- limones

Construir y mejorar

☐ **1.** Inserta un pedazo de cobre en la papa. Luego, inserta un pedazo de cinc. Conecta un extremo de una pinza de contacto al cobre. Conecta el otro extremo al cinc. Conecta los cables de la bombilla LED a los pedazos de metal y observa lo que ocurre. Anota tus observaciones.

☐ **2.** Mejora tu circuito diseñando uno que produzca más energía eléctrica. Muestra tu diseño a tu maestro antes de empezar. Anota tus observaciones.

¡Usa lentes de seguridad!

No te lleves a la boca los elementos del laboratorio.

Observaciones

Práctica de ingeniería

Los ingenieros **aplican ideas científicas** para resolver problemas de diseño.

Evaluar el diseño

3. Usar evidencia ¿Cómo sabes si se produjo un cambio de energía en el circuito eléctrico?

___

___

___

Lectura
▸ Herramientas

Usar características del texto Las características del texto incluyen las formas en las que el texto está marcado a fin de que el lector sepa que el texto marcado es especialmente importante. En el texto de esta página, hay cuatro palabras resaltadas en amarillo. ¿Qué te dice el resaltado sobre esas palabras?

Usar la energía

Las personas usan mucha energía para calentar e iluminar edificios y para encender herramientas, carros y otros aparatos eléctricos. Un **aparato** es un mecanismo hecho con un fin específico. Todos los dispositivos que se conectan a un tomacorriente necesitan energía eléctrica. La energía eléctrica se produce convirtiendo otro tipo de energía.

Parte de esa energía se obtiene quemando combustible. Un **combustible** es un material que libera energía en forma de calor cuando se quema. Algunos combustibles comunes incluyen el carbón, el gas natural, el petróleo y la madera. El proceso de quemar combustible para producir calor y luz se llama **combustión**. Durante la combustión, el combustible se combina con el oxígeno. Se produce un cambio químico que libera la energía almacenada en el combustible.

REVISAR LA LECTURA **Usar características del texto** ¿Cómo te ayuda la foto de la página a entender el texto?

____

____

Combustibles

La fuente de energía **primaria**, u original, de casi todos los combustibles es el Sol. Las plantas convierten la energía de la luz del Sol en materiales vegetales que almacenan energía, como la madera. Otros combustibles, como el carbón, el petróleo y el gas natural, se formaron cuando los seres vivos murieron y cambiaron bajo tierra durante un período de tiempo muy largo. Esos seres vivos eran plantas o animales. Su energía almacenada originalmente venía de la luz solar.

Energía química

Los combustibles se queman y producen energía en forma de calor y de luz. Esta energía proviene de un cambio químico. La energía se almacena en el combustible en forma de energía química. Durante la combustión, las sustancias del combustible se combinan con el oxígeno para formar nuevas sustancias. Esas nuevas sustancias no tienen tanta energía química como el combustible original.

El transporte es uno de los usos más importantes del combustible. En el motor de un carro se mezclan la gasolina y el aire. La combustión de esa mezcla convierte la energía almacenada en la mezcla en calor. Los gases calientes del motor se expanden y empujan las partes del motor. El movimiento de las partes del motor mueve el carro. Puedes comprobar que la combustión de la gasolina libera calor si tocas el capó de un carro que ha estado encendido durante un tiempo.

¡Planéalo! Supón que eres un funcionario municipal que debe garantizar que la ciudad tenga electricidad suficiente. Sabes que tendrás que usar algún tipo de energía química. Haz una lista de los pasos que debes dar para que la electricidad llegue a las personas.

Conexión con la comprensión visual

¿Cómo se genera energía eléctrica a partir de la energía química?

Rotular En el espacio disponible debajo de cada parte de la planta de energía, escribe qué cambio de energía se produce allí.

Caldera

En una planta de energía de carbón, la fuente primaria de energía es el carbón. Cuando se quema carbón en la planta, la energía química se convierte en calor, que transforma el agua en vapor. El vapor de agua está tan caliente que tiene mucha energía.

Turbina

El vapor caliente fluye a través de una turbina. La **turbina** es un aparato que gira a medida que el gas fluye y convierte la energía térmica del vapor en energía del movimiento.

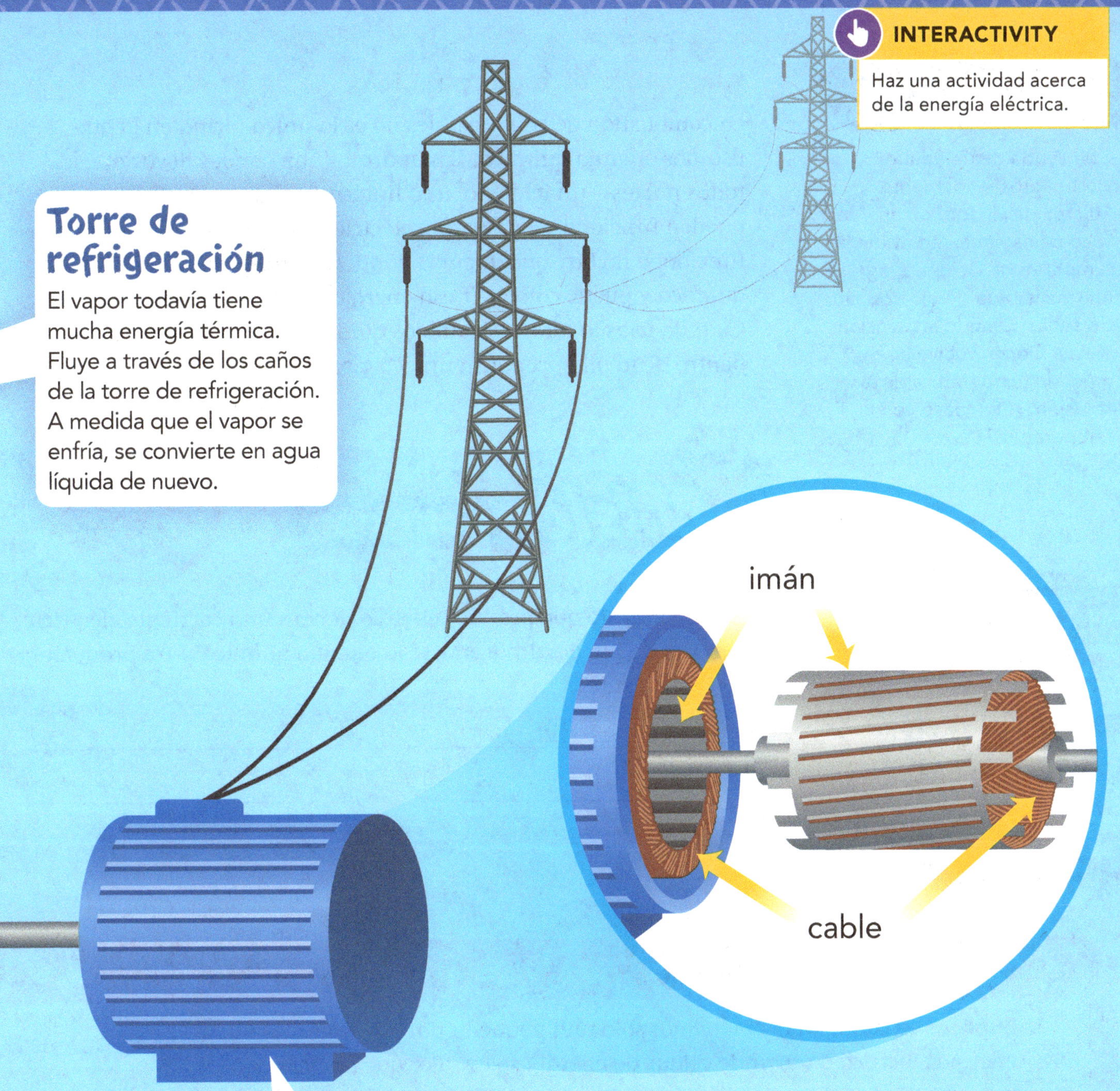

INTERACTIVITY

Haz una actividad acerca de la energía eléctrica.

Torre de refrigeración

El vapor todavía tiene mucha energía térmica. Fluye a través de los caños de la torre de refrigeración. A medida que el vapor se enfría, se convierte en agua líquida de nuevo.

Generador

A medida que la turbina gira, mueve un eje que hace que el generador se mueva. Un **generador** es un aparato que convierte la energía del movimiento en energía eléctrica. Dentro del generador, hay un imán rodeado por una bobina de cable de cobre. A medida que el imán gira, se genera una corriente eléctrica en la bobina.

tú, Científico

Con ayuda de un adulto, vierte aproximadamente 100 mL de vinagre en un vaso de espuma alto. Mide la temperatura. Después, agrega una cucharada de bicarbonato de sodio. Cuando la reacción pierda fuerza, vuelve a medir la temperatura de la solución. ¿Qué pasó con la temperatura?

Almacenar energía química

La combustión de combustibles no es la única forma en la que usamos energía química. Los aparatos que puedes llevar a todas partes —un teléfono, una linterna o una computadora— pueden funcionar con energía eléctrica. Para que esos aparatos funcionen no hay que quemar nada. Una **pila** almacena energía química y puede convertir esa energía en energía eléctrica. Cuando usas la pila, los cambios químicos que se producen dentro de la pila producen una corriente eléctrica.

Misión Conexión

Un aparato que produce energía genera una corriente eléctrica. ¿Dónde puede almacenarse la energía química para producir la corriente?

____

____

Lección 1: Revisión

1. **Explicar** Actualmente, obtenemos solo una pequeña parte de nuestra energía eléctrica a partir de celdas de energía solar. ¿Por qué no deja de ser correcto decir que el Sol es la fuente primaria de la mayor parte de la electricidad que usamos?

____

____

____

2. **Evaluar** Un carro usa combustible para moverse. ¿Qué cambio de energía se produce para que ocurra eso?

____

____

Energía humana

En esta Misión, debes diseñar un aparato o dispositivo que convierta la energía mecánica de una persona que se mueve en energía eléctrica para un motor. Tu maestro identificará los materiales que puedes usar. Debes construir tu aparato al final del tema. Tu aparato me ayudará a construir una bicicleta de ejercicio que haga funcionar una computadora portátil.

1 Define el problema que debes resolver.

____

____

____

2 ¿Cuáles son los criterios de éxito? ¿Cuáles son las restricciones? Escribe tus respuestas en la tabla.

Criterios	Restricciones

3 Usa los criterios y las restricciones para escribir un plan.

____

____

____

____

____

Lección 2

Las fuentes de energía no renovables

Puedo...

Investigar cómo las personas extraen y usan recursos naturales.

Dar ejemplos de fuentes de energía no renovables.

4-PS4-1

Destreza de lectura

Usar características del texto

Vocabulario

combustible fósil
carbón
petróleo
gas natural
combustible nuclear
uranio

Vocabulario académico

resultado

VIDEO

Ve un video acerca de los recursos energéticos.

CURRÍCULO Conexión

¿Alguna vez oíste la expresión "un canario en una mina de carbón"? Se refiere a alguien o a algo que alerta sobre un peligro. Buscar carbón en una mina subterránea puede ser un trabajo peligroso. Uno de los riesgos que enfrentan los mineros es el de un gas venenoso, el monóxido de carbono. No se puede ver y no se puede oler. Actualmente, los mineros usan detectores electrónicos que les indican si hay monóxido de carbono. ¿Cómo sabían los mineros si había un gas tóxico antes de que existieran los detectores?

Después de un incendio o una explosión, los rescatistas de la mina llevaban un canario enjaulado. Como los canarios son muy sensibles al monóxido de carbono, los mineros los miraban con atención. Si había monóxido de carbono en el aire, el pájaro dejaba de cantar o comenzaba a tambalearse. Los mineros sabían que había que volver rápido a la superficie.

Inferir El carbono del carbón y el oxígeno del aire forman monóxido de carbono. ¿Qué proceso produce ese gas?

____

STEM túInvestigas Lab

LABORATORIO PRÁCTICO

4-PS3-4, SEP.6

¿Cómo buscamos petróleo?

Los ingenieros usan los ecos que se producen bajo tierra para decidir dónde excavar para buscar petróleo. ¿Qué métodos puedes usar para encontrar un globo enterrado en la arena?

Diseñar y construir

- [ ] 1. Entierra el globo lleno de agua en la arena de la caja. Asegúrate de que la arena esté nivelada y que no puedas ver el globo. Cambia tu caja por la de otro grupo.

- [ ] 2. Escribe un plan para encontrar el agua enterrada de la arena usando energía. Pide a tu maestro que apruebe tu plan antes de empezar. Registra tus observaciones.

Evaluar el diseño

3. **Analizar** ¿Qué formas de energía usaste para buscar el globo enterrado? ¿Funcionó tu búsqueda?

____

____

4. **Colaborar** Compara tu procedimiento con los de los demás grupos. ¿Qué procedimiento sirvió para encontrar el agua? ¿Por qué crees que ocurrió eso?

____

____

____

Materiales

- globo pequeño lleno de agua
- caja de plástico grande con arena
- lentes de seguridad

Materiales recomendados

- cuchara de madera
- broqueta de madera

Usa lentes de seguridad.

Práctica de ingeniería

Los ingenieros aplican ideas científicas para resolver problemas de diseño.

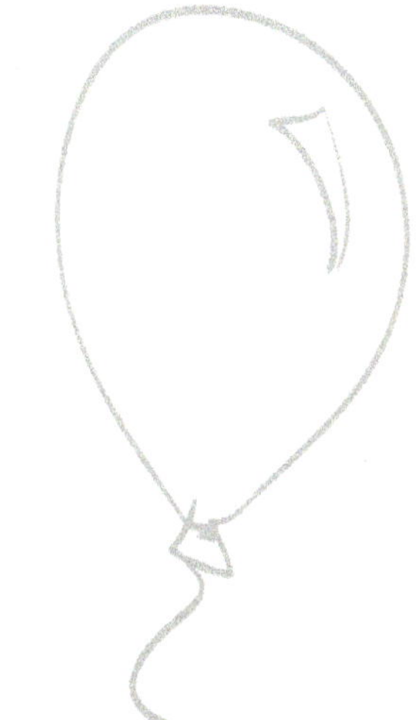

Energía y materia ▸Herramientas

Energía y materia La energía y la materia fluyen hacia dentro y hacia fuera de los sistemas. Lee en libros o artículos de Internet acerca de la conexión entre los combustibles fósiles y la contaminación ambiental. Comparte la información que encuentres con tus compañeros.

Combustibles fósiles

Gran parte de la energía que usan las personas viene de los combustibles fósiles. Los **combustibles fósiles** son materiales que se formaron cuando se descompusieron bajo tierra plantas y animales antiguos. Los tres combustibles fósiles principales son el carbón, el petróleo y el gas natural. Estos combustibles reaccionan con el oxígeno del aire durante la combustión y liberan calor y luz. Los combustibles fósiles son una fuente de energía no renovable. Las reservas son limitadas porque se necesitan millones de años para convertir materia viva en combustibles fósiles. Quemar combustibles fósiles puede tener un **resultado**, o consecuencia, negativo para el medio ambiente. Puede causar problemas como contaminación del aire y acidez en ríos y lagos.

Carbón

Hace millones de años, había pantanos en gran parte de la superficie de la Tierra. Cuando las plantas de esos pantanos murieron, se hundieron hasta el fondo. A lo largo de mucho tiempo se acumularon capas y capas de plantas muertas. El suelo y la roca cubrieron esas capas. Los cambios químicos transformaron los tallos y las hojas en una sustancia dura y negra, llamada **carbón**. La cantidad de carbón que existe actualmente durará más de cien años con el ritmo de producción actual. Pero el carbón no es una fuente de energía renovable. A medida que se usa, no se forma más carbón para reemplazarlo.

REVISAR LA LECTURA **Usar características del texto** Los encabezados son los nombres de las secciones escritos con fuentes más grandes. ¿Qué te dicen los encabezados de esta página sobre los párrafos que vienen después?

____

____

Misión Conexión

La energía de los combustibles fósiles viene originalmente del Sol. Tu Misión es hacer que un motor funcione usando energía producida por el movimiento humano. ¿Por qué esa energía también viene del Sol?

____

____

____

Petróleo

¿Qué compras en una gasolinera? Gasolina. Los principales combustibles para el transporte que se usan en el mundo —la gasolina y el diésel— están hechos de petróleo. El **petróleo** es un combustible fósil líquido formado por la descomposición de plantas y animales antiguos. No está en tantos lugares como el carbón. Arabia Saudita, Rusia y los Estados Unidos son los países que más petróleo producen. Se envía a lugares lejanos usando tuberías, trenes, camiones y grandes barcos. Existen fábricas enormes, llamadas refinerías, que separan las distintas partes del petróleo. Esas partes se usan como combustible y para fabricar muchos productos distintos, como plásticos, telas, fertilizantes y medicamentos.

Reflexiona Estas plataformas petroleras excavan y toman petróleo de la tierra. En tu cuaderno de ciencias, escribe cómo este proceso podría afectar el medio ambiente.

Conexión con la comprensión visual

¿De dónde vienen los COMBUSTIBLES FÓSILES?

Las plantas y los animales tardan mucho tiempo en convertirse en combustibles fósiles. Gran parte del carbón y del petróleo que usamos hoy empezó a formarse hace mucho tiempo.

CARBÓN

Cuando las plantas murieron y se hundieron en el agua, se descompusieron y formaron capas de turba.

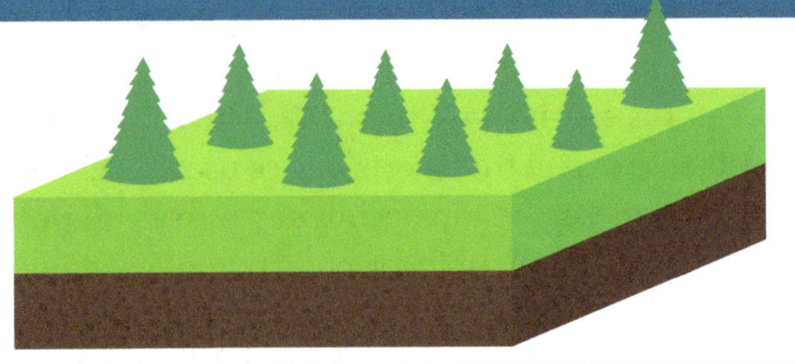

Después de mucho tiempo, el calor del interior de la Tierra y la presión del suelo y la roca convirtieron la turba en carbón.

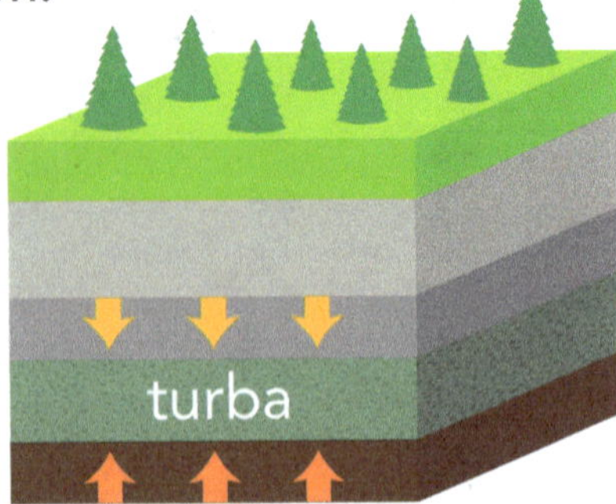

El cambio tardó más de 10 millones de años.

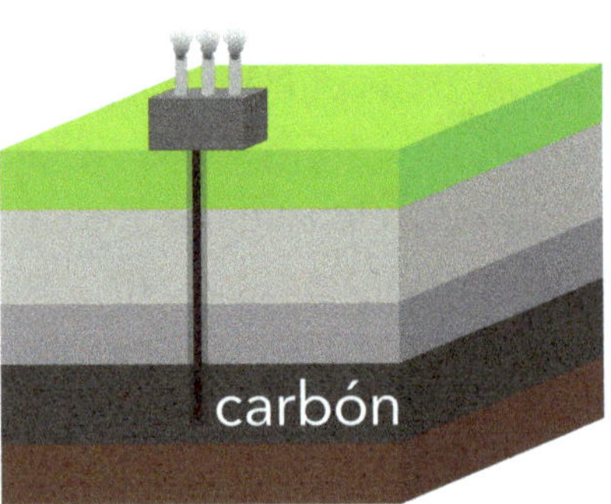

Predecir ¿Qué crees que pasaría si no se formara carbón?

PETRÓLEO

Cuando las plantas y los animales murieron en el océano, se hundieron hasta el fondo. La mayoría eran organismos unicelulares, como plancton y algas.

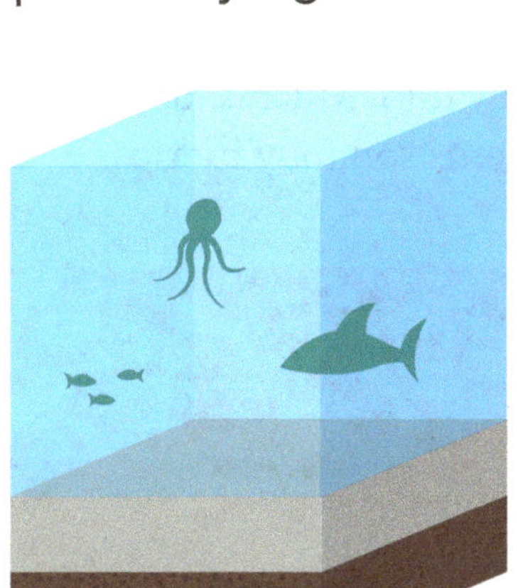

Quedaron cubiertos de sedimento. Después de mucho tiempo, esas plantas y animales se descompusieron y formaron petróleo y gas natural.

Actualmente, estos materiales llenan las pequeñas brechas y poros de la roca que hay bajo tierra, muy lejos de la superficie.

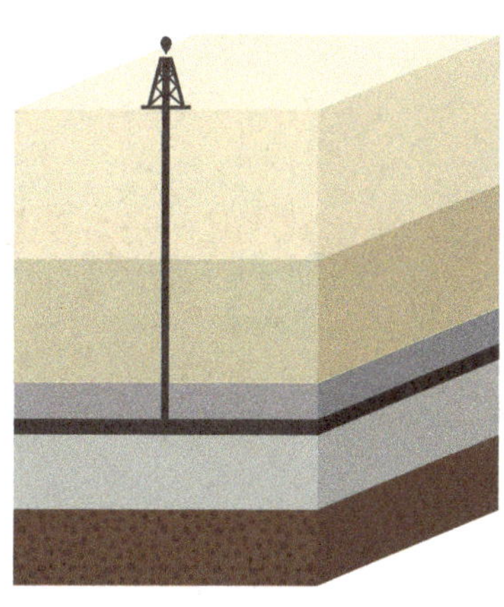

Inferir ¿Por qué crees que el carbón y el petróleo son diferentes?

Haz una actividad acerca de los combustibles fósiles.

Gas natural

Los ingenieros suelen encontrar otro combustible fósil en el petróleo o cerca del petróleo. El **gas natural** es un combustible fósil que aparece en estado gaseoso. Al igual que el petróleo, se formó por la descomposición de plantas y animales que murieron hace mucho tiempo. En muchos lugares, el gas natural llega a los hogares y las empresas a través de tuberías En los hogares, se usa para la calefacción, para cocinar y para calentar el agua. El gas natural también es importante para producir electricidad. Algunos vehículos modernos usan gas natural como combustible. Como es un gas, el gas natural es más difícil de almacenar y transportar que el carbón o el petróleo. A menudo se guarda y se envía en contenedores a una presión muy alta. Muchos de esos contenedores son esferas, porque las esferas son muy fuertes.

¡Diséñalo! Un ingeniero está evaluando el uso de combustibles fósiles para una planta de energía. Haz una lista de algunos criterios y restricciones que afectarían el uso de un combustible fósil.

Combustible nuclear

En la segunda mitad del siglo XX, las personas comenzaron a usar energía nuclear para generar energía eléctrica. La energía nuclear se obtiene de los cambios que se producen dentro de las partículas de la materia. Los elementos inestables que producen esta energía en las plantas de energía son el **combustible nuclear**. La mayoría de las plantas de energía nuclear usan el elemento llamado **uranio**. El uranio se encuentra en rocas, bajo tierra. Los mineros extraen las rocas, y el uranio se toma de esas rocas. El uranio es una fuente de energía no renovable porque solo se puede extraer una cantidad limitada. Las plantas de energía nuclear funcionan de manera similar a las de combustibles fósiles, pero el combustible no se quema. En cambio, los átomos de uranio se dividen para generar energía térmica. La energía térmica forma vapor, que impulsa una turbina y un generador.

tú, Científico

Haz que gire

Usa un molinete de juguete al aire libre cuando haya viento. Observa lo que pasa con el molinete. ¿Cómo puede usarse la energía del viento como fuente de energía?

Lección 2: Revisión

SC.4.P.10.2

1. **Hacer una lista** ¿Cuáles son algunos ejemplos de fuentes de energía no renovables?

____

____

2. **Identificar** ¿Cuáles son tres formas en las que las personas usan los recursos naturales?

____

____

STEM Misión Control Lab

¿Cómo puedes usar una pila para generar movimiento?

Los ingenieros usan criterios, o normas, para evaluar si una solución funciona. ¿Cómo puedes diseñar un aparato que use una pila para generar movimiento?

Materiales
- pila en portapilas
- cable de cobre con aislante
- interruptor
- motor eléctrico
- lentes de seguridad

Materiales recomendados
- partes móviles de juego de construcción

Diseñar y construir

☐ **1.** Decide cómo construirás un aparato, o mecanismo, que use una pila para generar movimiento. Haz una lista con los criterios.

____

____

____

Usa lentes de seguridad.

Práctica de ingeniería

Los ingenieros **definen problemas de diseño** y los resuelven con el desarrollo de un objeto.

☐ **2.** Haz un diagrama que muestre cómo organizarás los materiales. Rotula los componentes. Muestra tu diagrama a tu maestro antes de empezar.

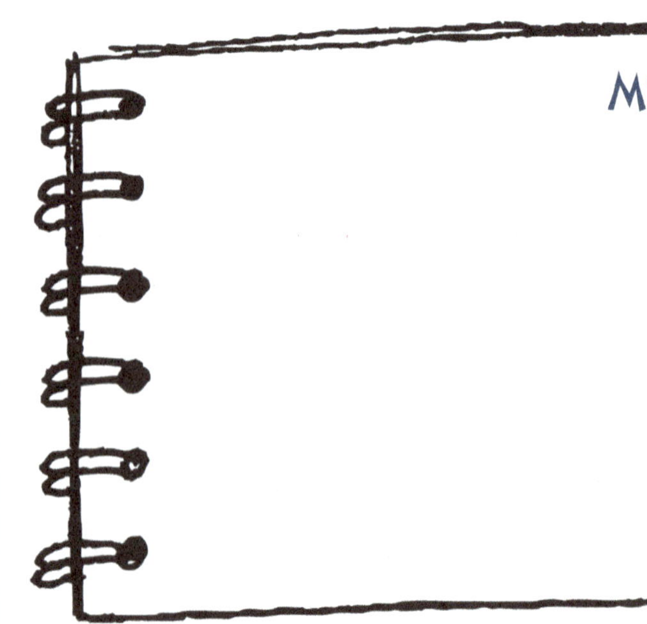

3. Construye tu aparato. Si no funciona, revisa tu dibujo y vuelve a construir el aparato.

Evaluar el diseño

4. **Usar evidencia** ¿Satisface tu solución el criterio de lograr que el motor funcione? Sustenta tu respuesta con evidencia.

5. **Plantear una hipótesis** ¿Cómo podrías reemplazar la pila con algún tipo de energía mecánica que permita que el motor funcione?

Lección 3

Las fuentes de energía renovables

Puedo...

Distinguir entre fuentes de energía renovables y no renovables.
Dar ejemplos de fuentes de energía renovables.

4-ESS3-1

Destreza de lectura
Usar características del texto

Vocabulario
energía geotérmica
energía hidráulica

Vocabulario académico
disponible

VIDEO
Ve un video acerca de la energía geotérmica.

INGENIERÍA Conexión

La fuente de energía más abundante de la Tierra, en realidad, no está en el planeta. Todos los días, el Sol ofrece 10,000 veces más energía a la Tierra que la que usan las personas. Como esa energía está distribuida en todo el planeta, las personas desarrollaron sistemas para concentrarla y usarla. Los Estados Unidos ya cuentan con más de 1 millón de sistemas de energía solar. Mientras los ingenieros mejoren los artefactos de energía solar, esa cantidad aumentará.

La energía solar en los hogares se usa de dos maneras. Con un método, la luz solar calienta directamente la casa o calienta el agua que usamos para bañarnos o para lavar ropa. El otro método usa celdas fotovoltaicas. Estos dispositivos suelen ubicarse en el techo de las construcciones. Las celdas usan energía solar para producir corriente eléctrica. La electricidad de esas celdas puede usarse inmediatamente o almacenarse en una pila para usarla en otro momento. La energía solar también puede convertirse en energía eléctrica en grandes instalaciones, que luego entregan la electricidad a los clientes.

Escríbelo Los ingenieros están diseñando un sistema de energía solar capaz de satisfacer todas las necesidades de energía de un hogar. En tu cuaderno de ciencias, escribe qué restricciones deben tener en cuenta.

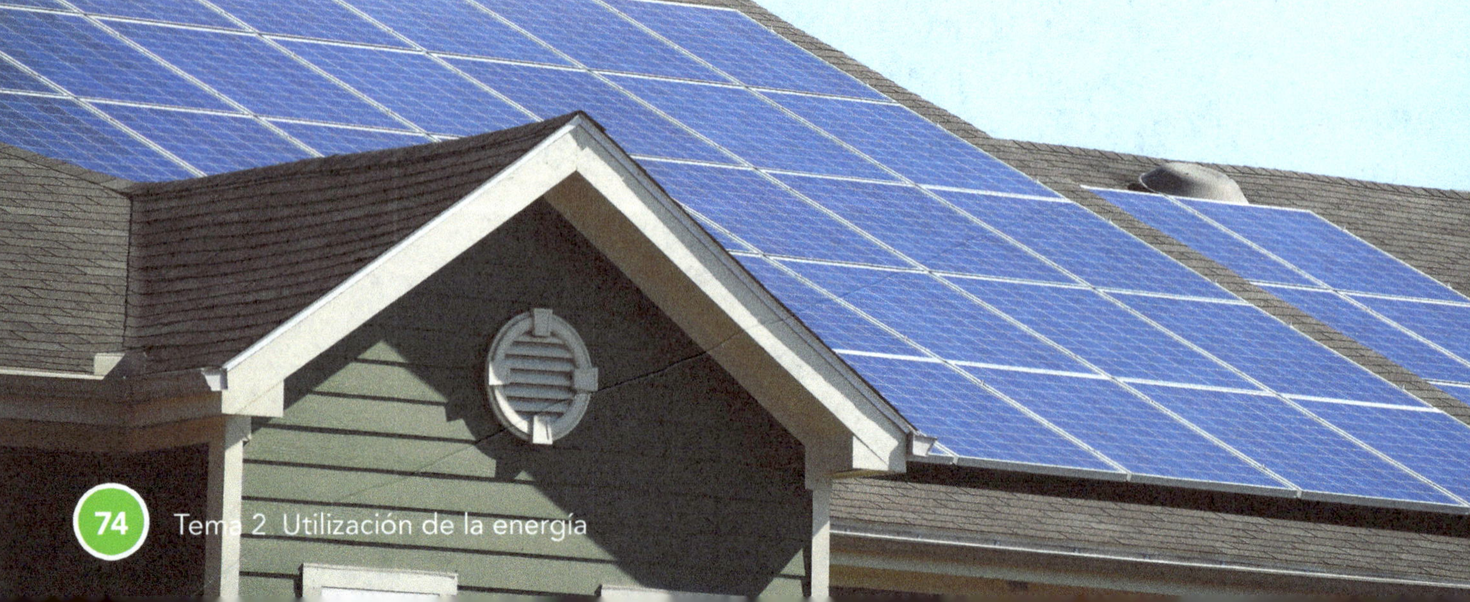

STEM túInvestigas Lab

4-PS3-4, SEP.6

¿Cómo captura un molino de viento la energía del viento?

Los científicos y los ingenieros desarrollaron aparatos que convierten una forma de energía en otra. ¿Cómo puedes diseñar una manera de capturar la energía del aire en movimiento?

Materiales recomendados

- cartulina
- popotes de plástico
- alfileres rectos
- plastilina
- engrapadora
- pegamento para papel
- lentes de seguridad

Usa lentes de seguridad.

Práctica de ciencias

Los científicos **aplican ideas científicas** para resolver problemas de diseño.

Procedimiento

☐ **1.** Haz un plan para fabricar un aparato que gire cuando el viento sople sobre él. Incluye un método para probar el aparato. Muestra tu plan a tu maestro antes de empezar.

☐ **2.** Observa cómo la dirección del viento afecta la forma en que se mueve tu aparato. Registra tus observaciones.

☐ **3.** Sobre la base de tus observaciones, mejora tu aparato. Vuelve a probarlo. Registra tus observaciones.

Analizar e interpretar datos

4. Inferir Usa lo que observaste en tu modelo y lo que sabes sobre los generadores para describir cómo podría generar energía eléctrica un molino de viento.

____

____

____

____

____

____

____

____

____

Observaciones

Conexión con la comprensión visual

¿Hay energía renovable en todas partes?

Las fuentes de energía renovables contribuyen más a satisfacer nuestras necesidades de energía todos los años. No se agotan cuando las usamos. Algunas formas de energía se pueden usar directamente. Otras formas de energía renovable se convierten en energía eléctrica o en combustibles químicos antes de que las usemos.

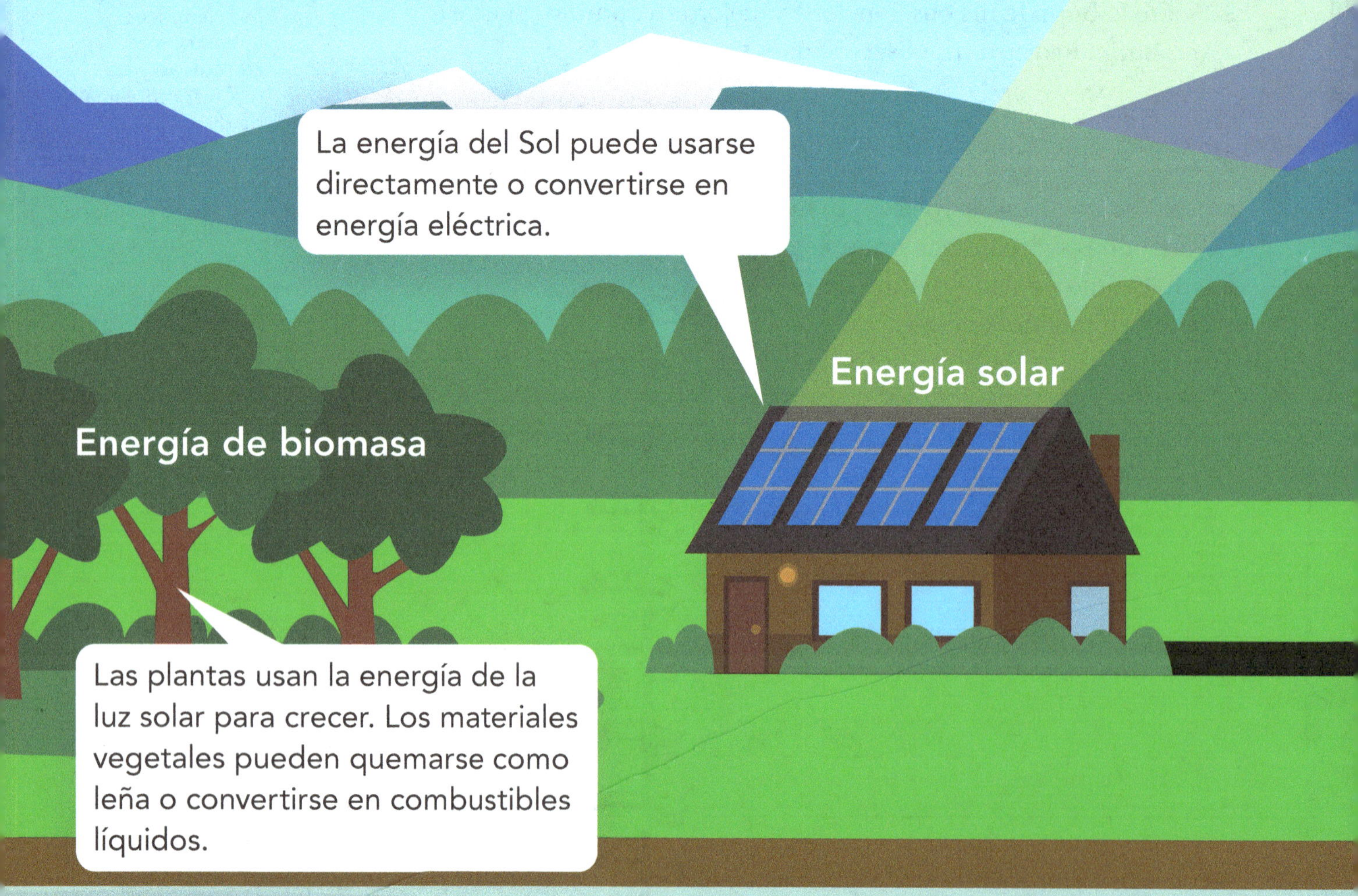

La energía del Sol puede usarse directamente o convertirse en energía eléctrica.

Energía solar

Energía de biomasa

Las plantas usan la energía de la luz solar para crecer. Los materiales vegetales pueden quemarse como leña o convertirse en combustibles líquidos.

Describir **Encierra en un círculo las fuentes de energía renovables que usarías para generar electricidad para tu escuela.**

A medida que el Sol calienta la atmósfera, el aire se mueve. Las turbinas de viento convierten ese movimiento en energía eléctrica.

La energía solar hace que el agua se evapore. Después de que el aire se condensa y cae en forma de lluvia o nieve, la energía de los ríos que fluyen puede usarse para generar energía eléctrica.

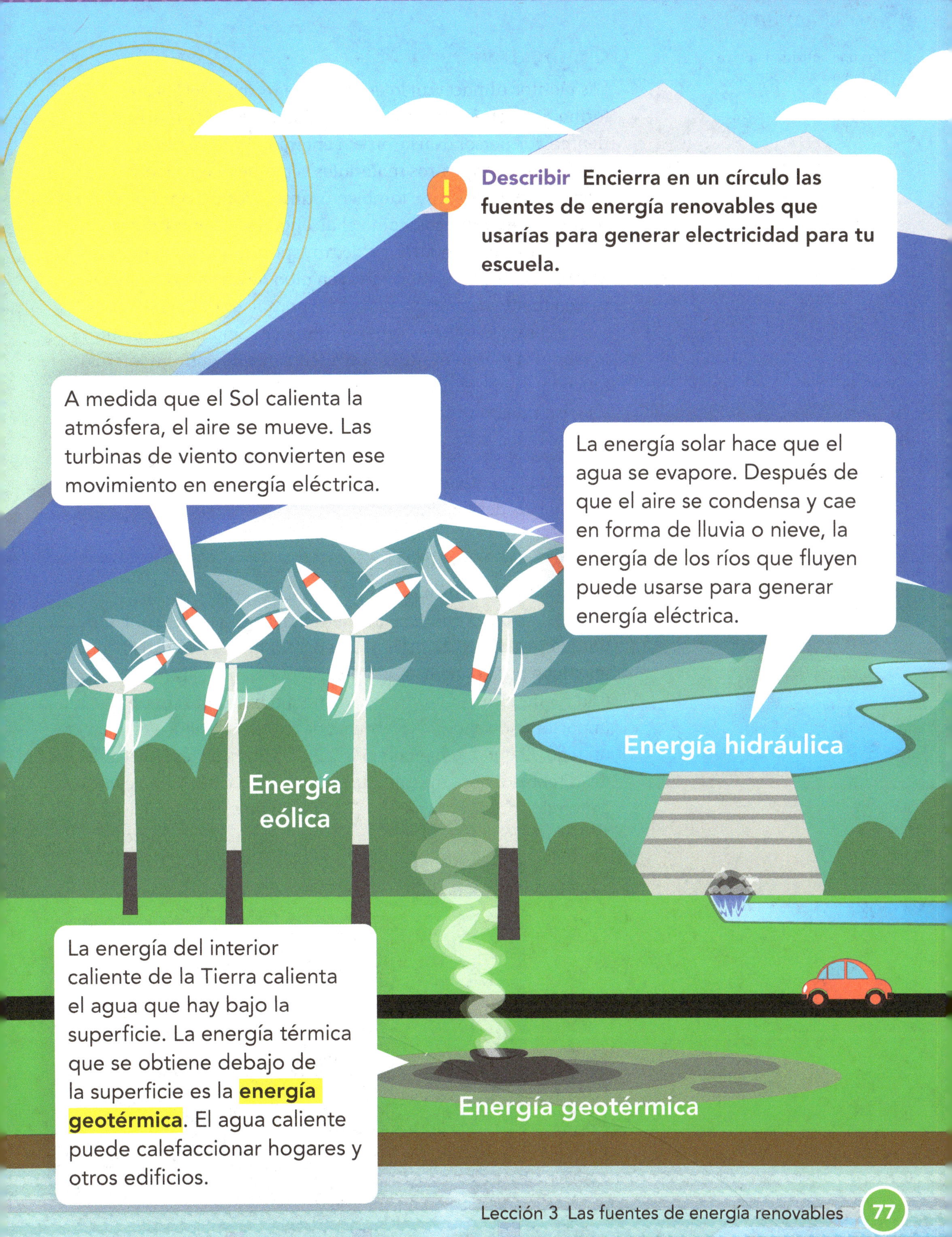

Energía eólica

Energía hidráulica

La energía del interior caliente de la Tierra calienta el agua que hay bajo la superficie. La energía térmica que se obtiene debajo de la superficie es la **energía geotérmica**. El agua caliente puede calefaccionar hogares y otros edificios.

Energía geotérmica

Haz una actividad acerca de la energía eléctrica.

Conectar conceptos ▸ Herramientas

Energía y materia Es posible usar el maíz para fabricar un combustible renovable llamado etanol. El maíz también es parte importante de muchas dietas. ¿Cómo afecta la cantidad de maíz disponible como alimento el uso de maíz para fabricar combustible?

Combustible renovable

Las plantas almacenan la energía que reciben del Sol en forma de energía química en sus células. Durante mucho tiempo, las personas usaron esa energía almacenada al quemar madera y otros materiales vegetales, conocidos como biomasa. Actualmente, también usamos plantas para producir combustibles químicos, como el alcohol. Esos combustibles son más fáciles de guardar y de transportar que la biomasa. Muchos tipos de gasolina incluyen algo de alcohol. La biomasa es una fuente de energía renovable porque es posible sembrar nuevas plantas muchas veces en un mismo lugar. Sin embargo, la biomasa es una manera muy ineficiente de guardar energía. Mucho menos del 1% de la energía del Sol llega al biocombustible y se usa mucha tierra para producirlo.

Comparar y contrastar Encierra en un círculo el texto que describe las ventajas de usar biomasa. Subraya el texto que describe las desventajas.

Energía hidráulica

Si te quedas afuera cuando llueve mucho, puedes sentir la energía del agua que cae. La energía del agua en movimiento se llama **energía hidráulica**. La energía hidráulica usa el agua que fluye para generar movimiento, por ejemplo, para hacer que una rueda gire. Actualmente, la energía hidráulica es una fuente importante de energía eléctrica. Las represas retienen el agua en un lago. El agua, a medida que fluye a través de las aberturas de la represa, hace que gire una turbina. La turbina hace que un generador produzca energía. El agua en movimiento de los ríos también puede ser una fuente de energía para la turbina.

Energía que no se agota

La biomasa es una fuente de energía renovable porque podemos cultivar más plantas. Sin embargo, no es necesario reemplazar otras fuentes de energía. La naturaleza las produce constantemente. La energía eólica es totalmente renovable. A medida que la atmósfera absorbe la energía del Sol, las diferencias de temperatura de la atmósfera hacen que el viento sople. Si bien el viento puede detenerse por momentos, sabemos que volverá a soplar.

La energía solar es otra fuente de energía que no se acabará, ¡al menos por un par de miles de millones de años! Mientras el Sol brille, seguirá aportando energía a la Tierra. Usamos parte de la energía solar directamente para calentar agua o el aire en un edificio. La energía solar también puede convertirse en energía eléctrica. Esa energía puede transmitirse a usuarios muy alejados de las celdas de energía. Una de las limitaciones de la energía solar es que no está disponible de noche. Cuando algo está **disponible**, se puede usar.

Describir ¿Cómo puede usarse el aire como fuente de energía?

____

____

____

tú, Científico

Hacer equilibrio

En un día soleado, pon dos pedazos de cartulina —uno blanco y uno negro— lado a lado, al sol. Pégalos con cinta si hay viento. Después de una hora, toca cada pedazo de cartulina. ¿Qué puedes observar? Explica por qué pasa eso.

Lección 3: Revisión

1. **REVISAR LA LECTURA** **Usar características del texto** Mira el título de cada sección de la lección. ¿Cómo se relacionan los títulos entre sí?

____

____

____

2. **Evaluar** Los agricultores pueden cultivar productos como el maíz para fabricar combustible para los vehículos. ¿El combustible hecho de maíz es un recurso renovable? Explica tu respuesta.

____

____

____

STEM Misión Control Lab

LABORATORIO PRÁCTICO

3-5-ETS1-1, SEP.7

¿Cómo puede el Sol hacer que un motor funcione?

En la última actividad de Misión: Control, hiciste que un motor funcionara con una pila. ¿Cómo puedes hacer que tu motor eléctrico funcione con una celda solar, en lugar de una pila?

Materiales

- pequeño panel solar
- cable de cobre con aislante
- interruptor
- motor eléctrico

Materiales recomendados

- lámpara de escritorio

Práctica de ingeniería

Los ingenieros generan y **comparan múltiples soluciones** a un problema.

Diseñar y construir

☐ **1.** Haz un diagrama que muestre cómo organizarás los materiales para hacer que el motor funcione con una celda solar. Rotula los componentes. Muestra tu diagrama a tu maestro antes de seguir.

☐ **2.** Construye tu aparato. Si no funciona, corrige tu dibujo y vuelve a construirlo.

Evaluar la solución

3. Evaluar ¿Qué tan bien funcionó el aparato o dispositivo solar, comparado con el aparato de pila? Explica cómo los comparaste.

____

____

____

STEM Conexión con las matemáticas

Una herramienta matemática importante es la gráfica de barras. Una gráfica de barras muestra cómo cambia algo con el tiempo. Cuando dos cosas están relacionadas, una gráfica de barras doble muestra cómo un factor cambió el otro. Una gráfica de barras doble compara dos conjuntos de datos.

Las barras azules de la gráfica muestran la cantidad de energía eléctrica que se generó a partir de la energía hidráulica cada cinco años, entre 1995 y 2015. Las barras verdes muestran la cantidad de energía eléctrica que se generó a partir de otras fuentes renovables a lo largo del mismo período. Mira cómo cambia la cantidad de energía eléctrica generada con energía hidráulica. Luego, mira lo que ocurre con la energía eléctrica generada a partir de otras fuentes renovables. Los datos de la gráfica de barras doble muestran la conexión entre la energía eléctrica generada con energía hidráulica y la energía eléctrica generada a partir de otras fuentes renovables.

Sacar conclusiones ¿Qué muestra la gráfica de barras doble acerca de la conexión entre la energía hidroeléctrica y las otras fuentes de energía renovables?

____

____

____

____

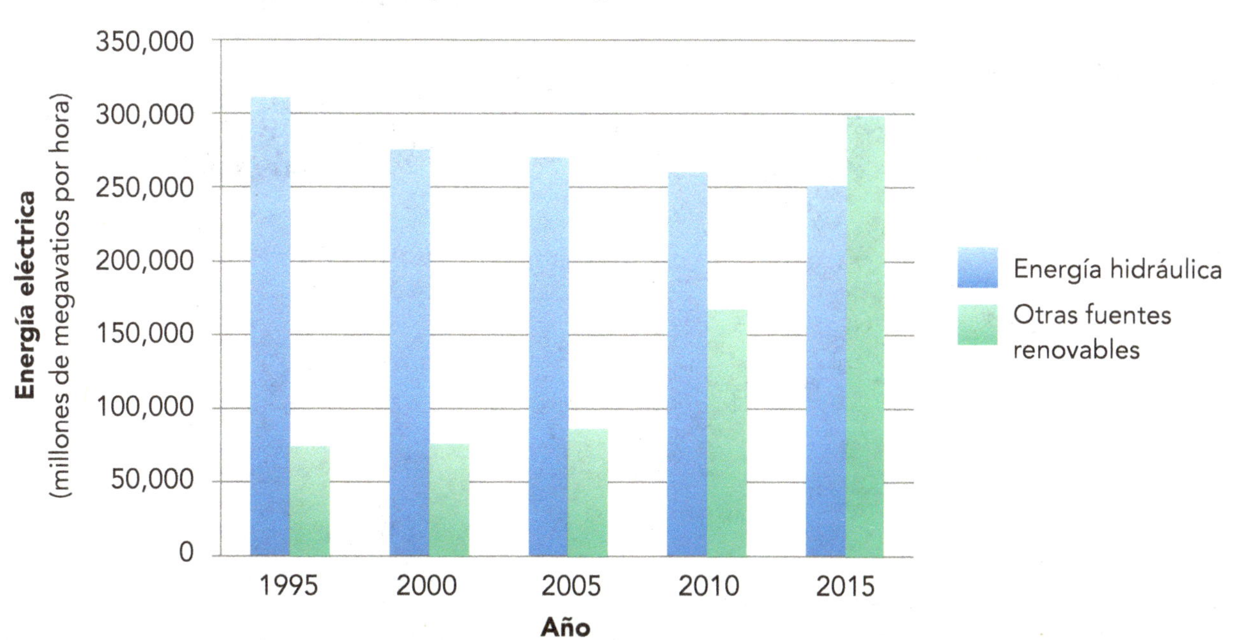

3-5-ETS1-1

VIDEO

Conéctate en línea para ver cómo se recicla el plástico.

No olvides tu teléfono

Los primeros teléfonos móviles eran muy grandes. La gente los llamaba "ladrillos" por su tamaño y su forma. ¡Tenían más de un kilogramo de masa! Piensa en lo diferentes que son los teléfonos inteligentes de hoy. La tecnología permite que los teléfonos modernos sean mucho más pequeños y usen la energía más eficientemente.

Los ingenieros tienen en cuenta muchos criterios al momento de diseñar un nuevo teléfono. Algunas personas quieren un teléfono muy pequeño que entre en el bolsillo. Otros quieren un teléfono con una pantalla grande que permita usar muchas aplicaciones. Cada diseño de teléfono tiene características que algunos usuarios quieren, pero es posible que no satisfaga las necesidades de otros usuarios. ¿Cómo diseñarías un teléfono que satisfaga tus preferencias?

Los ingenieros no cambian todas las partes de un teléfono a la vez. Cuando rediseñan un teléfono que ya está siendo usado, primero evalúan ese teléfono. Luego, deciden cómo mejorarlo.

littleBits™

Mejóralo

Supón que trabajas para una empresa que fabrica teléfonos celulares. Tu trabajo es rediseñar el teléfono actual para que tenga las características que busca la gente. El primer paso es decidir qué haría que el teléfono fuera mejor.

- [ ] Piensa en los teléfonos que tú y tus amigos usan. ¿Qué característica cambiarías para que el teléfono fuera mejor?

- [ ] Haz una lluvia de ideas para añadir la característica que quieres cambiar al diseño de un teléfono inteligente.

- [ ] Dibuja tu nuevo teléfono.

Lección 4

Impacto ambiental del uso de la energía

Puedo...

Describir cómo el uso de distintos recursos naturales afecta el medio ambiente a nivel local y mundial.
Evaluar cómo la tecnología puede mejorar los efectos ambientales del uso de un recurso energético determinado.

4-ESS3-1

Destreza de lectura

Usar características del texto

Vocabulario

emisión
contaminante
depurador
gas de efecto invernadero

Vocabulario académico

impacto

STEM Conexión

Si pasas por una planta de energía moderna, es probable que veas torres altas como las que se muestran en la foto. Aunque parece que liberan humo, no son chimeneas. Lo que sale de la torre es vapor de agua. A medida que el vapor se enfría en el aire que está encima de las torres, forma pequeñas gotas. ¡En realidad estás viendo una nube en el cielo encima de la torre!

Las plantas de energía generan mucho vapor para que funcionen las turbinas. El vapor se condensa y forma agua caliente. En el pasado, el agua caliente a menudo se vertía en un río o un lago. En torres de este tipo, parte del agua caliente se evapora en la superficie del agua y forma vapor de agua. Como se necesita energía para formar vapor de agua, lo que queda de agua se enfría. Cuando se enfría lo suficiente, se recicla para generar nuevo vapor.

Analizar Qué efectos tendría para el medio ambiente verter agua caliente de una planta de energía en un río? ¿Crees que debería permitirse?

____

____

____

túInvestigas Lab

LABORATORIO PRÁCTICO

4-ESS1-1, SEP.8

¿Por qué es tan difícil limpiar petróleo?

Cuando el petróleo crudo se derrama en una playa, los científicos desarrollan maneras de limpiar el petróleo. ¿Por qué es tan difícil separar el petróleo crudo de la arena?

Materiales

- modelo de petróleo
- arena
- tazón
- lentes de seguridad
- guantes de plástico
- cucharas

Materiales recomendados

- toallas de papel
- tamiz

Usa lentes de seguridad y guantes

No te lleves a la boca los elementos del laboratorio.

Práctica de ciencias

Los científicos **obtienen información** para explicar fenómenos.

Procedimiento

☐ **1.** Pon una cucharada de petróleo en un tazón de arena y mezcla.

☐ **2.** Haz un plan para separar el petróleo de la arena. Muestra tu plan a tu maestro antes de empezar. Registra tus observaciones.

☐ **3.** Piensa otros métodos que podrías usar para separar el petróleo de la arena. Prueba uno de esos métodos. Registra tus observaciones.

Analizar e interpretar datos

4. Analizar ¿Por qué fue difícil separar el petróleo de la arena?

____

____

5. Usar un modelo ¿Qué te mostró tu modelo acerca de la contaminación en una playa?

____

____

tú, Científico

Pide a un adulto que te ayude a buscar la cantidad de dióxido de carbono, o CO_2, de la atmósfera en los últimos 10 años. Haz una gráfica con los datos que reúnas. ¿Qué patrones puedes ver en los datos?

Impacto de la producción de energía

La utilización de la energía tiene **impactos**, o consecuencias, en el medio ambiente. Esos impactos se dan cuando las personas cambian el terreno para construir una estructura o para remover un recurso. También pueden ocurrir cuando se produce energía. La **emisión** es el acto de liberar sustancias al medio ambiente. Algunas emisiones pueden tener un impacto negativo sobre el medio ambiente. Por ejemplo, liberar un **contaminante**, o sustancia nociva, durante la producción de energía puede dañar la tierra, el agua y el aire.

El impacto que tiene una planta de energía sobre el medio ambiente depende de cómo se genera la energía y de qué contaminantes se emitan. También depende del método que se use para reducir los efectos nocivos. Quemar combustible en las plantas de combustibles fósiles libera partículas de ceniza y químicos nocivos. Algunos de esos químicos hacen que la lluvia se vuelva ácida. Cuando el ácido ingresa en el agua de la superficie, reduce la capacidad de los arroyos y los lagos para albergar organismos. La mayoría de las plantas de energía actuales usan depuradores para reducir o prevenir esa contaminación. En un **depurador**, los gases de la planta atraviesan una sustancia que reduce la cantidad de contaminantes que llega al aire. Sin embargo, la eliminación de los contaminantes capturados también tiene un impacto.

Hay otro tipo de contaminación del aire que es más difícil de controlar. Las plantas de energía también liberan gases de efecto invernadero, principalmente dióxido de carbono. Un **gas de efecto invernadero** es un contaminante que aumenta la capacidad de la atmósfera de retener calor. Como la combustión siempre libera dióxido de carbono, las plantas de energía que usan combustibles fósiles son una fuente importante de ese impacto.

REVISAR LA LECTURA **Usar características del texto** Elige una de las palabras de vocabulario de la página. ¿Cómo se relaciona con el título de esta sección?

____

____

____

____

Los impactos de la energía nuclear

Las plantas de energía nuclear no producen contaminantes para el aire, pero sí producen residuos sólidos que siguen siendo peligrosos por miles o millones de años. Las plantas de energía nuclear también producen grandes cantidades de agua caliente.

Analizar ¿Cómo podría afectar la emisión de agua muy caliente al medio ambiente y a los seres vivos?

___

___

Práctica de ciencias ▸ Herramientas

Obtener y evaluar información
¿Cuáles son algunas de las fuentes de información sobre los impactos ambientales del uso de la energía? ¿Qué fuente es más confiable? ¿Una página del gobierno o la página de una empresa petrolera? ¿Por qué?

El impacto de la búsqueda de combustible

Algunos combustibles que usan las plantas de energía se pueden extraer únicamente de las minas. Ese proceso puede cambiar la superficie del terreno. A menudo se destruyen bosques y campos para llegar al combustible que hay debajo. Las minas de carbón pueden dejar zonas totalmente cambiadas. Algunos materiales que se extraen en las minas se disuelven en agua cuando están descubiertos. Entonces pueden llegar a los arroyos y a los ríos y contaminarlos.

También se hacen perforaciones para obtener combustibles. Los perforadores necesitan hacer carreteras y talar bosques para hacer lugar para el equipo de perforación. Algunos métodos de perforación usan materiales tóxicos para hacer que el petróleo y el gas lleguen a la superficie. Esos materiales pueden derramarse y contaminar la tierra y el agua cerca de la zona de perforación.

Causa y efecto Subraya dos efectos nocivos de la búsqueda de combustible.

Misión Conexión

¿Por qué una fuente de energía que no usa combustibles tiene un impacto ambiental menor?

___

___

___

Conexión con la comprensión visual

¿Cómo puede el uso de la energía dañar los ecosistemas?

El uso de la energía puede afectar los ecosistemas de muchas maneras. Los siguientes son algunos tipos de impacto ambiental relacionados con el uso de la energía.

! Dibuja una línea desde cada descripción hasta el lugar que ilustre el impacto.

mina de superficie

Mover la tierra puede contaminar arroyos y ríos.

Las carreteras pueden destruir hábitats.

La minería puede hacer que plantas y animales pierdan sus hábitats.

INTERACTIVITY

Haz una actividad acerca del impacto de los seres humanos sobre el medio ambiente.

La combustión de combustibles fósiles puede contaminar la atmósfera.

planta de energía de carbón

represa hidroeléctrica

La construcción de represas puede dañar los hábitats acuáticos.

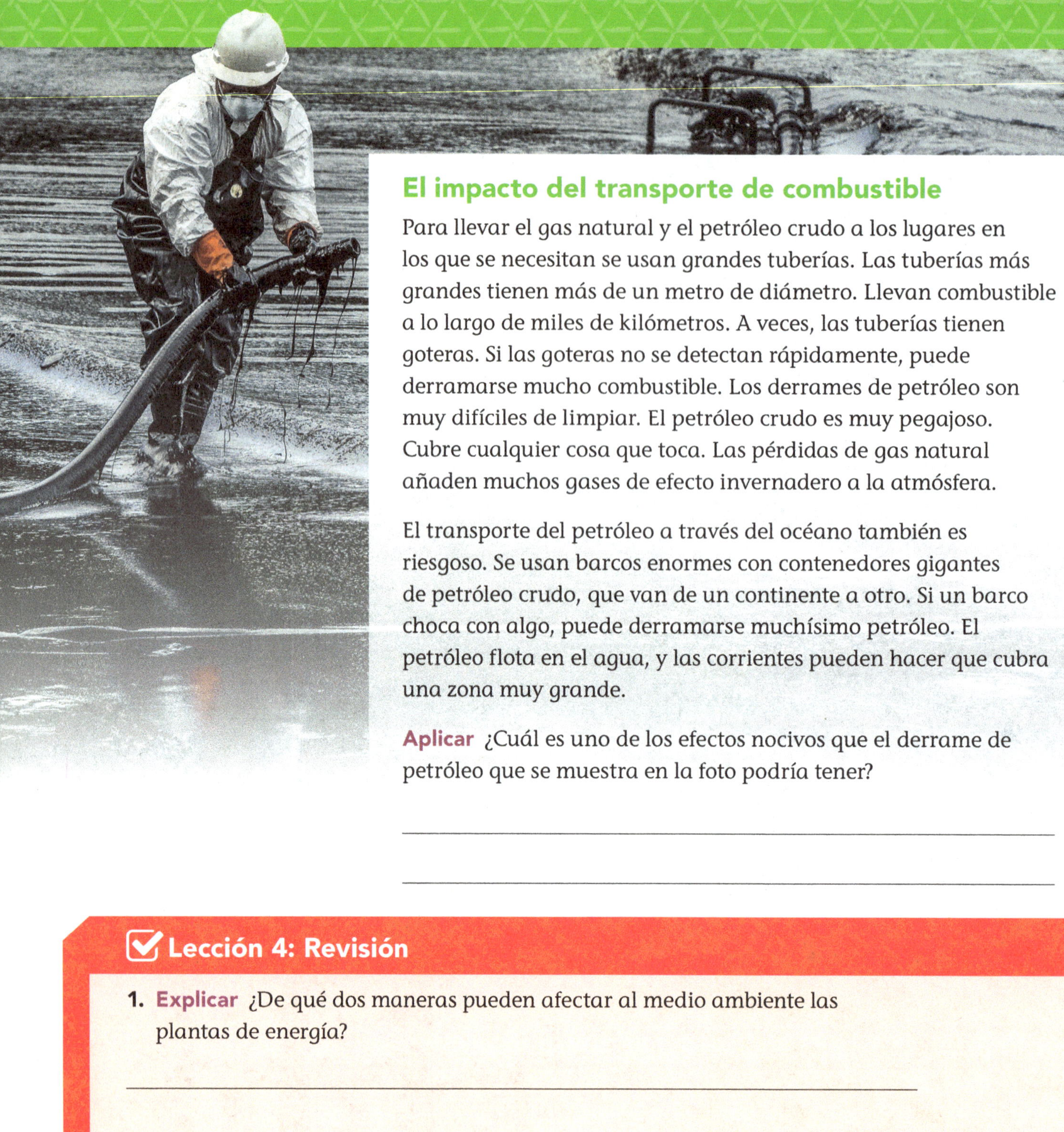

El impacto del transporte de combustible

Para llevar el gas natural y el petróleo crudo a los lugares en los que se necesitan se usan grandes tuberías. Las tuberías más grandes tienen más de un metro de diámetro. Llevan combustible a lo largo de miles de kilómetros. A veces, las tuberías tienen goteras. Si las goteras no se detectan rápidamente, puede derramarse mucho combustible. Los derrames de petróleo son muy difíciles de limpiar. El petróleo crudo es muy pegajoso. Cubre cualquier cosa que toca. Las pérdidas de gas natural añaden muchos gases de efecto invernadero a la atmósfera.

El transporte del petróleo a través del océano también es riesgoso. Se usan barcos enormes con contenedores gigantes de petróleo crudo, que van de un continente a otro. Si un barco choca con algo, puede derramarse muchísimo petróleo. El petróleo flota en el agua, y las corrientes pueden hacer que cubra una zona muy grande.

Aplicar ¿Cuál es uno de los efectos nocivos que el derrame de petróleo que se muestra en la foto podría tener?

____

____

Lección 4: Revisión

1. **Explicar** ¿De qué dos maneras pueden afectar al medio ambiente las plantas de energía?

____

____

____

____

2. **Analizar** ¿Cómo ayudan los depuradores a reducir la contaminación?

____

____

____

Inspecciones de impacto

Encontraste una fuente de energía distinta a la pila para el motor. Ahora debes analizar el impacto ambiental de ese aparato.

1. ¿Tiene algún efecto negativo para el medio ambiente el uso de energía solar para que funcione el motor? Explica tu respuesta.

2. Contrasta el impacto ambiental de la energía solar con el de la pila y con la energía mecánica que produce un ser humano.

3. ¿Cuál es la desventaja de usar energía generada por un ser humano, si la comparamos con una pila o la energía solar?

MISIÓN CUMPLIDA

Misión Hallazgos

INTERACTIVITY

Evalúa tu diseño para apoyar tus hallazgos de la Misión.

STEM

La energía de las personas

¿Cómo puede un dispositivo convertir energía de una forma a otra?

Poner a prueba tu solución

Aprendiste cómo la energía eléctrica hace que un motor funcione. Diseña un dispositivo que use la energía humana para generar energía para un motor eléctrico. Muestra tu diseño a tu maestro antes de construirlo.

Comenta cómo puedes desarrollar una prueba que compare distintas soluciones para el problema. ¿Qué criterios usarías para determinar qué dispositivo funciona mejor? En la tarjeta, escribe los pasos de una prueba que permita comparar los aparatos.

Pasos de la prueba

Volver a diseñar y a probar

Piensa qué cambio podrías hacer en tu dispositivo para que funcione mejor. ¿Cómo sabrás si el nuevo diseño es mejor?

Haz el cambio en tu diseño. Vuelve a probar el dispositivo. ¿Mejoró con el cambio que hiciste? Explica tu respuesta.

Conexión con la Carrera

Ingeniero eléctrico

Los ingenieros eléctricos trabajan con aparatos electrónicos, con electromagnetismo o con electricidad. Diseñan, prueban y producen equipos eléctricos que van de pequeños aparatos a enormes sistemas.

La ingeniería eléctrica es una parte relativamente nueva del campo de la ingeniería. Abrió todo un rango nuevo de carreras para los ingenieros. Un ingeniero eléctrico puede trabajar en el desarrollo de soluciones para problemas relacionados con la industria aeroespacial, la de generación de energía y la automotriz. Por ejemplo, la ingeniería de generación de energía se volvió más importante a medida que aumentó el interés en las energías renovables. Los ingenieros que se dedican a la generación de energía desarrollan maneras más eficientes de conducir la electricidad a través de los equipos que generan energía a partir de fuentes renovables.

Escríbelo Los ingenieros eléctricos desarrollan soluciones para grandes problemas. ¿Qué problemas actuales del mundo podría resolver un ingeniero eléctrico? ¿Cómo lo haría?

Evaluación

1. **Usar diagramas** Este diagrama muestra la turbina y el generador que usan en una planta de energía hidráulica.

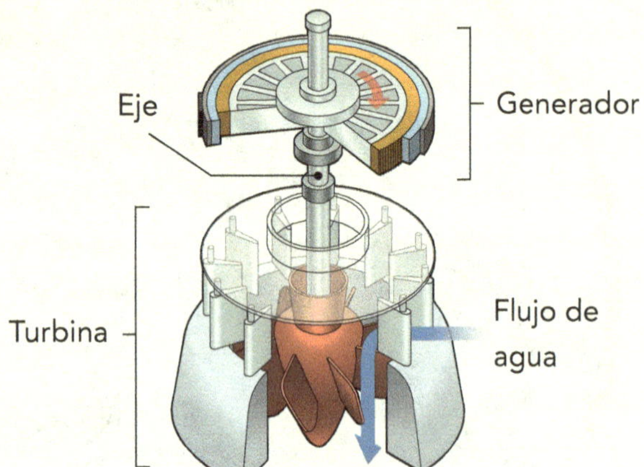

¿Qué función tiene la turbina?

A. Mueve el agua a través de la represa.

B. Hace que el generador se mueva.

C. Produce la electricidad que llega al tendido eléctrico.

D. Calienta el agua que produce el vapor que hace que el generador gire.

2. **Resumir** ¿Cómo se formaron los combustibles fósiles? ¿Por qué están bajo tierra?

3. **Interpretar** Laura leyó un artículo sobre la combustión de un combustible para producir energía. En el artículo se planteaba que la energía de cualquier combustible usado en la combustión viene del Sol. ¿Qué significa ese enunciado?

A. Los combustibles usados para generar energía son fuentes de energía renovables.

B. Todos los combustibles fueron plantas que usaban la luz solar o animales que comían las plantas.

C. Los combustibles absorben energía de la luz solar y liberan esa energía cuando se queman.

D. La energía eléctrica de las plantas de energía solo puede producirse usando distintos tipos de energía solar almacenada.

4. **Comparar y contrastar** ¿Cuáles son una semejanza y una diferencia entre las fuentes de energía renovables y las no renovables?

5. **Usar evidencia** La gráfica muestra los tipos de energía usados en un año reciente.

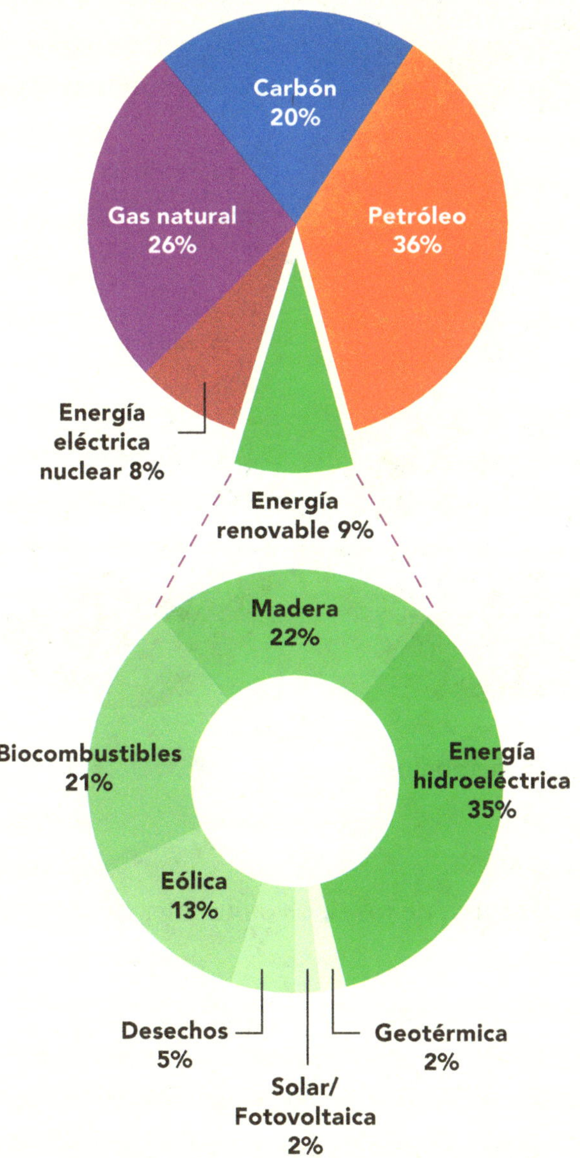

¿Cuál fue la fuente de energía renovable más importante de ese año?

A. hidroeléctrica

B. gas natural

C. petróleo

D. eólica

6. **Explicar** ¿Por qué una planta de energía nuclear tiene un impacto sobre el medio ambiente menor que el de una planta de carbón?

A. Las plantas de energía nuclear son más pequeñas que las de carbón.

B. El combustible de una planta de carbón se extrae de la tierra en minas, pero el de una planta de energía nuclear no.

C. Las plantas de energía nuclear no liberan contaminantes en la atmósfera, pero las plantas de carbón sí.

D. Las plantas de energía nuclear no generan un calor que puede dañar el medio ambiente, pero las plantas de carbón sí.

Pregunta esencial *¿Cómo transformamos la energía para satisfacer nuestras necesidades?*

Muestra lo que aprendiste

Muchas fuentes de energía se convierten en energía eléctrica antes de que usemos la energía. ¿Por qué razones usamos energía eléctrica en lugar de usar otras fuentes directamente?

____

____

____

____

____

____

Evaluación basada en la evidencia

Lee esta situación y responde las preguntas 1 a 5.

Manny escribió un informe sobre el impacto ambiental del uso de la energía. Buscó información sobre los gases de efecto invernadero en Internet. Manny encontró estas gráficas en un sitio del gobierno de los Estados Unidos. Su maestro le dijo que la información de ese sitio es confiable.

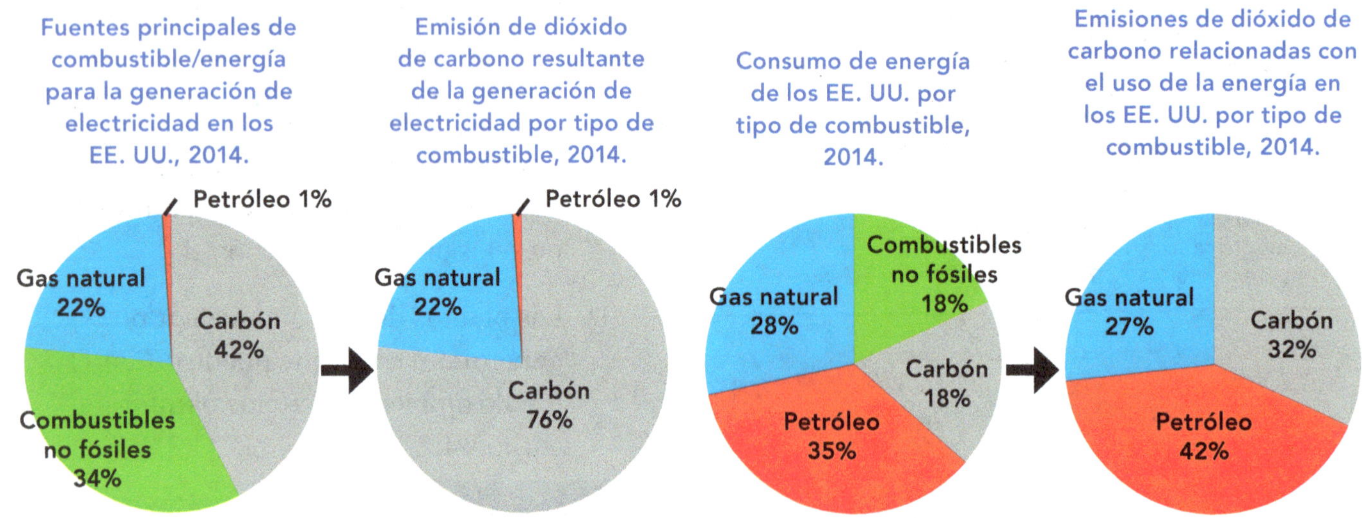

Manny usó su conocimiento sobre el uso de la energía y la información de las gráficas para preparar su informe.

1. **Usar diagramas** ¿A qué conclusión podría llegar Manny acerca de los tipos de fuentes de energía que producen dióxido de carbono?

____

____

2. **Interpretar** La primera gráfica muestra que muy poco dióxido de carbono proviene del petróleo que se usa para producir electricidad. Pero la segunda gráfica muestra que una la mayor parte del total de dióxido de carbono proviene del petróleo. ¿Qué conclusión puede sacar Manny con estos datos?

   A. Se usa mucho petróleo para producir electricidad.

   B. La combustión de petróleo no siempre libera dióxido de carbono.

   C. La mayor parte del petróleo se usa para producir energía que no es electricidad.

   D. El petróleo no es una fuente importante de gases de efecto invernadero en la atmósfera.

3. **Resumir** A medida que la cantidad de gases de efecto invernadero en la atmósfera aumenta, los climas del mundo se vuelven más cálidos. Esto se conoce como cambio climático global. ¿Qué manera encontró Manny para ayudar a evitar el cambio climático?

   A. Usar más petróleo para producir electricidad.

   B. Usar más combustibles no fósiles como fuentes de energía para producir electricidad.

   C. Usar solamente combustibles fósiles para producir formas de energía que no sean electricidad.

   D. Aumentar la cantidad de electricidad que se produce y disminuir otros tipos de uso de energía.

4. **Evaluar un plan** El carbón libera más dióxido de carbono que el gas natural para la misma cantidad de producción de energía. Manny propuso un plan para deshacerse de las emisiones de dióxido de carbono. Su plan era no usar carbón como fuente de energía y usar solamente gas natural. ¿Crees que el plan de Manny funcionará? Explica tu razonamiento.

____

____

____

____

5. **Interpretar** Las plantas de energía nuclear producen alrededor del 20% de la electricidad que se usa en los Estados Unidos. Mira la información acerca del dióxido de carbono en las gráficas. ¿Qué conclusión puede sacar Manny sobre la producción de dióxido de carbono de las plantas de energía nuclear? ¿Dónde estaría incluida la energía nuclear en la primera gráfica? Explica tu respuesta.

____

____

____

____

____

tú Demuestras Lab

¿Cómo puede cambiar el uso de los recursos energéticos?

Materiales

- 200 fichas
- cubo de números de 6 lados

En el juego de túConectas, representaste cómo se diferencian los recursos energéticos si las fuentes son renovables o no renovables. En el mundo real, las condiciones a veces cambian. ¿Cómo podrías modificar el juego para investigar cómo afecta un cambio de las condiciones al suministro de energía?

Práctica de ciencias

Los científicos **obtienen y combinan información** para explicar fenómenos.

Procedimiento

☐ **1.** Repasa el juego de túConectas y tus resultados. Elige uno o más de estos cambios o inventa tu propio cambio.

- Aumenta la demanda de energía, por lo que los usuarios necesitan más energía cada año.
- Se inventan nuevas tecnologías renovables, por lo que hay más energía renovable disponible.
- La mejora de la tecnología reduce la demanda de energía de ambos usuarios.
- La demanda de energía cambia entre año y año.

Encierra en un círculo el cambio o los cambios de la oferta o la demanda de energía que representarás.

☐ **2.** Diseña una solución para el nuevo problema escribiendo reglas que muestren cómo se usa la energía en el modelo tras el cambio.

___

___

___

___

___

☐ **3.** Explica cómo representan el cambio tus reglas.

___

___

___

4-ESS3-1, SEP.8

☐ **4.** Plantea una hipótesis acerca de cómo el cambio afectará los resultados sobre el suministro y el uso de energía en el juego.

____

____

____

____

☐ **5.** Juega el juego con las nuevas reglas. Usa la tabla para registrar tus datos.

Turno	Proveedor A			Proveedor B		
	Adicional	Usada	Total	Adicional	Usada	Total
0						
1						
2						
3						
4						
5						
6						
7						
8						

Analizar e interpretar datos

6. Usar evidencia ¿Sustenta la evidencia tu hipótesis? Explica tu respuesta.

____

____

____

____

7. Predecir ¿Las fuentes de energía renovables siempre duran más que las no renovables si cambias el modelo? Explica tu respuesta.

____

____

____

____

____

____

____

Las ondas y la información

Estándares de Ciencias para la Próxima Generación

4-PS4-1 Desarrollar un modelo de ondas para describir patrones en términos de su amplitud y longitud de onda y de que las ondas pueden provocar que un objeto se mueva.

4-PS4-2 Desarrollar un modelo para describir que la luz que se refleja en los objetos y entra en el ojo permite que los objetos sean vistos.

4-PS4-3 Generar y comparar múltiples soluciones que usen patrones para transmitir información.

3-5-ETS1-2 Generar y comparar múltiples soluciones posibles a un problema, basándose en qué tan bien cada una se puede ajustar a los criterios y restricciones del problema.

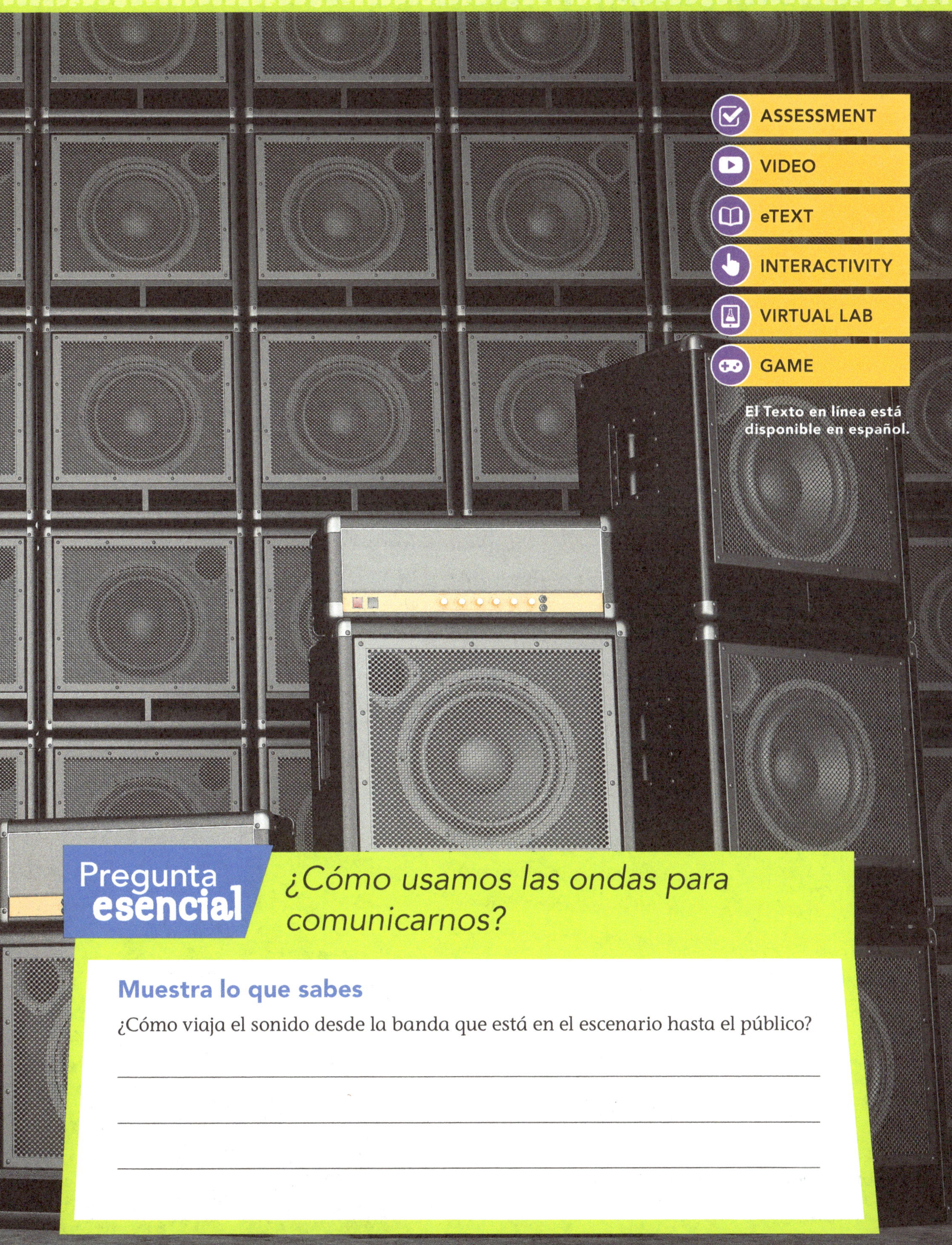

Pregunta esencial

¿Cómo usamos las ondas para comunicarnos?

Muestra lo que sabes

¿Cómo viaja el sonido desde la banda que está en el escenario hasta el público?

____

____

____

Misión Arranque

STEM

¡Sé un experto en mensajes!

¿Cómo se puede enviar información de manera segura?

Hola, soy Selena Nguyen, y ayudo a recolectar información para la Agencia Central de Inteligencia (CIA) como analista de inteligencia. Muchos de los datos con los que trabajo son confidenciales. Parte de mi trabajo implica comunicarme en secreto con mis colegas.

Como tengo experiencia usando códigos secretos para enviar información, un director de Hollywood me pidió ayuda para su nueva película. Dos niños, Jamal y Matilda, interpretarán a unos agentes secretos. Están tratando de atrapar a un ladrón de joyas en un museo lleno de gente, donde se exhiben muchas gemas grandes. ¡Creen que uno de los visitantes del museo es el ladrón! Tu Misión es ayudarme a desarrollar un código que los espías puedan usar para comunicarse en secreto en el museo, que tiene poca iluminación y es muy ruidoso.

Sigue el camino para saber cómo completarás la Misión. Las actividades de la Misión que hay en cada lección te ayudarán a completarla. Al completar cada actividad, marca tu progreso para indicar que es una MISIÓN CUMPLIDA ✓. Conéctate en línea para acceder a más actividades de la Misión.

Misión Control 1

Lección 1

Identifica los criterios y las restricciones de un código secreto que se pueda usar en el museo.

Estándares de Ciencias para la Próxima Generación

4-PS4-3 Generar y comparar múltiples soluciones que usen patrones para transmitir información.

3-5-ETS1-2 Generar y comparar múltiples soluciones posibles a un problema, basándose en qué tan bien cada una se puede ajustar a los criterios y restricciones del problema.

Misión Control: Lab 3

Lección 3
Prueba un código diferente. Diseña una manera de comunicarte que solo use la luz.

Misión Control 4

Lección 4
Compara y mejora tus códigos secretos.

Misión Control: Lab 2

Lección 2
Desarrolla un método para comunicarte que solo use el sonido.

Misión Hallazgos

Elige un método de comunicación secreto y demuestra cómo funciona. Explica por qué elegiste ese diseño.

tú Conectas Lab

LABORATORIO PRÁCTICO

4-PS4-1, SEP.2

¿Cómo describimos las ondas?

Es fácil detectar las ondas que se forman en el mar y avanzan hacia la playa, pero hay otras ondas que no podemos ver. Usar un modelo puede ayudar a que las ondas invisibles sean más fáciles de entender o explicar. ¿Cómo puedes hacer un modelo de una onda?

Materiales

- tarjetas de fichero

Materiales recomendados

- papel de dibujo
- lápices de colores

Práctica de ciencias

Los científicos **desarrollan modelos** para describir procesos naturales.

Procedimiento

- [ ] **1.** Piensa en lo que sabes acerca de las ondas en el agua. Escribe cada idea que tengas en una tarjeta de fichero separada.
- [ ] **2.** Desarrolla un modelo que puedas usar para enseñar sobre las ondas a estudiantes más jóvenes. Elige los materiales y usa las tarjetas para construir tu modelo.
- [ ] **3.** Usa tu modelo para describir las ondas a los demás estudiantes.

Analizar e interpretar datos

4. Usar modelos Es posible que hayas usado lo que ya observaste acerca de las ondas que se forman en el agua para construir tu modelo de ondas. ¿Cómo podría tu modelo ayudarte a hacer preguntas acerca de las ondas que no puedes ver?

Usar evidencia del texto

Las personas reúnen datos leyendo textos. Sigue estas sugerencias para buscar y usar evidencia.

- Lee con cuidado, prestando atención a la información importante.
- Subraya o encierra en un círculo esa información, para marcar en qué lugar del texto se encuentra.
- Usa esa información como evidencia para respaldar una afirmación.

Lee el fragmento para descubrir qué es el láser y cómo funciona.

GAME

Practica lo que aprendiste con los Mini Games.

Una idea brillante

El láser se usa en los escáneres de las tiendas, en los reproductores de música y en algunos tipos de cirugía. La palabra *láser* es la sigla de "light amplification by stimulated emission of radiation" (amplificación de luz por emisión de radiación estimulada). Es una frase compleja, pero es práctico separarla en partes. Amplificar algo significa hacerlo más fuerte o más grande. Una emisión es algo que se libera. Un láser es una liberación de luz que es más fuerte que la luz de una bombilla.

Para generar un tipo de láser, los científicos envían energía lumínica a través de un rubí. Las partículas del rubí toman y liberan energía. Esto hace que la energía rebote dentro del cristal del rubí. Algunas de las partículas toman energía una y otra vez. Así se amplifica la energía lumínica. Los científicos rodean el rubí con espejos para guiar la luz liberada en forma de rayo concentrado.

REVISAR LA LECTURA **Usar evidencia del texto** ¿Qué evidencia respalda la afirmación de que el láser necesita una fuente de energía externa? Subraya la evidencia que usaste para tu respuesta.

Lección 1

Propiedades de las ondas

Puedo...

Describir las propiedades básicas de las ondas.
Describir cómo las ondas pueden provocar que los objetos se muevan.

4-PS4-1

Destreza de lectura

Usar evidencia del texto

Vocabulario

onda
amplitud
longitud de onda
frecuencia
transversal
cresta
valle
longitudinal

Vocabulario académico

transferir

VIDEO

Ve un video sobre las propiedades de las ondas.

DEPORTES Conexión

El surf es un deporte muy popular en ciudades que están cerca del océano. Para montar una ola, el surfista debe nadar a la misma velocidad a la que se mueve la ola. Justo antes de que la parte más alta de la ola esté debajo de la tabla, el surfista salta y se para sobre la tabla. Luego, surfea la ola hasta llegar a la arena de la orilla.

Los surfistas más temerarios tratan de montar las olas más grandes y rápidas. A veces, los surfistas son remolcados por botes para poder atrapar las olas que van demasiado rápido. Así, la gente puede surfear olas enormes. Las olas grandes se forman lejos de la costa, donde el agua es más profunda. Cuando las olas llegan a aguas más bajas, la parte inferior de la ola se arrastra sobre el fondo del océano. La parte inferior se mueve más lentamente que la superior. Esto hace que la ola rompa.

Inferir ¿Por qué el surfista debe nadar a una velocidad determinada para montar una ola?

____

____

túInvestigas Lab

LABORATORIO PRÁCTICO

4-PS4-1, SEP.2

¿Cómo transporta energía una onda?

Los científicos realizan experimentos a modo de ejemplo y usan esa información para desarrollar un modelo. ¿Cómo puedes usar un experimento para desarrollar un modelo de la forma en que una onda transporta energía?

Materiales recomendados

- variedad de cuerdas
- variedad de resortes largos
- cinta de medir
- cronómetro
- cordel

Presta atención a tu seguridad física.

Procedimiento

☐ **1.** Elige los materiales para hacer un modelo de onda. Haz un plan para usar los materiales para hacer el modelo. Pide a tu maestro que apruebe el plan.

___

___

___

☐ **2.** Haz un plan para medir dos ondas con distintas velocidades de onda y ponlo a prueba. Elige y usa materiales adicionales si es necesario.

☐ **3.** Dibuja tus observaciones de las dos ondas del paso 2. Incluye rótulos y distancias entre los puntos más altos de las ondas.

Práctica de ciencias

Los científicos **desarrollan modelos** basados en la evidencia.

Analizar e interpretar datos

4. Explicar ¿Cambió la altura o la distancia entre los dos puntos más altos cuando hiciste una onda con más energía que otra?

___

___

___

___

5. ¿Cómo muestra tu modelo cómo transportan energía las ondas?

___

___

tú, Científico

Investigar los sonidos humanos Investiga la producción de ondas sonoras usando tu voz. Escribe una explicación de lo que ocurre cuando intentas cada uno de los siguientes pasos.

- Canta con la nariz y la boca abierta.
- Canta cerrando tu nariz con los dedos y la boca abierta.
- Canta con la nariz abierta y la boca cerrada.
- Canta cerrando tu nariz con los dedos y la boca cerrada.

Ondas

Estamos rodeados de ondas todo el tiempo. La luz y el sonido son tipos de ondas. Los círculos que se forman en el agua de un lago y los temblores que provoca un terremoto también son tipos de ondas. Una **onda** es una perturbación que transporta energía y viaja siguiendo un patrón que se repite. Las perturbaciones que causan las ondas son vibraciones. Cuando un objeto vibra, se mueve hacia atrás y hacia delante. Un movimiento hacia atrás y hacia delante genera una onda completa. La energía que provoca la vibración es la energía que transporta la onda.

Las ondas de luz pueden viajar a través del espacio vacío, pero otros tipos de onda deben viajar a través de un material. Ese material se llama medio. Por ejemplo, las ondas sonoras necesitan un medio. Cuando alguien dice tu nombre, el sonido viaja en forma de perturbación en el aire. La velocidad de la onda indica qué tan rápido viaja la onda. Cambia según el tipo de onda y según el medio. Piensa en una lancha. Sus vibraciones generan ondas en el agua, es decir olas, y ondas sonoras al mismo tiempo. El sonido de la lancha llega a tus oídos antes que las olas. Las ondas de luz son todavía más rápidas que las sonoras. ¡La luz puede dar la vuelta a la Tierra siete veces en menos de un segundo!

REVISAR LA LECTURA **Usar evidencia del texto** Usa la información de la página para explicar por qué no hay sonido en el espacio exterior.

____

____

Misión Conexión

¿Cómo puedes usar ondas para enviar un mensaje a través de una sala?

____

____

____

INTERACTIVITY

Completa una actividad sobre las características de las ondas.

Las características de las ondas

Las características de las ondas dependen de la vibración que cause la onda. Por ejemplo, el golpe de un palillo sobre un tambor hace que la superficie del tambor se mueva hacia delante y hacia atrás. La superficie del tambor empuja el aire que la rodea. Esto genera una onda sonora en el aire. La mayor altura que alcanza una onda desde su posición de reposo se denomina **amplitud**. En el ejemplo del tambor, la amplitud sería la mayor distancia que recorre la superficie desde su posición de reposo. Las ondas sonoras con amplitud grande se oyen más fuertes que las de amplitud baja.

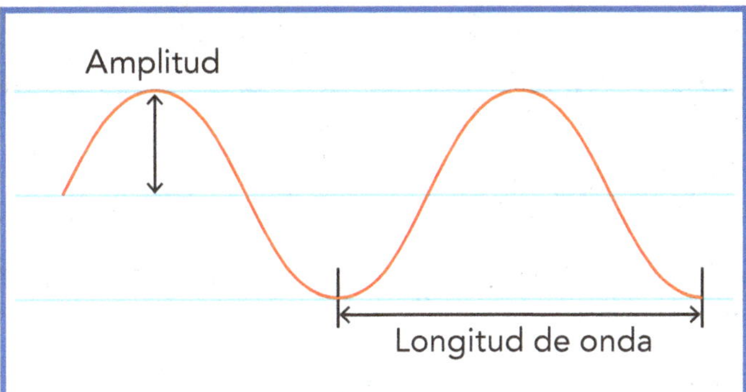

Los científicos definen la **longitud de onda** como la distancia que hay entre puntos similares de una onda. Puede medirse desde el punto más bajo de la onda hasta el siguiente punto más bajo.

La **frecuencia** es la cantidad de veces que se repite la onda en una cantidad de tiempo determinada. Si el parche del tambor se mueve muy rápidamente, genera ondas con frecuencia más alta. La onda sonora que genera el tambor tendrá la misma frecuencia que la vibración del parche. Las ondas sonoras de alta frecuencia tienen un tono más agudo. La frecuencia de una onda también está conectada con su longitud. Las ondas más frecuentes son más cortas, aunque estén en el mismo medio.

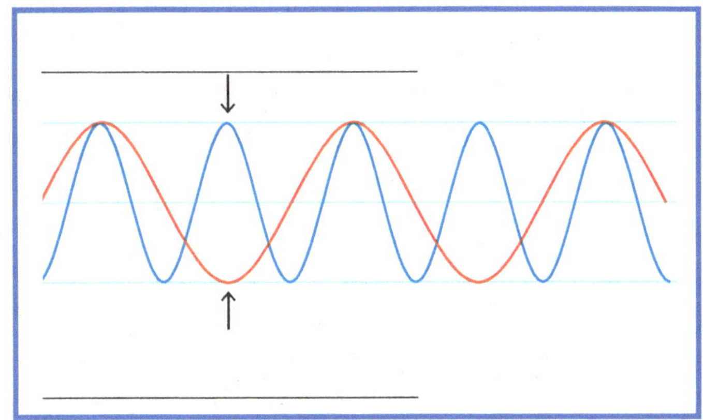

Identificar Rotula la onda con la frecuencia más alta. Rotula la onda con la frecuencia más baja.

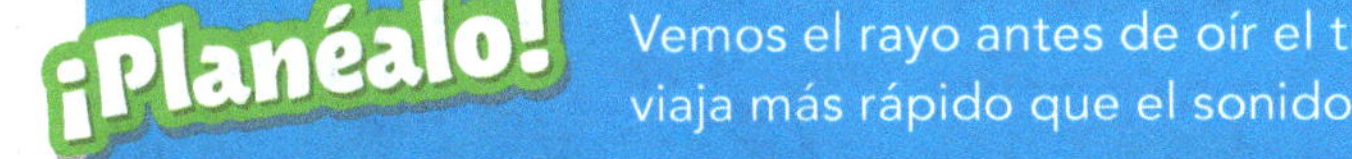

¡Planéalo! Vemos el rayo antes de oír el trueno. Escribe un plan para probar que la luz viaja más rápido que el sonido a través del aire.

Conexión con la comprensión visual

¿Cómo se mueven las ondas?

Las ondas pueden hacer que las partículas se muevan siguiendo patrones que se repiten. Existen dos patrones que describen el movimiento oscilante de las ondas.

Una onda **transversal** es una onda que se mueve de manera perpendicular a la dirección de las partículas. La energía de la onda también se mueve de manera perpendicular a las partículas.

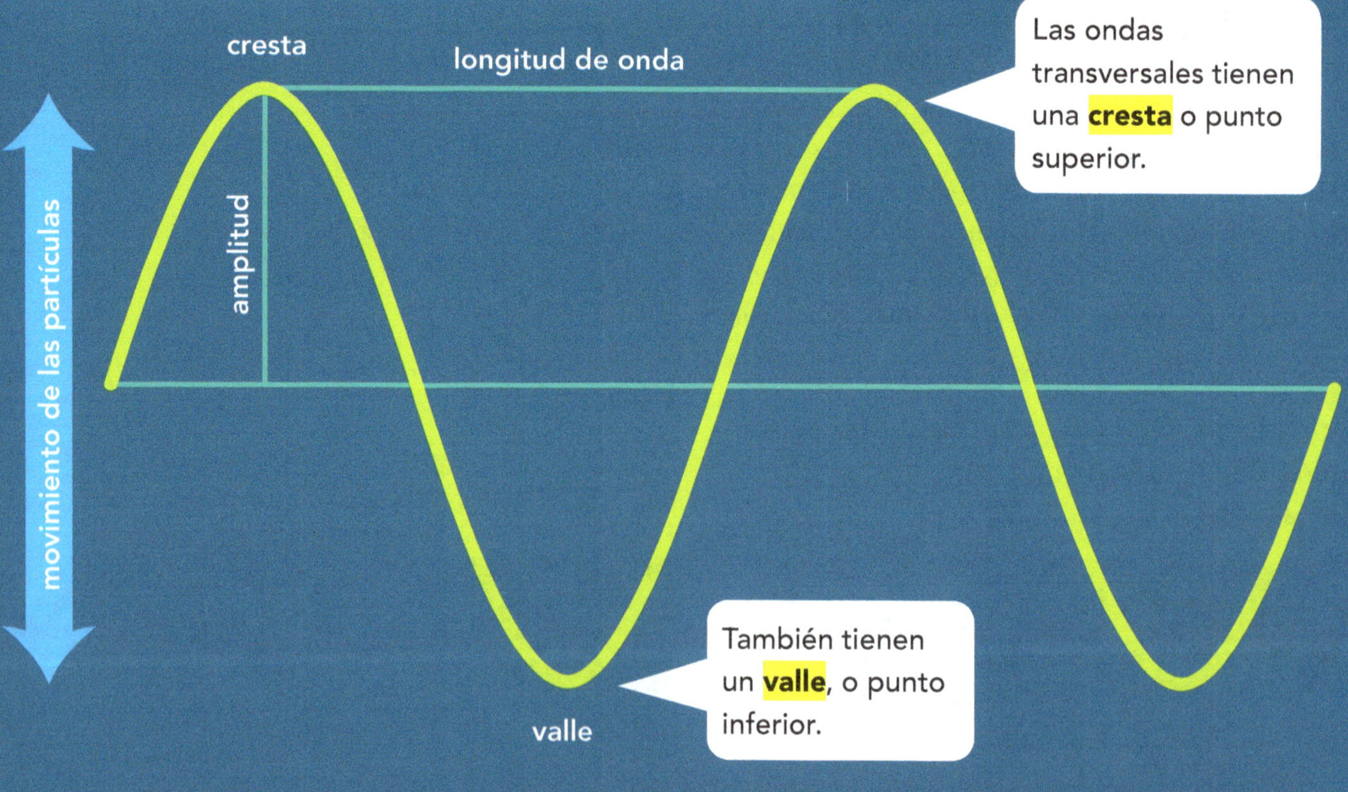

Las ondas transversales tienen una **cresta** o punto superior.

También tienen un **valle**, o punto inferior.

Una onda **longitudinal** se mueve en la misma dirección que las partículas. Las ondas longitudinales se comprimen y se expanden a medida que viajan. Es fácil ver cómo se mueve la energía de la onda en una onda longitudinal.

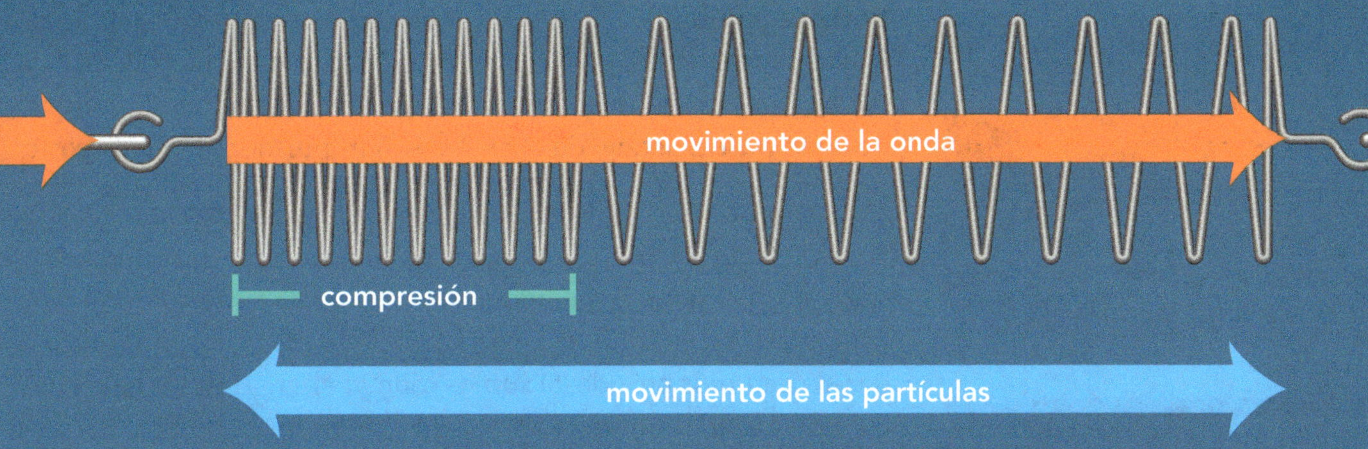

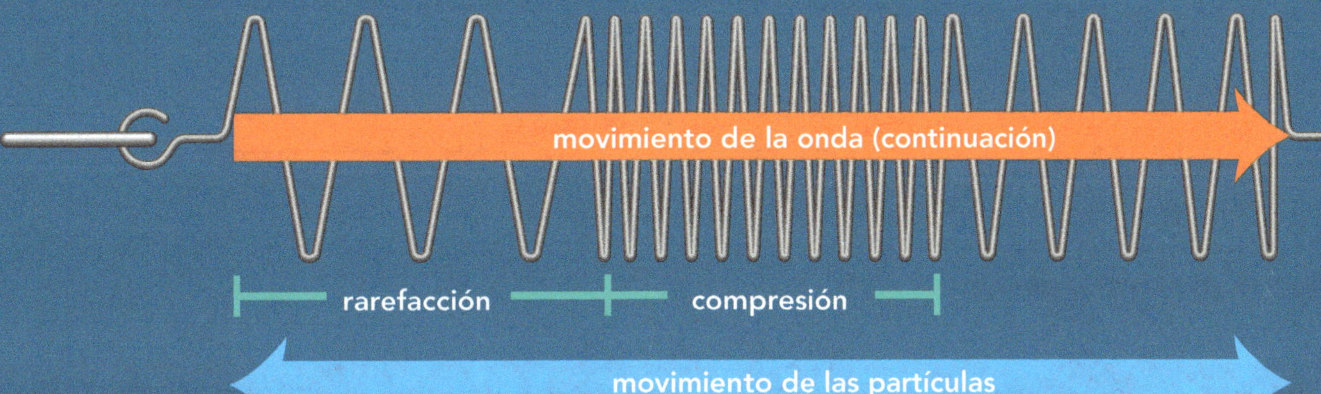

Identificar **Rotula la longitud de onda, la amplitud, la cresta y el valle de esta onda transversal.**

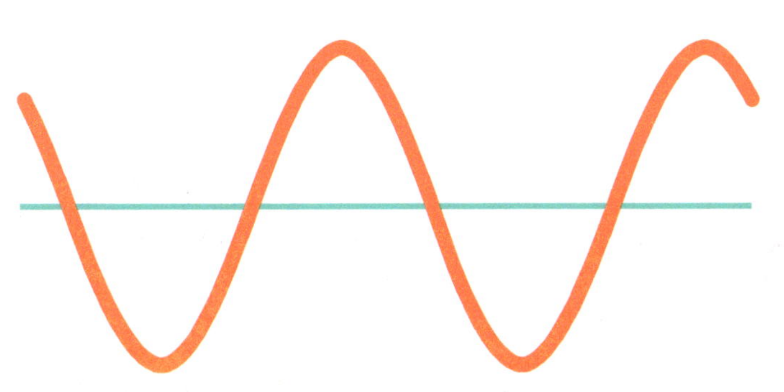

La energía de las ondas

Las ondas son una transferencia de energía. Si envías una onda a lo largo de un resorte, verás que las curvas del resorte se mueven hacia atrás y hacia delante. Las curvas vuelven a su posición original después de que pasa la onda. La palabra **transferir** significa "reubicar". Las ondas transfieren energía a través de un medio, pero no transfieren las partículas del medio. Por eso los barcos anclados solo suben y bajan cuando las ondas de agua pasan debajo de ellos. No son impulsados hacia la costa.

La energía de una onda se extiende si la onda se extiende. Puedes ver ese efecto si arrojas una piedra a un estanque. La onda se hace más pequeña a medida que se aleja del centro. ¿Adónde fue la energía? La energía se conserva, pero se distribuye a lo largo de un área más grande. Si sumas toda la energía de la onda cuando forma un gran círculo, será igual a la energía que tenía la onda cuando comenzó.

Lectura ▸ Herramientas

Usar evidencia del texto
Cuando lees una afirmación, puedes buscar datos que la apoyen. Buscar la evidencia del fragmento que apoya esta afirmación: Las ondas transfieren energía a través de un medio y no hacia el interior de cada partícula.

Predecir Un clavadista se lanza a la piscina. ¿Qué pasa con el tamaño de las ondas a medida que se extienden?

___

___

___

Lección 1: Revisión

1. **Describir** Un científico comparó dos ondas. Una onda tuvo más repeticiones por segundo que la otra. ¿Cómo describirías la diferencia entre las ondas?

___

___

2. **Evaluar** Un tsunami es una onda de agua gigante provocada por un terremoto en el fondo del océano. ¿Por qué esa onda es peligrosa cando llega a la costa?

___

___

Comunicación entre dos tiendas

Los agentes de la CIA envían y reciben mensajes de todo el mundo. Las ondas son una buena manera de enviar mensajes. Supón que tú y un amigo están en un campamento, dentro de tiendas que están alejadas entre sí. Es de noche, y los demás duermen. Los ruidos fuertes o las luces brillantes podrían despertarlos. ¿Cómo puedes comunicarte con tu amigo?

¿Qué criterios (objetivos) y restricciones (límites) tienen que tener en cuenta tú y tu amigo cuando se comuniquen?

____

____

____

____

¿Cuáles son algunas maneras de enviar mensajes de tienda a tienda usando ondas?

____

¿Cómo podrás entender los mensajes que recibas?

____

____

¿Crees que será fácil o difícil comunicarse de esta manera? Explica tu respuesta.

____

____

____

MISIÓN CUMPLIDA

tú, Ingeniero

STEM

3-5-ETS1-1

Aprende acerca de distintos tipos de códigos.

¡Descifra ese código!

Un código es un sistema de señales o símbolos que representan palabras o letras en la comunicación. Los códigos son parte de las comunicaciones secretas desde hace mucho tiempo. Para entender un código, debes saber qué significa cada símbolo. Los mensajes en código deben decodificarse, o traducirse de nuevo a un idioma comprensible.

Las personas ciegas usan el código Braille para leer. El Braille reemplaza letras y números con patrones de puntos con relieve. Otro código muy conocido es el código Morse. El código Morse usa puntos y rayas. A diferencia del código Braille, el código Morse puede enviarse con ondas. Un código que reemplaza una letra con un símbolo se denomina clave. Los códigos Braille y Morse son claves. Las claves están pensadas para que las gente las aprenda, pero muchos otros códigos no. Esos códigos permiten que las personas se comuniquen en secreto.

Interpretar diagramas ¿Cómo escribirías la palabra *código* en código Morse?

____

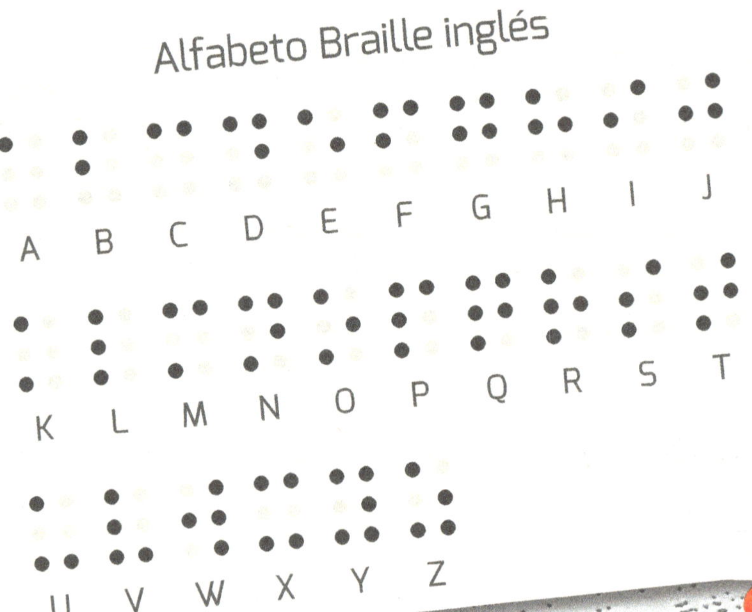

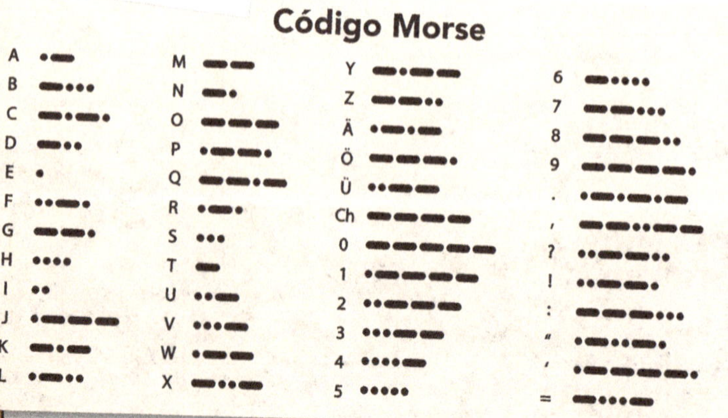

Código Morse

A	•—	M	——	Y	—•——	6	—••••
B	—•••	N	—•	Z	——••	7	——•••
C	—•—•	O	———	Ä	•—•—	8	———••
D	—••	P	•——•	Ö	———•	9	————•
E	•	Q	——•—	Ü	••——	.	•—•—•—
F	••—•	R	•—•	Ch	————	,	——••——
G	——•	S	•••	0	—————	?	••——••
H	••••	T	—	1	•————	!	••——•
I	••	U	••—	2	••———	:	———•••
J	•———	V	•••—	3	•••——	"	•—••—•
K	—•—	W	•——	4	••••—	'	•————•
L	•—••	X	—••—	5	•••••	=	—•••—

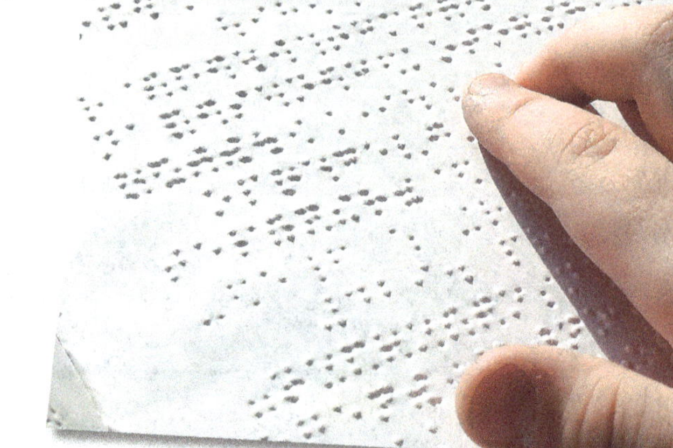

Diséñalo

littleBits

Cuando diseñas un código, debes pensar en cómo se enviará, se recibirá y se usará. Por ejemplo, si un mensaje codificado debe recorrer una distancia grande, el código Morse sería una mejor opción que el código Braille. El Braille debe estar sobre una hoja impresa, pero el código Morse puede enviarse con ondas.

Paul Revere y otros patriotas estadounidenses diseñaron un código sencillo para enviar mensajes de Boston a Charlestown, dos ciudades separadas por un ancho río. Lee sobre el propósito del código y la solución de diseño de Paul Revere.

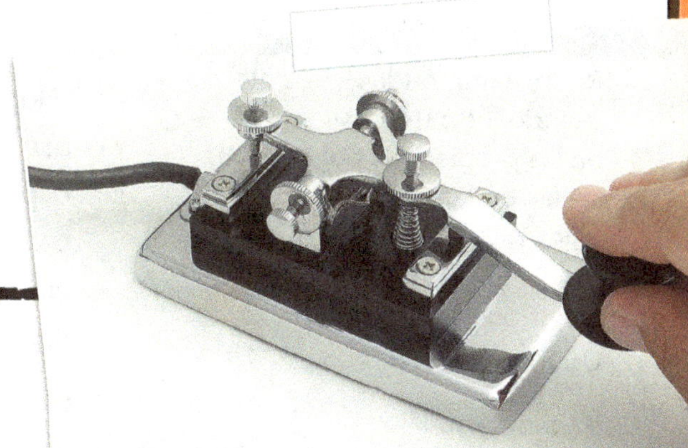

El inteligente código de Paul Revere

Propósito del código Enviar un mensaje secreto a los patriotas de Charlestown acerca de cómo viajarían los británicos a Concord (por tierra o por agua).

Solución El código se envió usando luces colgadas en el campanario más alto de la iglesia North de Boston.

1 linterna = Los británicos llegarán por tierra.
2 linternas = Los británicos llegarán por agua.

Diseñar una solución Una de las razones por las que el código de Paul Revere tuvo éxito fue porque era sencillo. Desarrolla un código para enviar un mensaje complejo usando solo diez caracteres o menos. Explica tu código y luego escribe el mensaje codificado en la línea.

Mi código

____

____

____

____

Mi mensaje codificado

____

____

____

Lección 2

Patrones de las ondas

Puedo...

Representar ondas usando los patrones en las propiedades de las ondas.

4-PS4-1

Destreza de lectura

Usar evidencia del texto

Vocabulario

período de una onda
onda esférica
onda plana
superposición

Vocabulario académico

aparecer

VIDEO

Ve un video sobre los patrones de las ondas.

LOCAL-A-GLOBAL Conexión

¿Has querido alguna vez escuchar tu voz en la radio? Podrías usar un equipo para radioaficionados. Con una licencia y una capacitación, cualquiera puede usar este dispositivo. Puede conectar a dos personas que viven a una casa de distancia o en distintos países. Si necesitas contactar a alguien que esté muy lejos, necesitarás una antena grande para recibir señales.

El equipo para radioaficionados usa frecuencias de onda específicas. Las emisoras de radio usan otras frecuencias. Los radioaficionados necesitan un micrófono, un sintonizador y un altavoz para escuchar otras transmisiones. Un equipo para radioaficionados puede ser muy sencillo o puede ser complejo y poderoso. La radioafición es una gran manera de conocer a otras personas ¡y de aprender algo de ciencia!

Describir ¿A quién contactarías usando un equipo para radioaficionados? ¿Qué necesitaría tu radio para llegar a esa persona?

____

____

____

____

____

túInvestigas Lab

LABORATORIO PRÁCTICO

4-PS4-1, SEP.2, SEP.6

¿Qué patrones pueden formar las ondas?

Materiales

- bandeja
- agua
- regla
- gotero con agua
- delantal

Usa un delantal de seguridad.

Práctica de ciencias

Los científicos **reúnen evidencia** para crear una explicación.

Los científicos hacen experimentos para reunir evidencia y sacar conclusiones. ¿Cómo puedes usar las perturbaciones del agua para reunir evidencia acerca de los patrones de las ondas?

Procedimiento

☐ **1.** Coloca la bandeja en una superficie plana y vierte agua hasta la mitad.

☐ **2.** Usa los materiales para hacer dos patrones de ondas distintos en el agua.

Onda 1	Onda 2
Dibuja un modelo ¿Qué patrón de ondas observaste?	**Dibuja un modelo** ¿Qué patrón de ondas observaste?

Analizar e interpretar datos

3. Crear una explicación Elige uno de los patrones de ondas que observaste. ¿Cómo crees que se formó este patrón?

El columpio está oscilando.

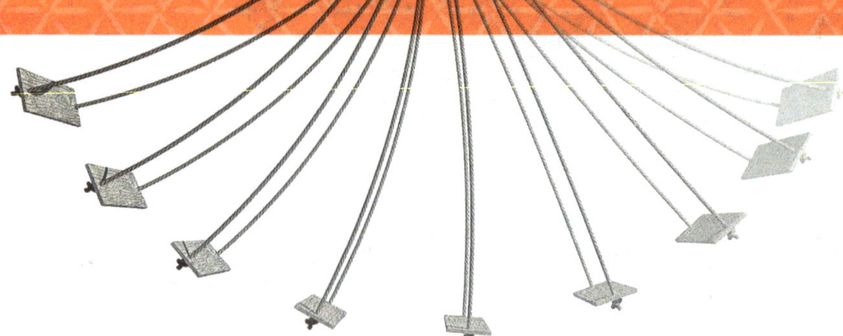

tú, Científico

Ondas en el agua

Llena un gran tazón con agua. Cuando el agua esté quieta, toca la superficie con tu dedo. ¿Cómo podrías cambiar la frecuencia de estas ondas en el agua?

Patrones en las características de las ondas

La frecuencia, la amplitud y la longitud de onda de las ondas siguen un patrón. Eso significa que se repiten y que pueden predecirse. Si puedes observar las propiedades de parte de una onda, puedes saber qué está haciendo el resto de la onda. Uno de los patrones importantes de las ondas es que pueden oscilar. Cuando un objeto oscila, se mueve hacia delante y hacia atrás entre dos puntos, como el columpio de la imagen. Otros objetos que oscilan son los péndulos y las mecedoras. El **período de una onda** es la cantidad de tiempo que necesita una onda para completar uno de esos movimientos hacia delante y hacia atrás.

Algunos patrones de onda dependen de otros patrones. Recuerda que las ondas con frecuencias altas tienen longitudes de onda cortas. Esto tiene sentido porque las ondas que ocurren con menos frecuencia tienen crestas que están más separadas. Esto significa que son menos frecuentes que las ondas que tienen una longitud de onda más corta.

Escríbelo Escribe un párrafo en tu cuaderno de ciencias que compare el movimiento de un columpio con una onda oscilante. Usa las palabras de vocabulario de esta lección en tu descripción.

Misión Conexión

¿Cómo podrías usar longitudes de ondas sonoras largas y cortas para enviar un mensaje?

___

___

___

Patrones de onda

Para que las ondas **aparezcan**, o se dejen ver, es preciso que se produzca una perturbación en un medio. Distintas perturbaciones generan ondas con distintos patrones. Por ejemplo, la mujer de la foto lanzó una piedra al lago. Se formaron ondas en el punto en el que la piedra tocó el agua. Muchas ondas se moverán en todas direcciones desde ese punto, creando círculos de ondas. Los círculos se agrandan, pero la distancia entre los círculos se mantiene igual. Esas ondas causadas por una perturbación en un único punto se llaman **ondas esféricas**.

Si haces presión sobre la superficie del agua con tu mano, se formarán ondas. Las ondas se moverán a través del agua en líneas paralelas desde un lugar a otro, no como círculo.

Una **onda plana** es una onda que se forma cuando la perturbación afecta una línea de materia. Las ondas planas se mueven en líneas paralelas que viajan en la misma dirección. Las ondas planas pueden parecer rayas cuando se las mira desde arriba.

REVISAR LA LECTURA **Usar evidencia del texto** ¿Qué patrón de onda se forma cuando alguien hace que una piedra avance rebotando sobre la superficie de un estanque? Usa la evidencia del texto para defender tu respuesta.

____

____

____

Conceptos transversales
► Herramientas

Patrones La materia y la energía interactúan para formar patrones de onda. ¿Cómo afecta la materia los patrones de onda?

Conexión con la comprensión visual

¿Cómo se mueven los patrones de ondas?

Onda esférica

! Las ondas esféricas transfieren energía hacia fuera en forma de círculo. Marca con una **X** el lugar que crees que es el origen, o el punto de partida, de la onda.

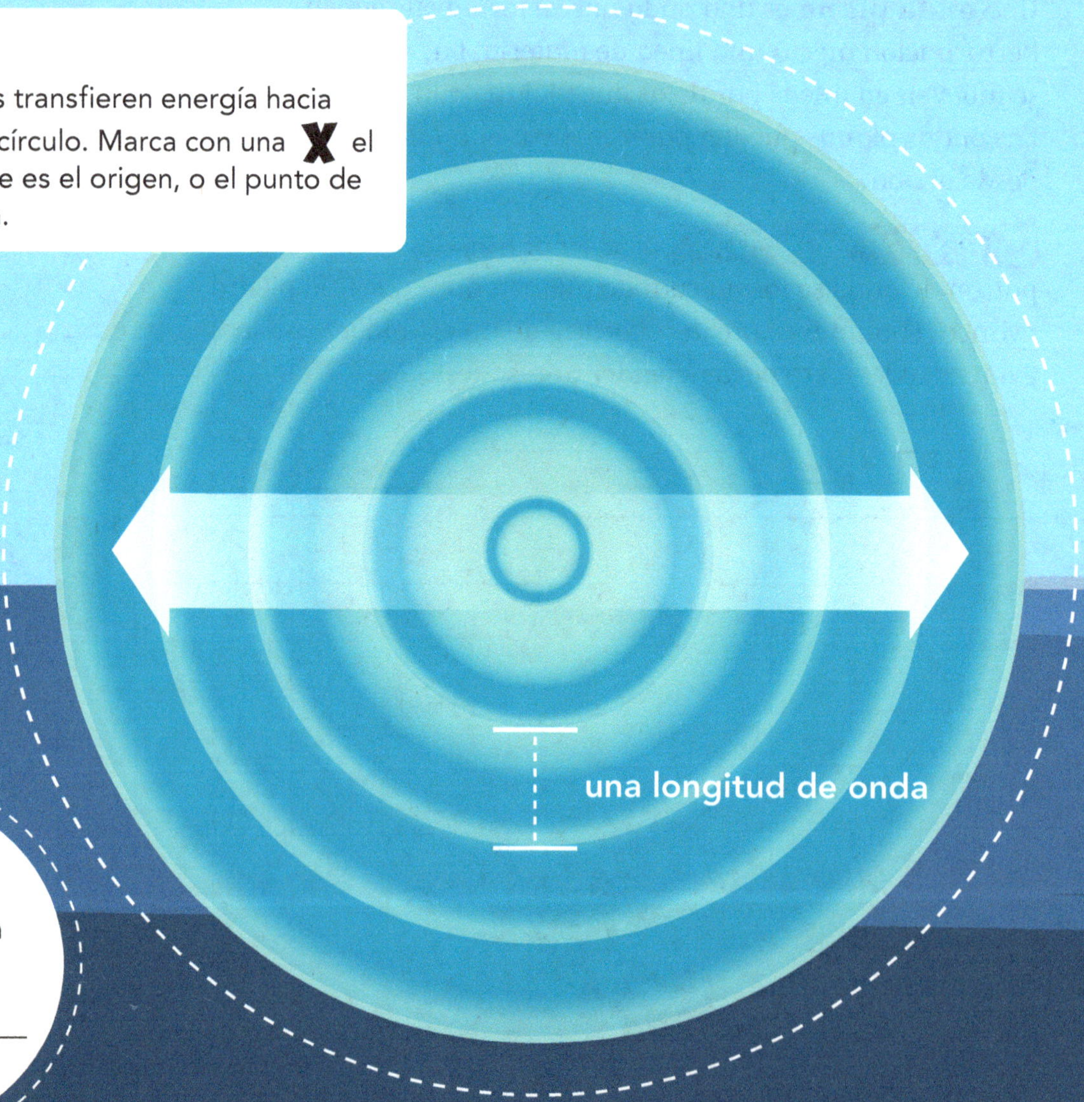

una longitud de onda

Medición de la longitud de onda de la onda esférica

____

INTERACTIVITY

Completa una actividad sobre los patrones de las ondas.

Onda plana

Una fuerza actúa sobre una onda plana desde la izquierda. Dibuja una flecha en la dirección en la que probablemente se mueva la energía de la onda.

una longitud de onda

Medición de longitud de onda de la onda plana

____

Tanto las ondas planas como las esféricas tienen longitudes de onda. Las longitudes están rotuladas en cada onda. Usa una regla para medir cada longitud de onda.

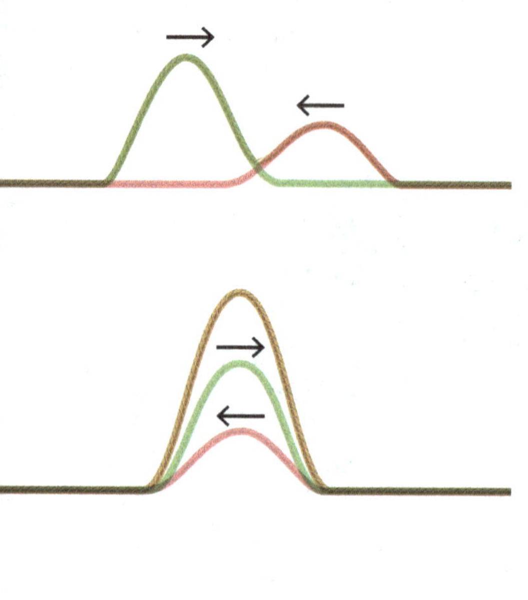

Las ondas se pueden combinar

Si dos ondas o más atraviesan un medio, se pueden encontrar. Cuando eso ocurre, las ondas se suman, como si se atravesaran. Esto se llama **superposición**. Cuando las crestas de dos ondas se encuentran, sus amplitudes se suman. La onda es más alta por un momento. Cuando la cresta de una onda choca con un valle equivalente de otra onda, la onda se destruye brevemente. Una cresta y un valle iguales se cancelan entre sí, por lo que el medio queda quieto por un momento.

Interpretar diagramas ¿Cómo ofrece evidencia el diagrama de que las ondas se atraviesan?

Lección 2: Revisión

1. **Describir** Describe las ondas planas y las ondas esféricas. ¿Cómo se forma cada onda?

2. **Explicar** ¿Cómo podrían desaparecer repentinamente dos ondas que se mueven hacia el mismo lugar desde direcciones opuestas?

STEM Misión Control Lab

LABORATORIO PRÁCTICO

4-PS4-3, SEP.6

¿Cómo puedes enviar un mensaje con sonido?

Los ingenieros inventan maneras de transmitir mensajes en distintas situaciones. ¿Cómo puedes crear un método de comunicación que solo utilice el sonido?

Materiales recomendados

- instrumentos musicales
- silbato

Presta atención a tu seguridad física.

Diseñar una solución

☐ **1.** Elige un objeto que produzca un sonido, o haz un sonido que sea fácil de alterar en forma de patrón. Describe qué sonido usarás.

☐ **2.** Diseña un sistema de comunicación que use solo el sonido para enviar un mensaje codificado. Describe tu sistema. Muestra tu descripción a tu maestro y luego usa el sistema para enviar un mensaje.

Práctica de ingeniería

Los ingenieros **diseñan soluciones** para resolver problemas.

Evaluar la solución

3. Evaluar ¿Fue fácil enviar y recibir tu código? Explica tu respuesta.

4. Analizar ¿Qué tan seguro crees que es un mensaje sonoro? ¿Por qué?

5. Inferir ¿En qué situaciones, o según qué criterios, usar sonido para comunicarse sería mejor que usar otros métodos?

MISIÓN CUMPLIDA

Lección 3

Las ondas y el espectro electromagnético

Puedo...

Representar cómo la reflexión de la luz permite que los objetos sean vistos.

4-PS4-2

Destreza de lectura

Usar evidencia del texto

Vocabulario

rayo
reflejarse
refractarse
absorber

Vocabulario académico

sistema

VIDEO

Mira un video sobre las ondas y el espectro electromagnético.

STEM Conexión

El oxígeno y el agua son sustancias químicas comunes en la Tierra. Cada planeta tiene sustancias químicas que son comunes en su superficie. Otros planetas están demasiado lejos como para que los científicos reúnan muestras de los gases, los líquidos y los sólidos que los hacen únicos. En cambio, los científicos usan ondas de luz.

Parte de la luz de las estrellas rebota contra los planetas cuando llega a ellos. La luz que rebota de un objeto se conoce como su espectro. Los planetas también absorben gran parte de la luz que reciben. Los científicos entienden cómo absorben la luz los distintos materiales. Observando la luz que absorbe y la luz que rebota en un planeta, los científicos pueden identificar las sustancias químicas que lo forman. Por ejemplo, incluso antes de enviar una sonda espacial, los científicos ya sabían que la atmósfera de Marte estaba hecha principalmente de dióxido de carbono. El dióxido de carbono absorbe algunas longitudes de onda de luz específicas.

Explícalo El patrón de luz que rebota contra un planeta transporta información. Los científicos usan esa información para sacar conclusiones. ¿De qué otras maneras podría usarse la luz para transportar información? Escribe tus ideas en tu cuaderno de ciencias.

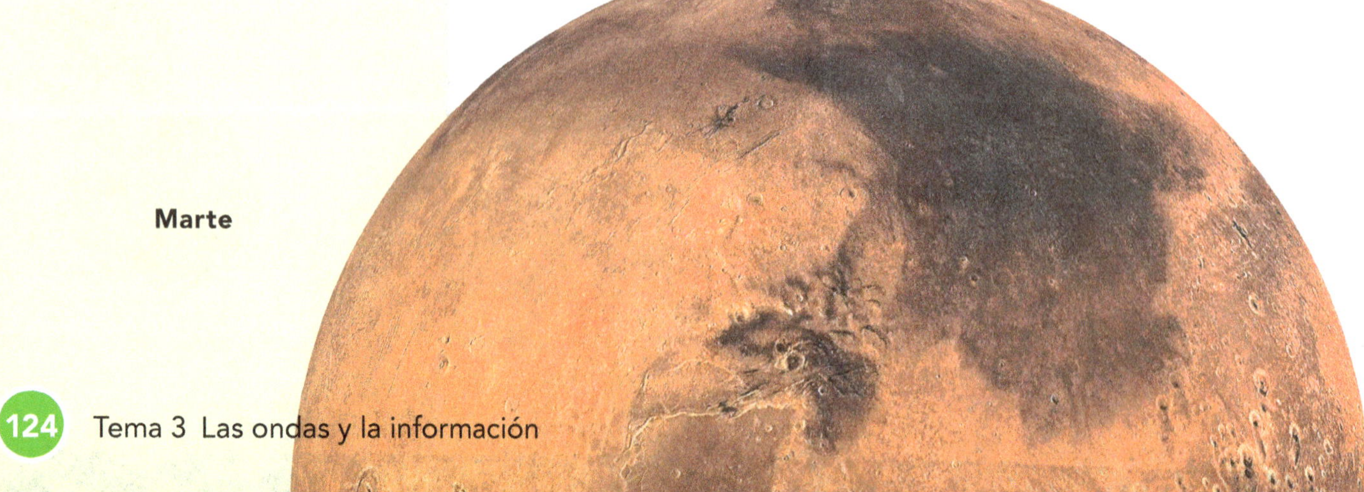

Marte

túInvestigas Lab

LABORATORIO PRÁCTICO

4-PS4-2, SEP.2

¿Cómo se refleja la luz?

Los científicos estudian la luz para saber cómo se mueve y cómo cambia. ¿Cómo puedes hacer un modelo para entender cómo reacciona la luz cuando choca contra una superficie brillante?

Materiales

- fuente de luz
- cartulina negra
- cartulina blanca
- tijeras
- cinta
- espejo
- transportador
- cordel

Ten cuidado cuando uses tijeras.

No apuntes la luz directamente a los ojos.

Procedimiento

- [ ] **1.** Usa los materiales para mostrar cómo se mueve y cambia la luz. Escribe un plan que incluya la toma de mediciones.
- [ ] **2.** Pide a tu maestro que apruebe tu plan y realiza tu investigación.
- [ ] **3.** Haz un diagrama de tus observaciones. Asegúrate de que incluya las mediciones que hiciste.

Práctica de ciencias

Los científicos **desarrollan modelos** para explicar procesos naturales.

Analizar e interpretar datos

4. Explicar Usa evidencia de tu modelo para explicar cómo se mueve y cambia la luz cuando golpea una superficie brillante.

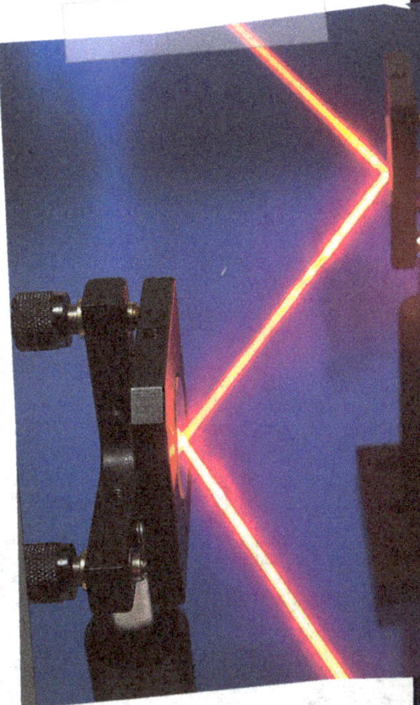

tú, Científico

Reflexión de la luz
Alumbra con una linterna u otra fuente de luz una lámina lisa de papel de aluminio y mira cómo se refleja. Ahora, altera el papel, haciendo una pelota con él y abriéndolo de nuevo. ¿Cómo se ve la luz cuando se refleja? Explica por qué hay una diferencia.

Patrones en las características de las ondas

Las ondas de luz son un tipo de onda transversal. Las ondas de luz transfieren energía, pero no necesitan un medio para moverse. La luz puede representarse como algo que se mueve en rayos. Un **rayo** es una línea de energía que sigue avanzando en una dirección hasta que choca con un objeto. Los rayos de luz pueden reflejarse, refractarse o absorberse. Cuando los rayos se **reflejan** en una superficie, o rebotan, se mueven en una nueva dirección. Los rayos de luz se doblan, o se **refractan**, cuando ingresan a un nuevo medio. La forma en que la luz se refracta depende del tipo de materia que atraviese. Un prisma es un objeto geométrico que dobla la luz. Cuando una luz blanca se refracta a través de un prisma, se separa en distintos colores, como en la imagen.

Cuando la luz golpea un objeto y no se refleja ni se dobla, es absorbida. **Absorber** significa "tomar". La luz que es absorbida por algo ya no es visible.

Explicar ¿Por qué la ropa negra se calienta más que la ropa blanca en verano?

____

____

Misión Conexión

El ojo puede ver distintos colores. ¿Cómo podrías usar los colores para crear un patrón que sea parte de un código?

____

____

____

Ver objetos

Las ondas de luz permiten que veas los objetos. La luz debe reflejarse en un objeto antes de que puedas verlo. El ojo humano funciona como un **sistema**, o conjunto de partes que funcionan juntas como un todo. Algunas de las partes que forman el ojo son la pupila, el cristalino y la retina. La pupila es el hoyo negro en el centro del ojo que permite que entre la luz. El cristalino es la parte del ojo que se dobla y concentra la luz en forma de imágenes que puedes ver. La retina es la parte del ojo que recibe la imagen del cristalino. La retina envía mensajes eléctricos acerca de la luz a tu cerebro, que los interpreta.

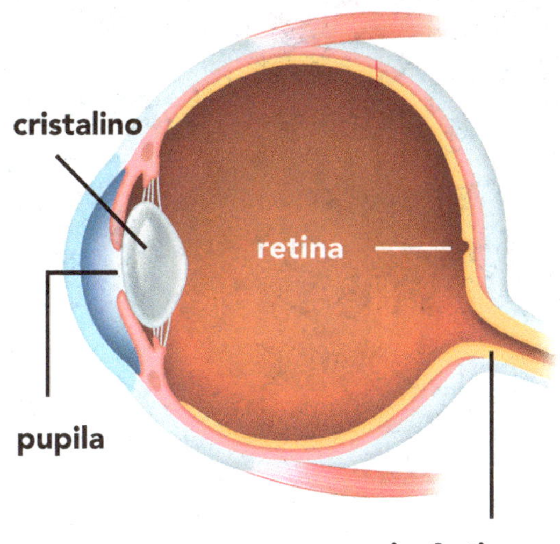

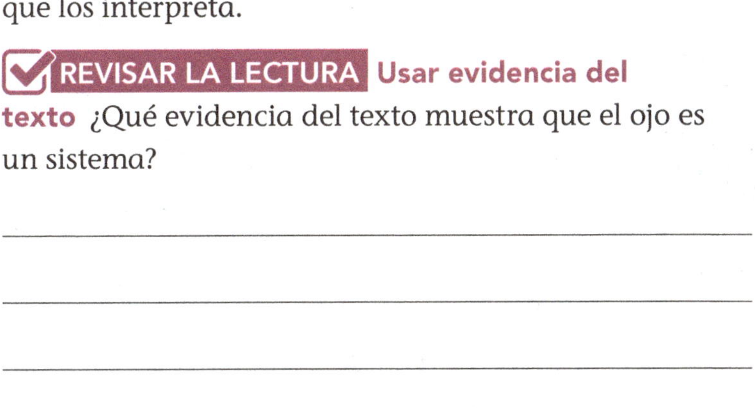

REVISAR LA LECTURA **Usar evidencia del texto** ¿Qué evidencia del texto muestra que el ojo es un sistema?

____

____

____

____

Supón que eres un ingeniero a cargo de diseñar una máquina capaz de reconocer objetos visualmente. Haz un dibujo de un sistema que muestre todas las partes que necesitará la máquina. Muestra la dirección que seguirá la luz antes de que la máquina pueda reconocerla.

Conexión con la comprensión visual

¿Cómo ve el color tu ojo?

Las ondas de luz se ven de distintos colores, determinados por sus longitudes de onda.

Las ondas de una fuente de luz blanca, como el Sol, contienen todos los colores del arco iris.

El color amarillo se refleja en el plátano.

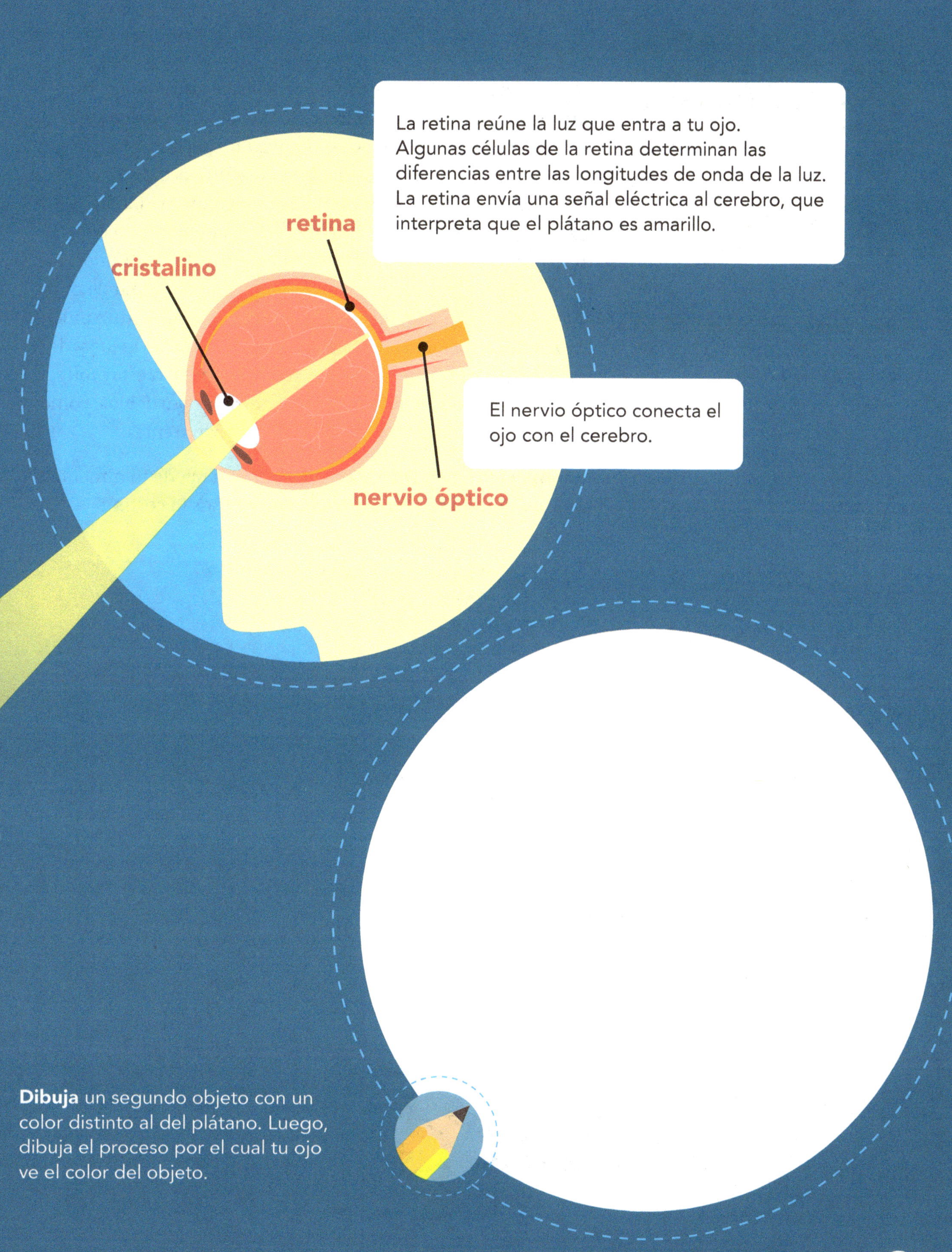

Dibuja un segundo objeto con un color distinto al del plátano. Luego, dibuja el proceso por el cual tu ojo ve el color del objeto.

Matemáticas ▸ Herramientas

Ángulos Los rayos de luz pueden llegar a los objetos desde diferentes ángulos. Cuando algo es perpendicular, forma un ángulo de 90 grados con una superficie. Dibuja un rayo de luz que sea perpendicular a un objeto.

Luz y materia

Una de las propiedades de la materia es la cantidad de luz que la puede atravesar. La materia puede ser transparente, translúcida u opaca. La materia opaca no permite que pase luz. Un objeto translúcido deja que pase un poco de luz, pero no toda. Un objeto transparente deja que pase casi toda la luz, y te permite verla claramente. Que la materia sea opaca, translúcida o transparente puede depender de la cantidad de materia que haya. Recuerda que la luz viaja en forma de onda. Si una onda de luz no interactúa con nada, sigue avanzando. Los sólidos tienen más probabilidades de absorber la luz y de ser opacos. Las partículas de los sólidos tienden a estar muy juntas. La materia con más espacio entre las partículas, como los gases, tienden a ser translúcidas o transparentes.

Identificar Una cortina hace que una sala quede totalmente a oscuras cuando se cierra. ¿Cómo describirías la cortina?

____

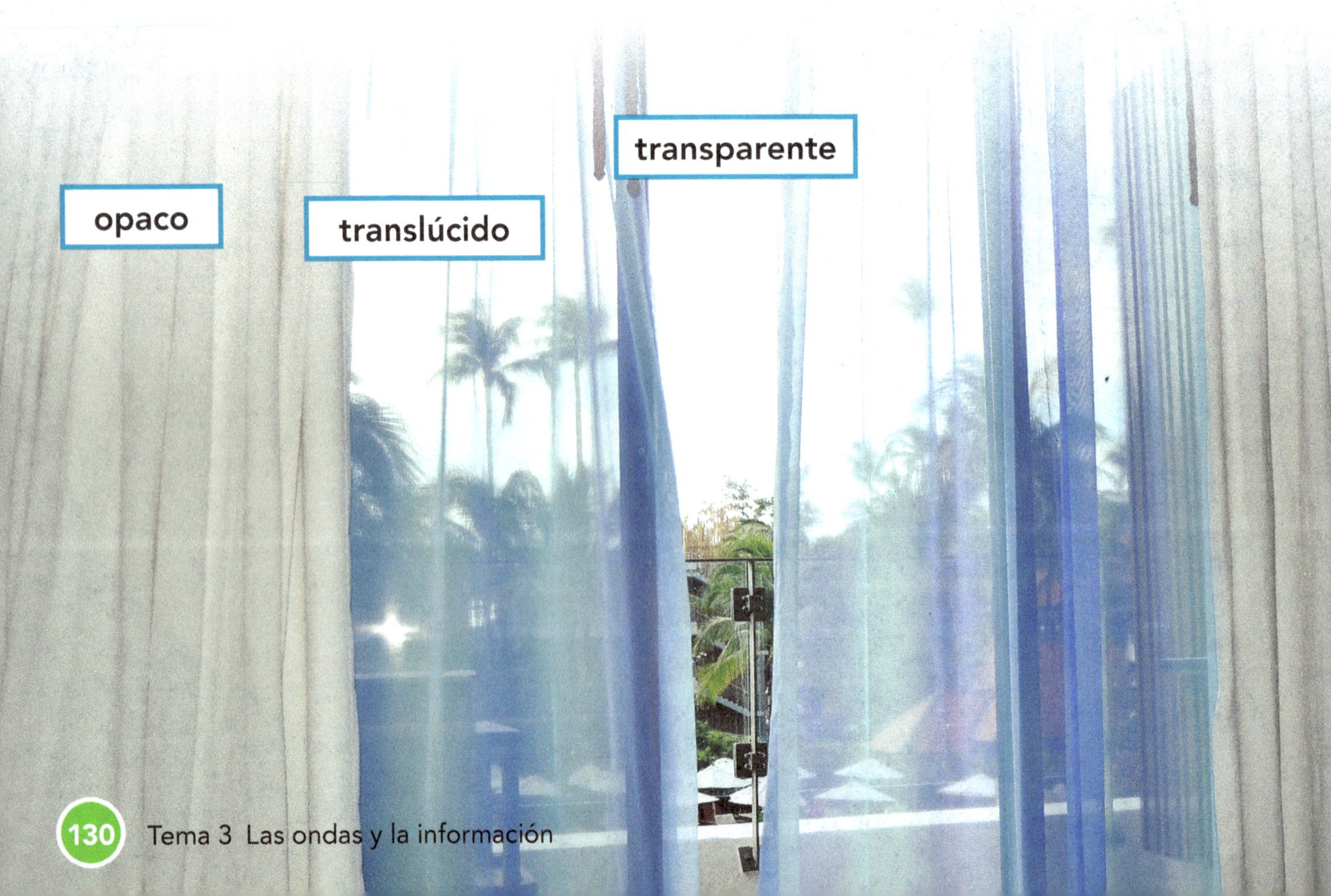

Ondas que no puedes ver

El espectro electromagnético es un rango de ondas que van de los pequeños rayos gama a las enormes ondas de radio. La luz que vemos es solo una parte del espectro electromagnético. El espectro incluye las longitudes de onda que forman los colores del arcoíris: rojo, naranja, amarillo, verde, azul, índigo y violeta. Las longitudes de onda visibles tienen entre 380 y 780 nanómetros (1 milímetro = 1 millón de nanómetros). Los seres humanos no pueden ver las ondas electromagnéticas que están fuera de ese rango. Los rayos X, las microondas y las ondas de radio son invisibles para los seres humanos.

Inferir La alta frecuencia de los rayos X hace que interactúen con la materia. Algunos materiales densos, como los huesos, absorben más rayos X que los materiales que los rodean. Por eso los rayos X pueden usarse para hacer imágenes de los huesos que todavía están dentro de las personas. ¿Serían útiles los rayos X para enviar mensajes a la distancia?

____

____

____

INTERACTIVITY

Completa una actividad sobre los rayos X.

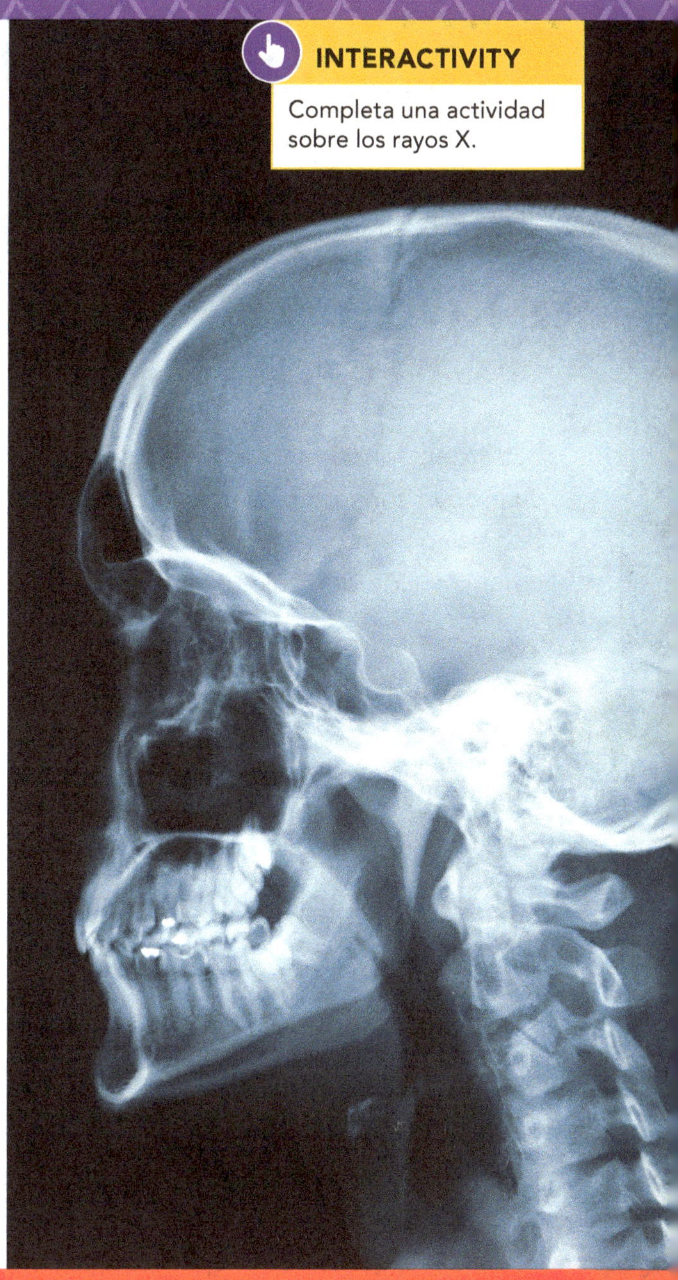

Lección 3: Revisión

1. **Revisar** ¿Por qué tu ojo ve amarillo el plátano?

____

____

____

2. **Explicar** ¿Por qué no puedes ver objetos en la oscuridad?

____

____

____

STEM Misión Control Lab

¿Cómo puedes enviar un mensaje con luz?

Los ingenieros desarrollan maneras de comunicarse cuando el sonido no es una opción o cuando viaja demasiado lento. ¿Cómo puedes crear un patrón de comunicación que solo use la luz?

Materiales recomendados

- linterna
- lámpara
- gel o celofán de colores
- cartón

Presta atención a tu seguridad física.

No apuntes la luz directamente a los ojos.

Práctica de ingeniería

Los ingenieros **diseñan soluciones** para resolver problemas.

Diseñar la solución

☐ **1.** ¿Cómo puedes usar los materiales para hacer un patrón de luz?

____

____

____

____

____

☐ **2.** Construye un sistema de comunicación que solo use luz blanca para hacer un patrón. Describe tu sistema. Muestra tu plan a tu maestro. Luego, ponlo a prueba enviando un mensaje corto a un compañero.

____

____

____

____

____

____

____

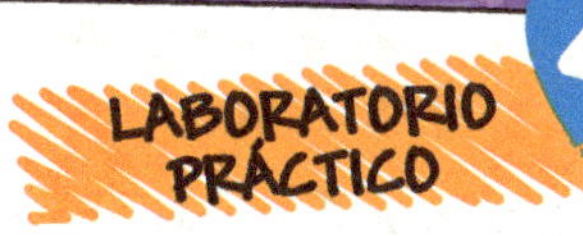

3-5-ETS1-2, 4-PS4-3, SEP.6

☐ **3.** Construye un segundo sistema de comunicación que use luz y color. Describe tu sistema y muéstralo a tu maestro. Después de que tu maestro apruebe tu plan, prueba tu sistema.

Evaluar la solución

4. Evaluar ¿Funcionaron tus sistemas de comunicación? Usa tus observaciones para respaldar tu respuesta.

5. Evaluar y corregir Compara tus experiencias con el segundo sistema de comunicación y las de tus compañeros. ¿En qué se diferencia tu sistema de los demás? ¿Cómo podrías mejorar el sistema que inventaste?

6. Analizar Piensa en las propiedades de las ondas de luz. ¿Qué cosa podría interrumpir tu mensaje?

Lección 4

Las ondas y la información

Puedo...

Demostrar cómo los dispositivos tecnológicos usan ondas para enviar y recibir información.

4-PS4-3, 3-5-ETS1-2

Destreza de lectura

Usar evidencia del texto

Vocabulario

señal
transmisor
antena
receptor
digital
analógico

Vocabulario académico

rango

VIDEO

Ve un video sobre las ondas y la información.

CURRÍCULO Conexión

La tecnología moderna permite que una persona hable con otra que está al otro lado del planeta en segundos. La comunicación a larga distancia solía ser mucho más complicada. Las señales de humo eran una forma de comunicación que se usaba en la antigüedad. Una persona armaba una fogata y el humo llegaba hasta el cielo. Luego, la persona cubría el fuego y liberaba el humo siguiendo un patrón para enviar señales a otras personas. Un servicio de correo llamado Pony Express comenzó a funcionar en la década de 1860. Enviaba cartas por medio de jinetes a caballo. Los mensajes podían viajar más lejos, pero tardaban días en llegar. En la década de 1890, Guglielmo Marconi inventó un telégrafo inalámbrico que enviaba mensajes usando las ondas de radio. Esa fue la primera vez en la historia que se usaron ondas invisibles para enviar mensajes a través de grandes distancias. Eso permitió aumentar el alcance y la velocidad de las comunicaciones a larga distancia.

Sacar conclusiones ¿Por qué crees que Marconi construyó estas torres?

____

____

túInvestigas Lab

LABORATORIO PRÁCTICO

SEP.6, 4-PS4-3

¿Cómo puede traducirse la información de las ondas?

Materiales recomendados

- papel cuadriculado

Los científicos y los ingenieros codifican la información para transmitirla entre un lugar y otro. ¿Cómo puedes usar una grilla para codificar una onda?

Práctica de ciencias

Los científicos **diseñan soluciones** para resolver problemas.

Procedimiento

☐ 1. Dibuja una onda transversal en el papel cuadriculado. Marca una línea central horizontal en la onda.

☐ 2. Escribe un código para indicar a otra persona cómo dibujar tu onda. Usa la información del papel cuadriculado como ayuda.

____

____

____

____

☐ 3. Intercambia tu código con otro estudiante. Usando una nueva hoja cuadriculada, trata de dibujar la onda de la otra persona usando únicamente el código que te dio.

Analizar e interpretar datos

4. **Evaluar** ¿Cómo funcionó tu método de codificación? ¿Pudo repetir tu onda tu compañero? ¿Qué podrías cambiar en tu código para que sea más fácil repetir la onda?

____

____

____

____

____

____

tú, Científico

Buscador de señales
Busca una radio y sintoniza un canal que tenga una señal débil. Mueve la antena de distintas maneras. ¿Pudiste encontrar una mejor señal? ¿Por qué crees que ocurre eso?

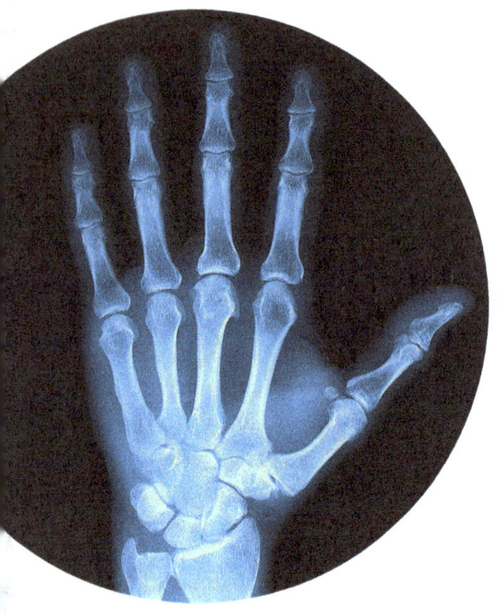

Ondas fuera del espectro visible

Un **rango** incluye todas las posibilidades entre dos puntos. El rango de las frecuencias de las ondas de luz que los humanos pueden ver es muy limitado. ¡El rango de las frecuencias de las ondas de luz que *no* podemos ver es mucho mayor! Las personas usan esas ondas invisibles de muchas maneras. Las ondas de los rayos X tienen una longitud de onda muy corta. Se usan para tomar fotografías de los huesos. Las microondas, que tienen longitudes de onda más largas, se usan para calentar alimentos. Las ondas de radio son muy útiles para las comunicaciones. Las ondas de radio pueden enviar una **señal**, o un mensaje con información. Las ondas de radio transportan señales de emisoras de radio y televisión, de teléfonos celulares y de satélites de Internet.

Identificar ¿Cuáles son algunas señales que tú puedes recibir o enviar?

____

____

____

Ondas de radio

Muchos dispositivos usan señales de frecuencia de radio para hacer distintas cosas. Todos esos dispositivos tienen partes similares que funcionan como un sistema. Primero, una señal tiene que llegar de un dispositivo al otro. El **transmisor** es la parte de un dispositivo que envía señales de radio. La **antena** es la parte de un dispositivo que recibe las señales. El **receptor**, luego, convierte las ondas de radio en un mensaje comprensible. Los receptores convierten las señales en música, imágenes o datos para crear páginas Web.

REVISAR LA LECTURA **Usar evidencia del texto** Resume la evidencia que respalda la afirmación de que la tecnología de radio es un sistema.

____

____

____

¿Cómo funcionan las llamadas de teléfono celular?

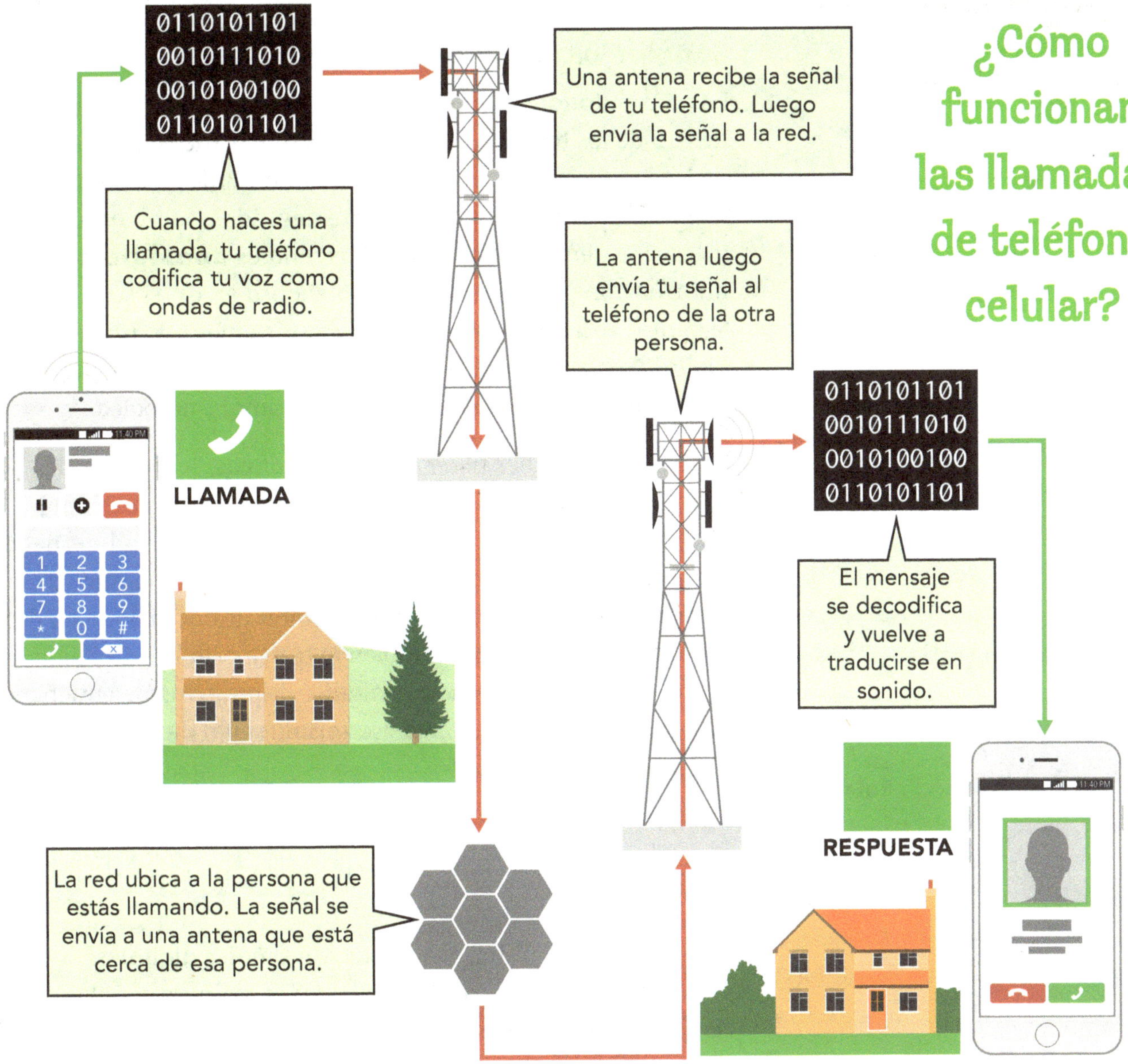
0110101101
0010111010
0010100100
0110101101
Cuando haces una llamada, tu teléfono codifica tu voz como ondas de radio.
LLAMADA
Una antena recibe la señal de tu teléfono. Luego envía la señal a la red.
La red ubica a la persona que estás llamando. La señal se envía a una antena que está cerca de esa persona.
La antena luego envía tu señal al teléfono de la otra persona.
0110101101
0010111010
0010100100
0110101101
El mensaje se decodifica y vuelve a traducirse en sonido.
RESPUESTA

Escríbelo Los teléfonos satelitales se usan en lugares en los que no hay antenas de telefonía celular. Esa tecnología no sería posible sin ondas de radio u otras ondas electromagnéticas. Busca más información acerca de los teléfonos satelitales para entender por qué esa afirmación es correcta. Escribe un resumen de lo que aprendas en tu cuaderno de ciencias.

¡Pregúntalo! Los habitantes de una ciudad pequeña dicen que tienen problemas con sus teléfonos celulares. No pueden recibir ni enviar mensajes de texto ni hacer llamados. ¿Qué preguntas podrías hacer para resolver el misterio?

____

____

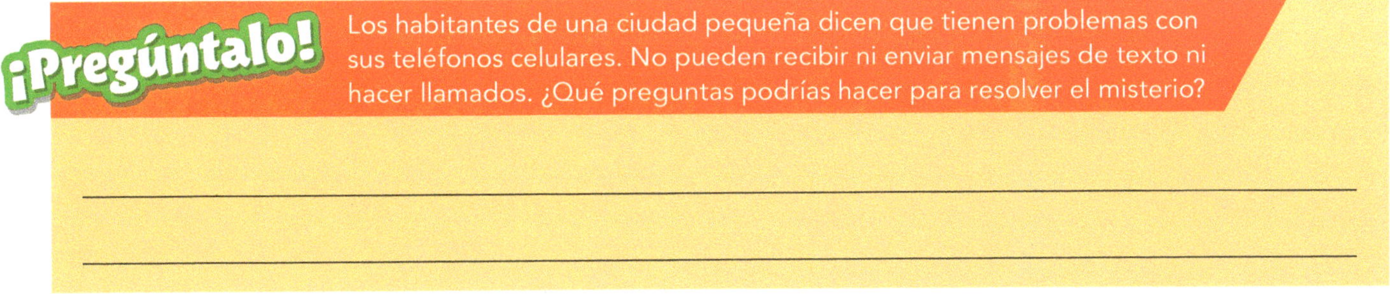

Completa una actividad sobre las señales digitales.

Señales digitales y analógicas

Las computadoras son herramientas comunes hoy en día. Están dentro de los teléfonos celulares, los refrigeradores y los juguetes. Todas las computadoras usan señales digitales. Las señales **digitales** son valores claramente definidos, como números, que a veces se denominan dígitos. Las señales **analógicas** envían información en un flujo continuo. Piensa en una escala musical. Si cantas cada nota por separado, estás enviando una señal digital. Si cantas la escala empezando en una nota y subiendo el tono lentamente, estás enviando una señal analógica.

Las señales digitales tienen muchas ventajas. Son fáciles de codificar como ondas de radio para enviarse a lugares muy lejanos. Así es como las computadoras se conectan a Internet de manera inalámbrica. Usan receptores digitales que convierten los pulsos de ondas de radio en señales digitales. Si la onda transporta información codificada, también la transporta la señal digital que forma el receptor. Además, cualquier dispositivo que entienda el código digital puede entender la misma señal digital.

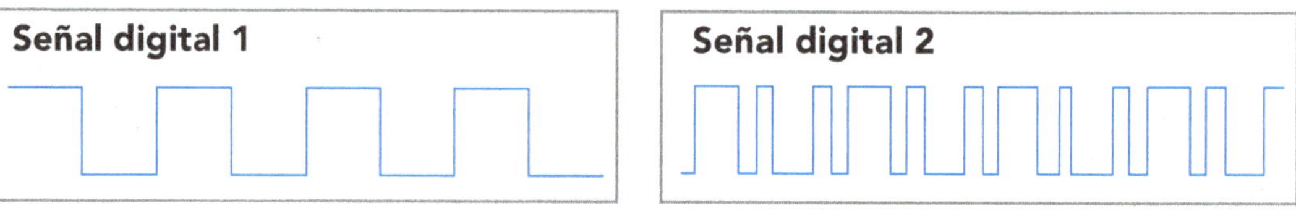

Usar diagramas Estas dos ondas son señales digitales. ¿Qué características cambiaron entre la primera señal y la segunda, para que sea posible transmitir información?

____

Misión Conexión

¿Qué sería más fácil de enviar a través de un museo ruidoso y poco iluminado? ¿Una señal digital o una analógica? Explica tu respuesta.

____

____

____

La tecnología imita a la vida

Piensa en las tecnologías de comunicación analizadas en este tema. ¿En qué se parecen a los sistemas humanos? Una buena comparación sería con nuestros ojos y oídos. Ellos reciben distintos tipos de ondas. Hay partes específicas de esos órganos que reciben las señales. Luego, nuestro cerebro las decodifica. Cuando hablamos, transmitimos señales de onda al mundo. La tecnología extiende el rango de nuestra capacidad para detectar ondas.

Aplicar conceptos ¿En qué se parece un micrófono a un oído?

____

____

Práctica de ingeniería ▸ Herramientas

Diseñar soluciones Cuando los ingenieros diseñan soluciones, toman ideas de muchas fuentes distintas. El diseño de máquinas basado en formas de vida se llama *biomímesis*. ¿Cómo pueden usar las formas de vida los ingenieros para diseñar tecnología de ondas?

Lección 4: Revisión

1. **Describir** ¿Cuáles son las tres partes que necesita un sistema de comunicación de radio?

____

____

2. **Aplicar conceptos** El código Morse usa puntos y rayas para transmitir información. ¿Podría enviarse fácilmente en forma de señal digital? Explica tu respuesta.

____

____

____

Comparar códigos

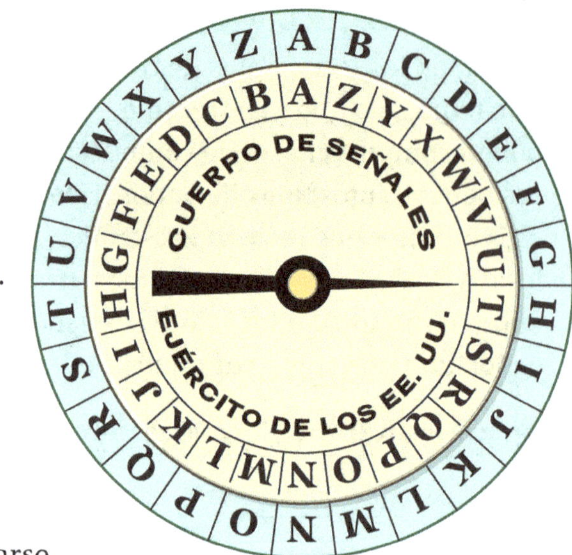

Como analista de inteligencia, a menudo tengo que elegir cómo comunicarme en una situación determinada. Cada situación es diferente, por lo que cambia el tipo de comunicación que funciona mejor. Compara y contrasta los distintos métodos de comunicación que analizaste basándote en cómo funcionarían en la situación de la película.

1. En la película de espías, los niños tienen que comunicarse en secreto en un museo poco iluminado, lleno de visitantes. ¡Un visitante podría ser el ladrón! Haz una lista con algunos criterios (objetivos) y restricciones (límites) de la situación.

2. Elige dos métodos de comunicación que hayas desarrollado en la Misión. Haz una tabla que describa cómo funcionaría o no cada método de comunicación según los criterios dados.

3. Elige uno de los métodos para mejorarlo. ¿Cómo cambiarías ese método para que funcione mejor según los criterios y las restricciones de la situación?

¿Por qué son altas las antenas?

Los transmisores y los receptores necesitan antenas. Tal vez hayas visto antenas colocadas en estructuras altas de metal cerca de tu hogar. ¿Por qué crees que las antenas se colocan en estructuras altas? Una buena manera de responder la pregunta es recopilar lo que sabes y, después, hacer una afirmación basada en la ciencia.

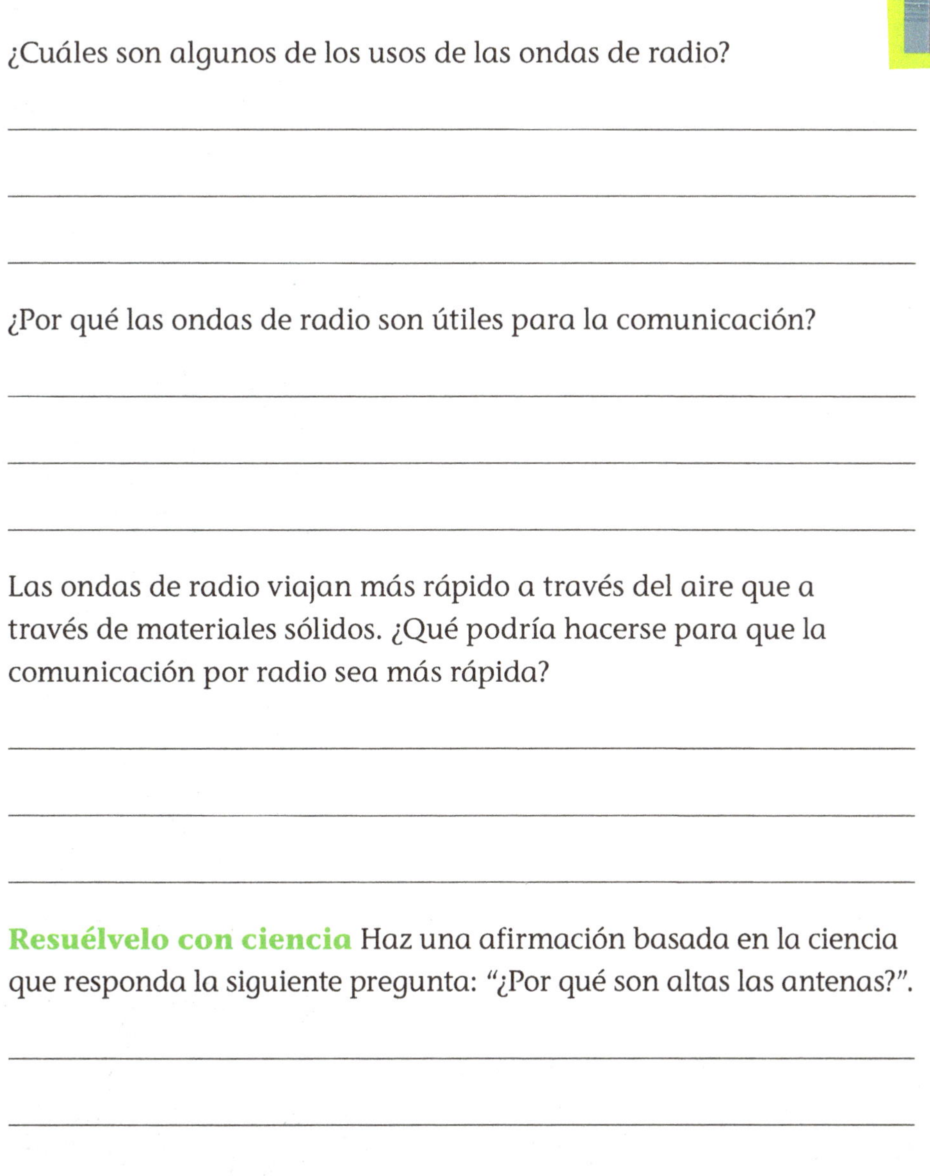

¿Cuáles son algunos de los usos de las ondas de radio?

____

____

____

¿Por qué las ondas de radio son útiles para la comunicación?

____

____

____

Las ondas de radio viajan más rápido a través del aire que a través de materiales sólidos. ¿Qué podría hacerse para que la comunicación por radio sea más rápida?

____

____

____

Resuélvelo con ciencia Haz una afirmación basada en la ciencia que responda la siguiente pregunta: "¿Por qué son altas las antenas?".

____

____

____

Misión Hallazgos

INTERACTIVITY

Organiza tus datos para apoyar tus hallazgos de la Misión.

STEM

¡Sé un experto en mensajes!

¿Cómo se puede enviar información de manera segura?

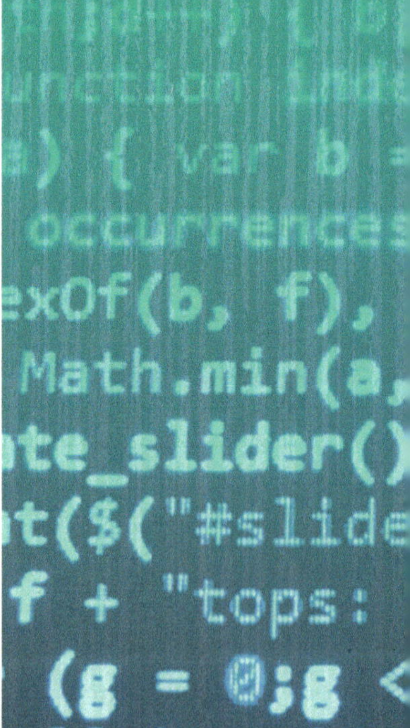

¡Luz, cámara, acción! ¡Es hora de terminar la Misión! El director de la película necesita saber cómo se comunicarán los jóvenes espías. Explica tu método de comunicación secreto y demuestra cómo funciona.

Describir tu método

Explica cómo funcionará tu código y cómo lo comunicarás.

____

____

____

____

____

____

____

____

Muestra tu método a un compañero. Trabajen juntos para enviar y recibir un mensaje codificado.

Conexión con la Carrera

Analista de inteligencia

Un analista de inteligencia es un experto que observa datos. Los analistas de inteligencia reúnen mucha información sobre un tema específico. Usan ese conocimiento para ayudar a entender nueva información y hacer predicciones. Uno de los lugares más importantes en los que trabajan los analistas de inteligencia es la CIA, o Agencia Central de Inteligencia. En la CIA, los analistas preparan informes para avisar a los funcionarios del gobierno si existen riesgos para la seguridad nacional. Su trabajo exige que guarden secretos necesarios para proteger a los Estados Unidos.

Los analistas de inteligencia deben ser capaces de reunir e interpretar datos. Deben poder ver patrones en la información, resolver códigos y entender sucesos mundiales. También tienen que poder comunicarse con personas de todo el mundo. Es recomendable que conozcan muchos idiomas. Por último, los analistas de inteligencia deben estar dispuestos a que gran parte de su trabajo permanezca en secreto.

Escríbelo En tu cuaderno de ciencias, describe cómo podrías desarrollar las habilidades necesarias para ser un analista de inteligencia.

Evaluación

1. **Identificar** Escribe el nombre de cada parte rotulada de la onda.

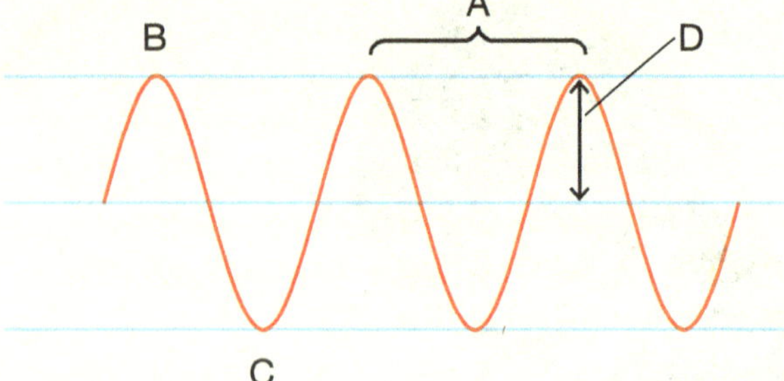

A. ________________

B. ________________

C. ________________

D. ________________

2. **Revisar** ¿Qué características tiene una señal digital?

____

____

____

____

____

____

____

____

____

____

____

____

3. **Aplicar conceptos** Isaac observa una manzana roja. ¿Cuál de las siguientes opciones explica por qué la manzana es roja?

   A. La luz blanca golpea el objeto, y la luz roja se refleja hacia nuestro ojo.

   B. La luz blanca golpea el objeto, y el objeto absorbe la luz roja.

   C. La luz roja golpea el objeto, y la luz blanca se refleja hacia nuestro ojo.

   D. La luz roja golpea el objeto y se refleja hacia nuestro ojo.

4. **Vocabulario** ¿Cuál de los siguientes elementos **no** forma parte de la comunicación por ondas de radio?

   A. transmisor

   B. señal

   C. receptor

   D. cristalino

5. **Resumir** Describe las estructuras del ojo que te ayudan a ver objetos.

____

____

____

____

____

____

____

____

6. Desarrollar un modelo Dibuja un diagrama que muestre cómo los rayos de luz del Sol te ayudan a ver un objeto.

7. Identificar Una onda sonora comprime las partículas en la misma dirección en la que se mueve. ¿Qué tipo de onda es la onda sonora?

8. Explicar ¿Cuáles son dos propiedades de las ondas? ¿Cómo cambian?

Pregunta esencial *¿Cómo usamos las ondas para comunicarnos?*

Muestra lo que aprendiste

Explica tres formas en que las personas usan las ondas para comunicarse. Da un ejemplo de cuándo podría usarse cada método.

Evaluación basada en la evidencia

Lee esta situación y responde las preguntas 1 a 5.

Hay pequeños grupos de células que envían pulsos eléctricos para hacer que tu corazón lata. Esos pulsos se repiten una y otra vez. También transportan energía. Eso significa que las señales eléctricas que se envían a través de tu corazón también pueden describirse como ondas. Cuando los doctores quieren saber si el corazón de una persona late con normalidad, miden las ondas eléctricas usando una máquina de electrocardiograma. Colocan varios electrodos de la máquina en el pecho de la persona. Los electrodos reciben la señal que envía el corazón. La máquina registra el patrón de onda en una grilla. Los doctores comparan el patrón de un paciente con un patrón normal para saber si coinciden. Los siguientes son distintos patrones de onda de electrocardiograma.

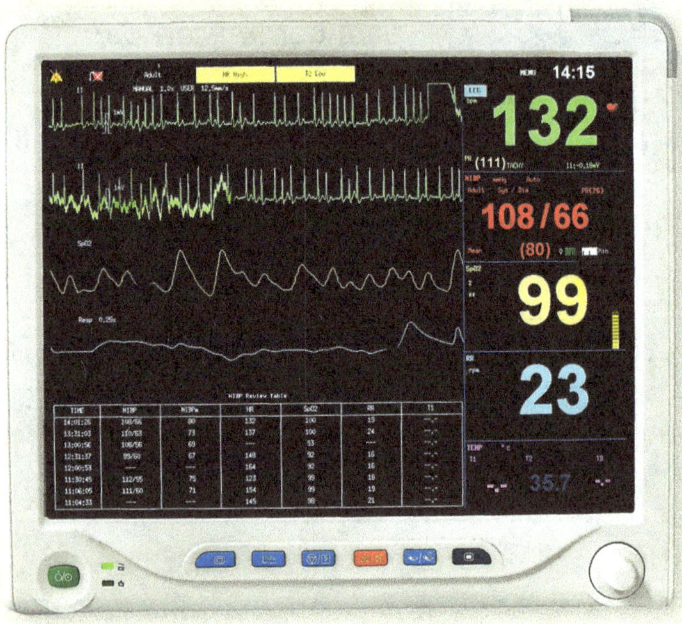

Latido normal

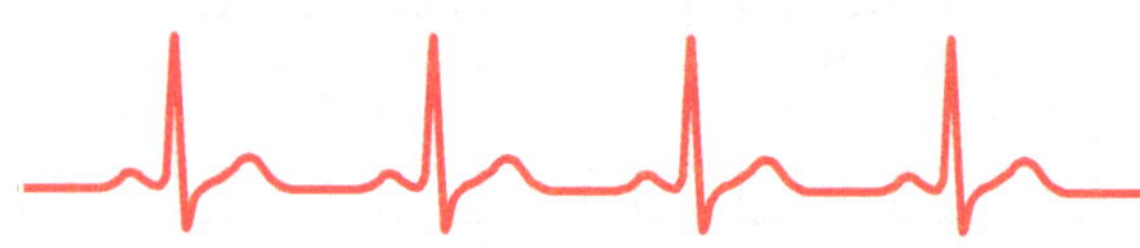

Taquicardia

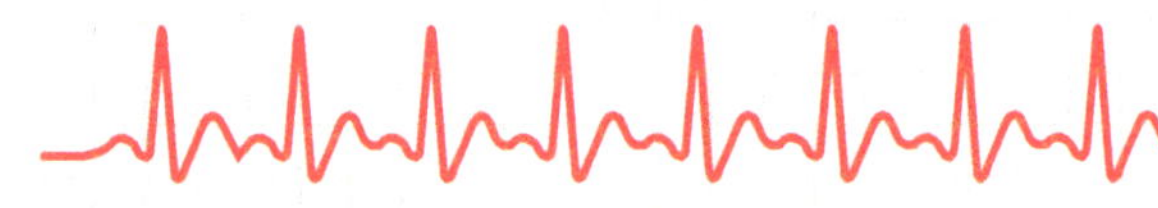

Latido irregular

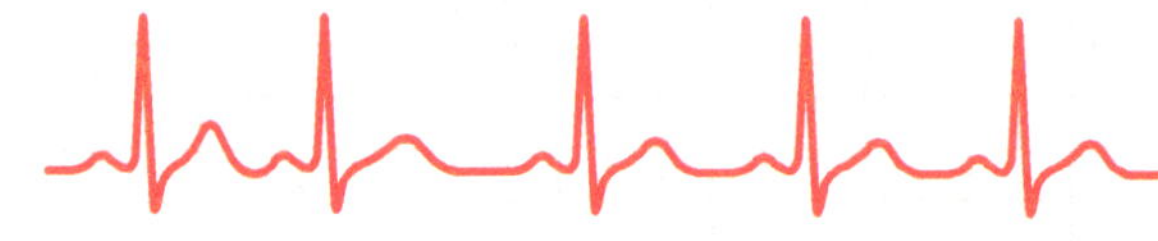

Después de un ataque al corazón

1. **Interpretar gráficas** ¿Qué cambios ocurren en la señal eléctrica que se envía al corazón de una persona cuando tiene taquicardia?

A. Aumenta la longitud de onda.

B. Aumenta la amplitud.

C. Aumenta la frecuencia.

D. No cambia.

2. **Usar evidencia** Después de sufrir un ataque al corazón, el latido del corazón de una persona es muy débil, muy lento y, a menudo, irregular. ¿Qué evidencia del electrocardiograma después de un ataque al corazón indica esos síntomas?

3. **Clasificar** ¿Los electrodos de la máquina de electrocardiograma son un tipo de antena? ¿Por qué?

4. **Desarrollar un modelo** Dibuja un modelo que represente la señal eléctrica de una persona que tiene un latido lento.

5. **Explicar** Algunos pacientes de hospital están conectados a una máquina de electrocardiograma constantemente. Los doctores pueden leer las señales del corazón de esos pacientes en una computadora. La pantalla muestra información en distintos colores para ayudar a los doctores a encontrar la información que necesitan rápidamente. ¿Cómo usa la pantalla las ondas para codificar la información con distintos colores?

tú Demuestras Lab

¿Cómo puedes representar una onda de luz o sonido?

Materiales recomendados

- cordel
- cuerda
- resorte de juguete
- cinta

Los científicos analizan ondas de luz, de sonido y de otros tipos. ¿Cómo puedes hacer un modelo que represente una onda de luz o sonido?

Presta atención a tu seguridad física.

Práctica de ciencias

Los científicos **desarrollan modelos** para describir procesos naturales.

Procedimiento

☐ **1.** Decide si representarás una onda de luz o de sonido y escribe tu elección.

____

☐ **2.** Decide qué materiales serían mejores para hacer tu modelo de onda. Escribe un plan para crear el modelo.

____

____

____

☐ **3.** Muestra tu plan a tu maestro. Una vez que tengas su aprobación, haz el modelo del tipo de onda que elegiste. Anota las propiedades de la onda que puedas observar en tu modelo.

Observaciones

4-PS4-1, SEP.2

Analizar e interpretar datos

4. Dibuja un diagrama de tu modelo. Rotula las partes del diagrama que muestren las propiedades que observaste.

5. **Comparar y contrastar** ¿De qué dos maneras tu modelo es similar a la onda que tratas de representar? ¿De qué dos maneras es diferente?

Tema 4

Características de la Tierra

Estándares de Ciencias para la Próxima Generación

4-ESS2-1 Hacer observaciones y/o mediciones para aportar evidencia de los efectos de la degradación o el ritmo de la erosión causada por el agua, el hielo, el viento o la vegetación.

4-ESS2-2 Analizar e interpretar datos de mapas para describir patrones en las características de la Tierra.

3-5-ETS1-1 Definir un problema sencillo de diseño que refleje una necesidad o un deseo y que incluya criterios específicos para el éxito y restricciones en materiales, tiempo o costo.

Pregunta esencial

¿Cómo puedes usar mapas para comprender las características de la Tierra?

Muestra lo que sabes

El movimiento del agua da forma a los accidentes geográficos a lo largo de millones de años. Si dibujaras un mapa de esta zona, ¿cómo mostrarías las características que se ven en la imagen?

____

____

Misión Arranque

¿Marca la X el lugar? ¡Depende de ti!

¿Cómo podemos usar los procesos de la Tierra para hallar tesoros enterrados?

¡Hola! Soy Salena Patrick. Soy geóloga. Soy experta en accidentes geográficos. Recientemente encontré una botella con un mapa dentro que muestra que hay tesoros enterrados en tres zonas distintas. También hay una pista que dice que los tesoros están enterrados en lugares que un día quedarán expuestos a través de cambios en la superficie de la Tierra.

En esta actividad de aprendizaje basada en un problema, estudiarás mapas, construirás modelos de accidentes geográficos, probarás cómo pueden cambiar esos accidentes con el tiempo, buscarás tesoros y presentarás tus hallazgos.

Sigue el camino para llevar a cabo la Misión. Las actividades de cada lección te ayudarán a completarla. Al completar cada actividad, marca tu progreso para indicar que es una MISIÓN CUMPLIDA ✓. Conéctate en línea para buscar más actividades de la Misión.

Misión Control 1

Lección 1

Aprende a leer distintos tipos de mapas. Descubre cómo entender distintas partes de los mapas te ayudará a encontrar el tesoro escondido.

Misión Control 2

Lección 2

Aprende acerca de los patrones de algunos accidentes geográficos, dónde ocurren y cómo se forman.

Estándares de Ciencias para la Próxima Generación

4-ESS2-1 Hacer observaciones y/o mediciones para aportar evidencia de los efectos de la degradación o el ritmo de erosión causada por el agua, el hielo, el viento o la vegetación.

4-ESS2-2 Analizar e interpretar datos de mapas para describir patrones en las características de la Tierra.

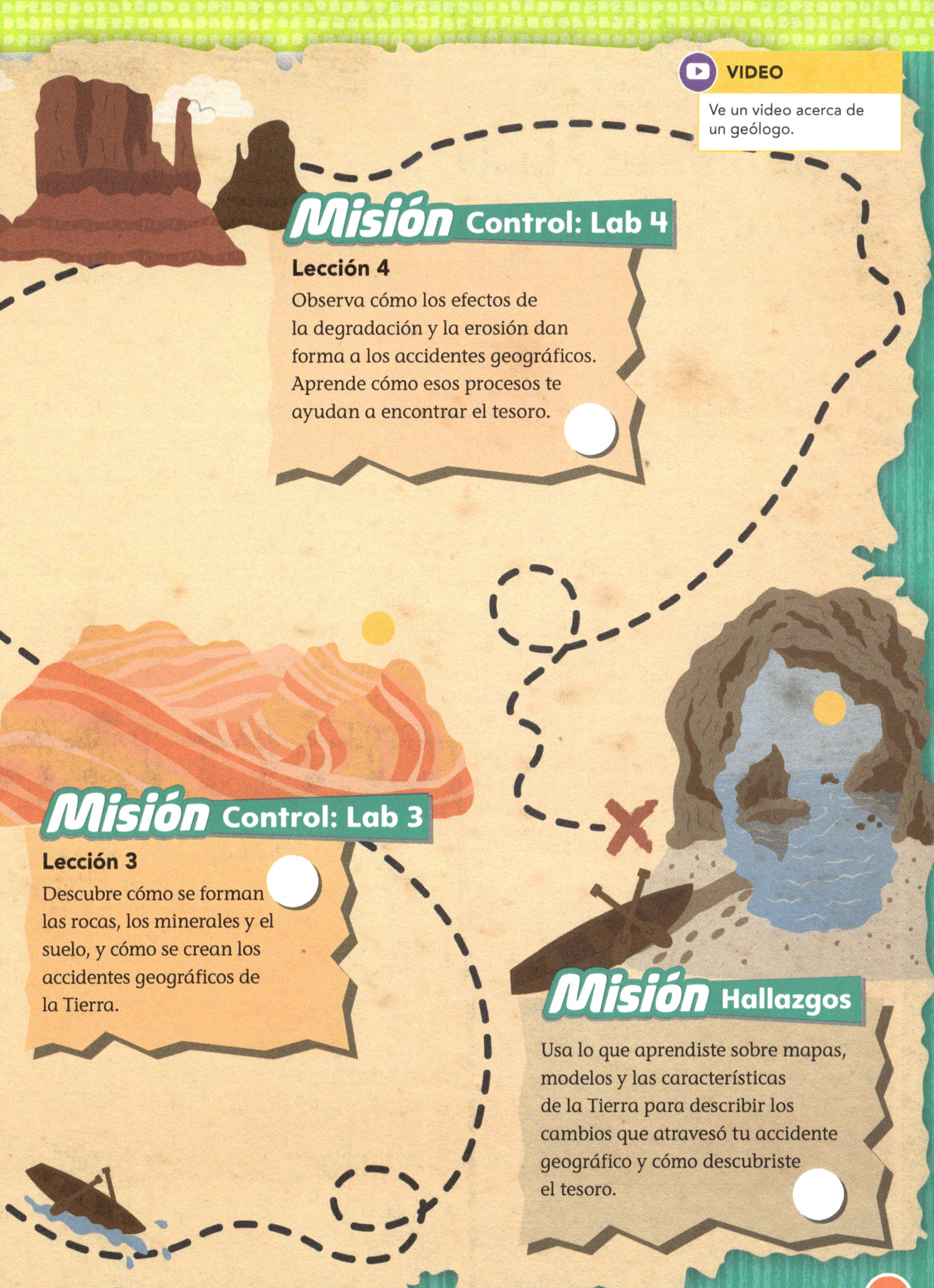

VIDEO

Ve un video acerca de un geólogo.

Misión Control: Lab 4

Lección 4

Observa cómo los efectos de la degradación y la erosión dan forma a los accidentes geográficos. Aprende cómo esos procesos te ayudan a encontrar el tesoro.

Misión Control: Lab 3

Lección 3

Descubre cómo se forman las rocas, los minerales y el suelo, y cómo se crean los accidentes geográficos de la Tierra.

Misión Hallazgos

Usa lo que aprendiste sobre mapas, modelos y las características de la Tierra para describir los cambios que atravesó tu accidente geográfico y cómo descubriste el tesoro.

túConectas Lab

LABORATORIO PRÁCTICO

4-ESS2-1, SEP.3

¿Cómo puede la lluvia afectar la tierra?

Cuando los geólogos investigan los accidentes geográficos, quieren saber cómo se formó cada característica. ¿Cómo puedes representar los cambios que causa la lluvia en los accidentes geográficos?

Materiales

- mitad inferior de una botella de leche de un galón
- 3 vasos de plástico con distintas cantidades de tierra
- agua

Materiales recomendados

- regadera
- regla métrica
- cilindro graduado
- cuchara de plástico

Procedimiento

☐ 1. ¿Qué efecto tienen distintas cantidades de lluvia sobre montículos de tierra de distintos tamaños? Escribe tu predicción.

____

____

☐ 2. Prepara tu "tierra" en la botella de leche. Con cuidado, voltea el contenido de cada vaso en la botella. Sacude un poco los vasos para liberar los montículos de tierra.

☐ 3. Haz un plan para poner tu predicción a prueba. Escribe tu plan. Muéstralo a tu maestro antes de empezar. Registra tus observaciones.

Práctica de ciencias

Los científicos **investigan** para aportar evidencia que apoye las ideas científicas.

Analizar e interpretar datos

4. **Usar evidencia** ¿Cómo puede la lluvia afectar la tierra? Escribe tus conclusiones basándote en la evidencia de tu investigación.

____

____

____

____

____

____

____

____

Observaciones

	Cantidad de agua #1	Cantidad de agua #2
Montículo pequeño		
Montículo mediano		
Montículo grande		

Sacar conclusiones

Una destreza de lectura importante es la capacidad de sacar conclusiones. Es como jugar al detective. Debes hacer lo siguiente.

- Reúne pistas buscando la información importante.
- Subraya las pistas a medida que las leas.
- Usa las pistas para entender qué quiere decir el texto.

Lee el siguiente fragmento para descubrir por qué los ingenieros mudaron un faro entero.

GAME

Practica lo que aprendiste con los Mini Games.

Faro en movimiento

El cabo Hatteras se proyecta sobre el océano Atlántico desde la costa de Carolina del Norte. En 1870, se construyó un faro en la punta del cabo, para prevenir que los barcos encallaran. El faro estaba a 1,000 metros de la costa. Con el correr de los años, las fuertes tormentas y el oleaje constante desgastaron la costa. En la década de 1990, el faro estaba casi totalmente rodeado de agua. Había que mover el faro. El Servicio de Parques Nacionales construyó una base en un nuevo lugar y mudó el faro allí sin desarmarlo. Los ingenieros pusieron el faro en una plataforma móvil. Lentamente, el faro fue transportado hacia el nuevo lugar, más seguro. El 13 de noviembre de 1999, el faro volvió a encenderse. Actualmente, su luz sigue protegiendo a los barcos en el mar.

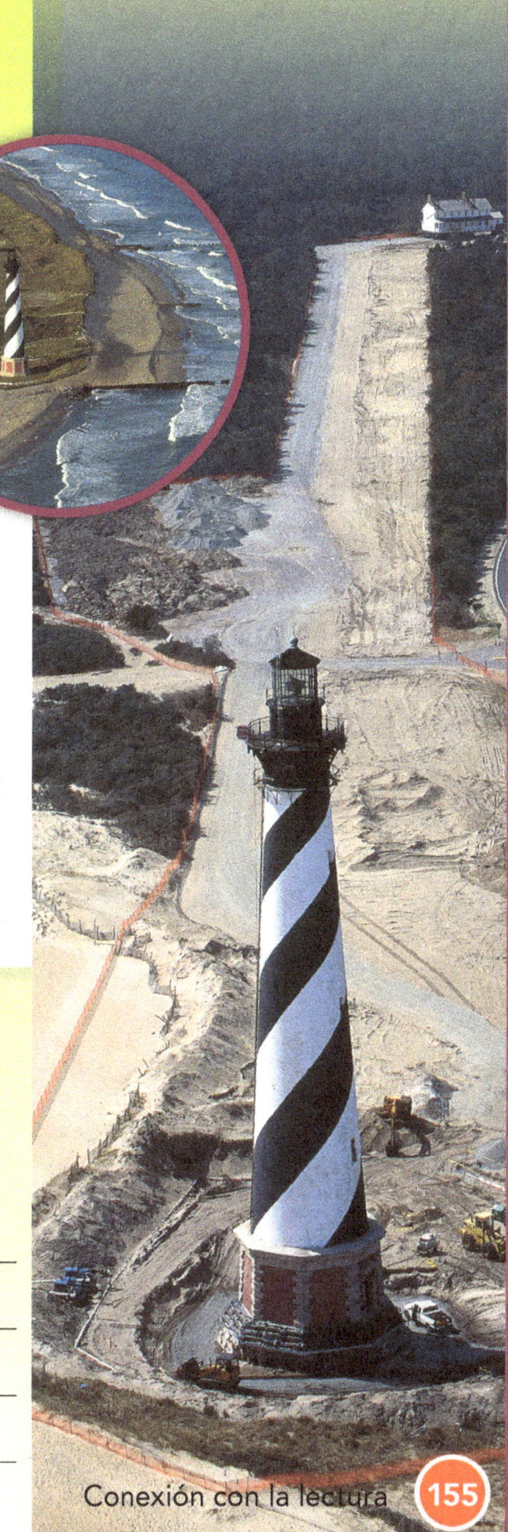

REVISAR LA LECTURA **Sacar conclusiones** El faro está actualmente a 488 metros del océano. Saca una conclusión acerca de la distancia a la que estará el faro del océano en unos 100 años.

____

____

____

____

Lección 1

Mapas y datos

Puedo...

Leer mapas para identificar y comparar las características de la superficie de la Tierra.

4-ESS2-2

Destreza de lectura

Sacar conclusiones

Vocabulario

símbolo
leyenda
rosa de los vientos

Vocabulario académico

características

VIDEO

Ve un video acerca de los mapas y los datos.

DEPORTES Conexión

Si corres en la pista de la escuela, es difícil que te pierdas. Das vueltas y vueltas. En una carrera a campo traviesa, perderse puede ser un problema serio. Quienes organizan las carreras resuelven ese problema imprimiendo un mapa del recorrido. El mapa muestra el camino que sigue la carrera y la línea de llegada. También muestra los puestos de control y los lugares en los que se puede frenar para tomar agua. Así sea una carrera a campo traviesa o un viaje a través del país, ¡los mapas son los instrumentos que te permiten llegar a un lugar y volver!

Aplicar Mira las características del mapa. ¿Cómo permite el mapa que los corredores observen un parque tan grande en una pequeña hoja?

____

____

túInvestigas Lab

LABORATORIO PRÁCTICO

4-ESS2-2, SEP.4

¿Cómo nos ayudan las herramientas?

Los geólogos a veces usan herramientas para no perderse en lugares que no conocen. Los nuevos estudiantes en una escuela también deben orientarse en un lugar que no conocen. ¿De qué dos maneras podrías ayudar a los nuevos estudiantes a orientarse en la escuela, para que lleguen al gimnasio, al área de juego, a la cafetería, a la biblioteca e incluso a la oficina del director?

Práctica de ciencias

Los científicos **analizan e interpretan datos** para entender fenómenos usando el razonamiento lógico.

Procedimiento

☐ **1.** Piensa en dos herramientas distintas para ayudar a los nuevos estudiantes a orientarse en tu escuela. Escribe tus ideas.

☐ **2.** ¿Cómo podrías poner a prueba tus herramientas?

☐ **3.** Con permiso de tu maestro, prueba tus herramientas. Registra tus datos.

Analizar e interpretar datos

4. Evaluar Según tus datos, ¿qué herramienta es más útil? ¿Cómo podrías cambiarla para que sea más útil?

Leer un mapa

El mapa muestra los salones de una escuela. Para que un mapa sea útil, debe tener información suficiente. Por ejemplo, el mapa de una escuela puede incluir la ubicación del gimnasio, de la cafetería y del laboratorio de ciencias.

Los mapas a menudo tienen una leyenda, símbolos, una rosa de los vientos o una escala.

- Los **símbolos** son imágenes pequeñas, letras, líneas o colores que aparecen en un mapa. Tienen que entenderse sin necesidad de una explicación. Encierra los símbolos en un cuadrado.
- Una **leyenda**, o clave, indica qué significan los símbolos del mapa.
- Una **rosa de los vientos** muestra las direcciones norte (N), este (E), sur (S) y oeste (O). Se ubica en el mapa con la N hacia el norte.
- La escala muestra la distancia que cubre el mapa. La escala de un mapa de un área grande estaría en millas o kilómetros. La escala de un salón estaría en pies o metros. Encierra en un círculo la escala del mapa.

REVISAR LA LECTURA **Sacar conclusiones** ¿Para qué sería útil la escala de un mapa?

____

____

Misión Conexión

Dibujar ¿Qué podrías incluir en una leyenda si tuvieras que hacer un mapa de un área que tenga montañas y costas? Dibuja la leyenda para tu mapa.

Tipos de mapa

Un mapa físico muestra las características físicas naturales de un área, como colinas, valles, ríos, lagos, cataratas y bahías, a menudo usando distintos colores. Una **característica** es algo propio de algo o una parte de algo. En el mapa de los Estados Unidos, los ríos más grandes se muestran con líneas azules. El agua se suele mostrar en azul. Las partes de color café y de verde más oscuro muestran las áreas en las que la tierra es más alta, como las colinas y las montañas. Las partes de color verde más claro muestran zonas más planas, como las llanuras.

Aplicar Encierra en un círculo la parte del mapa con montañas. Encierra en un cuadrado la parte con llanuras.

Un mapa político muestra los países, los estados y las ciudades. Las capitales suelen mostrarse en los mapas políticos con una estrella. Los mapas de carreteras muestran los caminos y las carreteras de una zona. Las carreteras pueden dibujarse usando distintos colores o tipos de líneas para mostrar distintos tipos de carreteras. Esos mapas tienen que cambiarse cuando se construyen nuevas carreteras o cuando otras se cierran.

La mayoría de los mapas actuales se basan en información reunida por satélites espaciales. El Sistema de Posicionamiento Global, o GPS, envía constantemente señales que los dispositivos usan para saber casi exactamente dónde están.

Práctica de ciencias ▸ Herramientas

Crear explicaciones Los científicos usan fuentes de información confiables para crear explicaciones. ¿Cómo te ayuda la tecnología a observar zonas grandes y pequeñas para reunir información?

Conexión con la comprensión visual

¿Cómo puedes ver el mismo lugar de distintas maneras?

Todos estos mapas son de San Francisco. Cada mapa muestra distintos tipos de información. Mira la información que incluye cada mapa.

Mapa de calles Usa un marcador para trazar la ruta más directa para ir desde Daly City al puente que cruza la bahía de San Francisco.

Mapa topográfico Este mapa muestra la superficie terrestre de San Francisco usando curvas de nivel. Las curvas de nivel que están más cerca entre sí muestran tierras más empinadas. Las curvas de nivel más separadas entre sí muestran tierras más planas. Encierra en un círculo uno de los puntos más altos de San Francisco. ¿Es plana o con colinas la tierra de San Francisco? ¿Cómo lo sabes?

INTERACTIVITY

Completa una actividad sobre mapas.

Mapa satelital

Un mapa satelital muestra un lugar con una imagen tomada con un satélite. Las características del mapa, como las carreteras, están resaltadas en la imagen satelital. Describe en qué se diferencia un mapa satelital de los otros mapas.

____

____

____

____

Mapa de atracciones locales

¿Qué tipos de atractivos pueden verse en San Francisco?

____

____

____

____

____

Lectura ▸ Herramientas

Sacar conclusiones Sacas una conclusión cuando expresas un enunciado que resume lo que crees que significa un conjunto específico de datos u observaciones. ¿Qué conclusiones puedes sacar sobre el cultivo de vegetales en Virginia?

Mapas de recursos

Los mapas de recursos muestran lo que se produce o se obtiene en un área. Pueden mostrar recursos naturales, como bosques, animales, plantas, carbón, plata y oro. Los mapas de recursos también pueden mostrar artículos fabricados en el estado o la energía que se produce allí. Este mapa muestra los cultivos y el ganado de Virginia.

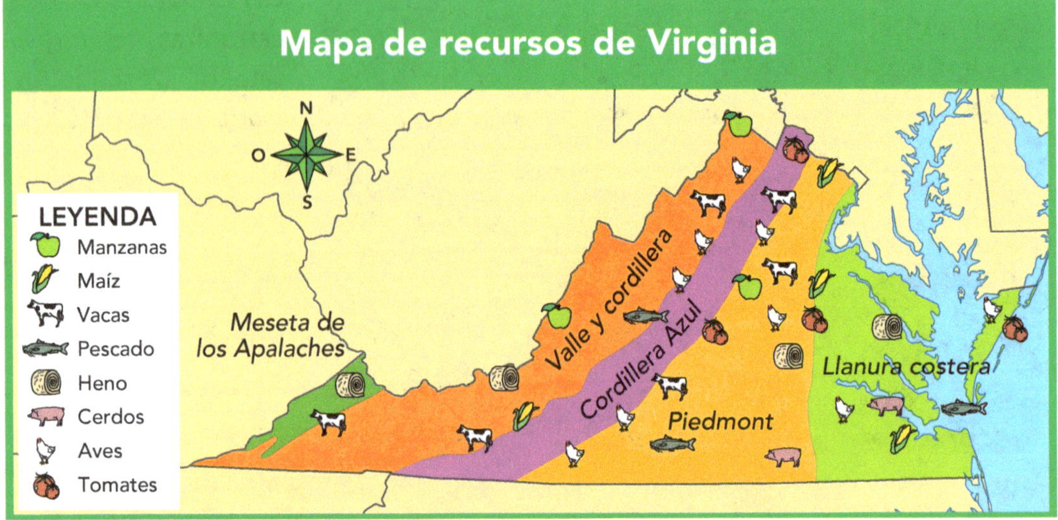

Lección 1: Revisión

1. **Analizar** Usa el Mapa de recursos de Virginia para identificar y comparar dónde se crían vacas y cerdos. Encierra en un círculo las herramientas más útiles del mapa.

____

____

____

2. Jake encuentra un mapa de hace 100 años en un libro. Cree que es un mapa de Elmdale, el lugar en el que vive. Jake no ve muchas carreteras ni otros lugares que conozca en el mapa.

   Jake encuentra un mapa actual de su ciudad. ¿Cuál de estas características normalmente marcadas en un mapa podría usar Jake para determinar si los dos mapas son de Elmdale? Enciérralas en un círculo.

Lago Elm	Estación de Policía de Elmdale	Arroyo Duncan
Pantano Burdock	Colina de Hubbard	Biblioteca Pública Hendricks
Parque Maple Lane	Cañón Rickard	Granja Bell

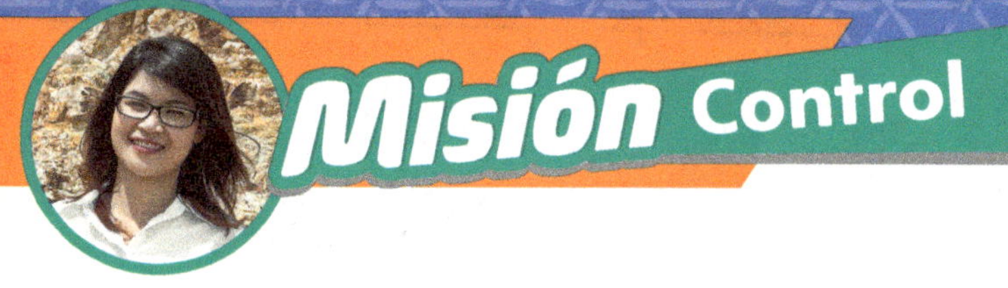

La creación de una leyenda

El mapa de la Misión, que estaba dentro de una botella, muestra distintas áreas. Debes usar símbolos para representar esas áreas. El dibujo muestra el área donde están enterrados los tesoros.

1. Dibuja un mapa físico que muestre cómo se vería esta zona si la miraras desde arriba. Incluye una leyenda en tu mapa.
2. Dibuja estrellas en las tres zonas donde crees que podrían estar enterrados los tesoros.
3. Supón que das la leyenda a algunos amigos que no tienen el mapa. ¿Cómo los ayudaría la leyenda a entender las características que están en el mapa?

____

____

____

____

____

MISIÓN CUMPLIDA

Conéctate en línea para identificar rocas de distintas partes del mundo.

¡A caminar!

El terreno del desierto puede ser extremadamente difícil de cruzar. El desierto es muy seco, y a menudo hace mucho calor durante el día. La temperatura puede bajar mucho por la noche o en algunas partes del año. Los vientos fuertes pueden crear tormentas de arena.

Los desiertos son muy arenosos o rocosos, por lo que es difícil construir allí. Los suelos arenosos colapsan con el tiempo. Una carretera construida sobre la arena se deshace mucho más rápido que una construida sobre terreno firme. Los ingenieros deben desarrollar soluciones únicas para construir cualquier tipo de estructura en el desierto.

Un parque en el desierto quiere abrir un nuevo camino de senderismo para los visitantes. El camino debe llevar a los visitantes por algunos terrenos difíciles para que observen algunas características únicas del desierto. Los ingenieros que construirán el camino deben diseñar soluciones únicas. El camino debe ser fácil de caminar. También debe construirse sin perturbar demasiado el medio ambiente.

Diséñalo

El equipo de diseño del parque necesita tu ayuda para diseñar el camino. Quieren que esté hecho con materiales naturales que resistan el calor y el frío extremos. Los materiales deben ser relativamente económicos. El camino debe tener un aspecto similar al del entorno, para que no perturbe la vista del desierto.

- [ ] **1. Identificar** ¿Cuáles son los criterios de diseño del camino?

___

___

___

- [ ] **2. Identificar** ¿Cuáles son las restricciones?

___

___

___

- [ ] **3. Elegir** ¿Qué materiales usarías para construir el camino?

___

___

4. Diseñar Dibuja un diseño para una sección del camino de senderismo. Incluye rótulos en las características del camino que permitan que cumpla con los criterios.

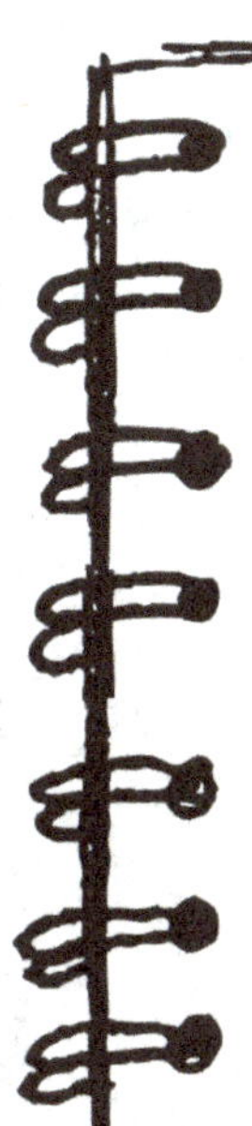

Diseño del camino

Lección 2

Patrones de las características de la Tierra

Puedo...

Identificar patrones en las características de la superficie de la Tierra.

4-ESS2-2

Destreza de lectura

Sacar conclusiones

Vocabulario

cañón
cerro testigo
falla
fosa

Vocabulario académico

patrón

VIDEO

Ve un video sobre los patrones de las características de la Tierra.

INGENIERÍA Conexión

¿Puedes imaginar qué diferente sería tu vida si tuvieras un acceso limitado a la electricidad? En algunos lugares podría pasar eso si no se construyeran represas. El agua que se mueve a través de las represas puede usarse para generar electricidad. De esa manera, una represa es algo positivo para la mayoría de las personas. Sin embargo, las represas también cambian las características de la Tierra. Cuando el agua se acerca a una represa, baja su velocidad. Por esa razón, los sedimentos que lleva el agua (pequeñas piedras y otros materiales) se asientan allí. La acumulación de sedimentos en la zona anterior a la represa puede cambiar la dirección del flujo del agua. Eso puede hacer que el recorrido del río cambie.

Escríbelo ¿Qué efectos crees que podría tener un cambio en el recorrido de un río?

túInvestigas Lab

LABORATORIO PRÁCTICO

4-ESS-2-2, SEP.2

¿Dónde hay grandes accidentes geográficos?

Materiales

- 2 esponjas rectangulares

Los geólogos estudian cómo se mueven los enormes fragmentos de la superficie de la Tierra, llamados placas. ¿Cómo puedes representar el movimiento de esas placas?

Práctica de ciencias

Los científicos **usan modelos** para desarrollar explicaciones.

Procedimiento

☐ **1.** Predice cómo se relacionan las placas de la Tierra y los accidentes geográficos.

____

____

☐ **2.** Usa las esponjas para representar cómo podrían interactuar las placas. Dibuja tres diagramas para mostrar distintas formas en que las esponjas pueden interactuar. Usa flechas para mostrar el movimiento de las esponjas.

Analizar e interpretar datos

3. Sacar conclusiones ¿Qué conclusiones puedes sacar acerca del movimiento de las placas de la Tierra y de cómo dan forma a los accidentes geográficos? Explica tus ideas.

____

____

Completa una actividad sobre accidentes geográficos.

Práctica de ciencias ▸ Herramientas

Citar evidencia El movimiento de las placas de la Tierra hace que se formen volcanes. ¿Qué evidencia sugiere que el movimiento de las placas de la Tierra es lo que causa la formación de volcanes?

Patrones de las montañas

Las montañas son un tipo de accidente geográfico de la superficie de la Tierra. Las cordilleras son líneas de montañas conectadas por terrenos altos. Los **cañones**, que están en las cordilleras, son zonas angostas y profundas rodeadas por las laderas empinadas de las montañas. Otro accidente geográfico, llamado **cerro testigo**, es una colina aislada con laderas empinadas y una cima plana. Una meseta es un área de tierra alta y plana que cubre una gran extensión. Los acantilados son formaciones de roca empinadas ubicadas en el borde de un cuerpo de agua.

Los geólogos estudian las montañas porque son un tipo de accidente geográfico que forma patrones en la superficie de la Tierra. Un **patrón** es algo que aparece u ocurre una y otra vez de la misma manera. Por ejemplo, las montañas y los volcanes son un accidente común en el borde de las placas de la Tierra. La superficie de la Tierra está dividida en esas placas, hechas de roca. Las placas se mueven hacia arriba, hacia abajo y hacia los costados. Cuando las placas chocan entre sí, se forman montañas y volcanes.

REVISAR LA LECTURA **Sacar conclusiones** Comenta con un compañero cómo crees que se formó el Himalaya, una cordillera.

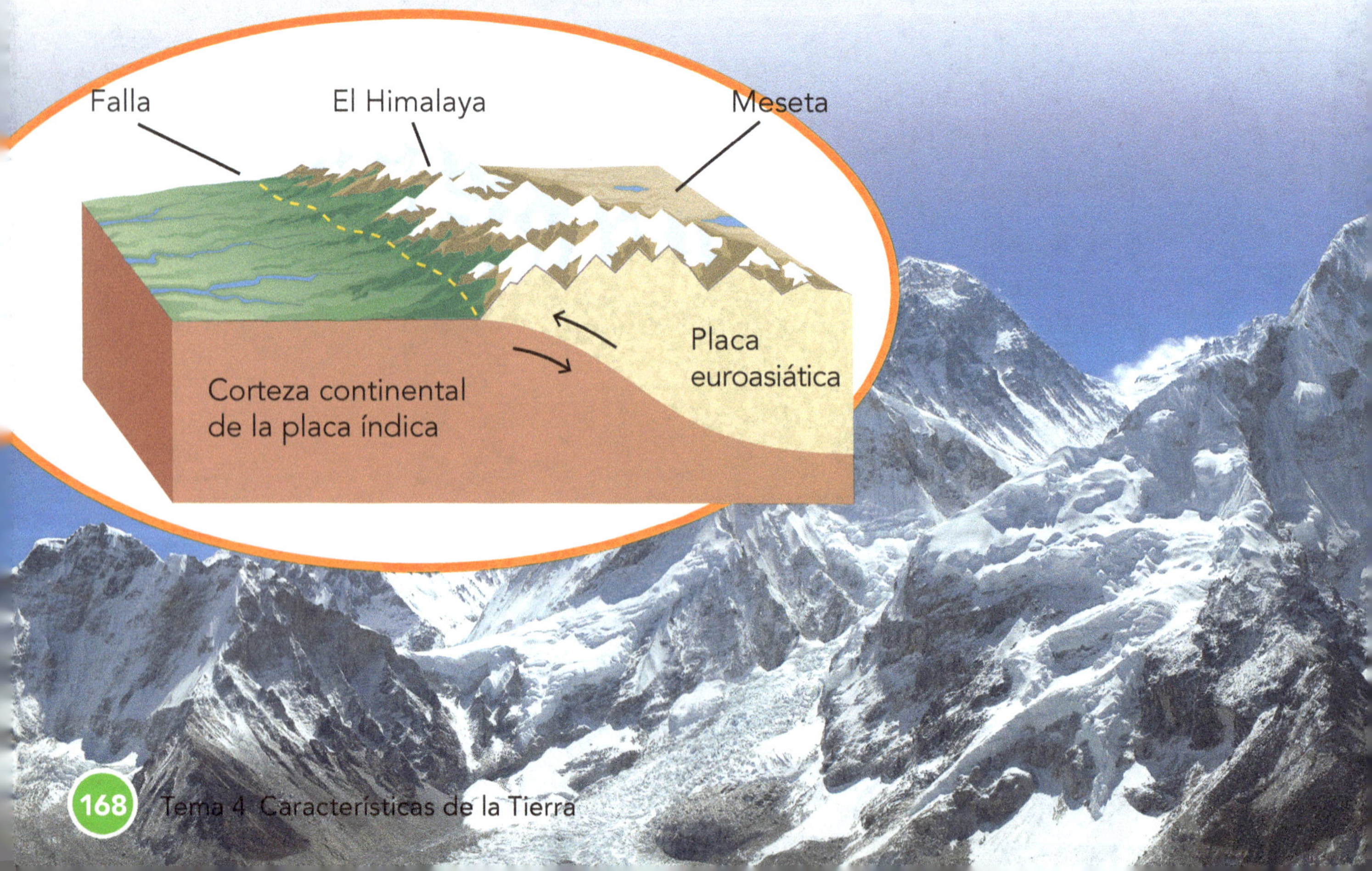

Falla

El Himalaya

Meseta

Placa euroasiática

Corteza continental de la placa índica

Cinturón de Fuego

Patrones de terremotos y volcanes

Los patrones de los terremotos y los volcanes están muy relacionados entre sí. Las dos cosas se producen en las **fallas**, o quiebres en la corteza de la Tierra. Las fallas más grandes están en el límite de las placas. Las fallas más pequeñas están en el medio de las placas. Tanto los terremotos como los volcanes son el resultado del movimiento de las placas a lo largo de esas fallas. Los volcanes se forman en lugares en los que el magma, o roca derretida, llega a la superficie de la Tierra. Los volcanes y los terremotos son algo habitual en una sección de la Tierra conocida como Cinturón de Fuego, formado por los límites de las placas que rodean el océano Pacífico.

Conceptos transversales ▸ Herramientas

Patrones Buscar patrones ayuda a los científicos a organizar y a clasificar. Analiza el mapa del Cinturón de Fuego. Describe un patrón de características de la Tierra que muestre el mapa.

Misión Conexión

¿En qué se diferencian las características de una montaña y las de una meseta?

___

___

___

Conexión con la comprensión visual

¿Cómo me ayuda un mapa físico a ubicar distintos accidentes geográficos?

Apalaches

Llanura costera

Dorsal mesoatlántica

Los mapas físicos muestran la forma de los accidentes geográficos.

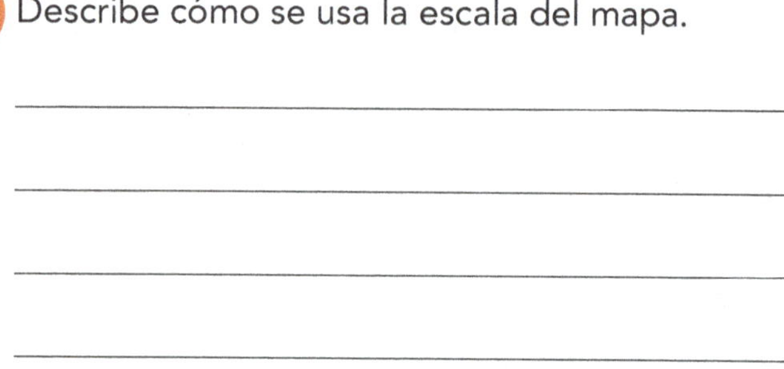

Describe cómo se usa la escala del mapa.

LEYENDA

Pies	Metros
8,200	2,500
4,000	1,220
100	30
-1,000	-305
-4,000	-1,220
-8,000	-2,440

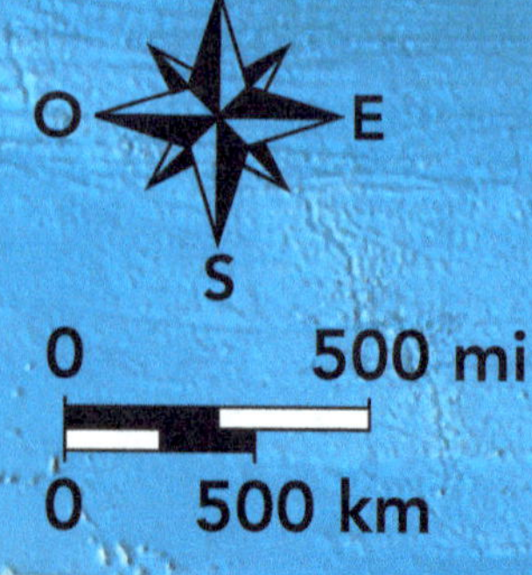

! Usando la leyenda, identifica la altura de la cordillera.

____

____

____

____

! La dorsal mesoatlántica es una cordillera sumergida casi en su totalidad en el océano Atlántico. Describe una similitud que observes entre la cordillera que está en tierra y la que está sumergida.

____

____

____

____

____

____

____

! Una península se proyecta desde el continente y está rodeada de agua por tres lados. **Encierra en un círculo** una península en el mapa.

Patrones bajo el océano

Bajo el océano hay muchos accidentes geográficos similares. Las **fosas** son zonas largas, angostas y hundidas en el fondo del océano. Los cañones submarinos, como los que están sobre la tierra, son áreas bajas rodeadas por laderas empinadas. En el fondo marino hay dorsales, que son como cordilleras, y cuencas amplias, que son grandes llanuras planas.

Identificar Encierra cada tipo de característica que aparezca en el mapa en un círculo de un color distinto.

Patrones del fondo del mar

Lección 2: Revisión

1. **Analizar** La mayoría de las cordilleras están en los bordes de los continentes. ¿Por qué siguen ese patrón las montañas?

____

____

2. **Comparar** ¿Cómo se comparan los accidentes geográficos que están bajo el agua con los que están sobre la tierra?

____

____

Un paisaje cambiante

El mapa de la botella de la Misión muestra muchos accidentes geográficos, como montañas, mesetas y acantilados junto a la costa. Piensa en las características y los patrones de esos accidentes geográficos.

1. Dibuja y rotula cada accidente geográfico en los espacios en blanco.

2. **Comparar y contrastar** ¿En qué se diferencian los tres accidentes geográficos?

____

____

____

____

MISIÓN CUMPLIDA

Lección 3

Las rocas, los minerales y el suelo

Puedo...

Describir cómo se forman las rocas y el suelo.
Identificar las propiedades de los minerales.

4-ESS2-1

Destreza de lectura

Sacar conclusiones

Vocabulario

ígnea
sedimentaria
metamórfica

Vocabulario académico

característica

VIDEO

Ve un video sobre las rocas, los minerales y el suelo.

INGENIERÍA Conexión

¿Puedes ver alguna roca en el cristal de la ventana de tu casa o tu escuela? Los ingenieros a menudo usan rocas o minerales para desarrollar productos. Tal vez te sorprenda que muchas de las cosas que usas todos los días se fabrican con esos recursos. Las computadoras, los teléfonos celulares, los televisores, los hornos de microondas y las tostadoras incluyen materiales hechos de rocas y minerales. Tal vez la roca no tenga la misma forma que las rocas que hay en el suelo. Por ejemplo, el cristal de los teléfonos celulares incluye el elemento plomo y el cuarzo, un mineral que está en las rocas. Los circuitos eléctricos de los celulares podrían tener silicio, platino, paladio, niobio, oro, arsénico, aluminio, zinc y cobre. ¡Todos esos materiales se sacan de las rocas!

Explícalo ¿Qué otros artículos de uso diario crees que podrían contener rocas o los minerales de las rocas?

túInvestigas Lab

LABORATORIO PRÁCTICO

4-ESS2-1, SEP.3

¿Cómo puedes clasificar los minerales?

Los geólogos usan las propiedades de los minerales para identificarlos y clasificarlos. ¿Cómo puedes clasificar los minerales según sus propiedades?

Materiales

- muestras de minerales
- lupa
- imán
- clavo

Práctica de ciencias

Los científicos **investigan** para aportar evidencia que apoye las ideas científicas.

Procedimiento

☐ **1.** Elige tres muestras de minerales. Escribe sus nombres en la tabla.

☐ **2.** Usa la lupa para hacer observaciones cuidadosas de cada mineral. Elige tres propiedades para poner a prueba. Escríbelas en la tabla. Luego, pon a prueba los minerales. Anota tus observaciones.

Mineral	Propiedades		
	1	2	3
A			
B			
C			

Analizar e interpretar datos

3. Explicar ¿Cómo te ayudó la lupa a observar y clasificar los minerales?

____

____

____

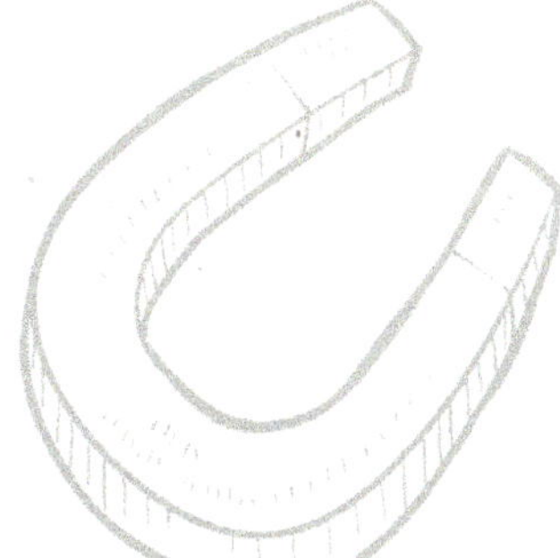

roca ígnea

Rocas ígneas

Las rocas se clasifican en función de distintas **características**, o propiedades. Las rocas a menudo se clasifican según su característica principal, que es cómo se formaron. Las rocas se forman de tres maneras principales. Las rocas **ígneas** se forman a partir de la roca derretida, o magma. El magma se calienta debajo o dentro de la corteza de la Tierra. Por el calor y la presión, puede llegar a la superficie de la Tierra en forma de lava. Cuando la lava o el magma se enfrían, se forma roca ígnea.

REVISAR LA LECTURA **Sacar conclusiones** La roca ígnea aparece en los límites de las placas. ¿Por qué crees que ocurre eso?

____

____

____

____

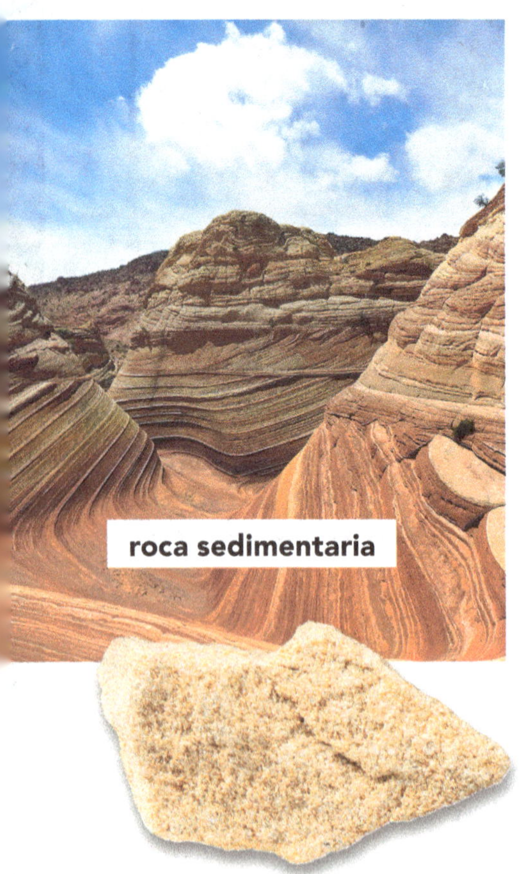
roca sedimentaria

Rocas sedimentarias

La roca **sedimentaria** se forma a partir de las partículas del entorno que se asientan y forman capas. Esas partículas se conocen como sedimento. El sedimento se acumula en forma de capas en las cuencas y en las superficies planas. Con el tiempo, el sedimento se une, como si estuviera pegado. Algunas rocas sedimentarias comunes son la arenisca, la piedra caliza y el conglomerado. La arenisca se forma a partir de franjas de distintos tipos de arena. La piedra caliza gris o blanca se forma a partir de huesos y conchas de criaturas marinas. El conglomerado está hecho de partes de roca pegadas con otra roca.

Reconocer Rotula cada tipo de roca sedimentaria.

_______________ _______________ _______________

Rocas metamórficas

La roca puede cambiar por el calor, por la presión o por ambos factores. La roca que se forma de esta manera se conoce como roca **metamórfica**. Cuando una roca sedimentaria, ígnea o metamórfica se somete a una gran presión y a una temperatura muy alta, la roca cambia de forma. A menudo desarrolla nuevos cristales. Por ejemplo, el mármol se forma cuando la piedra caliza o la tiza reciben calor o presión. El esquisto metamórfico se llama pizarra, que se quiebra a lo largo de líneas prolijas y parejas. El granito ígneo se convierte en la roca metamórfica conocida como gneis.

Identificar Dibuja una flecha en el recuadro blanco para mostrar la posible dirección de la presión que convirtió el esquisto en esta pizarra metamórfica.

Práctica de ciencias ▸ Herramientas

Hacer observaciones
¿Qué podrías observar si tocaras cada una de las rocas?

roca metamórfica

Misión Conexión

En general, la roca sedimentaria se desgasta más rápidamente, y las rocas ígneas y metamórficas tardan más en desgastarse. ¿Qué tipo de roca podría formar un acantilado en la costa? Explica tu respuesta.

____

____

____

____

Conexión con la comprensión visual

¿Cómo cambian las rocas?

Las rocas ígneas, sedimentarias y metamórficas se forman de distintas maneras. A lo largo de millones de años, esas rocas cambian continuamente de un tipo de roca a otro. Ese proceso se conoce como ciclo de las rocas. El diagrama muestra uno de los caminos que pueden recorrer las rocas en el ciclo. Sigue el diagrama y rotula cada espacio en blanco con el tipo de roca que se forma.

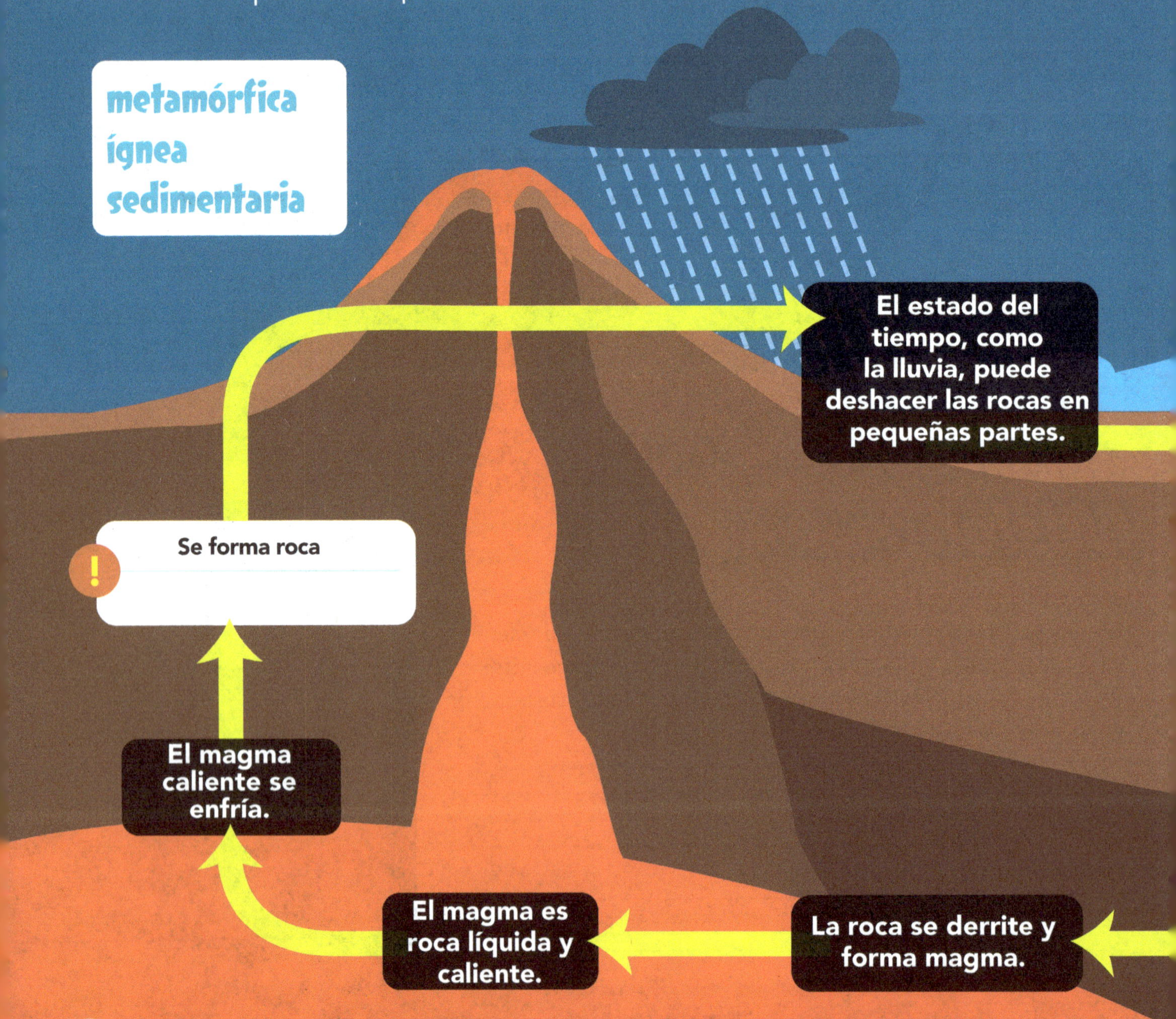

 **INTERACTIVITY**

Completa una actividad sobre las categorías de las rocas.

Conectar **¿Cómo te ayuda el diagrama del ciclo de las rocas a identificar los tipos de roca y los modos en que se forma cada uno?**

VIRTUAL LAB

Haz una actividad de laboratorio virtual sobre la identificación de minerales.

tú, Científico

Identificar rocas ¿Cómo puedes saber de qué están hechas las rocas? Intenta con la prueba del vinagre. Una gota de vinagre sobre el mármol o la piedra caliza hace burbujas. Eso se debe a que ambas rocas contienen una sustancia llamada carbonato de calcio. Aplica gotas de vinagre sobre distintas rocas. Registra lo que observes.

Minerales

Las rocas están hechas de uno o más minerales. Los minerales tienen distintas propiedades, como el color, la textura, el brillo, la raya, la exfoliación y la dureza. Algunas propiedades son fáciles de observar. El brillo es cómo refleja la luz la superficie de un mineral. Un brillo vítreo es muy brillante, como el vidrio. Un brillo metálico es parecido al del metal pulido. El brillo también puede ser ceroso, perlado, como de tiza, y de otros tipos.

La raya de los minerales es el color que tienen en forma de polvo. Ese polvo puede verse frotando un mineral contra una placa de rayado. Los minerales que se deshacen contra superficies planas y homogéneas tienen exfoliación. La mayoría de los minerales se deshacen con patrones definidos. Algunos minerales con exfoliación perfecta se deshacen en capas planas y homogéneas. Otros minerales no tienen exfoliación. Se rompen en formas no planas o se astillan. La dureza nos dice qué tan fácil es rayar la superficie de un mineral. Un mineral con dureza alta puede rayar un mineral con una dureza más baja.

Los minerales pueden dividirse en metales y gemas. El oro y la plata son metales. Los diamantes son gemas. Los minerales pueden ser blandos o duros. El talco es el mineral más blando. El diamante es el mineral más duro y puede usarse para hacer herramientas de corte. Todos los minerales tienen una estructura cristalina, u organizada.

Comparar y contrastar ¿En qué se diferencian estos minerales?

____

____

Suelo

El suelo es una mezcla de partículas de roca, aire, agua y materia en descomposición. Las principales partículas de roca del suelo son la arena, el cieno y la arcilla. Provienen del material parental, que está hecho de rocas deshechas. El tipo de partículas de roca que hay en el suelo afecta cómo drena el suelo. El agua se escurre rápido en suelos arenosos, y menos rápido en suelos arcillosos. El agua ingresa al suelo cuando los animales escarban. A medida que se mezcla en el suelo más materia orgánica, llamada humus, el suelo se convierte en mantillo. Un mantillo rico sustenta el crecimiento de las plantas. Si hicieras un pozo de 15 metros o más en el suelo, probablemente descubrirías varias capas de tipos de suelo. Un corte transversal del suelo, como el de la ilustración, se conoce como perfil del suelo.

Predecir ¿Qué pasaría si trataras de cultivar plantas en un suelo con poco mantillo?

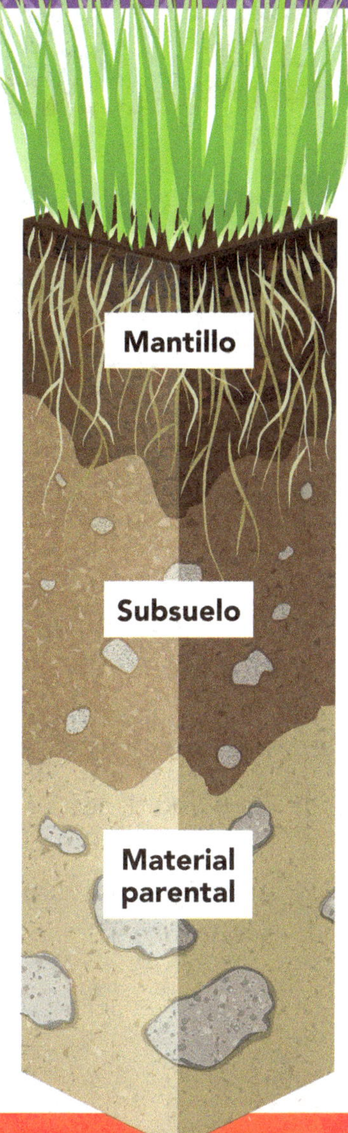

Lección 3: Revisión

1. **Conectar** ¿Cómo se relacionan el suelo, las rocas y los minerales? Explica también de qué están hechas las rocas.

2. **Clasificar** Piensa en las propiedades de los minerales. ¿Cómo podrías clasificar esas propiedades? Explica la clasificación que hiciste.

STEM Misión Control Lab

¿Cómo puedes hacer un modelo de un accidente geográfico?

Recuerda que los tesoros escondidos están enterrados en mesetas o acantilados, o cerca de una montaña. En esta actividad de laboratorio, vas a diseñar y hacer un modelo de un accidente geográfico rocoso: una montaña, una meseta o un acantilado. Usarás el modelo en el próximo Control para probar cómo el agua afecta el accidente geográfico que elegiste.

Materiales recomendados

- muestras de minerales
- cartón
- platos de papel
- palillos de manualidades
- vasos de espuma y de plástico
- pegamento blanco
- mitad inferior de una botella de agua de un galón
- arena
- suelo
- muestras de rocas
- agua

Práctica de ingeniería

Los ingenieros **investigan** para aportar evidencia que apoye las ideas científicas.

Diseñar y construir

☐ 1. Elige una de las formaciones rocosas para el modelo: montaña, meseta o acantilado. Comenta de qué maneras puedes usar los materiales para diseñar y construir un modelo del accidente geográfico. Dibuja tus ideas para los diseños.

LABORATORIO PRÁCTICO

4-ESS2.1, SEP.3

☐ **2.** Piensa en qué materiales mostrarán mejor las características de tu accidente geográfico. Haz una lista de los materiales y di por qué representan mejor el accidente.

☐ **3.** Construye tu modelo. Haz un dibujo o toma una foto de tu modelo. Guarda el dibujo o la foto para la actividad de Misión: Hallazgos.

Evaluar el diseño

4. Piensa en dónde puede verse tu accidente geográfico en el mapa de la sección Misión: Control de la Lección 1. ¿Qué patrones de las características de la Tierra podrían aparecer alrededor de tu accidente geográfico?

5. **Comparar y contrastar** ¿En qué se parecen y en qué se diferencian tu modelo y un paisaje real?

6. **Inferir** ¿Cómo podrían cambiar las rocas y tu accidente geográfico con el tiempo?

Lección 4

La degradación y la erosión

Puedo...

Usar evidencia para mostrar cómo la degradación y la erosión cambian la superficie de la Tierra.

4-ESS2-1

Destreza de lectura

Sacar conclusiones

Vocabulario

degradación
erosión

Vocabulario académico

evidencia

VIDEO

Ve un video sobre la degradación y la erosión.

STEM Conexión

Los ingenieros diseñan soluciones para proteger tanto la tierra como a las personas. Una solución que diseñaron es un dique de abrigo que puede construirse a lo largo de la costa del mar. La mayoría de los diques de abrigo se construyen con concreto o con grandes rocas. Cuando el mar agitado amenaza a una ciudad, el dique de abrigo frena el agua para prevenir inundaciones. También evita que las olas se lleven el suelo y la arena. En estos ejemplos, el dique de abrigo previene problemas. Otras veces, el dique de abrigo puede causar problemas, en especial para el medio ambiente. Puede impedir el movimiento de la arena en la costa, que es importante para evitar que la costa se desgaste. También puede impedir que algunos animales, como las tortugas marinas, lleguen a la playa para poner sus huevos.

Escríbelo ¿Qué factores crees que tendrían que tener en cuenta los diseñadores y los ingenieros al diseñar un dique de abrigo?

túInvestigas Lab

LABORATORIO PRÁCTICO

4-ESS2-1, SEP.3

¿Cómo puede desgastarse una roca?

Los geólogos saben que algunas rocas pueden deshacerse por acción del agua. ¿Qué datos puedes reunir acerca de cómo el agua deshace la roca?

Materiales

- frasco transparente con tapa
- lupa
- agua
- muestra de arenisca
- muestra de caliza
- tiza
- lentes de seguridad

Usa lentes de seguridad.

Práctica de ciencias

Los científicos **investigan** para aportar evidencia que apoye las ideas científicas.

Procedimiento

☐ **1.** Escribe una predicción acerca de qué muestra de roca se verá más afectada por el agua.

____

____

☐ **2.** Escribe un procedimiento para poner a prueba tu hipótesis. Usa todos los materiales. Recuerda incluir un control en tu procedimiento. Muestra tu procedimiento a tu maestro antes de empezar.

☐ **3.** Registra tus observaciones.

Analizar e interpretar datos

4. Sacar conclusiones ¿Qué conclusiones puedes sacar de tu investigación?

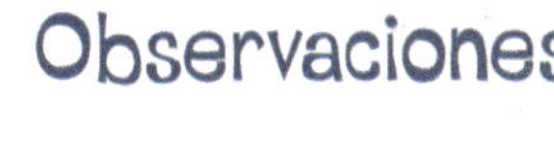

tú, Científico

Degradación Otros materiales distintos de las rocas pueden degradarse. Frota un pedazo de madera contra una lija áspera. ¿Qué ves? Golpea la madera para que el polvo caiga en un pedazo de papel. ¿Qué conclusión puedes sacar de esta investigación?

Degradación química

Las olas del océano, los ríos rápidos, la lluvia torrencial y los vientos fuertes pueden cambiar las rocas. La **degradación** es el proceso que desgasta o rompe la roca. Los dos tipos básicos de degradación son la degradación química y la física. La degradación química se puede producir cuando la lluvia se mezcla con los químicos del aire e interactúa con la roca. También puede producirse cuando las plantas se pudren y producen químicos. Esos químicos pueden interactuar con la roca. En ambos ejemplos, la superficie de la roca puede volverse áspera o picada. Los pozos profundos, o agujeros, son evidencia de que se produjo una degradación química en la roca. La **evidencia** es información observable que puede usarse para responder preguntas. La degradación química hace que los materiales de la roca se conviertan en nuevos tipos de materiales.

REVISAR LA LECTURA **Sacar conclusiones** ¿Qué crees que pasó con la estatua de la imagen para que cambie de color?

____

____

____

Degradación física

La degradación física se da cuando el viento, el agua, el hielo o las plantas hacen que la roca se astille o se quiebre. La fuerza de esos materiales hace que la roca se desgaste o se rompa en pedazos más pequeños. Cuando el viento sopla, pequeñas partículas de arena y otros materiales golpean la roca, cortándola y dándole forma. Las raíces de algunas plantas pueden crecer dentro de las rocas, y hacen que las rocas se quiebren. El agua que fluye puede hacer que las rocas se golpeen entre sí y se rompan. El agua también puede entrar en las grietas de la roca. Si las temperaturas son lo suficientemente bajas, el agua se congela. El agua congelada en la grieta se expande, ejerce presión sobre la roca y la rompe. Otra manera en la que el agua degrada las rocas son los glaciares. Los glaciares son grandes láminas de hielo que se mueven lentamente, y cortan y quiebran las rocas a medida que avanzan sobre la tierra.

Práctica de ciencias ▸ Herramientas

Hacer preguntas ¿Qué preguntas harías si tuvieras que diseñar una manera de prevenir la degradación física de un monumento de piedra importante?

Misión Conexión

Describe cómo la degradación afecta las montañas, las mesetas y los acantilados junto al mar.

___

___

___

Completa una actividad sobre la degradación y la erosión.

Erosión

Las partículas de roca degradada pueden moverse a causa de la gravedad, el viento, el agua y el hielo. La **erosión** es un proceso por el cual esas partículas degradadas se separan de la tierra. Los ríos, los arroyos y el agua de la lluvia y la nieve recogen las partículas y pedazos de roca. Las olas constantes que golpean contra la tierra pueden erosionar los acantilados y las costas. La erosión causa cambios lentos con el tiempo.

El hielo también puede mover partículas. A menudo, el hielo erosiona la tierra en forma de glaciar. La gravedad mueve esos glaciares hacia abajo y hace que recoja partículas en el proceso.

Los vientos fuertes pueden llevarse las partes de roca y suelo separadas por la degradación física y química. La erosión del viento puede destruir accidentes geográficos o crear otros nuevos.

Sintetizar ¿Cómo se relacionan los procesos de degradación y erosión?

____

____

____

____

El movimiento de las partículas

El agua, el viento y el hielo transportan partículas lejos de los lugares en los que sufrieron la degradación y la erosión. El viento mueve pequeñas partículas a lo largo de grandes distancias, que en ocasiones pueden ser de medio continente. Las olas pueden depositar arena en las playas, quitarla y transportarla a lo largo de ellas. Pueden tallar estructuras, como cuevas marinas, en la costa.

Explicar ¿Por qué crees que una parte de la roca de esta estructura rocosa se degradó y se erosionó pero otras partes no lo hicieron?

____

____

____

Las pequeñas partículas de roca siempre se mueven junto con el agua. Los glaciares como el de la foto no parecen moverse. Pero se mueven lentamente, arrastrando partículas hacia nuevos lugares.

Sedimentación

A medida que las partículas son llevadas por el agua, el viento y el hielo, se asientan en nuevos lugares. La sedimentación es el proceso por el cual las partículas que son removidas por la erosión son depositadas en un nuevo lugar. La sedimentación ocurre cuando el viento o el agua disminuyen su rapidez o cuando se derrite el hielo.

Con el tiempo, a medida que las partículas se depositan en un lugar, se pueden acumular y formar nuevos accidentes geográficos. Por ejemplo, un depósito de muchas partículas y otros sedimentos puede formar un delta en el lugar donde un río fluye hacia una masa grande de agua.

Identificar Traza flechas para mostrar la dirección en la que el río fluyó y depositó partículas para formar este delta.

Los cambios en los accidentes geográficos a lo largo del tiempo

La degradación y la erosión, junto con el movimiento y la sedimentación de partículas, ocurren todo el tiempo. Por ejemplo, una roca grande puede tardar miles de años en convertirse en una estructura con forma de arco. La gran roca puede ser degradada por el viento y el agua. La erosión saca de la roca las partículas degradadas. Luego, las partículas son transportadas y se asientan con el tiempo en un nuevo lugar. Todos esos procesos son constantes y siguen dando forma a los accidentes geográficos.

Comparar y contrastar Describe en qué se diferencian la degradación y la erosión. ¿Cómo formaron el río esos procesos?

____

____

____

____

Lección 4: Revisión

Lucía plantó un jardín sobre una pendiente leve. Sacó cinco rocas grandes del área. Plantó las semillas. Llovió en su jardín unas dos veces por semana. Después de unas semanas, Lucía advirtió una capa de lodo sobre el concreto que había pendiente abajo. Muchas de sus plantas no estaban creciendo.

1. REVISAR LA LECTURA **Sacar conclusiones** ¿Qué pasó con el jardín de Lucía?

____

____

2. **Usar evidencia del texto** ¿Qué evidencia respalda tu conclusión sobre el jardín de Lucía?

____

____

STEM Misión Control Lab

LABORATORIO PRÁCTICO

4-ESS2-1, SEP.3

¿Cómo afecta el agua los accidentes geográficos?

Sabes qué causa la degradación y la erosión. Ahora tienes la oportunidad de demostrar esos procesos como parte de tu Misión. A lo largo del camino, ¡es posible que descubras el tesoro escondido! Usarás el modelo que hiciste en la última actividad de Misión Control: Lab. ¿Qué efecto tendrá el agua sobre tu modelo?

Materiales

- modelo de accidente geográfico
- agua
- botella de plástico con atomizador
- recortes de cartón

Materiales recomendados

- toallas de papel

Probar el diseño

☐ **1.** Predice qué pasaría con el modelo de accidente geográfico si se degradara y se erosionara.

☐ **2.** Desarrolla un procedimiento para representar la degradación y la erosión de tu accidente geográfico. Pide a tu maestro que apruebe tu plan. Luego, lleva a cabo el procedimiento. Haz dibujos o toma fotos para mostrar lo que ocurre en el proceso.

Práctica de ingeniería

Los ingenieros **investigan** para aportar evidencia que apoye las ideas científicas.

Evaluar el diseño

3. Comparar y contrastar Compara lo que pasó en tu accidente geográfico con compañeros que hayan representado otros accidentes.

4. Evaluar Presenta evidencia de cualquier efecto de la degradación o la erosión que hayas observado.

 MISIÓN CUMPLIDA

Plantas poderosas

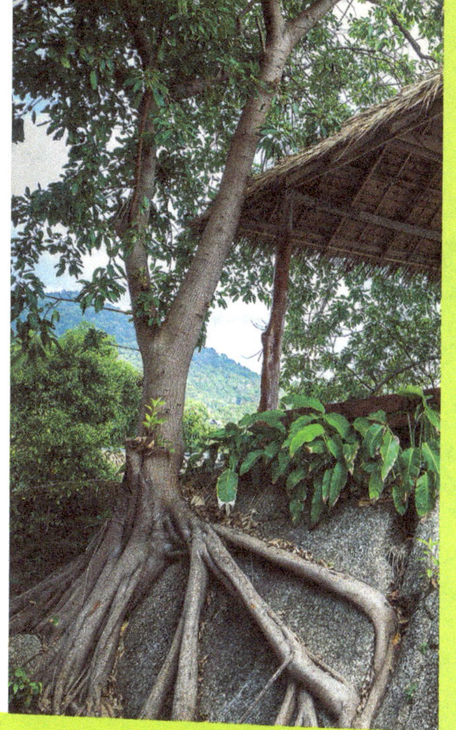

Las plantas son más poderosas de lo que creemos. ¿Sabías que las plantas pueden dañar las rocas? Las rocas no tienen cómo protegerse de las poderosas raíces de las plantas. Al igual que el viento y el agua, ¡las plantas pueden degradar la roca!

Cuando una semilla cae en una grieta de una roca, puede brotar. Las raíces de las plantas que brotan crecen en las grietas. Las raíces hacen que partes de la roca se deshagan. A medida que la roca se deshace, la planta se aferra cada vez más fuerte a la roca. Es un ejemplo de degradación física.

Las raíces de algunas plantas producen químicos fuertes que pueden romper la roca. Las plantas toman minerales de las rocas y las debilitan. Es un ejemplo de degradación química.

REVISAR LA LECTURA **Sacar conclusiones** ¿Qué podría pasar con un muro de piedra lleno de grietas a lo largo de 200 años? Dibuja el resultado que consideres posible.

Hoy	En 100 años	En 200 años

Misión Hallazgos

INTERACTIVITY

Organiza tus datos para apoyar tus hallazgos de la Misión.

¿Marca la X el lugar? ¡Depende de ti!

¿Cómo podemos usar los procesos de la Tierra para hallar tesoros enterrados?

Planear y preparar una presentación

Haz una presentación que muestre cómo se degradan y se erosionan una montaña, una meseta o un acantilado. Primero, haz una lista de las cosas que vas a mostrar. Luego, decide qué ilustraciones usarás como evidencia de cada etapa del proceso. Usa los dibujos que hiciste o las fotos que tomaste en las actividades de Misión: Control como evidencia de tus hallazgos.

Incluye una descripción de tu evidencia. Tu audiencia debe entender que lo que muestra tu presentación en realidad se produjo a lo largo de millones de años.

Crear explicaciones

¿Qué evidencia usaste para explicar que la degradación y la erosión pueden cambiar un accidente geográfico a lo largo del tiempo?

____

____

Conexión con la Carrera

Geólogo

Los geólogos estudian la Tierra. Descubren cómo se forman y cambian las características de la Tierra. Estudian las formaciones de montañas, los volcanes y los terremotos. Aprenden sobre las rocas, los minerales, el petróleo, el carbón, el suelo y más. El trabajo del geólogo a menudo implica reunir muestras y analizar datos. La mayoría de los geólogos tienen una especialidad, es decir, se concentran en un tema específico. Algunos estudian los volcanes, y usan equipos de protección contra el calor para tomar muestras de lava. Otros geólogos hacen mapas de las corrientes del océano o hacen pruebas para saber si la tierra de una zona tiene la estabilidad suficiente para construir sobre ella. Algunos reúnen y prueban muestras de roca.

Los geólogos pueden trabajar en minería o en ingeniería, o pueden enseñar e investigar en universidades. A veces, los geólogos usan herramientas, como martillos de roca o taladros. Hacen diagramas, dibujan mapas y escriben informes. Los geólogos trabajan en oficinas, en laboratorios y, a menudo, al aire libre. Si te encanta la ciencia y además te gusta estar al aire libre, ¡podrías ser un geólogo o una geóloga genial!

Reflexiona En tu cuaderno de ciencias, escribe de qué manera actuaste como un geólogo cuando hiciste los modelos para la Misión.

Evaluación

1. **Vocabulario** ¿Cuál de los siguientes es el proceso por el cual la roca se deshace en partículas?

   A. sedimento

   B. sedimentación

   C. erosión

   D. degradación

2. **Usar diagramas** Identifica y rotula las partes del diagrama.

   A. ______________________

   B. ______________________

   C. ______________________

   D. ______________________

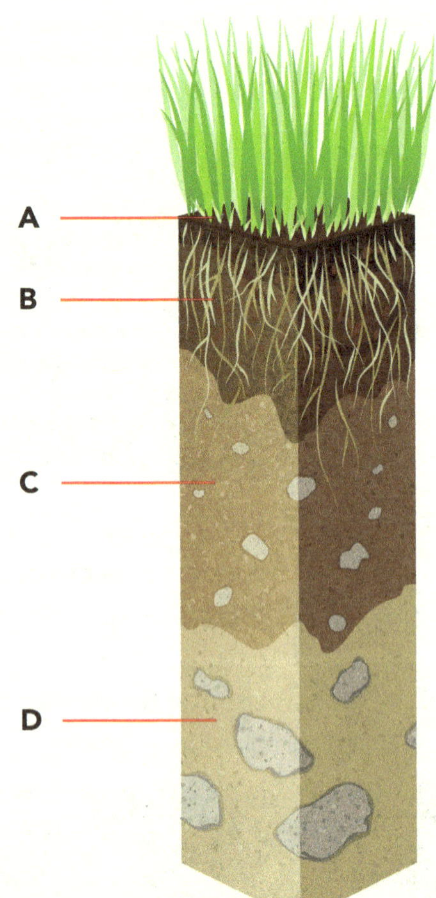

3. **Explicar** ¿Cuáles son algunas de las diferencias entre los recursos energéticos renovables y los recursos energéticos no renovables?

   ____

   ____

   ____

   ____

   ____

4. **Describir** ¿Cuál de los siguientes enunciados describe un proceso del ciclo de las rocas?

   A. La roca ígnea o metamórfica se deshace en partículas, o sedimento.

   B. La roca sedimentaria se forma a partir del magma que se enfría bajo la superficie de la Tierra.

   C. La roca metamórfica se forma cuando las partículas de roca se acumulan en un mar poco profundo.

   D. Los cristales de roca sedimentaria se forman cuando la roca se enfría y se vuelve sólida.

5. **Resumir** ¿En qué lugar de la Tierra puedes encontrar volcanes? ¿Por qué están allí?

   ____

   ____

   ____

   ____

   ____

   ____

6. **Aplicar** ¿Qué procesos formaron este accidente geográfico?

____

____

____

____

____

____

7. **Describir** ¿Qué información necesitas para dibujar un mapa topográfico? Sé preciso en tu respuesta.

____

____

____

____

____

____

____

Banco de palabras

sedimentaria	**ciclo**	**calor**
ígnea	**degradarse**	

8. **Resumir** Llena los espacios en blanco usando el banco de palabras para completar el párrafo.

La Tierra tiene tres tipos de roca. Están conectados en un patrón conocido como ________________ de las rocas. La roca ________________ se forma cuando el material derretido que está debajo de la superficie asciende y se enfría. Esa roca puede ________________ y deshacerse en partículas. Esas partículas se acumulan y con el tiempo se unen para formar roca ________________. A veces, un nivel elevado de ________________ y/o presión puede hacer que la roca se vuelva metamórfica.

Pregunta esencial

¿Cómo puedes usar mapas para comprender las características de la Tierra?

Muestra lo que aprendiste

Explica cómo puedes usar mapas para encontrar accidentes geográficos específicos. Describe las herramientas que te ayudan a usar los mapas correctamente.

____

____

____

____

____

Evaluación basada en la evidencia

Unos geólogos de campo se prepararon para estudiar procesos en un medio ambiente natural. Usaron el mapa topográfico para prepararse para el trabajo de campo. Estudia el mapa. Luego, responde las preguntas.

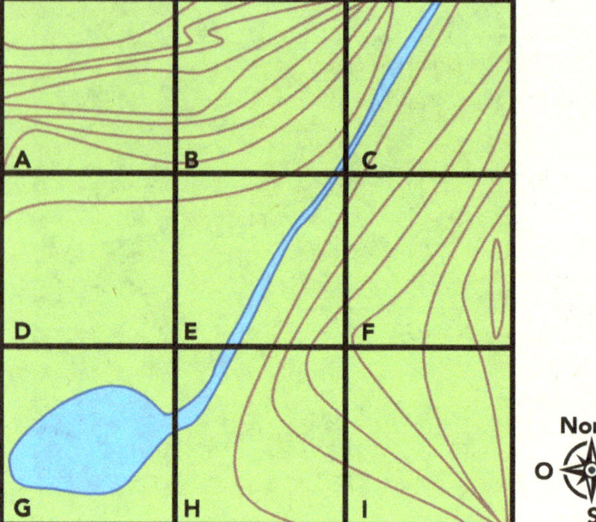

1. **Planear una investigación** Los geólogos planean estudiar cuánto tardan las partículas en separarse del material parental. También van a estudiar lo que causa que las partículas se separen. ¿Qué fenómeno van a estudiar los geólogos?

   A. los terremotos

   B. la sedimentación

   C. la degradación

   D. la acumulación

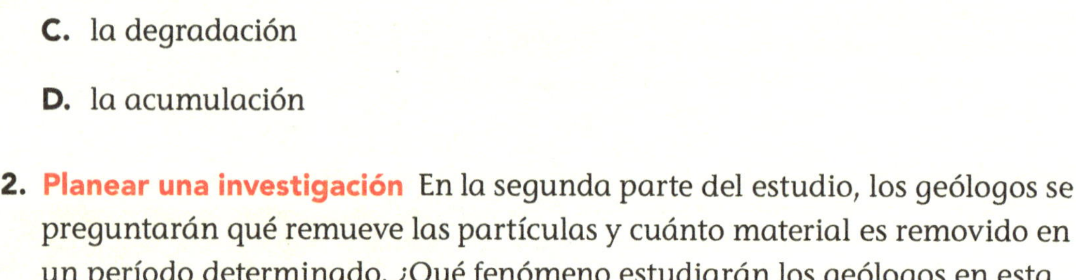

2. **Planear una investigación** En la segunda parte del estudio, los geólogos se preguntarán qué remueve las partículas y cuánto material es removido en un período determinado. ¿Qué fenómeno estudiarán los geólogos en esta parte de su trabajo de campo?

   A. la erosión

   B. la sedimentación

   C. la degradación

   D. la acumulación

3. **Patrones** ¿Qué camino tiene una pendiente más pronunciada?

   A. desde E hasta F

   B. desde H hasta G

   C. desde D hasta A

   D. desde D hasta G

4. **Causa y efecto** Los geólogos tomaron una muestra de roca y suelo del fondo del lago del recuadro G. Luego, se preguntaron de qué estarían hechas las rocas y el suelo. Descubrieron que la mayor parte del material más reciente del fondo del lago estaba hecho del mismo tipo de material que las montañas de los alrededores. Usa las palabras de vocabulario para explicar este fenómeno.

____

____

____

____

____

5. **Reunir datos** Los geólogos quieren estudiar la rapidez con que la degradación y la erosión ocurren actualmente en las montañas. ¿Qué tipo de datos deberían reunir?

   A. la altura de las montañas

   B. la profundidad del lago al pie de la montaña

   C. el promedio anual de precipitación y temperatura

   D. el tipo de vegetación que crece allí

túDemuestras Lab

¿Cómo puedes identificar minerales?

Materiales

- 6 muestras de minerales
- lupa
- placa de rayado
- clavo
- moneda

Cuando los geólogos deben identificar muestras de minerales desconocidos, comparan las propiedades de la muestra con las propiedades conocidas de otros minerales. ¿Cómo puedes identificar muestras de minerales?

Procedimiento

☐ **1.** Estudia la tabla de propiedades conocidas de los minerales.

Propiedades de los minerales

Mineral	Color	Brillo	Raya	Dureza
Calcita	blanco/ transparente	vítreo	blanco	3
Feldespato	variado	vítreo	blanco	6
Hornablenda	verde oscuro a negro	opaco/vítreo	gris claro	5.5
Mica (moscovita)	rubí, verde, café, negro	perlado/ vítreo	blanco	2.5
Pirita	dorado	metálico	verde a café a negro	6.5
Cuarzo rosado	rosado	vítreo	blanco	7

Práctica de ciencias

Los científicos **investigan** para aportar evidencia que apoye las ideas científicas.

☐ **2.** Haz un plan para identificar las seis muestras de minerales. Usa las herramientas para probar cada propiedad.

☐ **3.** Muestra tu plan a tu maestro antes de empezar.

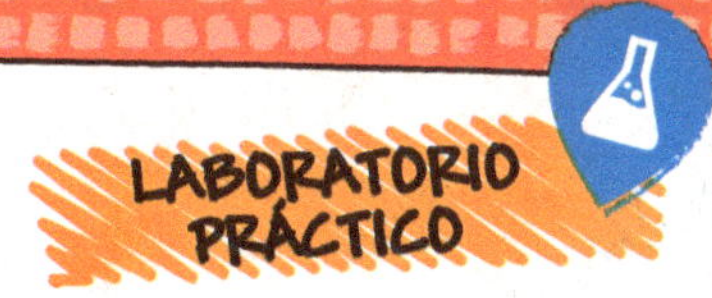

☐ **4.** Realiza tus pruebas. Registra tus observaciones.

Observaciones de muestras de minerales

Muestra	Color	Brillo	Raya	Dureza	Identidad del mineral
Mineral **A**					
Mineral **B**					
Mineral **C**					
Mineral **D**					
Mineral **E**					
Mineral **F**					

Analizar e interpretar datos

5. Evaluar ¿De qué manera conocer las propiedades de los minerales te ayuda a identificar muestras desconocidas?

6. Explicar ¿Cómo puedes comprobar la exfoliación en los minerales?

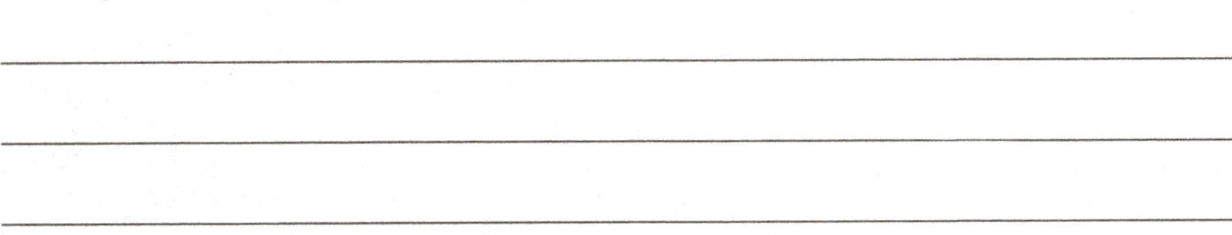

Tema 5

Los peligros naturales de la Tierra

Estándares de Ciencias para la Próxima Generación

4-ESS3-2 Generar y comparar múltiples soluciones para reducir los impactos de los procesos naturales de la Tierra en los seres humanos.

3-5-ETS1-2 Generar y comparar múltiples soluciones posibles a un problema, basándose en qué tan bien cada una se puede ajustar a los criterios y restricciones del problema.

Pregunta esencial ¿Qué impacto tienen los peligros naturales?

Muestra lo que sabes

Este volcán estuvo inactivo durante mucho tiempo. ¿Por qué crees que el volcán hizo erupción?

___

___

___

Misión Arranque

¡Protege la ciudad! ¡Se acerca el peligro!

¿Cómo podemos reducir los impactos de los peligros naturales?

Hola, mi nombre es Geraldine Pascoe. Soy vulcanóloga. Me dedico a estudiar volcanes. Los científicos informan que se registraron terremotos cerca de una ciudad. Esto significa que el volcán pronto podría entrar en erupción. El terremoto también podría dañar una represa, lo que generaría inundaciones en la ciudad.

Los funcionarios de la ciudad necesitan nuestra ayuda. En esta actividad de aprendizaje basada en un problema, buscarás maneras de prevenir el impacto de estos peligros naturales en los habitantes de la ciudad.

Sigue el camino para llevar a cabo la Misión. Marca tu progreso cada vez que termines una actividad para indicar que es una MISIÓN CUMPLIDA ✓. Conéctate en línea para buscar más actividades de la Misión.

Misión Control 1

Lección 1

Aprende cómo los volcanes afectan a las ciudades. Decide qué dificultades presentan y desarrolla soluciones para esas dificultades.

Estándares de Ciencias para la Próxima Generación

4-ESS3-2 Generar y comparar múltiples soluciones para reducir los impactos de los procesos naturales de la Tierra en los seres humanos.

3-5-ETS1-2 Generar y comparar múltiples soluciones posibles a un problema, basándose en qué tan bien cada una se puede ajustar a los criterios y restricciones del problema.

VIDEO

Ve un video sobre el trabajo de un vulcanólogo.

Misión Control 2

Lección 2

Descubre de qué maneras que el estado del tiempo genera peligros naturales. Aplica lo que aprendiste para resolver el problema de la inundación.

Misión Control: Lab 3

Lección 3

Desarrolla dos soluciones para reducir los impactos de los peligros naturales y decide cuál sería más eficaz.

Misión Hallazgos

Presenta tus soluciones para reducir el impacto de un peligro natural sobre la ciudad.

túConectas Lab

LABORATORIO PRÁCTICO

4-ESS3-2, SEP.6

¿Cómo puedes reducir el impacto del suelo que se desliza rápidamente?

Los ingenieros tratan de buscar maneras de limitar el daño que causan los peligros naturales. ¿Cómo puedes limitar el daño que causa el suelo cuando se desliza por una pendiente?

Materiales

- lentes de seguridad
- recipiente de plástico
- periódico
- plastilina
- tierra
- agua

Materiales recomendados

- popotes
- tijeras
- limpiapipas
- agitadores
- cinta adhesiva
- cartulina
- piedras
- casas de cartón
- botella de agua

Usa lentes de seguridad.

Ten cuidado al usar tijeras.

Procedimiento

- [ ] **1.** En el recipiente de plástico, construye una pendiente con el periódico, la plastilina y la tierra. Agrega agua a la pendiente. Registra tus observaciones.
- [ ] **2.** Piensa una manera de prevenir lo que ocurrió. Reconstruye la pendiente. Elige materiales adicionales. Vuelve a probar con el agua.
- [ ] **3.** Registra tus observaciones.

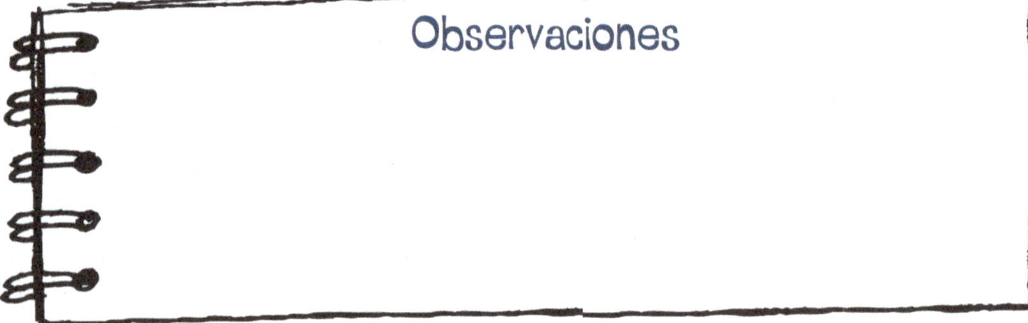

Analizar e interpretar datos

4. Evaluar ¿Qué parte de tu modelo funcionó mejor? ¿Cómo podrías aplicar la solución en el mundo real?

____

____

____

5. Analizar Compara tu solución con la de otro grupo. ¿Su solución funcionó mejor que la tuya?

____

____

Práctica de ingeniería

Los ingenieros **comparan soluciones** para descubrir cómo se resuelve un problema.

Causa y efecto

GAME

Practica lo que aprendiste con los Mini Games.

Es posible que, mientras lees, te des cuenta de que un suceso puede hacer que ocurra otro suceso. Esa es una relación de causa y efecto. La causa es la razón por la que algo pasa. El efecto es lo que pasa. Usa estas estrategias para buscar relaciones de causa y efecto.

- Busca palabras y frases clave que muestren causa y efecto, como *porque, causa, razón, resultado, ya que* y *entonces*.
- Recuerda que un efecto puede tener varias causas, o varios efectos pueden surgir de una causa.

Lee el siguiente pasaje acerca de una inundación en Texas.

Texas se inunda tras una semana de lluvias

A lo largo de una semana, Texas recibió un nivel récord de lluvia. El aeropuerto Austin-Bergstrom informó que el 26 de mayo cayeron 22.3 centímetros de lluvia. La lluvia causó demoras en los vuelos. En algunas zonas, las lluvias causaron inundaciones repentinas en las calles. Se indicó a los conductores que se quedaran en sus casas, por la profundidad del agua en las calles. Los ríos se desbordaron, y el agua de los lagos inundó los vecindarios. Algunas personas quedaron atrapadas. Los equipos de rescate usaron pequeños botes para rescatar a esas personas y llevarlas a un lugar seguro. Si las lluvias hubieran seguido, el daño que provocó la inundación habría sido peor.

REVISAR LA LECTURA **Causa y efecto** ¿Cuál fue la causa de las demoras en los vuelos y de las inundaciones de las calles?

____

____

____

____

____

Lección 1

Peligros tectónicos

Puedo...

Describir cómo las erupciones volcánicas, los terremotos y los tsunamis pueden afectar a las personas.

4-ESS3-2

Destreza de lectura

Causa y efecto

Vocabulario

falla
terremoto
tsunami
volcán
erupción

Vocabulario académico

peligro

VIDEO

Ve un video sobre los peligros tectónicos.

CURRÍCULO Conexión

Los países que están a orillas del océano Pacífico son especialmente vulnerables ante los peligros del océano. Pueden formarse olas enormes tras un terremoto en el océano. Las olas pueden recorrer miles de kilómetros sobre el agua. Cuando las olas llegan a la costa, ¡pueden ser enormes! Algunas olas pueden tener más de 10 metros de alto y 30 metros de ancho, y pueden durar más de 10 minutos. Una vez que las olas llegan a la costa, pueden avanzar varios kilómetros tierra adentro y destruir las comunidades costeras.

Los terremotos que causan estas olas no pueden predecirse. Sin embargo, en algunos lugares hay sistemas que emiten alarmas después del terremoto. Estos sistemas permiten salvar vidas. Los países también usan boyas especiales en el océano para alertar a la gente sobre las olas gigantes.

Sacar conclusiones ¿Por qué los científicos supervisan los terremotos para prevenir estos peligros del océano?

____

____

túInvestigas Lab

LABORATORIO PRÁCTICO

SEP.2

¿Cómo puede una ola grande afectar la tierra?

Los científicos estudian las olas grandes para encontrar maneras de reducir el daño que causan. ¿Cómo puedes hacer un modelo de las olas grandes y la forma en la que afectan a la tierra?

Materiales

- lentes de seguridad
- recipiente de plástico grande y transparente, 28 cm × 18 cm × 6 cm
- agua, 2 L
- pedazo cuadrado de espuma

Materiales recomendados

- arena
- periódico
- lodo
- cinta adhesiva de tela metálica
- modelos de árboles
- plastilina
- modelo de bote pequeño

Usa lentes de seguridad.

Práctica de ciencias

Los científicos **desarrollan y usan modelos** para reunir evidencia.

Procedimiento

☐ **1.** Predice lo que crees que ocurrirá si una gran ola golpea una ciudad costera.

____

____

☐ **2.** Elige los materiales para construir un modelo de una costa en el recipiente de plástico. Escribe un plan para usar el modelo de costa para probar tu predicción.

☐ **3.** Muestra tu plan a tu maestro antes de empezar. Registra tus observaciones.

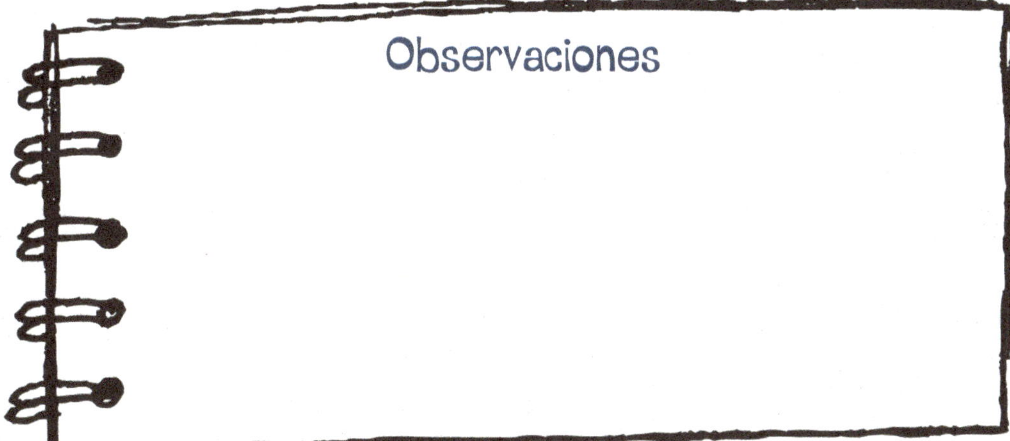

Analizar e interpretar datos

4. Sacar conclusiones Si la ola hubiera sido mayor, ¿cómo habría afectado tu modelo de costa?

____

____

____

tú, Científico

Evidencia de terremotos

Haz tres rectángulos de plastilina. Deben tener distintos colores. Los rectángulos deben tener el mismo tamaño: 5 cm × 8 cm × 2 cm. Apila los rectángulos. Corta la pila de arriba hacia abajo, en diagonal. Desliza la pila superior hacia arriba unos 2 cm. Luego, corta la plastilina a la mitad, a lo largo. ¿Qué observas? ¿Cómo representa esto la actividad de los terremotos?

Terremotos

La superficie de la Tierra es una capa angosta de roca llamada corteza. La corteza es la parte superior de unos grandes pedazos de roca conocidos como placas tectónicas. Las placas suelen moverse lentamente: unos pocos centímetros por año. Las placas tectónicas se empujan y se jalan entre sí, y se deslizan y cambian de lugar. Las placas se mueven continuamente, lo que genera tensión en las fallas. Una **falla** es una grieta en la corteza, donde se deslizan las placas. Tarde o temprano, esa tensión se libera y se produce un **terremoto**, o movimiento dentro de la Tierra. Ese movimiento hace que la corteza tiemble.

REVISAR LA LECTURA **Causa y efecto** Subraya el texto que explica la causa de un terremoto.

La falla de San Andrés tiene más de 1,300 km (800 mi) de largo y 16 km (10 mi) de profundidad. La falla de San Andrés se desliza de lado a lado, de manera similar a los bloques de este diagrama.

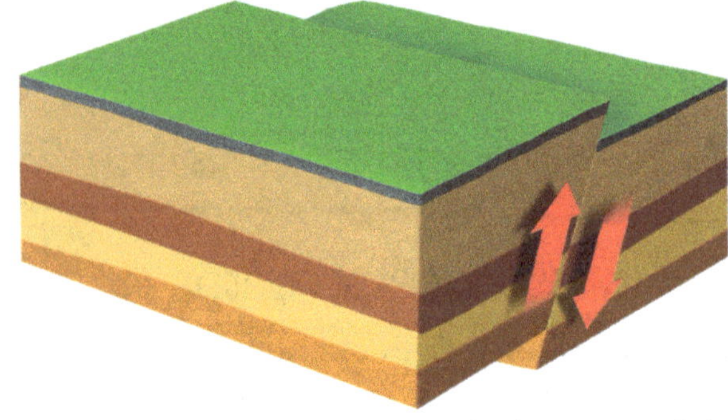

En otras fallas, los bloques se deslizan por debajo de otros. El terremoto de Tohoku se produjo porque una placa se deslizó por debajo del borde de otra placa.

Peligros de los terremotos

Un **peligro** es un riesgo para los seres humanos relacionado con un suceso. Los peligros de los terremotos se miden con la Escala de Intensidad de Mercalli Modificada, que mide el daño que causan. La energía de un terremoto se mide según una escala de magnitud. Se expresa como un número después de una *M* mayúscula. Una magnitud alta implica un mayor peligro para las personas. Los terremotos con una magnitud inferior a M3.0 son frecuentes, pero las personas no suelen percibirlos. Un terremoto de M5.0 puede hacer que los edificios tiemblen y que los cuadros caigan de las paredes, y puede provocar daños menores. Cualquier terremoto de más de M6.0 es un terremoto grave. Los edificios se desploman, los puentes se caen y las carreteras se parten. Otro gran peligro de los terremotos es el de los incendios.

En 2011, el terremoto de Tohoku de M9.1, en Japón, provocó un tsunami devastador. Un **tsunami** es una ola gigantesca que puede hacer mucho daño cuando llega a tierra. Los terremotos que quiebran el lecho del océano pueden provocar terremotos y daños muy lejos del centro del terremoto.

Lectura ▸ Herramientas

Causa y efecto Un efecto es lo que pasa. Identifica al menos 5 efectos posibles de un terremoto M5.0 en el lugar donde vives.

Misión Conexión

Describir ¿Cuál podría ser una manera de reducir el daño causado en una escuela por un terremoto M5.1?

____

____

____

Conexión con la comprensión visual

¿Qué pasa durante un tsunami?

Un tsunami es una serie de enormes olas provocadas por movimientos de tierra subacuáticos.

El movimiento del fondo del mar hace que el movimiento del océano forme grandes olas.

Las grandes olas del tsunami se mueven en todas las direcciones desde la fuente del movimiento de placas subacuático.

Cuando dos placas tectónicas se deslizan y cambian de lugar bajo el agua, se produce un gran movimiento de agua.

Nivel del mar

DIRECCIÓN DE LAS OLAS

DIRECCIÓN DE LAS OLAS

falla

foco del terremoto

Datos sobre los tsunamis

- Los tsunamis pueden avanzar a velocidades de hasta 1,000 kph (600 mph).
- En el océano profundo, los tsunamis pueden tener una altura de solo 30 cm (aproximadamente 12 pulg.).
- En Tohoku, Japón, un tsunami avanzó sobre la tierra e inundó áreas ubicadas hasta 39 m (128 pies) sobre el nivel del mar.

Anota tus propios datos sobre tsunamis en este espacio.

____

____

____

____

____

____

____

____

____

____

____

Cuando las olas llegan a la costa, pierden velocidad y se hacen más altas.

Las **inundaciones** pueden seguir tierra adentro y cubrir áreas con agua y residuos.

Corteza de la Tierra

INTERACTIVITY

Completa una actividad sobre los eventos tectónicos.

Volcanes

Un **volcán** es una grieta en la corteza de la Tierra que permite que los materiales muy calientes que hay bajo la corteza lleguen a la superficie. Los volcanes entran en erupción de distintas maneras. Un volcán estalló con tanta fuerza que lanzó rocas que llegaron a 1 km (0.6 mi) de distancia. En otros casos, como el del Mauna Loa de Hawái, la lava fluye de manera continua. Una **erupción**, o expulsión de material volcánico, puede durar minutos, horas o incluso más. ¡El volcán Kilauea de Hawái está en erupción desde 1983!

Algunos de los peligros de las erupciones volcánicas son obvios. La lava avanza sobre una zona. Los edificios, las plantas y los árboles que quedan en el camino de la lava se queman. Cuando la lava se enfría, forma una roca. Sacar las rocas de lava de las carreteras y otros lugares es difícil. Una nube como la de la imagen es otro tipo de peligro. Si bien la lava se mueve lentamente, la nube de ceniza avanza muy rápido. A veces, la nube de ceniza baja por la ladera del volcán y destruye todo lo que está a su paso. La ceniza y el gas caliente pueden moverse a velocidades de hasta 700 kph (450 mph). Pueden destruir edificios y árboles. Las personas y los animales pueden quemarse con la ceniza o el gas calientes. El hielo derretido del volcán puede mezclarse con los materiales de la nube. El resultado es un río de lodo que erosiona el suelo, contamina los ríos y puede destruir ciudades y aldeas.

Escríbelo En tu cuaderno de ciencias, describe qué verías si visitaras una ciudad cerca de un volcán en erupción.

Lección 1: Revisión

1. **Causa y efecto** ¿Cómo podría afectar un volcán a las personas que viven en la zona?

____

____

____

2. **Explicar** ¿Cómo puede afectar un terremoto a los seres humanos?

____

____

Misión Control

Cuidado: ¡ceniza caliente!

Se produjo un terremoto leve cerca de un volcán. Desde entonces, el volcán muestra indicios de que podría entrar en erupción una vez más. Despide humo y vapor todos los días. Hay una ciudad a 8 km (5 mi) del volcán. Las erupciones del pasado llenaron el aire de gases y ceniza. Era difícil respirar. Toda la ciudad quedó cubierta de ceniza. Los techos de las casas colapsaron. ¿Cómo pueden las personas de la ciudad que está cerca del volcán reducir los peligros de una nueva erupción?

1. Identifica dos problemas que podrían enfrentar las personas de la ciudad si el volcán entrara en erupción.

____

____

____

2. ¿De qué dos maneras podrían las personas ayudar a reducir el impacto del volcán?

____

____

____

____

3. Compara tus soluciones con las de un compañero. ¿Qué soluciones crees que funcionarían mejor? ¿Por qué?

____

____

____

____

MISIÓN CUMPLIDA

tú, Ingeniero 

STEM

¡Alerta!

Conéctate en línea para aprender cómo afectan a las personas los terremotos y otros peligros.

Cuando se produce un terremoto, pueden ocurrir daños en las casas de una zona extensa. El 17 de enero de 1994, se registró un poderoso terremoto M6.7 al noroeste de Los Ángeles, California. Los temblores que causó el terremoto de Northridge dañaron miles de edificios. Cuando pararon los temblores, los conductos de gas rotos provocaron incendios que dañaron más edificios. Los puentes colapsaron, y era imposible conducir por una docena de carreteras. Fue necesario que los expertos inspeccionaran cada carretera y edificio para definir si eran seguros. Muchos edificios tuvieron que ser demolidos, porque no eran seguros.

Los terremotos presentan muchos problemas para los ingenieros que controlan los peligros. Ellos buscan maneras de reducir el daño que causan los terremotos.

LEYENDA

Daño	Temblor
muy serio	extremo
serio	violento
mod./serio	severo
moderado	muy fuerte
ligero	fuerte
muy ligero	moderado
nulo	ligero
nulo	débil
nulo	no se sintió

Los derrumbes son un resultado habitual de los terremotos. La mitad de esta casa se derrumbó colina abajo.

Algunas secciones de esta autopista colapsaron cuando las columnas que las sostenían se derrumbaron por los temblores.

Diséñalo

littleBits™

Supón que eres un experto en el control de peligros naturales. Se produjo un poderoso terremoto a lo largo de la Falla de Hayward, en el norte de California. Debes identificar las zonas a lo largo de la falla que necesitan estructuras reforzadas como protección ante futuros terremotos. La tabla muestra los informes de los daños que sufrieron las distintas ciudades por el terremoto. Esa información puede ayudarte a identificar qué zonas enfrentan un mayor riesgo ante futuros terremotos.

Lugar	**Daño**
San José	grietas en cimientos de edificios, daños en caminos, 2 puentes colapsados, grietas en pistas de aeropuertos, daños en 37 hogares
Pleasanton	134 casas destruidas o parcialmente dañadas, daños en caminos
Walnut Creek	cuadros caídos de las paredes, 2 chimeneas dañadas, ventanas estalladas
Mountain View	daños menores en edificios, grietas en paredes de escuelas, ventanas rotas
San Mateo	2 secciones del puente que cruza la bahía colapsaron
Stockton	temblores, varias ventanas rotas

Tu tarea es diseñar un mapa de peligro de terremoto. Tu mapa debe tener distintos colores que muestren distintos niveles de peligro posible frente a futuros terremotos. Decide qué ciudades son las que más necesitan estructuras reforzadas.

Centro del terremoto				
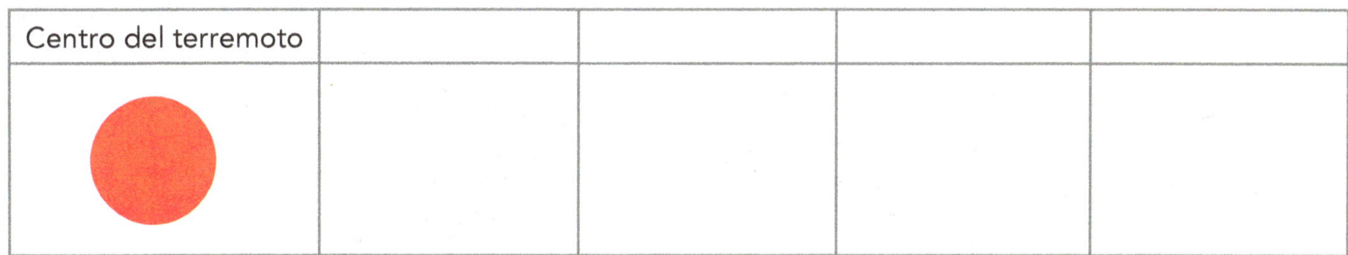				

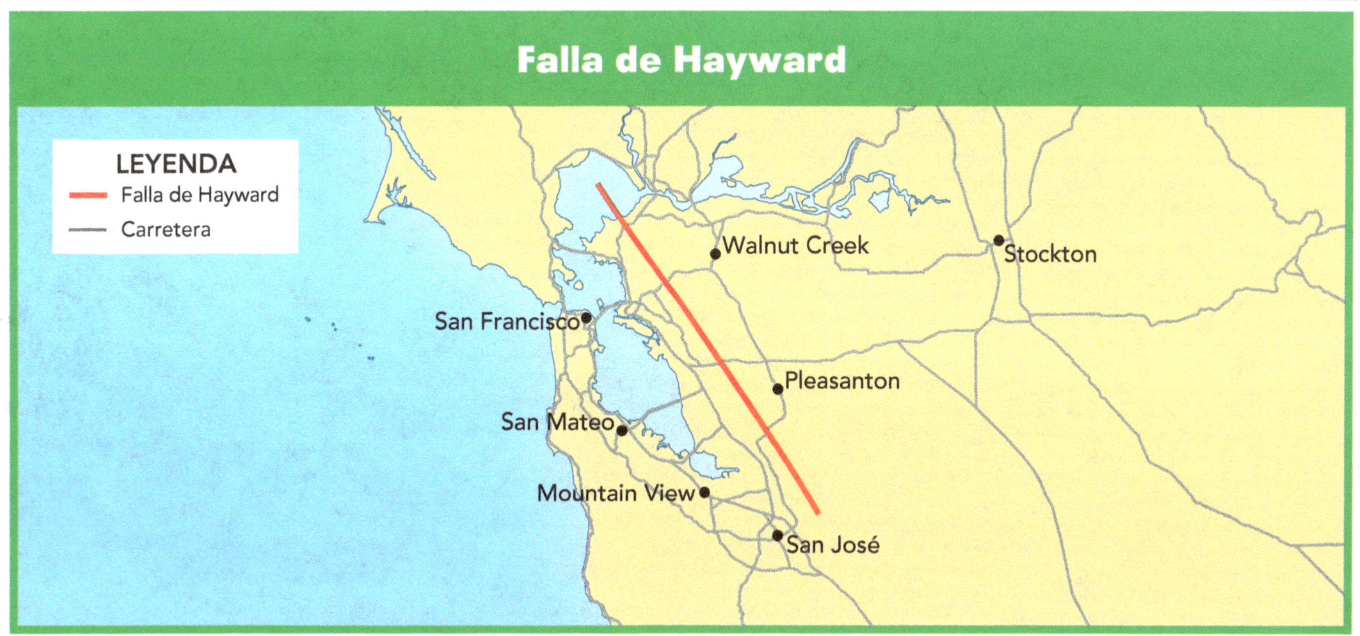

Lección 2

Peligros del estado del tiempo

Puedo...

Describir cómo los peligros del estado del tiempo pueden afectar a los seres humanos.

4-ESS3-2, 3-5-ETS1-2

Destreza de lectura

Causa y efecto

Vocabulario

inundación
sequía
avalancha
desprendimiento de tierra

Vocabulario académico

resultado

VIDEO

Ve un video sobre los peligros del estado del tiempo

DEPORTES Conexión

Las personas que practican esquí o *snowboard*, o conducen motos de nieve, esperan con ansias la nieve nueva. La nieve nueva cae sobre la nieve vieja. Pero si se apila muy rápido, el hielo, la nieve y las rocas se pueden deslizar por la montaña de repente. Lo mismo puede ocurrir a causa de un derretimiento rápido, terremotos y cambios hechos por las personas u otros animales. Los deportistas deben permanecer en las áreas seguras. También deben usar luces de seguridad. Si la nieve las atrapa, las personas deben trepar hacia la superficie.

REVISAR LA LECTURA **Causa y efecto** Subraya las causas de un desprendimiento repentino de nieve, hielo y roca por la ladera de una montaña.

túInvestigas Lab

LABORATORIO PRÁCTICO

SEP.2

¿Cómo afecta la nieve que se deslizа rápidamente montaña abajo a las personas?

Los científicos estudian las nevadas en las montañas y hacen modelos para prevenir los peligros. ¿Cómo puedes hacer un modelo del impacto de una nevada peligrosa?

Procedimiento

1. Cuando representes la nieve acumulada en la ladera de una montaña, ¿qué materiales usarías para cada capa de nieve?

Nieve compacta	Capa media ligera	Nevada reciente

2. Escribe un procedimiento para representar qué pasa con los seres humanos y los árboles cuando la nieve y otros materiales se deslizan de repente montaña abajo.

3. Muestra tu plan a tu maestro antes de empezar. Registra tus observaciones.

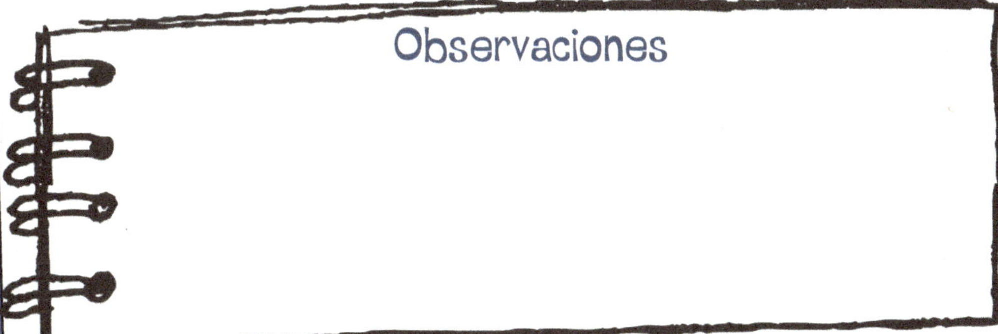

Analizar e interpretar datos

4. **Explicar** ¿Cómo puede afectar a las personas la nieve que se desliza rápida y repentinamente montaña abajo?

Materiales

- lentes de seguridad
- recipiente de plástico
- tablero de espuma
- arena gruesa, 1 vaso
- arena fina, 1/2 vaso
- perlita liviana, 1/2 vaso

Materiales sugeridos

- transportador
- modelos de árboles
- plastilina
- grava
- modelos de figuras humanas

Usa lentes de seguridad.

Práctica de ciencias

Los científicos usan **modelos** para probar las relaciones de causa y efecto.

Conexión con la comprensión visual

¿Cuánta lluvia es suficiente?

La lluvia es importante para la vida de los seres humanos y de otros seres vivos. Pero, si llueve demasiado o demasiado poco, puede haber grandes problemas.

Una **inundación** se produce cuando el agua fluye sobre tierras que normalmente no están cubiertas de agua. Un río cercano desbordó. El agua avanza sobre los campos de la granja.

! ¿Cómo afecta la inundación al suelo y la granja?

! ¿Cómo afecta la inundación a las plantas?

Hace meses que no llueve. La granja sufre una **sequía**, un período prolongado de tiempo muy seco.

! ¿Cómo crees que puede afectar una sequía la vida de las plantas y los animales?

Ventiscas, huracanes y tornados

Una ventisca es una tormenta de nieve con vientos fuertes. Conducir en una ventisca puede ser peligroso, se puede cortar la electricidad y los árboles y los edificios pueden colapsar bajo el peso de la nieve. El frío extremo puede dañar a las personas.

Los tornados son tormentas de viento con forma de embudo que bajan de las nubes y llegan hasta la tierra. Un tornado leve puede arrancar árboles y otras plantas de raíz. Un tornado poderoso puede destruir vecindarios enteros.

Los huracanes se forman sobre el agua cálida del océano. El aire cálido y húmedo se eleva y es reemplazado por aire más frío, que se calienta y asciende. Se forman nubes de tormenta. Las nubes transportan grandes cantidades de agua, que luego caen como lluvia. A medida que la tormenta crece, aumenta la velocidad del viento. El viento puede derrumbar edificios y arrancar los árboles. La lluvia puede provocar inundaciones. Los huracanes pueden causar un aumento del nivel del mar a nivel local, lo que hace que se inunden las ciudades costeras. Ese peligro se denomina marejada ciclónica.

REVISAR LA LECTURA **Causa y efecto** Encierra en un círculo el texto que indique dos causas de inundaciones relacionadas con los huracanes.

Misión Conexión

¿Cómo podría afectar una inundación a la ciudad que está cerca del volcán?

____

____

____

____

Completa una actividad sobre los eventos climáticos.

Desprendimientos de tierra y avalanchas

Las avalanchas y los desprendimientos de tierra son similares. Una **avalancha** es el deslizamiento repentino de nieve, hielo y rocas por una pendiente. Un **desprendimiento de tierra** se produce cuando las rocas y el suelo se deslizan por una pendiente. Los terremotos y las lluvias torrenciales pueden hacer que el suelo y las rocas se suelten. El suelo se mueve y fluye ladera abajo. El **resultado**, o la consecuencia, de un desprendimiento de tierra puede ser el daño a edificios, caminos y propiedades. A veces, un desprendimiento de tierra puede bloquear un río, lo que crea una represa temporaria y hace que se forme un lago. Cuando la represa se rompe, la inundación puede arrasar las ciudades que están junto al río. Eso pasó en Wyoming, en 1925, cuando el agua arrasó la ciudad de Kelly.

Comparar ¿En qué se parecen el daño que causa un desprendimiento de tierra y el que causa una avalancha?

____

____

____

____

Matemáticas ▸ Herramientas

¿Cuánta agua? Una ventisca deposita 1.5 m de nieve en una montaña. ¿Cuánta agua es? 10 cm de nieve equivalen a aproximadamente 1 cm de agua. ¿Cuánta agua cayó durante la ventisca? ¡Recuerda convertir todos los números a centímetros!

Lección 2: Revisión

1. **Describir** ¿Cómo puede afectar a las personas un tornado?

____

____

2. REVISAR LA LECTURA **Causa y efecto** Un gran huracán golpea la costa este de los Estados Unidos. Di tres impactos que podría tener el huracán sobre las personas.

____

____

____

____

Misión Control

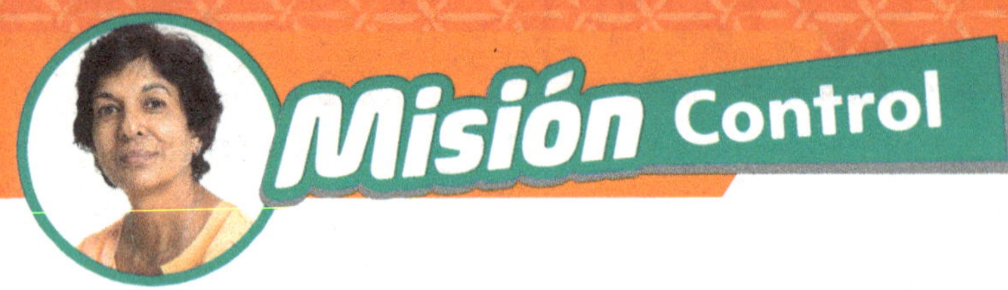

Alerta de agua

La ciudad que está cerca del volcán sufrió un terremoto recientemente. El temblor rompió la represa, lo que hizo que el río local que fluye a través de la ciudad desbordara. Ahora todos los caminos están bajo el agua, y las personas no pueden moverse por la ciudad. Grandes áreas de la ciudad se quedaron sin energía eléctrica. El suministro de agua está contaminado.

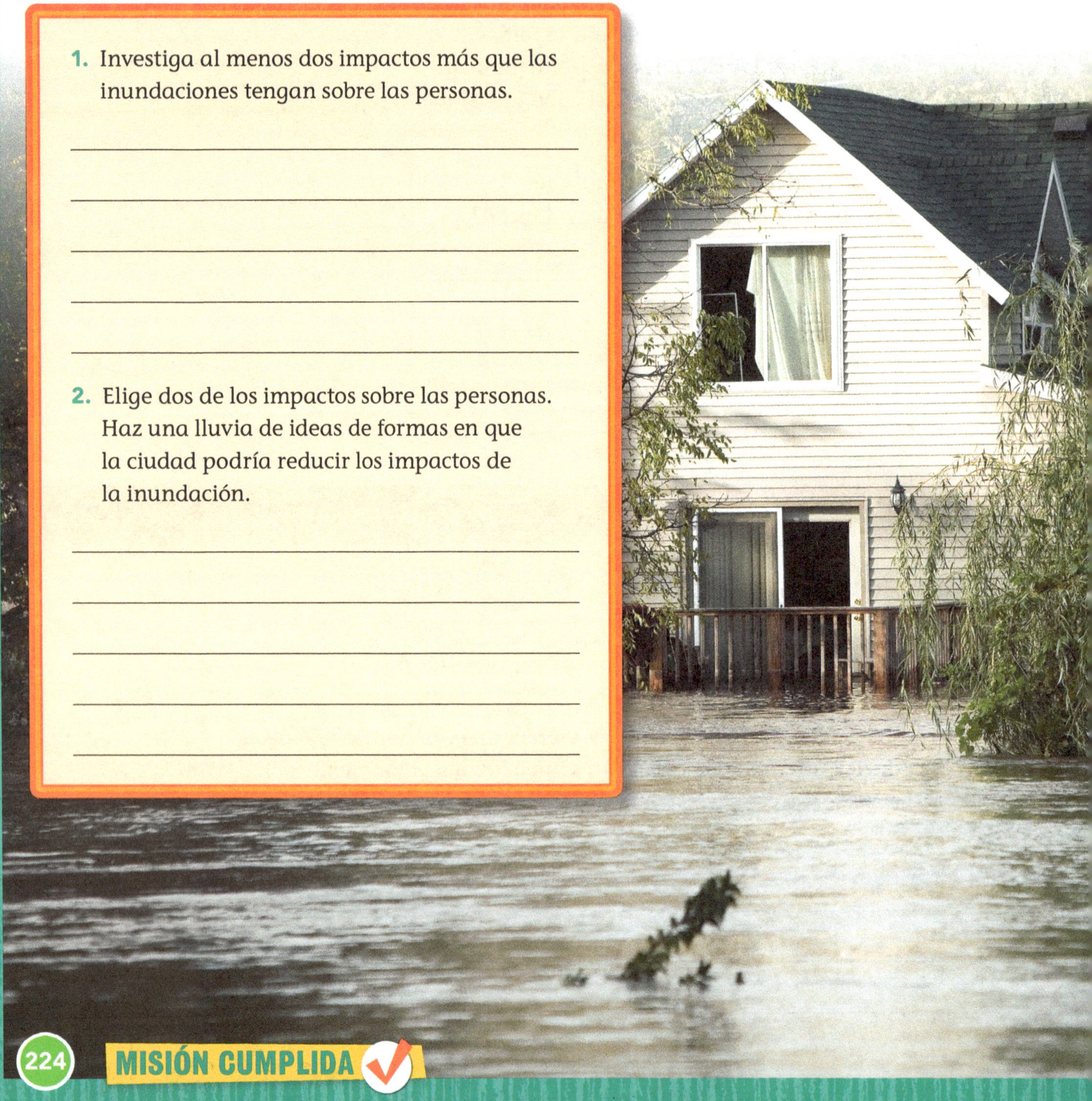

1. Investiga al menos dos impactos más que las inundaciones tengan sobre las personas.

____

____

____

____

____

2. Elige dos de los impactos sobre las personas. Haz una lluvia de ideas de formas en que la ciudad podría reducir los impactos de la inundación.

____

____

____

____

____

RESUÉLVELO CON Ciencia

¿Dónde hay un mayor riesgo de terremoto?

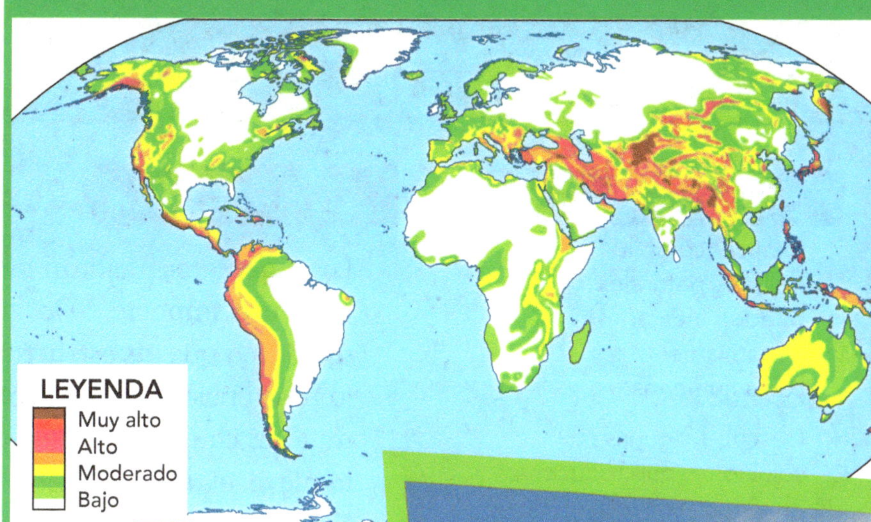

Se producen terremotos todo el tiempo, a medida que las placas de la Tierra se mueven, se asientan y vuelven a moverse. El Servicio Geológico de los Estados Unidos (USGS) detecta varios millones de terremotos en todo el mundo cada año. La mayoría de los terremotos son muy pequeños y nadie los siente. Sabemos que se producen porque hay sismógrafos en todo el mundo que los detectan. Los sismógrafos son instrumentos que miden cuánto tiembla la superficie de la Tierra durante un terremoto. El daño aumenta a medida que aumenta la potencia del terremoto. ¿Dónde hay un mayor riesgo de terremotos?

Una buena manera de responder esta pregunta es con un mapa de peligros pronosticados sobre la base de dónde hubo terremotos en el pasado. Estudia el mapa y responde las preguntas.

¿Qué continente tiene el mayor riesgo de sufrir terremotos? ¿Qué continente tiene el riesgo más bajo?

____

¿Qué partes de los Estados Unidos tienen el mayor riesgo de sufrir terremotos?

____

____

Ahora, aplica lo que sabes. Los terremotos suelen producirse en los puntos en los que las placas tectónicas se juntan. ¿Qué puedes inferir sobre los lugares en los que el riesgo de terremotos es alto?

____

____

Lección 3

El impacto de los peligros naturales

Puedo...

Explicar cómo los peligros naturales pueden afectar negativamente a los seres humanos.

Describir algunas soluciones que reducen el impacto de los peligros naturales.

4-ESS3-2, 3-5-ETS1-2

Destreza de lectura

Causa y efecto

Vocabulario

incendio forestal

Vocabulario académico

potencial

VIDEO

Ve un video sobre los costos de los peligros naturales en términos de lesiones y daños.

INGENIERÍA Conexión

Los ingenieros mejoran las técnicas y los materiales para reducir el impacto de los desastres naturales. Estas mejoras ayudan a que las estructuras que construimos tengan la resistencia suficiente como para reducir las lesiones y muertes causadas por las fuerzas naturales, como el viento, la nieve, el agua, el fuego y la tierra en movimiento.

En el pasado, uno de los mayores riesgos de los terremotos era el colapso de edificios. Ahora, los ingenieros planean estructuras más seguras usando diseños sísmicos. Estos diseños incluyen nuevos edificios que se doblan y se ajustan a los temblores de los terremotos. Algunos edificios se colocan sobre enormes rodamientos de goma que permiten que la base oscile sin mover el resto del edificio. Otros cuentan con una estructura resistente llamada riostra, colocada fuera del edificio. En los Estados Unidos, es obligatorio que los edificios cumplan con los requisitos de seguridad en caso de terremotos si están en zonas sísmicas activas.

Identificar Encierra en un círculo las características de este edificio que en tu opinión ayuden a prevenir los daños relacionados con peligros naturales.

Escríbelo En tu cuaderno de ciencias, di cómo construirías un edificio menos vulnerable a los peligros naturales.

STEM túInvestigas Lab

LABORATORIO PRÁCTICO

4-ESS3-2, SEP.6

¿Dónde debes construir una estructura a prueba de terremotos?

Los ingenieros buscan lugares que no sufrirían grandes daños en caso de terremoto. ¿Cómo puedes usar un modelo para investigar lo que pasa con un edificio a distintas distancias de un terremoto?

Materiales

- cartón fino
- cartón grueso, 2 piezas
- tijeras
- cinta adhesiva

Ten cuidado al usar tijeras.

Práctica de ingeniería

Los ingenieros **construyen modelos** para comparar soluciones.

Planear el procedimiento

☐ **1.** Construye un modelo de un edificio alto con el cartón fino.

☐ **2.** Coloca las 2 piezas de cartón grueso lado a lado para representar 2 placas tectónicas.

☐ **3.** Escribe un procedimiento para probar tu edificio en al menos 3 lugares. Muestra tu plan a tu maestro antes de empezar. Anota tus observaciones. Después de cada prueba, repara tu edificio, si es necesario.

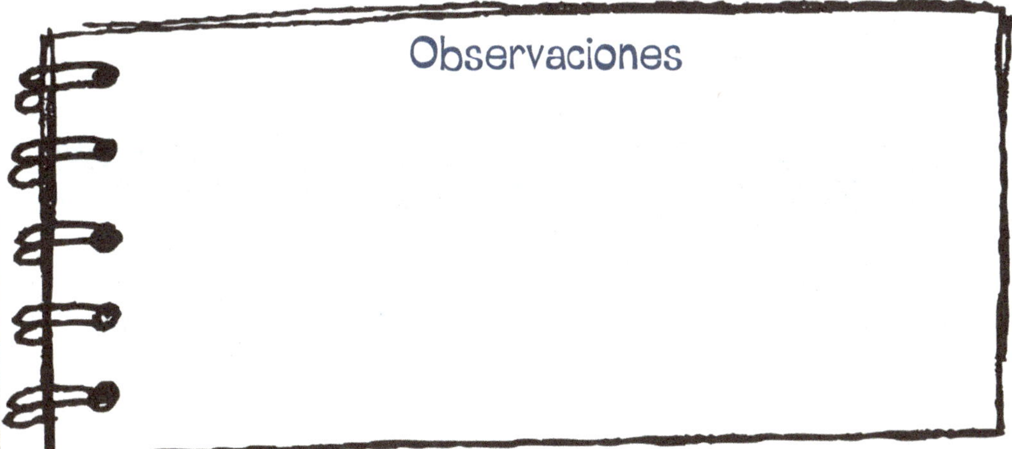

Evaluar el plan

4. Interpretar ¿Cuál es el lugar más seguro para la estructura? ¿Por qué crees que ocurre eso?

____

____

____

____

tú, Científico

El suelo en el escurrimiento

La próxima vez que llueva, cubre un colador con toallas de papel. Con un adulto, busca un lugar en el que agua corra en forma de arroyo a través de un jardín o un parque. Coloca el colador en el camino del agua. Después de 5 minutos, quita las toallas de papel y deja que se sequen. ¿Qué ves en el papel? ¿Qué cantidad de la materia que recolectaste es suelo?

Efectos a corto plazo de los peligros

Los eventos climáticos importantes pueden tener efectos duraderos en grandes zonas. Piensa en una sequía que afecta las Grandes Llanuras. Los problemas inmediatos que genera la sequía son la pérdida de cultivos, la erosión del suelo y la dificultad para alimentar el ganado. Los problemas de erosión y de alimentación del ganado podrían resolverse plantando pastos y árboles nativos. Sin embargo, durante una sequía, los pastizales y los bosques se secan. Un rayo puede provocar un **incendio forestal**, un incendio sin control. Los incendios forestales pueden quemar enormes áreas de bosques y pastizales. En un año, los incendios forestales afectaron casi 3.5 millones de hectáreas (8.7 millones de acres) en los Estados Unidos. ¡Más de dos veces el tamaño de Connecticut!

Mientras los bomberos combaten el incendio, las personas de la zona deben abandonar sus hogares. Sin embargo, la tierra puede recuperarse rápidamente después de un incendio. La ceniza suministra nutrientes al suelo. Si llueve, vuelven los pastos y los arbustos bajos. Las comunidades perjudicadas por los incendios forestales tardan mucho más en recuperarse.

REVISAR LA LECTURA **Causa y efecto** Encierra en un círculo los efectos de la sequía mencionados en el texto.

¡Planéalo!

Un camino local está junto a una colina empinada. Cada vez que llueve mucho, las rocas y la tierra de la colina caen al camino. Desarrolla un plan con dos sugerencias para controlar los efectos de este peligro.

____

____

____

____

____

____

____

Los incendios en los parques nacionales destruyen el hábitat de los animales y contaminan el aire con humo.

Efectos a largo plazo de los peligros

Los peligros tectónicos pueden tener efectos a largo plazo difíciles de resolver. Por ejemplo, las erupciones volcánicas producen lava, ceniza y residuos. Se forman rocas de lava, que solo pueden quitarse con explosiones. La ceniza y los residuos que libera la erupción pueden cubrir grandes zonas con varios metros de material. La ceniza caliente mata las plantas y los animales que queden atrapados en la erupción. Con el tiempo, la tierra puede recuperarse, pero muy lentamente. En el caso del monte St. Helens, la recuperación ha tardado más de 30 años. Un nuevo lago reemplazó al que se llenó de ceniza. El área ahora está cubierta de arbustos bajos y pastos. Los árboles necesitarán más tiempo para crecer.

Explicar ¿Por qué hace falta tanto tiempo para que un área se recupere tras una erupción?

____

____

____

Práctica de ciencias
▸ Herramientas

Causa y efecto Una única causa puede tener varios efectos, tanto positivos como negativos. Un efecto positivo de los incendios forestales es que se queman los residuos que hay en los bosques y crecen plantas nuevas. ¿Cuál podría ser un efecto positivo de una erupción volcánica?

El camino de un huracán

Predicción de peligros naturales

Los científicos tratan de predecir cuándo se producirá un desastre natural. Es más fácil predecir huracanes y erupciones volcánicas que terremotos, tsunamis o desprendimientos de tierra. Los satélites meteorológicos hacen un seguimiento de los huracanes desde el momento en que se forman. Los científicos observan la velocidad y la dirección de la tormenta. Pueden hacer mapas similares al de la imagen para mostrar el camino del huracán. Pueden alertar a las personas si hay riesgos **potenciales** o posibles. En el caso de los volcanes, los científicos usan sismogramas para seguir el movimiento del magma hacia la superficie de la Tierra. Sin embargo, incluso con supervisión constante, los científicos no pueden predecir cuándo ocurrirá un terremoto.

Concluir ¿De qué manera predecir el tiempo peligroso ayuda a proteger a las personas?

____

____

____

Misión Conexión

¿De qué manera seguir el camino del huracán ayuda a los científicos a predecir hacia dónde se dirigirá?

____

____

____

____

INTERACTIVITY

Completa una actividad sobre una aventura silvestre divertida.

Cuando el peligro se hace real

No hay manera de evitar que ocurran peligros naturales. Por eso, las personas tienen que estar preparadas. Los gobiernos federales y locales buscan soluciones a los problemas que causan los peligros. Por ejemplo, las ciudades y los pueblos ponen sal en los caminos para evitar que se forme hielo durante las tormentas de invierno. Algunos lugares ofrecen refugios para mantener a salvo a las personas. Los gobiernos locales y otras organizaciones también ofrecen refugios luego de un desastre. Las personas que perdieron su hogar reciben ropa, un lugar para quedarse y alimentos por un período largo. Los organismos del gobierno y las organizaciones también ofrecen electricidad, agua potable y otros suministros a las personas que no pueden volver a casa.

Lección 3: Revisión

1. **Explicar** ¿Cuáles son dos soluciones que pueden reducir el impacto de los peligros naturales?

____

____

____

2. Elige un peligro natural. Identifica dos maneras negativas en las que este peligro puede afectar a los seres humanos.

____

____

____

STEM Misión Control Lab

¿Cómo puedes reducir el daño que causan los desastres?

Aprendiste acerca de algunos peligros naturales y de posibles soluciones para reducir el daño que causan. Ahora debes aplicar lo que aprendiste a los peligros que enfrenta la ciudad. Luego, puedes generar y comparar soluciones para reducir los impactos de los procesos naturales de la Tierra sobre los seres humanos.

Materiales

- recipiente de plástico

Materiales recomendados

- agua
- arena
- lodo
- rocas
- modelos de árboles
- modelos de casas
- figuras de personas
- vinagre
- bicarbonato de sodio
- taza de medir

Práctica de ingeniería

Los ingenieros **diseñan y evalúan soluciones** para los problemas.

Diseñar el modelo

☐ **1.** Diseña una solución para reducir el impacto de un peligro natural. Elige entre una solución para una inundación o un volcán. Anota el peligro que elegiste.

____

☐ **2.** Genera dos soluciones que puedan reducir el impacto del peligro que elegiste.

____

____

____

____

☐ **3.** Diseña y construye un modelo para probar cada solución. ¿Qué criterios de tu solución pondrás a prueba con tu modelo?

____

____

____

4-ESS3-2, 3-5-ETS1-2, SEP.6

☐ **4.** Muestra tu modelo a tu maestro antes de empezar. Lleva a cabo tus pruebas. Anota tus observaciones.

Solución 1	Solución 2

Evaluar las soluciones

5. Usar evidencia ¿Reducirán tus soluciones el impacto del peligro? Usa evidencia de tus pruebas para respaldar tu respuesta.

____

____

____

6. Comparar Compara las dos soluciones. ¿En qué se parecen? ¿En qué se diferencian?

____

____

____

____

____

Misión Hallazgos

¡Protege la ciudad! ¡Se acerca el peligro!

¿Cómo podemos reducir los impactos de los peligros naturales?

INTERACTIVITY

Organiza los datos para apoyar tus hallazgos de la Misión.

Es hora de decidir qué solución le recomendarás a los funcionarios de la ciudad.

Organizar tus ideas

Repasa las soluciones que pusiste a prueba. ¿Qué solución te parece mejor para reducir los impactos de los peligros naturales sobre las personas? ¿Por qué?

Crea una presentación para la ciudad acerca de la solución que elegiste. Asegúrate de explicar por qué elegiste esa solución y cómo reducirá el impacto del peligro natural. Recuerda que tu presentación debe mostrar las dos soluciones posibles y compararlas entre sí.

Conexión con la Carrera

Vulcanólogo

Un vulcanólogo estudia los volcanes y se dedica a predecir posibles erupciones. Es un trabajo que se realiza cara a cara con el peligro. La lava alcanza temperaturas que van de los 700 °C a 1,200 °C (1,300 °F a 2,200 °F). Los vulcanólogos toman muestras de lava ardiente, ceniza y residuos. La evidencia de las rocas de lava ayuda a los vulcanólogos a determinar qué pasa debajo de la corteza de la Tierra.

Los vulcanólogos trabajan en todo el mundo, a menudo en lugares alejados. Son especialistas en geología. También estudian química, física, biología y matemáticas avanzadas. Usan tecnología informática para estudiar y evaluar datos de volcanes de todo el mundo. Si te gusta la ciencia extrema, ¡es posible que este sea el trabajo para ti!

Escríbelo En tu cuaderno de ciencias, escribe acerca de lo valioso que es el trabajo de los vulcanólogos.

Evaluación

1. **Causa y efecto** Escribe un efecto de cada causa.

Causa	Efecto
huracán	
terremoto	
tsunami	

2. **Vocabulario** ¿Qué oración describe una avalancha?

   A. El viento sopla rocas, arbustos y suelo hacia tierras más bajas.

   B. La nieve se desliza pendiente abajo y arrastra rocas y residuos.

   C. El suelo tiembla y se parte, lo que daña edificios y caminos.

   D. Una nube gigante de ceniza caliente, gas y residuos llena el aire.

3. **Explicar** Un gran volcán entra en erupción aproximadamente a 1,600 kilómetros (1,000 millas) del lugar en el que estás. Los funcionarios locales advierten que el volcán puede causar problemas en la ciudad. ¿Cómo puede una erupción volcánica lejana causar problemas cerca de ti?

____

____

____

4. **Analizar** Un agricultor quiere cultivar, pero teme a una potencial sequía. ¿Cuál es uno de los problemas que podría causar una sequía?

____

____

____

____

____

Usa el diagrama para responder la pregunta 5.

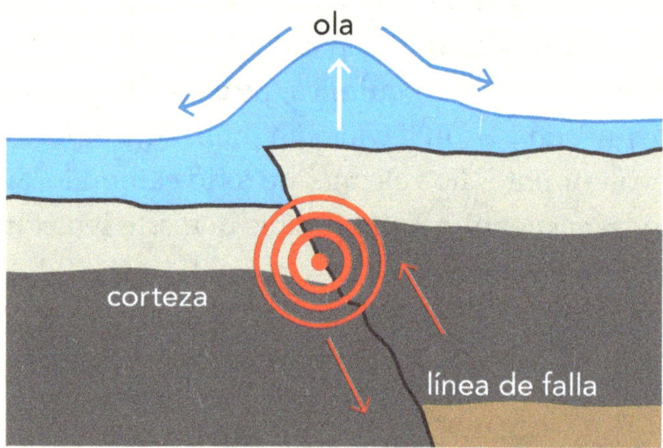

5. **Interpretar** ¿Qué está pasando en la ilustración?

   A. Un terremoto causó una tormenta eléctrica en el océano.

   B. Se produjo un terremoto y causó un tsunami.

   C. Un tsunami generó un movimiento en dos placas tectónicas.

   D. Una erupción volcánica causó un terremoto.

6. **Interpretar** Une la causa con el efecto.

_____ **A.** rayo	**1.** nube de ceniza
_____ **B.** inundación	**2.** daño por viento
_____ **C.** tornado	**3.** incendio forestal
_____ **D.** volcán	**4.** erosión

7. **Explicar** ¿Por qué se necesita tiempo para que aparezca pasto después de que la ceniza volcánica cubre la tierra?

____

____

____

____

____

____

____

8. **Causa y efecto** ¿Qué opción explica por qué los granjeros pudieron cultivar más plantas después de una erupción volcánica que antes de la erupción?

   A. La erupción depositó ceniza en los campos, aportando minerales.

   B. La erupción bajó la temperatura, por lo que los cultivos no sufrieron tanto calor.

   C. La erupción causó un aumento en la cantidad de nubes de lluvia que se formó en la zona.

   D. La erupción redujo la cantidad de animales en la zona, por lo que menos animales comían los cultivos.

9. **Explicar** ¿Cuáles son dos maneras en que una ventisca puede afectar negativamente a las personas?

____

____

____

____

____

____

____

____

____

Pregunta esencial

¿Qué impacto tienen los peligros naturales?

Muestra lo que aprendiste

¿Cómo pueden afectar a las personas los peligros naturales?

____

____

____

____

____

____

____

____

Evaluación basada en la evidencia

Lee esta situación y responde las preguntas 1 a 5.

La familia de Lucía vive cerca de la costa. Conocen el peligro de los huracanes. Un huracán de categoría 5, con vientos de hasta 260 kph (160 mph) se dirigía hacia el hogar de Lucía. Se esperaba que una marejada de 3 m (118 pulg.) llegara a la costa. El padre de Lucía tapó las ventanas con grandes tablas de madera. Lucía metió las sillas de jardín, la manguera y su bicicleta en la casa y cerró la puerta con llave. La familia de Lucía abandonó la zona tan pronto como recibió la orden de evacuación. La tabla muestra la cantidad de lluvia que recibieron varias ciudades en 24 horas durante la tormenta.

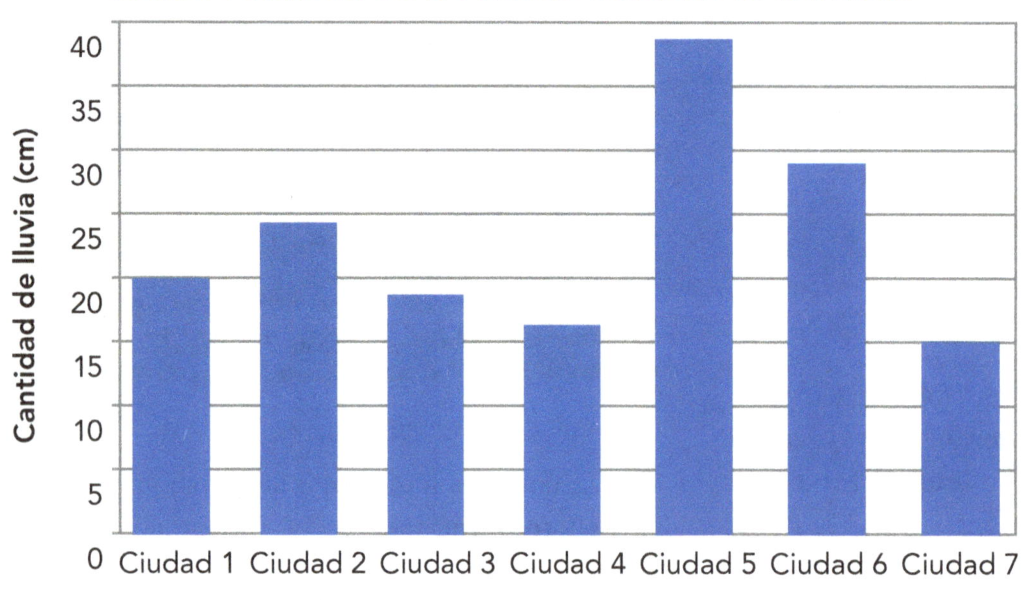

1. **Identificar** ¿Cuál de las siguientes opciones es un potencial peligro inmediato del huracán para el que debería prepararse la familia de Lucía?

   A. daño por incendio

   B. erosión del suelo

   C. grandes inundaciones

   D. bajas temperaturas

2. **Causa y efecto** Menciona dos causas del peligro que identificaste en la pregunta 1.

____

____

____

____

3. **Identificar** Todas las ciudades de la tabla podrían sufrir inundaciones. Las autoridades de emergencias pueden construir represas temporales, pero solo tienen recursos disponibles para construir dos al mismo tiempo. Quieren ayudar a las ciudades con más riesgo de inundación. ¿Cuáles son las dos ciudades que deben recibir las represas temporales?

   A. ciudades 1 y 2

   B. ciudades 1 y 5

   C. ciudades 3 y 6

   D. ciudades 5 y 6

4. **Explicar** ¿Qué hizo la familia de Lucía para proteger su hogar del huracán?

____

____

____

____

5. **Causa y efecto** ¿De qué efecto del huracán se estaba protegiendo la familia cuando tomó las medidas de la pregunta 4?

____

____

____

____

STEM tú Demuestras Lab

¿Cómo pueden diseñarse hogares más resistentes a los terremotos?

Cuando los ingenieros hacen los planos de una casa, piensan en los peligros que podrían afectar a esa casa. ¿Cómo puedes construir un modelo de una casa capaz de sobrevivir a un terremoto?

Materiales

- lentes de seguridad
- cronómetro
- recipiente de plástico grande

Materiales recomendados

- planchas de espuma, esponjosas
- perforadora
- limpiapipas
- palillos de dientes
- pegamento
- cartón
- popotes
- clips
- imperdibles
- cordel
- cartulina
- tijeras
- grapas

Usa lentes de seguridad.

Ten cuidado cuando uses tijeras.

Diseñar y construir

☐ **1.** Evalúa los materiales sugeridos y diseña dos casas con distintos materiales. Haz una lista de los materiales y dibuja un boceto sencillo de cómo se utilizarán.

Materiales 1	Materiales 2
Casa 1	Casa 2

Práctica de ingeniería

Los ingenieros **comparan soluciones** para descubrir cómo resolver un problema.

☐ **2.** Muestra tus diseños a tu maestro y construye las dos casas.

LABORATORIO PRÁCTICO

4-ESS3-2, SEP.2, SEP.6

☐ **3.** Haz un plan para probar si las casas son resistentes a los terremotos. Anota tus observaciones.

Observaciones

Casa 1	Casa 2

Evaluar el diseño

4. Comparar ¿Qué modelo sobrevivió mejor al "terremoto"? ¿Por qué?

5. Evaluar Sobre la base de tus observaciones, ¿cómo podrías mejorar tu casa resistente a los terremotos?

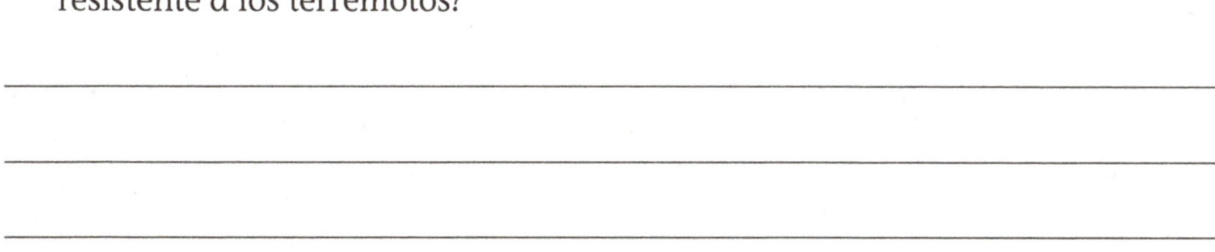

La historia del planeta Tierra

Lección 1 Patrones de los fósiles y las formaciones rocosas

Lección 2 Evidencia de cambio en fósiles y formaciones rocosas

Estándares de Ciencias para la Próxima Generación

4-ESS1-1 Identificar evidencia a partir de los patrones en formaciones rocosas y los fósiles en las capas de roca para apoyar una explicación acerca de los cambios en un paisaje a través del tiempo.

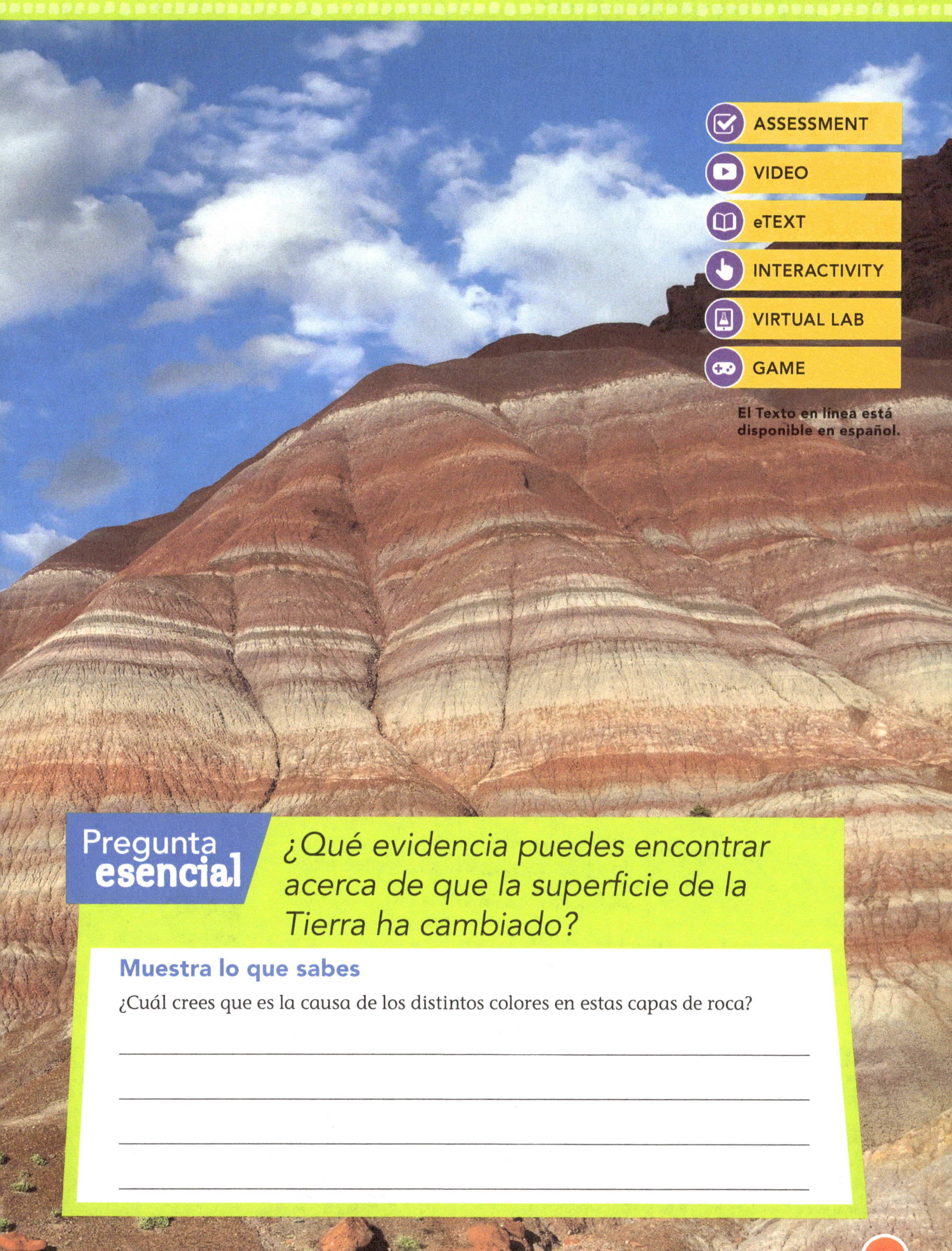

Pregunta esencial

¿Qué evidencia puedes encontrar acerca de que la superficie de la Tierra ha cambiado?

Muestra lo que sabes

¿Cuál crees que es la causa de los distintos colores en estas capas de roca?

____

____

____

____

Misión Arranque

Desentierra la verdad

¿Cómo pueden las rocas y los fósiles describir un lugar?

Hola, mi nombre es Rocco Romano y trabajo como revisor en un museo. Recibí un testigo, es decir, una muestra, de capas de roca de un equipo que está trabajando en una isla. El testigo de roca proviene de una cueva cercana al lugar en que el equipo encontró un hueso. ¡Creen que el hueso puede ser de un antiguo elefante enano! El museo necesita tu ayuda para saber si el testigo de roca coincide con las muestras de otros lugares en los que se encontraron huesos de elefantes enanos.

En esta actividad de aprendizaje basada en un problema, analizarás la evidencia del testigo de roca. Compararás la evidencia del testigo de roca con otro testigo correspondiente a un lugar en el que se encontraron huesos de elefante enano. Si coinciden, el equipo tendrá más evidencia para apoyar su teoría acerca del hueso.

Sigue el camino para llevar a cabo la Misión. ¡Las actividades de cada lección te ayudarán a completarla! Marca tu progreso en el camino cada vez que termines una actividad para indicar que es una MISIÓN CUMPLIDA. Conéctate en línea para buscar más actividades de la Misión.

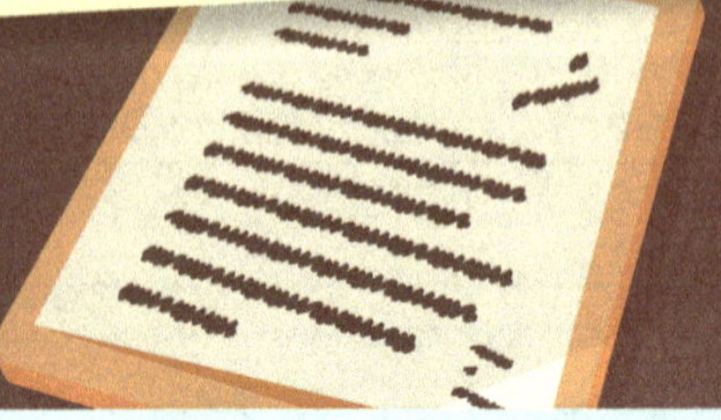

Estándares de Ciencias para la Próxima Generación
4-ESS1-1 Identificar evidencia a partir de los patrones en formaciones rocosas y los fósiles en las capas de roca para apoyar una explicación acerca de los cambios en un paisaje a través del tiempo.

VIDEO

Ve un video sobre el revisor de un museo.

Misión Control 1

Lección 1

Aplica lo que sabes acerca de los patrones de las formaciones de roca para describir cómo se veía la isla durante el auge y la desaparición de los elefantes enanos.

Misión Control: Lab 2

Lección 2

Analiza el testigo de roca. Investiga si los patrones del testigo coinciden con los de otros, tomados de lugares en los que se encontraron huesos de elefante enano.

Misión Hallazgos

¡Completa la Misión!
Examina tu evidencia. Escribe un resumen de los hallazgos para el equipo. Explica si la evidencia apoya o no la afirmación del equipo acerca del hueso.

tú Conectas Lab

LABORATORIO PRÁCTICO

4-ESS1-1, SEP.6

¿Dónde están los fósiles en las capas de roca?

Los científicos organizan las partes de la evidencia para responder preguntas importantes. ¿Cómo puedes crear una explicación acerca de los lugares donde los científicos encuentran distintos tipos de fósiles?

Materiales

- cartulina amarilla, roja y azul
- Hoja de imágenes de fósiles

Práctica de ciencias

Los científicos **crean explicaciones** usando evidencia y observaciones.

Procedimiento

☐ **1.** Trabaja con un compañero. Escriban lo que saben sobre los tres tipos de roca.

____

____

____

____

☐ **2.** Elige un color de cartulina para representar cada tipo de roca. Luego, usa la cartulina para hacer un modelo de las capas de roca en una columna de roca. Rotula las capas.

☐ **3.** Observa la Hoja de imágenes de fósiles. Usa esos ejemplos para dibujar fósiles en tu columna de roca. Asegúrate de dibujar los fósiles solo en los lugares donde crees que podrían encontrarse.

Analizar e interpretar datos

4. Explicar Explica por qué dibujaste los fósiles en algunas capas y no en otras.

____

____

____

____

____

Secuencia

Cuando lees, puedes identificar los sucesos que ocurren. Luego, puedes determinar la secuencia de los sucesos o ponerlos en orden. Esta es la manera de hacerlo:

- Busca palabras y frases clave, como *después, antes, luego, a continuación, por último* y *posteriormente.*
- Usa las palabras y frases y otras claves para ordenar los sucesos.

Lee el siguiente pasaje. Busca palabras y frases clave para entender la secuencia de sucesos.

¿Cómo se forman la piedra caliza y el mármol?

La piedra caliza es un tipo de roca que se forma a lo largo de millones de años. Está hecha de sedimentos, o pequeños trozos de roca o arena mezclados con materia vegetal y animal. Primero, las algas, las plantas marinas, los corales y otros animales mueren, y sus restos se asientan sobre el fondo del océano. Después, la presión del océano comprime la materia animal y vegetal hasta formar una roca. Con el tiempo, la piedra caliza atraviesa más cambios. El calor y la presión que hay dentro de la Tierra comprimen más la roca de piedra caliza, y forman mármol. Algunos de los pisos de mármol que puedes ver en edificios son restos de antiguas plantas y animales.

REVISAR LA LECTURA **Secuencia** Subraya las palabras de secuencia del párrafo. Resume la secuencia de eventos que lleva a la formación de piedra caliza.

____

____

____

____

Lección 1

Patrones de los fósiles y las formaciones rocosas

Puedo...

Identificar patrones en fósiles y formaciones rocosas.

4-ESS1-1

Destreza de lectura
Secuencia

Vocabulario
fósil
estrato

Vocabulario académico
horizontal

VIDEO

Ve un video sobre los patrones en fósiles y formaciones rocosas.

STEM Conexión

¿Qué harías si trabajaras en una obra en construcción y encontraras fósiles? En California, durante la construcción de una vía subterránea, los trabajadores encontraron el colmillo y los dientes de un antiguo elefante. Los científicos tuvieron que ayudar a buscar y a retirar todos los fósiles del lugar antes de que la construcción pudiera continuar. Los científicos pueden usar un radar para ver bajo tierra sin cavar. El radar es un tipo de radiación que usa ondas de radio que atraviesan la tierra. Las ondas de radio se reflejan, o rebotan, contra los materiales. Los fósiles reflejan las ondas de radio de una manera distinta a la de la roca que los rodea. El patrón de reflexión se usa para hacer un mapa de lo que hay en la roca. Luego, se puede empezar a excavar. De esta manera, es posible descubrir los fósiles sin dañarlos. Mientras trabajan, los científicos toman muestras de roca. Las muestras contienen pistas acerca de cómo era la Tierra cuando la roca se formó.

Explícalo En tu cuaderno de ciencias, describe cómo los científicos pueden usar la tecnología para buscar evidencia. Además del radar, ¿qué otras herramientas ayudan a los científicos a buscar fósiles?

túInvestigas Lab

LABORATORIO PRÁCTICO

4-ESS1-1, SEP.6

¿Qué patrones siguen los fósiles?

Materiales

- Hoja de tarjetas de fósiles
- tijeras

Los científicos construyen explicaciones para describir los sucesos naturales de la Tierra. ¿Cómo puedes construir una explicación para describir los patrones de los fósiles?

Ten cuidado al usar las tijeras.

Procedimiento

☐ **1.** Recorta las tarjetas de fósiles. Cada tarjeta tiene imágenes de fósiles que se encuentran en distintas capas de roca.

☐ **2.** Busca la tarjeta con el número en la esquina inferior izquierda. Coloca la tarjeta en tu escritorio.

☐ **3.** Examina las otras tarjetas de fósiles. Ordena la secuencia de las tarjetas usando los fósiles. Coloca la siguiente tarjeta encima de la primera. Sigue hasta que todas las tarjetas estén en orden.

Práctica de ciencias

Los científicos **crean explicaciones** con evidencia que las respalde.

Analizar e interpretar datos

4. Explicar ¿Cómo determinaste la secuencia de los fósiles?

____

____

____

____

____

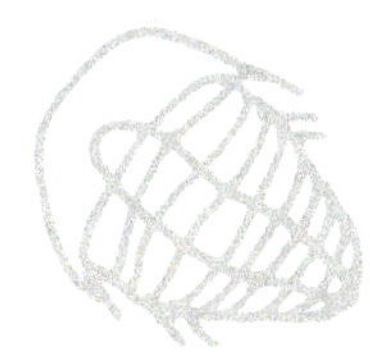

5. Usar evidencia Basándote en tu evidencia, ¿qué patrones crees que verás en otras capas de roca?

____

____

____

____

tú, Científico

Modelos de fósiles
Presiona un cubo de azúcar contra un trozo plano de arcilla. Haz hoyos en la arcilla a ambos lados del cubo. Deja que la arcilla se seque. Vierte agua a través de los hoyos hasta que el cubo de azúcar se disuelva. Examina la arcilla. ¿Cómo muestra este modelo la formación de los fósiles?

Fósiles

Los científicos encontraron el fósil de la foto en una capa de roca. Los **fósiles** son restos mineralizados o evidencia de plantas y animales que vivieron hace mucho tiempo. Los fósiles de cuerpo se forman cuando el cuerpo de una planta o un animal queda cubierto de sedimentos. El tejido blando del organismo se degrada. Con el tiempo, los minerales reemplazan los tejidos duros, como los huesos.

Los moldes y las improntas fósiles son impresiones del cuerpo de un organismo que quedan en la roca. Las trazas fósiles son rastros, como huellas, madrigueras o nidos que dejaron los organismos cuando vivían.

REVISAR LA LECTURA **Secuencia** Describe la secuencia que forma un fósil de cuerpo.

____

____

Los fósiles ofrecen pistas sobre el medio ambiente en el que vivían los organismos. Pueden mostrar si un organismo vivía en la tierra o en el agua. También pueden mostrar si el clima era caluroso o frío.

Inferir ¿Cómo era el lugar donde vivía este organismo? ¿Qué pistas estás usando como evidencia?

____

____

____

Misión Conexión

¿Qué pueden saber los científicos sobre un organismo a partir de la ubicación de un fósil?

____

____

____

Formaciones de roca

Cuando un organismo muere, la materia que forma su cuerpo se descompone en pequeñas partículas. Esas partículas se acumulan y forman rocas. Las partículas, junto con los fragmentos de roca, se llaman sedimentos. Las viejas capas de sedimento son cubiertas por capas nuevas. Esas distintas capas se endurecen y forman patrones **horizontales**, o patrones paralelos a la superficie de la Tierra. La mayoría de los fósiles están en capas de roca sedimentaria. Los científicos comparan las edades de los fósiles y las capas de roca, o **estratos**, examinando el orden de las capas. A veces, los científicos toman testigos de las capas de roca, como los que se ven en la foto.

Usar evidencia ¿Qué evidencia de la foto muestra que los testigos de roca provienen de roca sedimentaria?

___

___

Los estratos de roca pueden cambiar

Muchos cambios afectan las capas de roca en la Tierra. A veces hay movimiento a lo largo de una grieta en la superficie de la Tierra. Esas grietas se conocen como fallas. Cuando eso pasa, las capas de roca pueden moverse. Las rocas pueden ser empujadas hacia arriba, separarse o incluso darse vuelta. Por esa razón, una capa de roca más antigua puede quedar más cerca de la superficie que una más nueva.

Las capas de roca también cambian cuando el magma de las profundidades hace presión contra las rocas. El magma se enfría, se endurece y forma rocas ígneas. Las rocas ígneas son más nuevas que las rocas que las rodean. El calor y la presión también pueden convertir las rocas sedimentarias en rocas metamórficas. Los científicos tienen que analizar con atención toda la evidencia para conocer la edad de las capas de roca.

Explicar En un testigo de roca, ¿la capa más baja siempre es la más antigua? Explica tu respuesta.

___

___

___

INTERACTIVITY

Completa una actividad acerca de cómo pueden cambiar las montañas.

Lectura
▸ Herramientas

Secuencia Entender una secuencia de sucesos te ayuda a comprender qué hizo que algo ocurriera. ¿Puedes ordenar la secuencia de sucesos que generó las montañas color arcoíris de Perú?

Un cambio colorido

Las rocas sedimentarias cambian cuando cambian las condiciones en la Tierra. La montaña Arcoíris de Perú es un ejemplo hermoso. Durante millones de años, las llanuras de América del Sur se inundaron y drenaron, una y otra vez. Las inundaciones y las temporadas secas dejaron diversos sedimentos. Los sedimentos se endurecieron en capas de roca horizontales de distintos colores. Después, el movimiento de la corteza de la Tierra empujó las capas de sedimento hacia arriba. Así como el hierro se oxida y se vuelve rojo, los minerales de las capas se volvieron más coloridos en contacto con el aire. El viento pulió las rocas filosas de la montaña Arcoíris con el tiempo.

A lo largo de millones de años, algunas de las llanuras del oeste de Perú se transformaron en grandes montañas, como la montaña Arcoíris.

Sacar conclusiones ¿Cómo podrían los científicos descubrir qué capa de roca es la más antigua de la montaña Arcoíris?

____

____

____

____

____

Escala de tiempo geológico

Los fósiles aparecen en los estratos de roca en un orden determinado. Forman patrones predecibles. Estudiando los estratos de roca, los científicos lograron construir un registro fósil. Ese registro les dice cómo cambiaron los organismos a lo largo del tiempo. A partir de los fósiles, los científicos desarrollaron una escala de tiempo geológico. Esa escala abarca toda la historia de la Tierra. Divide el tiempo en secciones desiguales. Distintos organismos vivieron en cada sección de tiempo. Algunos fósiles indican claramente a un geólogo cuál es la edad de una roca.

Interpretar diagramas ¿Hace cuánto se extinguieron los dinosaurios?

____

____

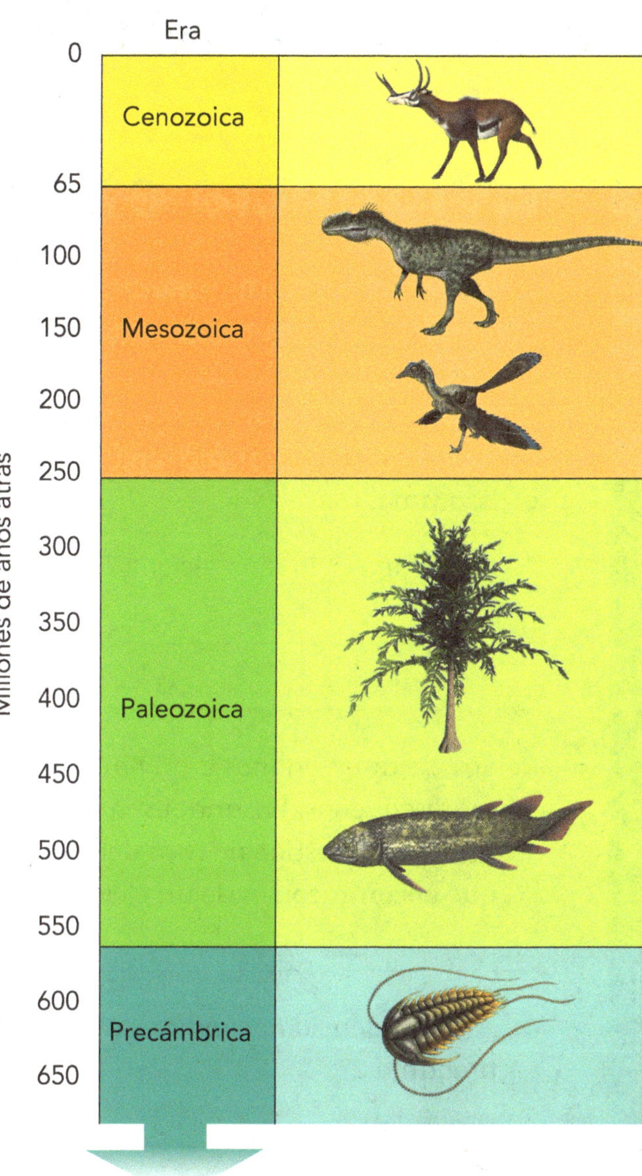

Lección 1: Revisión

1. **Inferir** ¿Qué características de un organismo antiguo podría revelar un fósil?

____

____

2. **Identificar** ¿Qué patrones se pueden ver en los fósiles y las formaciones rocosas?

____

____

____

Evidencia existente

El equipo del descubrimiento cree que su testigo de roca puede coincidir con una muestra de referencia tomada de una roca en la que se encontraron huesos de elefante enano. Un científico hizo este diagrama en la excavación en la que se encontraron los huesos. El diagrama solo muestra cómo se veían los estratos de roca. No tiene el mismo tamaño que la excavación real. Examina el diagrama.

1. ¿Qué capa es la más reciente? Explica tu respuesta.

____

____

2. Los elefantes enanos eran parecidos a los elefantes actuales, solo que más pequeños. Basándote en esa información, ¿con qué capa tendría que coincidir el testigo de roca del equipo para dar evidencia de que el hueso que encontraron es de un elefante enano?

____

3. ¿Qué evidencia apoya tu respuesta a la pregunta 2?

____

____

____

____

____

____

____

____

____

Cañones

¿Sabías que si caminas por un cañón puedes ver el pasado? Los ríos tallan los cañones luego de que se forman las capas de roca. Las paredes del cañón exponen las capas de roca y la evidencia del pasado. El diagrama muestra las dimensiones de un cañón empinado.

Usa una regla métrica para responder las siguientes preguntas.

1. Mide el grosor de cada capa en centímetros. Usa la escala para determinar el grosor real de cada capa.

2. ¿Cuánto más gruesa es la capa paleozoica que la mesozoica?

___

3. ¿Qué profundidad tiene el cañón?

___

Capa	Medida en centímetros	Grosor real de la capa en metros
Paleozoica		
Mesozoica		
Cenozoica		

4. ¿Cómo pueden los patrones de la formación rocosa de un cañón ofrecer evidencia de los cambios que se producen en un paisaje a lo largo del tiempo?

___

___

___

Cenozoica

Mesozoica

Paleozoica

Precámbrica

Escala
1 cm = 100 m

La capa precámbrica sigue más allá del fondo del cañón.

tú, Ingeniero Hacer modelos STEM

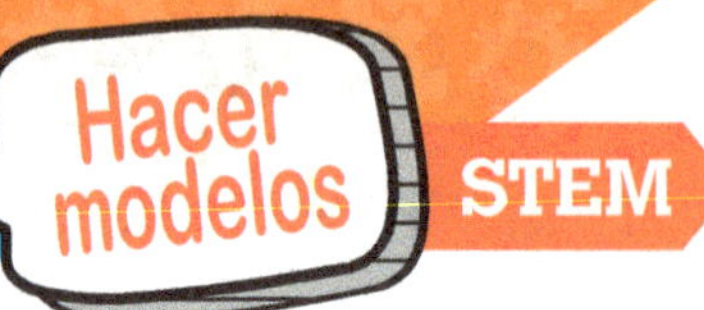

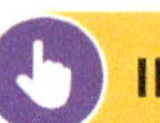

INTERACTIVITY

Conéctate en línea para ver qué puedes diseñar como revisor de un museo.

Dejar una buena impresión

Incluso si un organismo se descompone antes de que se forme la roca, puede dejar una impronta, es decir, una impresión. Una impronta es la marca o el contorno de un objeto sobre una superficie. Todos los seres vivos están hechos de carbono. Cuando un organismo muere, deja una capa de carbono en la roca que hay debajo. El resto del organismo se descompone, pero la capa de carbono queda en la roca. Esa impronta de carbono puede ser preservada por los sedimentos, como los demás fósiles. La capa de carbono puede mostrar las hojas de las plantas.

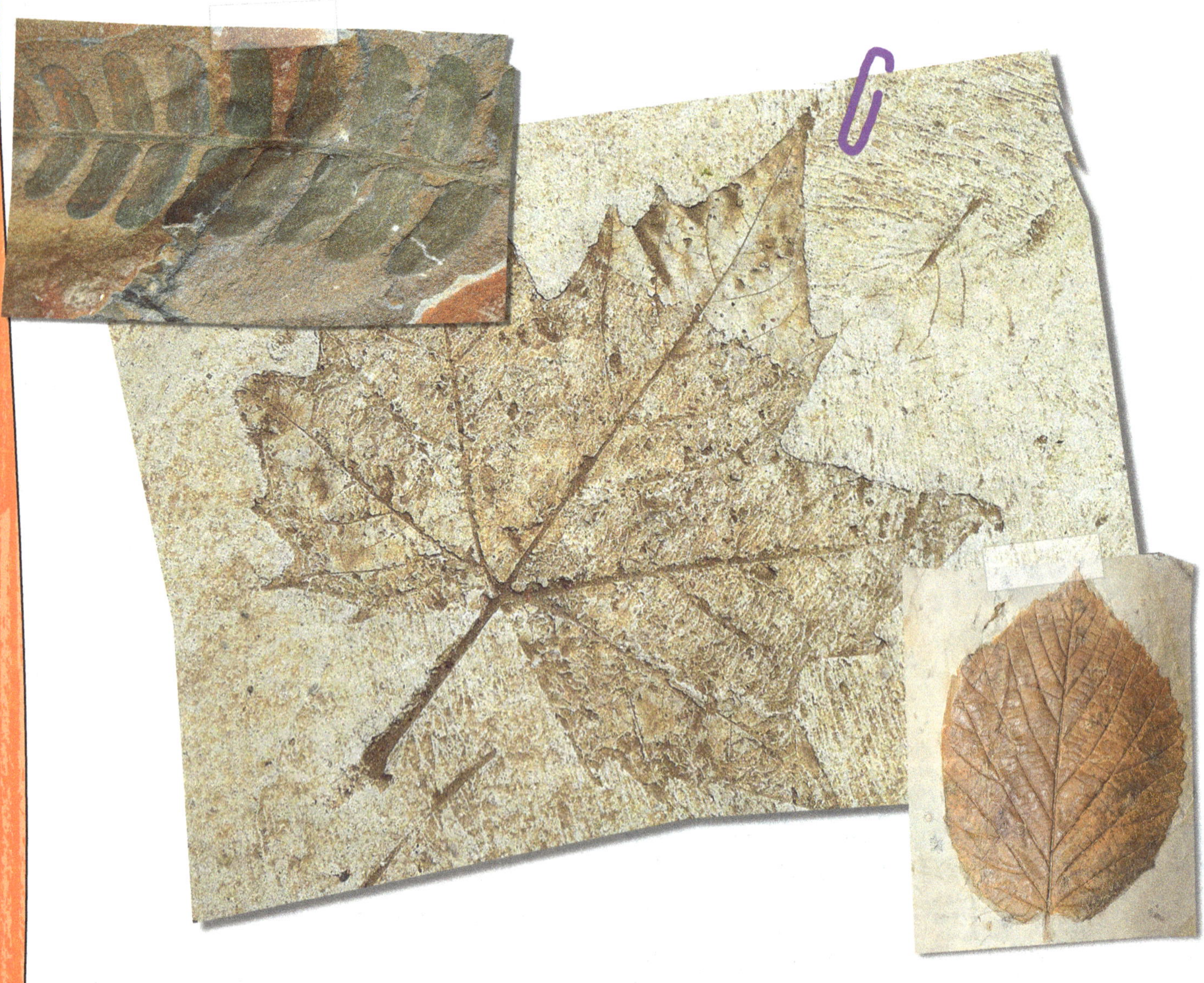

Haz un modelo

littleBits™

¡Haz tu propio modelo de una impronta fósil de carbono!

1. Elige una planta que haya vivido hace mucho tiempo. Presiona algo parecido a esa planta contra un bloque de arcilla. Luego, pinta tu modelo y déjalo secar.
2. Coloca tu modelo sobre un trozo de cartón. Coloca otro trozo de cartón sobre tu modelo. Aplana tu modelo haciendo presión o usando libros pesados.

- [ ] Quita el cartón que cubre tu modelo. Describe cómo se ve la impronta luego de haberla aplanado.
- [ ] ¿En qué se diferencia tu impronta del modelo original? ¿En qué se parecen?
- [ ] ¿Qué representa la pintura en el modelo?
- [ ] ¿Qué representan el cartón y los libros?
- [ ] ¿Cómo muestra tu modelo la formación de una impronta de carbono?

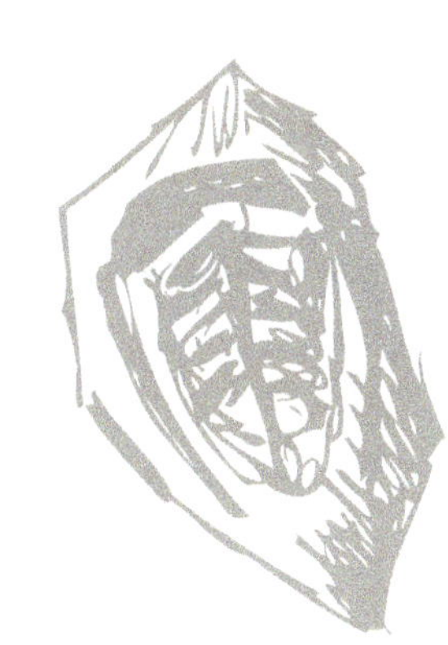

Lección 2

Evidencia de cambio en fósiles y formaciones rocosas

Puedo...

Usar los patrones de los fósiles y las formaciones rocosas para explicar cómo cambió un paisaje a lo largo del tiempo.

4-ESS1-1

Destreza de lectura

Secuencia

Vocabulario

capa guía

Vocabulario académico

muestra

VIDEO

Ve un video acerca de la evidencia del cambio en la Tierra.

INGENIERÍA Conexión

¿Alguna vez hiciste un pozo en la arena de la playa? ¿Estabas tratando de ver hasta dónde podías llegar? Los ingenieros hacen pozos muy profundos en la tierra para ver qué hay allí. La excavación de pozos profundos presenta muchos retos de ingeniería. Los ingenieros deben pensar cómo evitar que el taladro se rompa o se derrita. También deben pensar cómo evitar que el pozo colapse.

Hasta ahora, el pozo más profundo de la Tierra es el Pozo superprofundo de Kola, en Rusia. Entre 1970 y 1994, los ingenieros perforaron a través de las capas de roca y llegaron a una profundidad de más de 12 kilómetros. Los científicos descubrieron con asombro que había fósiles microscópicos de plancton a más de 6.5 kilómetros bajo tierra.

Describir ¿Qué tipos de cosas te gustaría ver si hicieras un pozo profundo a través de la superficie de la Tierra?

____

____

túInvestigas Lab

LABORATORIO PRÁCTICO

4-ESS1-1, SEP.6

¿Cómo pueden mostrar cambios las capas de roca?

La Tierra cambia constantemente. Los terremotos y el magma fundido que hay bajo la superficie hacen que la corteza terrestre cambie de distintas maneras. ¿Cómo puedes hacer un modelo que muestre algunos de esos cambios?

Materiales

- vaso de plástico transparente
- lentes de seguridad

Materiales

- tierra arcillosa
- arena fina
- arena gruesa
- grava fina
- sal
- clip pequeño
- crayón
- moneda de 1¢
- tarjeta de fichero

Usa lentes de seguridad.

Práctica de ciencias

Los científicos **identifican evidencia** para analizar objetos o respaldar los puntos de una explicación.

Procedimiento

☐ **1.** Haz un plan para usar algunos materiales o todos para representar el proceso de formación de fósiles. Escribe tu plan.

___

___

___

___

☐ **2.** Pide a tu maestro que apruebe tu plan antes de empezar. Luego, construye el modelo.

☐ **3.** Piensa cómo un suceso puede cambiar las capas de roca. Escribe un plan para representar ese suceso. ¿Qué cambio representarás? Describe cómo representarás los cambios en las capas de roca.

___

___

___

Analizar e interpretar datos

4. Identificar Intercambia modelos con un compañero. ¿Qué cambios produjo el suceso que diseñó tu compañero en su modelo de capas de roca?

___

___

Práctica de ingeniería ▸ Herramientas

Los científicos trabajan con los ingenieros para mejorar las formas en las que separan las rocas de los fósiles. Los ácidos pueden usarse a veces para disolver la roca que rodea los fósiles de polen. Explica por qué un producto químico podría ser una gran opción para limpiar fósiles de polen.

Pistas fósiles en la Tierra

Los fósiles informan a los científicos sobre cómo era el medio ambiente de la Tierra hace mucho tiempo. El polen puede formar fósiles. Al contar los distintos tipos de fósiles de polen en una muestra pequeña, los científicos pueden saber qué tipos de plantas crecían en una zona hace millones de años. Los tipos de organismos fosilizados en una capa ofrecen pistas acerca de cómo era el terreno. Por ejemplo, los fósiles de conchas marinas y aletas provienen de un ambiente acuático.

Hay fósiles marinos, como corales, en algunas zonas que actualmente están lejos del océano. Los corales vivos crecen en aguas poco profundas, por lo que los científicos pueden inferir que esas zonas fueron océanos poco profundos en otra época. Cuando el nivel del mar baja, partes del océano se convierten en tierra seca. Cuando vuelven a subir, la tierra se vuelve a inundar. Así, es posible que aparezcan fósiles de animales de tierra entre capas de fósiles marinos. El estudio del registro fósil nos ayuda a entender cómo cambió la Tierra.

REVISAR LA LECTURA **Secuencia** ¿Qué secuencia de sucesos podría hacer que aparezcan fósiles terrestres entre fósiles de animales marinos?

____

____

____

Fósiles guía

Los científicos miran la secuencia de fósiles para determinar la antigüedad de las capas de roca. Muchos fósiles se formaron durante un período determinado de la historia de la Tierra. Los científicos encuentran esos fósiles en muchos lugares de la Tierra, pero siempre están en la misma capa de roca. Esos fósiles se conocen como fósiles guía. Las capas de roca que tienen los mismos fósiles guía tienen aproximadamente la misma antigüedad, sin importar dónde se formaron. Algunos tipos de trilobites, un antiguo invertebrado marino, son fósiles guía muy conocidos. Los trilobites pueden tener entre 521 y 250 millones de años de antigüedad, dependiendo de la especie. Son buenos fósiles guía, porque se fosilizaban con facilidad y vivían en muchas partes de la Tierra. Eso significa que sus fósiles son muy comunes. Los científicos pueden usarlos para decidir la edad relativa de otros fósiles de muchos lugares distintos de la Tierra.

Conceptos transversales ▸ Herramientas

Patrones Los científicos buscan patrones en la naturaleza para responder preguntas. ¿Qué tipos de patrones podrías buscar para determinar si una zona pasó de estar seca a estar cubierta de agua con el tiempo?

¡Pregúntalo! Uno de tus amigos tiene una roca con un fósil que, según él, tiene más de 100 millones de años de antigüedad. ¿Qué dos preguntas podrías hacer para saber si esto es cierto?

____

____

____

¿Cómo pueden cambiar las capas de roca?

Los científicos estudian cómo cambian las formaciones rocosas. Esos cambios dicen mucho acerca de la historia de la Tierra. La corteza de la Tierra se mueve y cambia todo el tiempo. El movimiento causa la formación de las montañas.

Las fallas son grietas profundas en la corteza terrestre. Las fuerzas que hay en las profundidades de la Tierra hacen que la corteza se mueva o se rompa a lo largo de las fallas durante los terremotos.

La falla siempre es más reciente que la roca que la rodea. Una capa de roca más antigua puede estar ahora en un nivel más alto que una más reciente.

Aplicar conceptos En el diagrama B, ¿cómo podría saber un científico que dos capas de roca horizontales tienen edades diferentes?

____

____

____

INTERACTIVITY

Completa una actividad acerca de cómo pueden cambiar las capas de roca.

Las capas de roca sedimentaria también cambian. Un proceso llamado plegamiento inclina y dobla las capas de roca. Eso puede formar una montaña.

Las capas de roca se forman.

Las rocas sedimentarias se forman en capas horizontales.

Las capas de roca se pliegan.

El plegamiento dobla las capas hacia arriba. Se forma una montaña.

Las capas de roca son erosionadas.

La erosión actúa sobre la montaña y expone la roca que hay debajo.

Se forman nuevas capas de roca sobre las capas anteriores.

Se depositan sedimentos sobre las capas de roca erosionadas y se forman nuevas capas de roca. Eso cambia el orden de las capas de roca en la zona.

tú, Científico

Buscador de rocas

Con ayuda de un adulto, busca una zona en la que puedas observar capas de rocas. Lleva un anotador y registra las propiedades que puedas observar. ¿Puedes emparejar los trozos de roca con las capas de las que salieron?

Comparar capas de roca

Los científicos pueden emparejar las capas de roca de la misma edad de distintos lugares. Relacionan las rocas buscando capas guía. Una **capa guía** es una capa de roca que los científicos pueden identificar claramente. Usan fósiles guía o características únicas de las capas de roca para identificar la capa guía.

Las capas guía se forman de distintas maneras. Las grandes erupciones volcánicas producen mucha ceniza. La ceniza se asienta sobre la tierra y forma capas guía. Lo mismo pasa con los restos de meteoritos o asteroides que impactan contra la Tierra.

Un ejemplo famoso de capa guía es la capa fina de arcilla conocida como límite K-T. La capa de arcilla se formó a partir del impacto de un meteorito que cayó al final de la era mesozoica. Fue hace unos 66 millones de años. En ese momento se extinguieron los dinosaurios y muchas otras plantas y animales.

Aplicar El diagrama muestra los fósiles de dos capas guía. Las capas son de distintos lugares. Conecta con líneas las dos capas guía.

Misión Conexión

¿Cómo te ayudó la textura de las capas de roca a conectar las capas guía? ¿Cómo se relaciona eso con el testigo de roca del equipo de descubrimiento?

____

____

____

____

____

Extinciones masivas

Cuando muchas especies se extinguen al mismo tiempo, se habla de una extinción masiva. Los científicos tenían muchas preguntas acerca de la extinción masiva del final de la era mesozoica. Tomaron una pequeña pieza, o **muestra**, de las capas guía de muchos lugares del planeta. Descubrieron que en todas las muestras había una sustancia llamada iridio. El iridio es raro en la Tierra. Se encuentra en objetos del espacio, como los asteroides. Los científicos infirieron a partir del iridio que un enorme asteroide impactó contra la Tierra. El impacto generó una nube de residuos en la atmósfera de la Tierra. Esa nube cambió el clima. Muchas plantas y animales, incluidos los dinosaurios, no pudieron sobrevivir. Se extinguieron. A partir del estudio de la capa guía de arcilla, los científicos pudieron explicar un suceso importante en la historia de la Tierra.

Lección 2: Revisión

1. **Describir** ¿Qué pueden aprender los científicos sobre la historia de la Tierra al observar fósiles?

____

____

2. **Explicar** ¿Cómo hacen los científicos para emparejar capas de roca de distintos lugares de la Tierra?

____

____

Misión Control Lab

¿Qué nos dice un testigo de roca?

Materiales

- Hoja de testigo de roca
- tubo de toallas de papel
- cinta
- marcadores

Aprendiste cómo las capas de roca ofrecen pistas acerca de los cambios que se produjeron en la Tierra y de los ambientes en los que vivían los organismos. Ahora, examina el testigo de roca del equipo de descubrimiento.

Práctica de ciencias

Los científicos **crean explicaciones** basadas en la evidencia.

Procedimiento

☐ **1.** La Hoja de testigo de roca muestra las capas del testigo que debes evaluar. Hay tres tipos de roca en la muestra: piedra caliza, arenisca y lutita. Elige un color para representar cada tipo de roca. Luego, colorea cada capa con el color correcto. Cuando termines, pega la hoja al tubo de toallas de papel para hacer un modelo de testigo de roca.

☐ **2.** La piedra caliza está hecha de las conchas marinas de distintos organismos. La lutita está hecha de barro o arcilla que están bajo el agua. La arenisca está hecha de arena. ¿Qué te puede decir cada tipo de roca acerca del ambiente en la zona en ese período?

LABORATORIO PRÁCTICO

4-ESS1-1, SEP.6

☐ **3.** Escribe una descripción de los fósiles de las capas de roca. Luego, describe el ambiente de la isla en el momento en que se formó cada capa. ¿Cambió la tierra con el tiempo?

Capa	Descripción de la capa	Ambiente de la isla

Analizar e interpretar datos

4. Sacar conclusiones ¿Cambió el paisaje con el tiempo o se mantuvo más o menos igual? Identifica la evidencia que apoye tu respuesta.

____

____

____

Misión Hallazgos

INTERACTIVITY

Organiza los datos para apoyar tus hallazgos de la Misión.

Desentierra la verdad

¿Cómo pueden las rocas y los fósiles describir un lugar?

Evaluar la evidencia

Examina el diagrama de la excavación del elefante enano. Identifica los patrones de las formaciones rocosas y los tipos de fósiles (terrestres o acuáticos) en las capas de roca. Analiza cómo cambió la tierra con el tiempo. Luego, compáralo con el testigo de roca del equipo de descubrimiento. Busca semejanzas y diferencias.

Sacar conclusiones Usa la evidencia para decidir si los dos testigos de roca muestran los mismos patrones. Evalúa si la capa de roca en la que se encontraron huesos de elefante enano está presente en el testigo de roca del equipo de descubrimiento.

____

____

____

____

____

____

Crear explicaciones

Escribe un informe que resuma tus hallazgos. Explica si el testigo de roca del equipo de descubrimiento ofrece evidencia o no de que el hueso desconocido corresponde a un elefante enano.

Conexión con la Carrera

Revisor de museo

Un revisor de museo estudia los objetos que llegan a un museo. Esos objetos pueden ser fósiles y objetos hechos por humanos, como herramientas y puntas de flecha. Los revisores escriben rótulos que colocan en los objetos u ofrecen información al público acerca de cada objeto.

Los revisores deben asegurarse de que la información sea correcta. Deben usar fuentes confiables. Una fuente confiable puede ser un estudio científico acerca de un objeto, o pueden ser los datos reunidos a partir de observaciones científicas. Los revisores deben ser capaces de decidir qué fuentes son confiables. Eso significa que deben tener buenas habilidades de investigación y de pensamiento crítico.

Reflexiona En tu cuaderno de ciencias, describe qué habilidades que tú posees te serían útiles si fueras revisor. ¿Por qué serían útiles?

Evaluación

1. **Sacar conclusiones** Un agricultor del Medio Oeste de los Estados Unidos encuentra el fósil de una almeja en su granja. ¿Cómo podría explicar el agricultor la presencia del fósil?

____

____

____

2. **Vocabulario** ¿Cuál de las siguientes opciones describe los estratos de roca?
   - **A.** Científicos que estudian las capas de roca.
   - **B.** Una falla en la corteza de la Tierra en la que se producen movimientos.
   - **C.** Capas de roca depositadas a lo largo de grandes períodos de tiempo.
   - **D.** Minerales que hacen que las rocas tengan distintos colores.

3. **Causa y efecto** ¿Qué podría causar una brecha en el registro geológico entre capas de roca?
   - **A.** la erosión
   - **B.** las fallas
   - **C.** el plegamiento
   - **D.** la inclinación

4. **Secuencia** Ordena los siguientes sucesos en la secuencia en la que ocurrieron. Rotula el primer suceso con un 1.

____ Los sedimentos se endurecen y forman capas de roca.

____ Las rocas ígneas formadas por el magma interrumpen la capa.

____ Los peces mueren y quedan sepultados por el sedimento.

____ Los sedimentos se asientan sobre el lecho del océano.

5. **Interpretar diagramas** Analiza el diagrama. ¿En qué capa están los fósiles del organismo que vivió más recientemente? Explica tu respuesta.

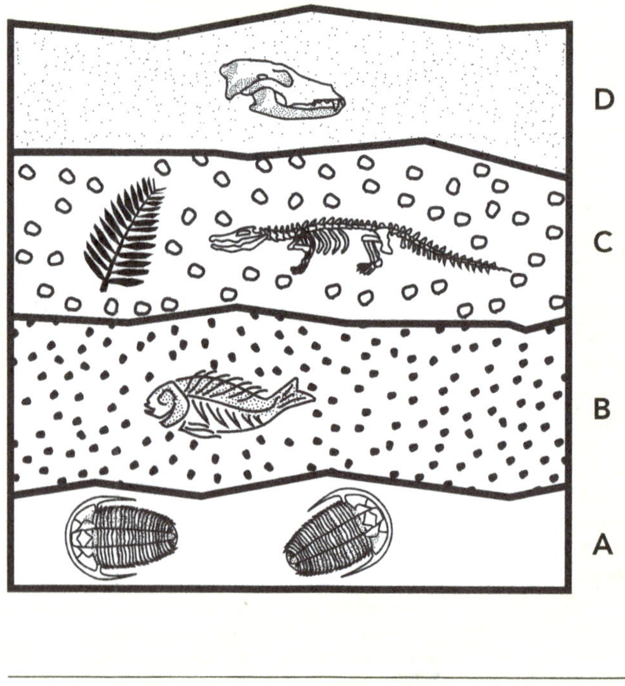

____

____

____

6. **Causa y efecto** Completa la tabla. Escribe un efecto para cada causa.

Causa	Efecto
La Tiera se mueve a lo largo de una falla en su superficie.	
Un enorme asteroide golpea la Tierra al final de la era mesozoica.	
Una gran erupción volcánica produce ceniza.	

7. **Identificar** ¿Qué término describiría las huellas de un organismo que vivió hace mucho tiempo?

A. fósil de cuerpo

B. fósil guía

C. molde de un fósil

D. traza fósil

Pregunta esencial *¿Qué evidencia puedes encontrar acerca de que la superficie de la Tierra ha cambiado?*

Muestra lo que aprendiste

Describe tres formas en que los científicos pueden determinar que la superficie de la Tierra ha cambiado.

Evaluación basada en la evidencia

Lee esta situación y responde las preguntas 1 a 6.

Un equipo de estudiantes está estudiando dos capas de roca. Descubrieron varios fósiles distintos en las excavaciones. A partir de sus hallazgos, hicieron dos diagramas de las capas de roca. Quieren comparar los fósiles para determinar la edad de las capas de roca. Mira los diagramas y responde las preguntas 1 a 6.

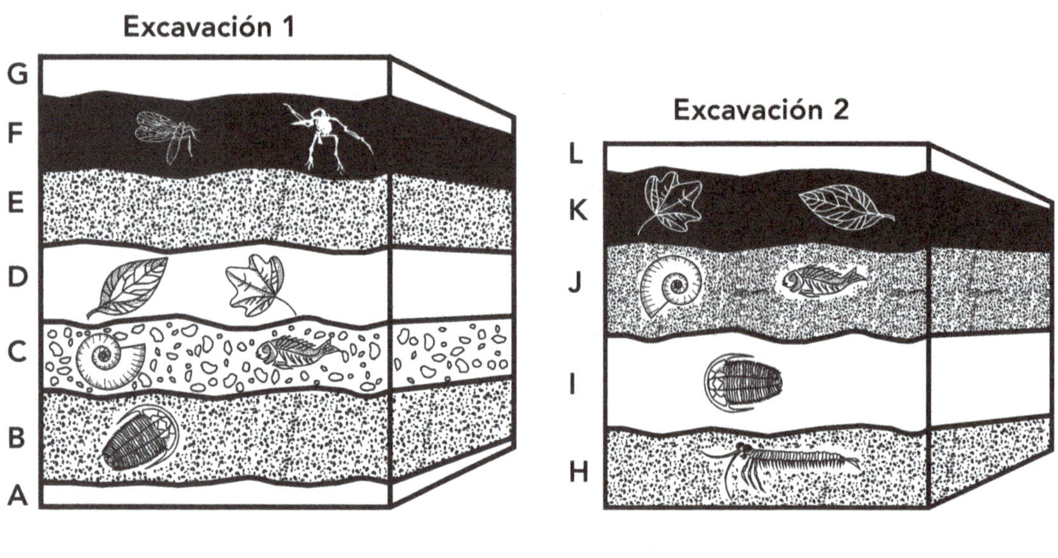

1. **Crear explicaciones** ¿Cuál es la capa de roca más antigua de la excavación 1? ¿Cómo lo sabes?

____

____

2. **Patrones** ¿Qué capas de la excavación 1 y de la excavación 2 tienen aproximadamente la misma edad?

   A. las capas D e I

   B. las capas A y L

   C. las capas G y J

   D. las capas B e I

3. **Usar evidencia** Explica tu respuesta a la pregunta 2.

4. **Crear explicaciones** Si el fósil de la capa B tiene unos 400 millones de años ¿qué edad tiene la roca de la capa J? Explica tu respuesta.

5. **Patrones** Supón que los fósiles de hoja de la capa K son fósiles guía de unos 300 millones de años de edad. ¿Qué capas tienen fósiles más antiguos que esos fósiles de hoja?

   A. capas C y B

   B. capas G y L

   C. capas E y F

   D. capas E y L

6. **Crear explicaciones** Los estudiantes quieren usar la evidencia que reunieron para explicar cómo cambiaron los medio ambientes de las zonas de las excavaciones con el tiempo. Usa la evidencia para explicar los cambios que se produjeron.

tú Demuestras Lab

¿Cómo se puede encontrar una relación entre capas de roca?

Los científicos examinan toda la evidencia disponible para explicar sus observaciones. ¿Cómo puedes usar la evidencia reunida en distintos lugares para explicar en qué se parecen los lugares?

Práctica de ciencias

Los científicos **crean explicaciones** usando evidencia y observaciones.

Procedimiento

☐ **1.** Un equipo de excavación examinó tres sitios. Tu trabajo es buscar la correlación entre las capas de roca. ¿Cómo puedes descubrir las edades relativas de las distintas muestras?

____

☐ **2.** Examina la evidencia de las excavaciones. Describe cuál te parece la evidencia más importante.

____

____

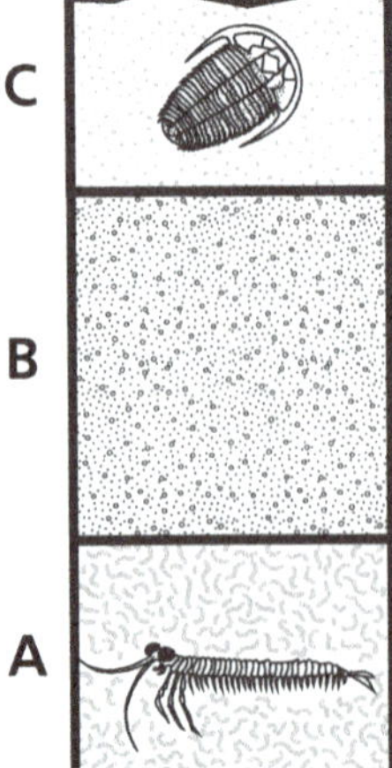

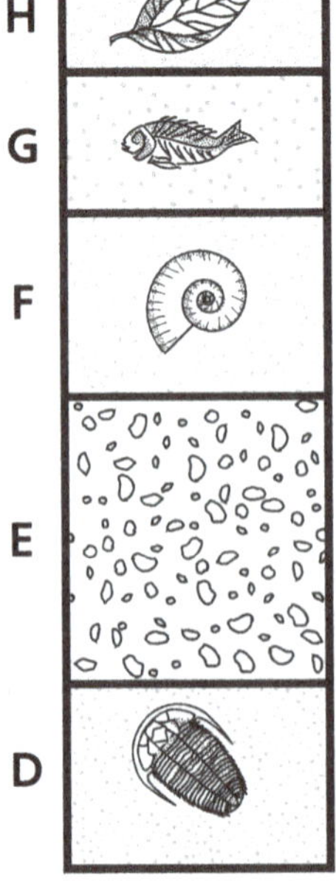

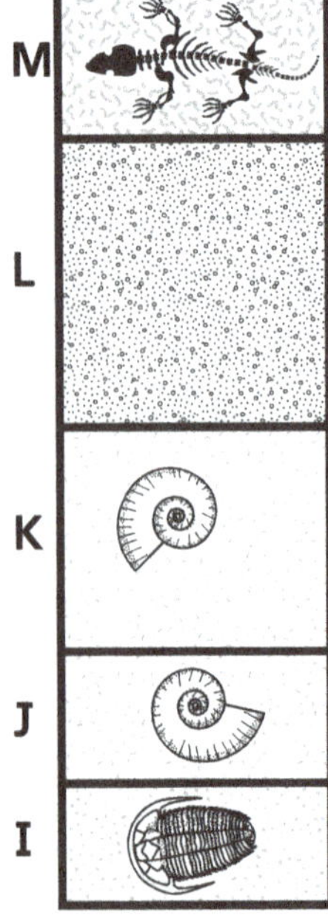

4-ESS1-1, SEP.6

Analizar e interpretar

3. **Sacar conclusiones** Usa la evidencia para identificar qué capas de roca tienen la misma edad. Explica tu respuesta.

____

____

____

____

____

4. **Crear explicaciones** ¿Qué capas de fósiles son más antiguas que el fósil guía? Explica tu respuesta.

____

____

____

5. **Crear explicaciones** ¿Qué capas de fósiles son más recientes que el fósil guía? Explica tu respuesta.

____

____

____

Tema 7

Estructuras y funciones

Estándares de Ciencias para la Próxima Generación

4-LS1-1 Crear el argumento de que las plantas y los animales tienen estructuras internas y externas que cumplen la función de contribuir a la supervivencia, el crecimiento, el comportamiento y la reproducción.

4-LS1-2 Usar un modelo para describir que los animales reciben diferentes tipos de información a través de los sentidos, procesan la información en su cerebro y responden a la información de diferentes maneras.

Pregunta esencial

¿Cómo apoyan las estructuras de las plantas y de los animales su crecimiento y su supervivencia?

Muestra lo que sabes

¿De qué manera el largo del cuello, la lengua y las patas dan a la jirafa una ventaja de supervivencia sobre los animales más bajos?

____

____

____

Misión Arranque

STEM

¡Deja que las plantas y los animales te inspiren!

¿Qué problema humano puedes ayudar a resolver usando lo que aprendes acerca de las plantas y de los animales?

¡Hola! Mi nombre es Leigh Meredith, y soy fotógrafa de la naturaleza. ¿Alguna vez notaste las diferencias de forma, tamaño y color de plantas y animales? ¿No sería divertido aprender cómo una planta o un animal usa esas características? ¡Puedes hacerlo! En esta actividad de aprendizaje basada en un problema, usarás lo que aprendiste acerca de las características de plantas y animales para resolver un problema humano que elijas.

Muchos productos que usamos todos los días están inspirados en plantas y animales. Por ejemplo, los gatos tienen almohadillas debajo de las patas, que amortiguan sus caídas cuando saltan. Del mismo modo, los zapatos tienen un acolchado, o suela, en la parte inferior, para que no nos duelan los pies cuando caminamos sobre un terreno duro.

Sigue el camino para llevar a cabo la Misión. ¡Las actividades de cada lección te ayudarán a completarla! Al terminar cada actividad, marca tu progreso para indicar que es una MISIÓN CUMPLIDA ✓. Conéctate en línea para buscar más actividades de la Misión.

Misión Control: Lab 1

Lección 1

Analiza la estructura interna de un tallo y aplica lo que aprendas para resolver un problema humano.

Estándares de Ciencias para la Próxima Generación

4-LS1-1 Crear el argumento de que las plantas y los animales tienen estructuras internas y externas que cumplen la función de contribuir a la supervivencia, el crecimiento, el comportamiento y la reproducción.

VIDEO

Ve un video sobre un fotógrafo de la naturaleza.

Misión Control 4

Lección 4

¿Cómo pueden las pinzas de una langosta servir de inspiración para solucionar un problema humano?

Misión Control 3

Lección 3

Piensa en un producto que pueda diseñarse sobre la base de lo que aprendiste acerca de la vejiga natatoria de un pez.

Misión Control 5

Lección 5

Estudia cómo observan los murciélagos su ambiente y cómo podría aplicarse el proceso que usan a un producto humano.

Misión Control 2

Lección 2

Examina las estructuras de las semillas e identifica cómo podrían usarse para resolver un problema humano.

Misión Hallazgos

¡Termina la Misión! Elige una estructura de una planta o un animal como inspiración para tu solución de diseño para un problema humano. Construye un modelo que te ayude a comunicar tu solución.

túConectas Lab

LABORATORIO PRÁCTICO

4-LS1-1, SEP.4

¿Cómo responden tus ojos a las diferencias de luz?

Los científicos analizan cómo cambia un sistema en respuesta a una variable. ¿Cómo puedes investigar la forma en que el ojo humano reacciona ante la luz?

Materiales

- linterna
- papel blanco
- cinta adhesiva

No apuntes la linterna directamente a los ojos.

Procedimiento

☐ **1.** Observa con atención los ojos de otro estudiante. Encuentra la pupila, que es el círculo oscuro en el centro del ojo. Predice qué pasará con la pupila cuando haya más y menos luz en el ambiente.

____

____

☐ **2.** Haz un plan para poner a prueba tu predicción sin alumbrar directamente el ojo. Muestra tu plan a tu maestro antes de empezar.

☐ **3.** Realiza tu investigación. Anota tus observaciones.

Práctica de ciencias

Los científicos **analizan la información** de las investigaciones.

Analizar e interpretar datos

4. Usar datos ¿Era correcta tu predicción? ¿Cómo crees que las pupilas ayudan a los humanos a adaptarse a distintos ambientes?

____

____

____

____

____

____

____

Observaciones

Comparar y contrastar

GAME

Practica lo que aprendiste con los Mini Games.

Los científicos comparan y contrastan las estructuras de las plantas. Cuando comparan, buscan lo que es igual. Cuando contrastan, buscan lo que es diferente. Lee el texto para aprender sobre el tronco de un roble y el tronco de un abedul blanco.

Roble

El tronco de un roble es resistente, grande y de color café oscuro. La corteza que cubre el tronco es gruesa. El tronco sostiene el árbol. Las ramas crecen desde el tronco. Las estructuras internas del tronco llevan agua a todas las partes del árbol.

Abedul blanco

El tronco de un abedul blanco es angosto y blanco. La corteza que cubre el tronco es fina. El tronco sostiene el árbol. Las ramas crecen desde el tronco. Las estructuras internas del tronco llevan agua a todas las partes del árbol.

REVISAR LA LECTURA **Comparar y contrastar**

Completa la tabla.

Tronco de roble	Ambos troncos	Tronco de abedul

Lección 1

Estructuras internas y funciones de las plantas

Puedo...

Describir algunas estructuras internas que ayudan a las plantas a sobrevivir y a reproducirse.
4-LS1-1

Destreza de lectura
Comparar y contrastar

Vocabulario
estructura
función
ovario
sistema vascular

Vocabulario académico
externo
interno

VIDEO
Ve un video sobre las funciones y las estructuras de las plantas.

CURRÍCULO Conexión

¿Alguna vez preparaste una ensalada de frutas deliciosa para un picnic? Una ensalada de frutas puede incluir sandía, naranjas, kiwi, papaya, duraznos, damascos, nectarinas y bananas. Una de las partes más difíciles de hacer una ensalada de frutas es sacar todas las semillas que tienen las frutas.

Probablemente hayas comido naranja y durazno. Las dos son frutas redondas, pero dentro de la naranja hay semillas pequeñas, y el durazno tiene un gran carozo.

Observa el corte transversal de una naranja y un durazno. El carozo del durazno contiene una semilla.

Inferir ¿Por qué crees que la semilla del durazno está dentro de un carozo tan duro? Explica tu respuesta.

____

____

túInvestigas Lab

LABORATORIO PRÁCTICO

4-LS1-1, SEP.7

¿Cuáles son las partes internas de una flor?

Los científicos hacen observaciones y reúnen evidencia para entender cómo funciona la naturaleza. ¿Cómo puedes diseccionar una flor para observar sus partes?

Materiales
- flor
- fórceps
- palillo de dientes
- lupa

Lava tus manos cuando termines.

Descarta correctamente los materiales.

Procedimiento

☐ **1.** Quítale los pétalos a una flor. Describe lo que ves en la base de la flor. Predice qué podrías encontrar dentro de esa parte.

☐ **2.** ¿Cuál crees que es la mejor manera de observar qué hay dentro de esta parte? Escribe un procedimiento. Muestra tu plan a tu maestro antes de empezar.

Práctica de ciencias

Los científicos **crean explicaciones** apoyadas en la evidencia.

☐ **3.** Registra tus observaciones dibujando lo que observes. Incluye cualquier nota que consideres importante en tu diagrama.

Observaciones

Analizar e interpretar datos

4. Analizar información ¿Tus observaciones apoyan tu predicción? Explica tu respuesta.

Lectura ▸ Herramientas

Comparar y contrastar

Puedes entender mejor las plantas si sabes en qué se parecen y en qué se diferencian. Subraya las partes de las definiciones que describen la diferencia entre las estructuras externas e internas de una planta.

Cada organismo es un sistema. El sistema está formado por distintas **estructuras**, o partes organizadas, que funcionan juntas para que el organismo sobreviva.

Las plantas tienen estructuras **externas**, o exteriores, que son fáciles de ver. El sistema de las plantas también tiene estructuras que son **internas**, es decir, que están dentro de la planta. Esas estructuras internas se ven y se entienden mejor si cortamos, o diseccionamos, la planta. Si cortamos una planta de aloe, que tiene un exterior rígido y verde, encontramos un gel transparente dentro. Las estructuras internas pueden ser así de sorprendentes.

Las estructuras internas de las plantas pueden tener muchas formas. Pueden ser grandes, o tan pequeñas que solo pueden verse con un microscopio. Cada tipo de estructura puede estar en una sola parte de la planta o en muchas. Los tipos de estructuras internas de las plantas dependen del ambiente.

Reflexiona ¿Cuál es tu planta favorita? ¿Qué estructuras la diferencian de otros tipos de plantas?

Cada estructura de una planta tiene una **función**, o tarea, determinada. Algunas de las funciones más importantes son la supervivencia, el crecimiento, la protección y la reproducción. Las estructuras internas de una planta funcionan para ayudar a la planta a sobrevivir y a estar saludable. Pueden contribuir a la protección o al crecimiento y la reproducción. Las funciones de cada tipo de estructura interna son más específicas. Por ejemplo, el **ovario** de una flor es la estructura reproductiva femenina que ayuda a la planta a reproducirse. Su función específica es producir óvulos y ofrecer un lugar para que las semillas se desarrollen. Las semillas que hay dentro de un tomate comienzan como óvulos en el ovario de la flor del tomate.

INTERACTIVITY

Completa una actividad acerca de la estructura de las flores.

ovario

REVISAR LA LECTURA **Comparar y contrastar**

El sistema de cada planta tiene estructuras internas que la ayudan a sobrevivir. ¿Qué diferencias habría entre las funciones del sistema de una planta que vive en el desierto y el de una planta que vive en un bosque?

____

____

____

____

____

¡Pregúntalo! Los frutos se desarrollan cuando crece una capa de protección alrededor de una semilla. ¿Qué preguntas harías para saber cuáles de los productos frescos que comes son frutos?

____

____

____

Conexión con la comprensión visual

¿Cuáles son algunas de las funciones de las estructuras internas de las hojas?

Las plantas necesitan producir alimento para sobrevivir. Las plantas usan un proceso llamado fotosíntesis para producir alimento, o azúcar. Tres estructuras internas de la planta ayudan en ese proceso.

En la fotosíntesis, las venas de la planta llevan agua desde el suelo hasta las hojas. Las hojas usan el agua y el dióxido de carbono del aire para producir azúcar.

Inferir ¿Qué crees que le pasaría a una planta sin cloroplastos?

La fotosíntesis se produce dentro de los cloroplastos, que están dentro de las hojas. Durante la fotosíntesis, la energía del Sol se usa para convertir el agua y el dióxido de carbono del aire en azúcar y oxígeno.

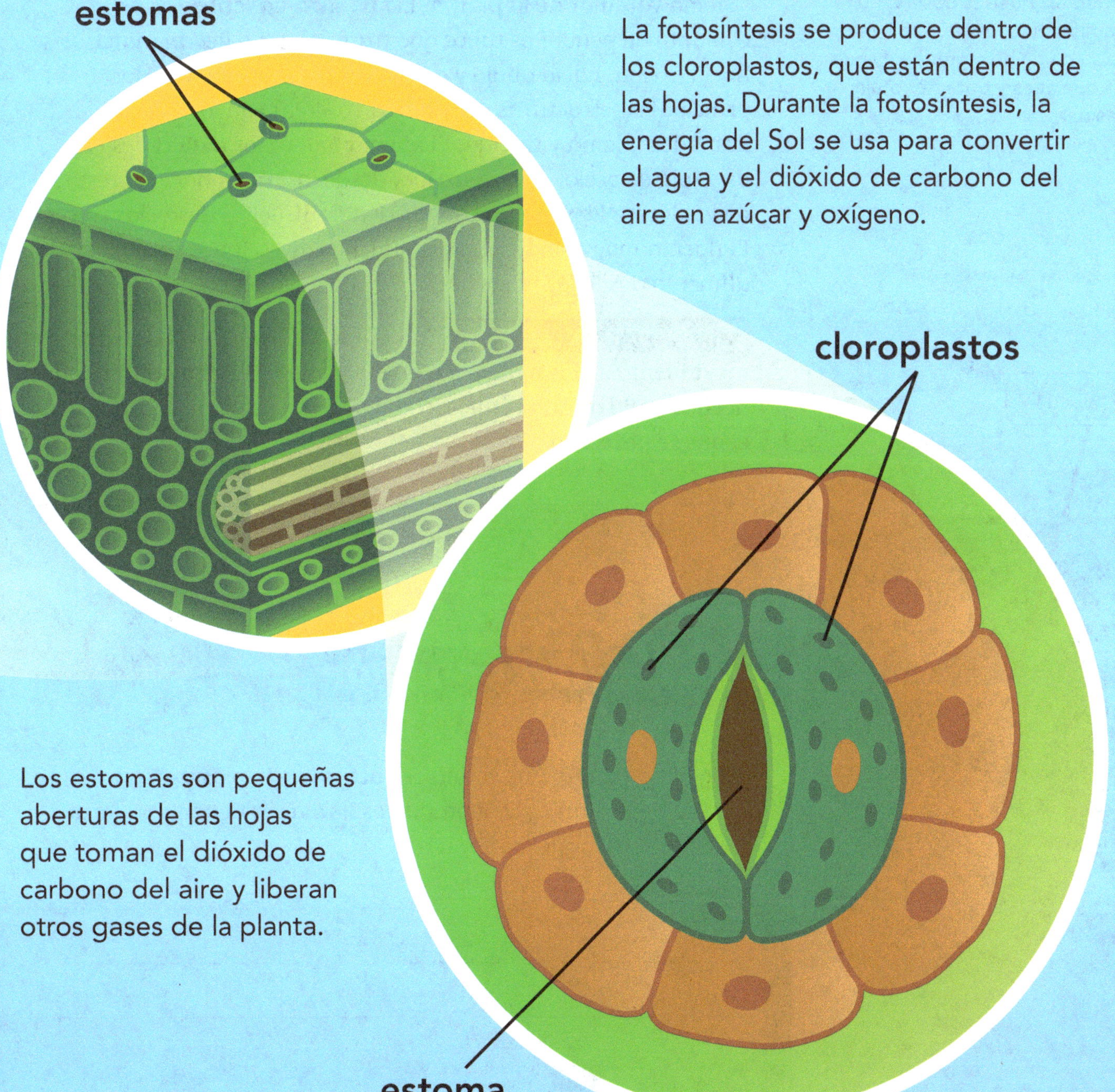

Los estomas son pequeñas aberturas de las hojas que toman el dióxido de carbono del aire y liberan otros gases de la planta.

tú, Científico

Haz una colección de plantas

Con ayuda de un adulto, ve afuera y junta tres partes de plantas. Trata de juntar partes que ya estén separadas de la planta. Con cuidado, abre las partes cortándolas o rompiéndolas, y usa una lupa para buscar las estructuras internas. Puedes observar una ramita, el tallo de un diente de león o una hoja grande. Dibuja lo que veas y trata de rotular las partes.

Las plantas producen su alimento mediante el proceso de fotosíntesis. Durante la fotosíntesis, una planta necesita luz solar, dióxido de carbono y agua. Esos materiales deben llegar a las hojas de las plantas. Además, el alimento que producen las hojas debe llegar a las demás partes de la planta. Sin este alimento, las células de la planta no tendrían una fuente de energía y morirían.

Algunas estructuras internas del tallo ayudan a mover esos materiales a lo largo de la planta. Las estructuras forman el sistema vascular de la planta. El **sistema vascular** es un conjunto de pequeños tubos que transportan o llevan materiales hacia arriba, hacia abajo y a lo largo de la planta. Las dos principales estructuras del sistema vascular son los tubos llamados xilema y floema. El xilema mueve los materiales en una sola dirección: hacia arriba, desde las raíces hacia el resto de la planta. Lleva agua con nutrientes disueltos desde las raíces. El floema mueve materiales en muchas direcciones. Transporta alimento desde las hojas hacia el resto de la planta.

REVISAR LA LECTURA **Comparar y contrastar** Contrasta el movimiento de los materiales en el xilema y el floema dibujando flechas junto a cada rótulo del diagrama. Luego, di un aspecto en el que se parezcan.

____

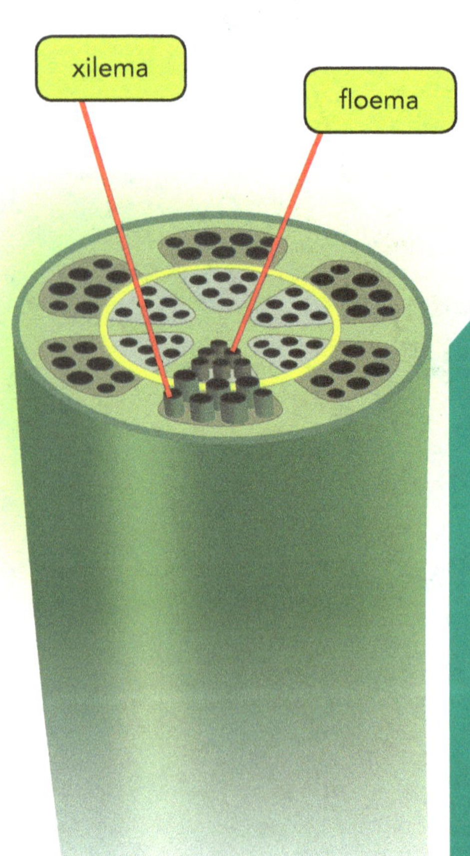

Misión Conexión

Elige una planta. Busca una estructura de la planta con una forma interesante. ¿Qué productos humanos tienen una forma similar y un propósito similar?

____

____

____

Adaptaciones de las plantas al medio ambiente

Un grupo de plantas que se adaptó a su medio ambiente es el de los cactus. El cactus debe sobrevivir en el desierto, donde llueve muy poco. Las estructuras internas del cactus toman agua cuando llueve y la guardan mucho tiempo. Ese proceso se da en el tallo del cactus, que es más grande que el tallo de la mayoría de las plantas. Con esas estructuras internas, el cactus puede sobrevivir en climas muy secos.

Lección 1: Revisión

1. **Definir** Completa la tabla para resumir algunas estructuras de las plantas y sus funciones.

Estructura	Función
xilema	
	parte femenina de la flor utilizada para la reproducción
	transporte de azúcares a través de la planta

2. **Explicar** ¿Por qué los pétalos coloridos de una flor no serían una estructura interna?

____

Misión Control Lab

¿Cómo puedes observar el sistema vascular de una planta en acción?

Los científicos usan tinturas para resaltar algunas estructuras de las plantas. El apio que compras en una tienda es el tallo de la planta. ¿Cómo puedes observar cómo mueve materiales el tallo?

Materiales

- tallo de apio con hojas
- cuchillo de plástico
- colorante artificial
- agua
- recipientes transparentes
- guantes de plástico
- delantal

Ten cuidado cuando uses herramientas cortantes.

No te lleves materiales a la boca.

Lava tus manos cuando hayas terminado.

Usa guantes de plástico y delantal.

Procedimiento

- [ ] **1.** ¿Qué estructuras internas crees que hay en el tallo? Describe sus funciones.

____

____

- [ ] **2.** ¿Cómo puedes usar los materiales para observar la función del tallo del apio? Haz un plan. Muestra tu plan a tu maestro antes de empezar. Registra tus observaciones.

Práctica de ciencias

Los científicos **usan evidencia** para crear un argumento.

LABORATORIO PRÁCTICO

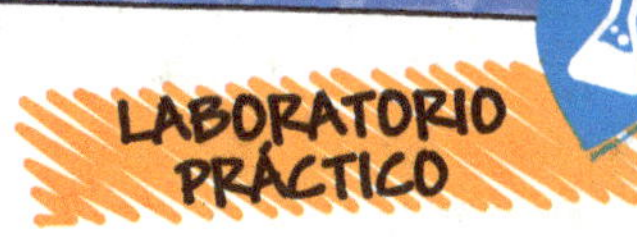

4-LS1-1, SEP.7

Analizar e interpretar datos

4. **Usar evidencia** Haz un argumento acerca de dónde está el xilema en el tallo del apio. ¿Qué evidencia de tu investigación apoya el argumento?

____

____

____

5. **Aplicar conceptos** El xilema transporta agua. ¿Qué productos humanos transportan agua? ¿Qué problema humano resuelven?

____

____

____

____

____

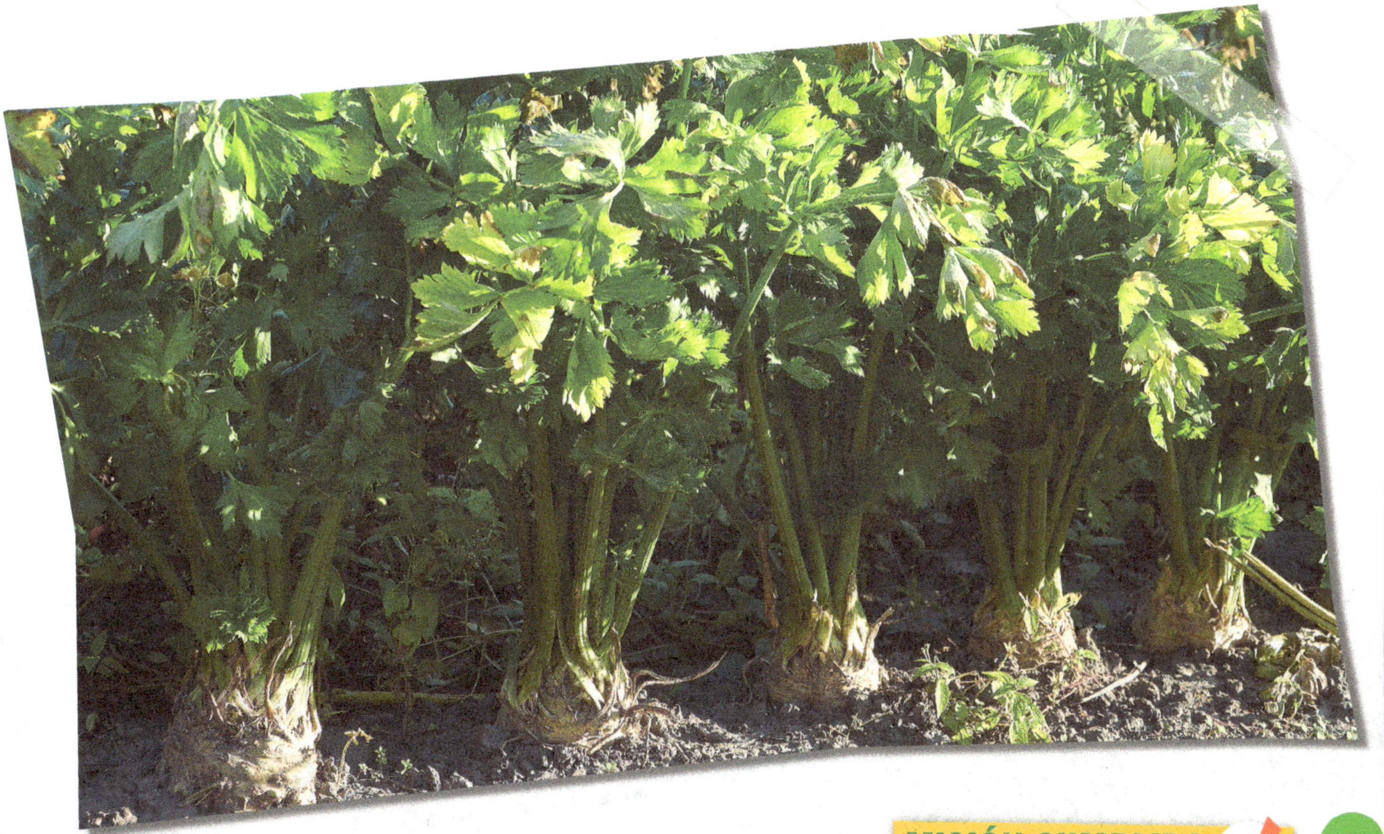

Lección 2

Estructuras externas y funciones de las plantas

Puedo...

Describir algunas estructuras externas que ayuden a las plantas a sobrevivir y reproducirse.
4-LS1-1

Destreza de lectura
Comparar y contrastar

Vocabulario
cutícula
sépalo
estambre
pistilo

Vocabulario académico
clasificar

VIDEO
Ve un video sobre las estructuras reproductivas externas.

INGENIERÍA Conexión

¿Alguna vez recogiste manzanas? La mayoría de las que se venden en el supermercado actualmente se cosechan a mano, y los trabajadores cosechan miles de manzanas por día. El proceso puede ser lento y cansador. Los ingenieros trataron de acelerarlo desarrollando una máquina que sacude el manzano para que las manzanas caigan. El problema era que, cuando las manzanas caían, quedaban abolladas y manchadas.

Los ingenieros diseñaron otra máquina llamada cosechadora aspiradora de manzanas. Una parte de la máquina es un tubo con un revestimiento resbaloso dentro. Un trabajador se para en el borde de la máquina, recoge la manzana con la mano y la pone en el tubo. El tubo lleva la manzana a un gran recipiente en el que una estructura con forma de ventilador las ordena cuidadosamente. La máquina elimina la necesidad de usar escaleras y evita que los trabajadores tengan que llevar todas las manzanas.

Escríbelo En tu cuaderno de ciencias, di cómo crees que la cosechadora aspiradora ayuda a los dueños de los cultivos y a las personas que compran manzanas.

túInvestigas Lab

4-LS1-1, SEP.7

¿En qué se diferencian las cubiertas de las hojas?

Los científicos reúnen evidencia para entender las estructuras y las funciones de las plantas. ¿Cómo ayudan las cubiertas de las hojas a las plantas a sobrevivir en distintos ambientes?

Materiales

- 2 hojas de plantas
- agua
- gotero
- lupa
- crayones
- guantes

Procedimiento

- [ ] 1. Observa las hojas. Describe en qué se diferencian.

____

____

- [ ] 2. Planea un procedimiento para investigar qué pasa con el agua en cada cubierta de hoja. Muestra tu plan a tu maestro antes de empezar. Anota tus observaciones.

Práctica de ciencias

Los científicos **reúnen evidencia** para defender sus conclusiones.

Observaciones

Analizar e interpretar datos

3. **Usar evidencia** ¿Qué tipo de hoja funcionaría mejor en un clima seco? Apoya tu conclusión con la evidencia que hayas reunido.

____

____

____

tú, Científico

Comparación de plantas

Identifica dos plantas que conozcas. Desarrolla un diagrama que explique en qué se parecen y en qué se diferencian dos de sus estructuras externas. Presenta tu diagrama a tus compañeros.

Estructuras externas de una planta

Es probable que las estructuras externas de las plantas sean las que más conozcas: la hoja, el tallo, las raíces y las flores. Tal vez conozcas otras dos características externas: la corteza y las espinas. Al igual que las estructuras internas, las partes externas de las plantas las ayudan a sobrevivir, a crecer y a reproducirse.

Las plantas pierden agua a través de sus hojas. Las hojas tienen una **cutícula**, o cubierta externa cerosa. La cutícula ayuda a limitar la cantidad de agua que pierde una planta. Las plantas que viven en un entorno desértico suelen tener hojas gruesas con una cutícula lisa y cerosa. La cubierta cerosa ofrece a la planta protección adicional contra la pérdida de agua. Las hojas anchas ayudan a la planta a almacenar agua. El mismo proceso funciona también a la inversa. La cutícula cerosa evita que el agua no deseada ingrese a la hoja de la planta. Si bien el agua es buena para la planta, es mejor que ingrese a través de las raíces, y no de las hojas. La cutícula no puede sellar totalmente la hoja de la planta. Debe trabajar junto con los estomas para garantizar que pueda ingresar aire a la planta.

Las plantas a menudo atraen animales para que las ayuden a reproducirse. Cuando los animales comen las bayas rojas de la planta, ayudan a diseminar las semillas que llevan dentro. Las plantas también necesitan prevenir que los animales se las coman. Una manera de lograrlo es con espinas, que son estructuras afiladas y puntiagudas que hay en las hojas o el tallo de algunas plantas. Los cactus contienen mucha agua, por lo que los animales sedientos tratan de comerlos. Las espinas como las de este cactus ayudan a mantener lejos a los animales. Las rosas también tienen espinas.

REVISAR LA LECTURA **Comparar y contrastar**

Aunque se ven distintas, ¿en qué se parecen la cutícula de una hoja y la espina?

Los tallos y sus cubiertas

Los tallos tienen muchas formas. Algunos tallos son verdes. Otros tallos son de madera. Los científicos pueden **clasificar**, o agrupar, los tallos según sus estructuras y funciones. El tipo de tallo de un tipo de planta determinado depende del ambiente en que la planta deba vivir.

Los troncos de los árboles, por ejemplo, están cubiertos de corteza. Esta barrera externa protege al árbol de los materiales nocivos u organismos de su ambiente. La corteza de algunos tipos de árboles es gruesa. Otros tipos de árbol tienen una corteza fina. La corteza de este pino silvestre es muy gruesa. La corteza gruesa lo protege de los incendios que suelen producirse en su ambiente. Los árboles con cortezas finas tienen más probabilidades de morir en caso de incendio.

¡Represéntalo! Los diagramas son un tipo de modelo. Dibuja el tronco de un árbol que deba sobrevivir en un ambiente ventoso. Luego, dibuja el tronco de un árbol que no tenga viento en su ambiente. Concéntrate en cómo podría cambiar el tronco a causa del viento.

Misión Conexión

La corteza protege el tronco de los árboles. Los seres humanos también necesitan protección. ¿Qué tipos de cobertura usan los humanos para protegerse?

____

____

¿Qué estructuras usan las angiospermas para REPRODUCIRSE?

Las angiospermas, es decir, las plantas con flores, tienen estructuras externas que las ayudan a reproducirse.

El **estambre** es la parte masculina de una flor que produce polen. El polen es la célula reproductiva masculina.

Los pétalos tienen diversos colores, patrones, formas y aromas para atraer a los polinizadores. Los polinizadores son animales que transfieren polen de un estambre a un pistilo.

El **pistilo** contiene las partes reproductivas femeninas de la planta y recibe el polen que transfiere el estambre.

El **sépalo** protege la flor cuando empieza a formarse, envolviéndola.

Completa una actividad acerca de las estructuras externas de las plantas.

Inferir ¿Cómo crees que los pétalos protegen las estructuras internas de las plantas?

Comparar ¿Cómo se comparan las cantidades de estructuras reproductivas masculinas y femeninas de esta flor?

Adaptaciones de las flores

¿Por qué las flores tienen tantos colores distintos? A lo largo del tiempo, algunos tipos de flores desarrollaron colores, patrones, formas y aromas que atraen a determinados tipos de animales. Esas adaptaciones son importantes para garantizar que la flor atraiga al tipo de polinizador correcto. Por ejemplo, las aves que toman néctar de una flor necesitan una estructura en la que puedan posarse.

La abeja es un polinizador muy importante para las angiospermas. Muchas personas creen que las abejas son atraídas por los colores brillantes que vemos en las flores. Sin embargo, hay pruebas científicas que demuestran que las abejas también son atraídas por la luz ultravioleta, que no podemos ver. Los colores de las flores y la luz ultravioleta a menudo forman patrones que dirigen a las abejas hacia el lugar en que está el néctar.

Lección 2: Revisión

1. **Predecir** Supón que una enfermedad hace que la cutícula de las hojas de las plantas desaparezca. ¿Qué le pasaría a la planta probablemente? ¿Por qué?

____

____

2. **Explicar** ¿Cómo se relacionan con la reproducción las funciones del estambre y el pistilo de una flor?

____

____

____

____

Diseminar semillas

Las plantas desarrollaron muchas formas distintas de diseminar sus semillas. Si las semillas se diseminan es más probable que sobrevivan cuando broten, porque no compiten tanto entre sí por las cosas que necesitan.

Las fotos muestran estructuras que las plantas desarrollaron para dispersar sus semillas.

El cono femenino del pino guarda las semillas hasta que estén listas para dispersarse.

La vaina del algodoncillo explota y lanza sus semillas muy lejos.

El viento se lleva fácilmente las semillas livianas y esponjosas del diente de león.

El coco puede flotar mucho tiempo en el agua, porque su cubierta atrapa el aire.

Interpretar fotos Elige una de las semillas y explica cómo podría usarse para resolver un problema humano.

____

____

____

____

____

Lección 3

Estructuras internas y funciones de los animales

Puedo...

Describir algunas estructuras internas que ayudan a los animales a sobrevivir.

4-LS1-1

Destreza de lectura

Comparar y contrastar

Vocabulario

esqueleto
corazón
pulmones
branquias
encéfalo

Vocabulario académico

interpretar

VIDEO

Ve un video sobre las estructuras internas de los animales.

STEM Conexión

¿Conoces el material llamado catgut? Su nombre en inglés significa "tripa de gato". ¡Qué asco! Sin embargo, no está hecho con las tripas de un gato. Este material se fabrica con los intestinos de otros animales. Durante mucho tiempo, las suturas médicas se hacían con catgut. Las suturas son las puntadas que se hacen para cerrar una herida. Para fabricar este material, los intestinos se enroscaban hasta formar una cuerda. Se esterilizaban para que fuera seguro usarlos en las heridas. Actualmente, se usan otros materiales para hacer suturas, como el algodón. Estos materiales son más económicos y causan menos infecciones.

Identificar Comenta dos ventajas de usar materiales más nuevos en lugar de catgut.

____

____

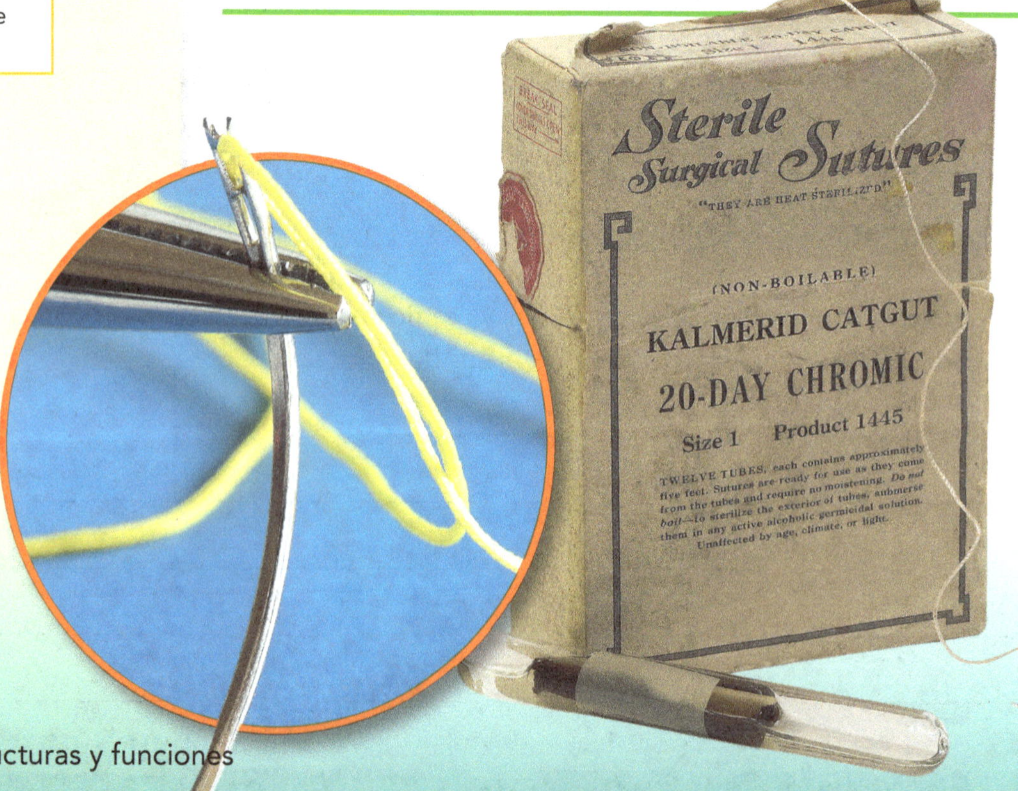

túInvestigas Lab

LABORATORIO PRÁCTICO

4-LS1-1, SEP.7

¿Cómo puedes comparar los estómagos de las vacas y de los perros?

Materiales

- Hoja de estómagos de la vaca y del perro
- regla métrica

Los científicos comparan estructuras similares de distintos animales para entender cómo cada estructura es específica de cada tipo de animal. ¿Cómo puedes comparar el estómago de una vaca con el de un perro?

Práctica de ciencias

Los científicos **usan evidencia** para apoyar un argumento.

Procedimiento

☐ **1.** Observa los diagramas de los estómagos de vaca y de perro. ¿Qué tres características puedes usar para comparar y contrastar los estómagos?

____

____

☐ **2.** Haz una tabla para anotar tus observaciones sobre las características de los dos estómagos.

Característica	Estómago de vaca	Estómago de perro
Ubicación en el cuerpo		
Forma		
Cantidad de compartimentos		

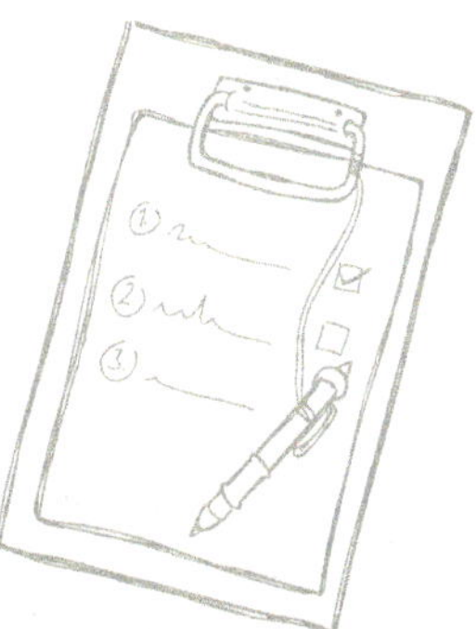

Analizar e interpretar datos

3. Comparar Una vaca es más grande que un perro. ¿Cómo se compara el tamaño del animal con el tamaño de su estómago?

____

____

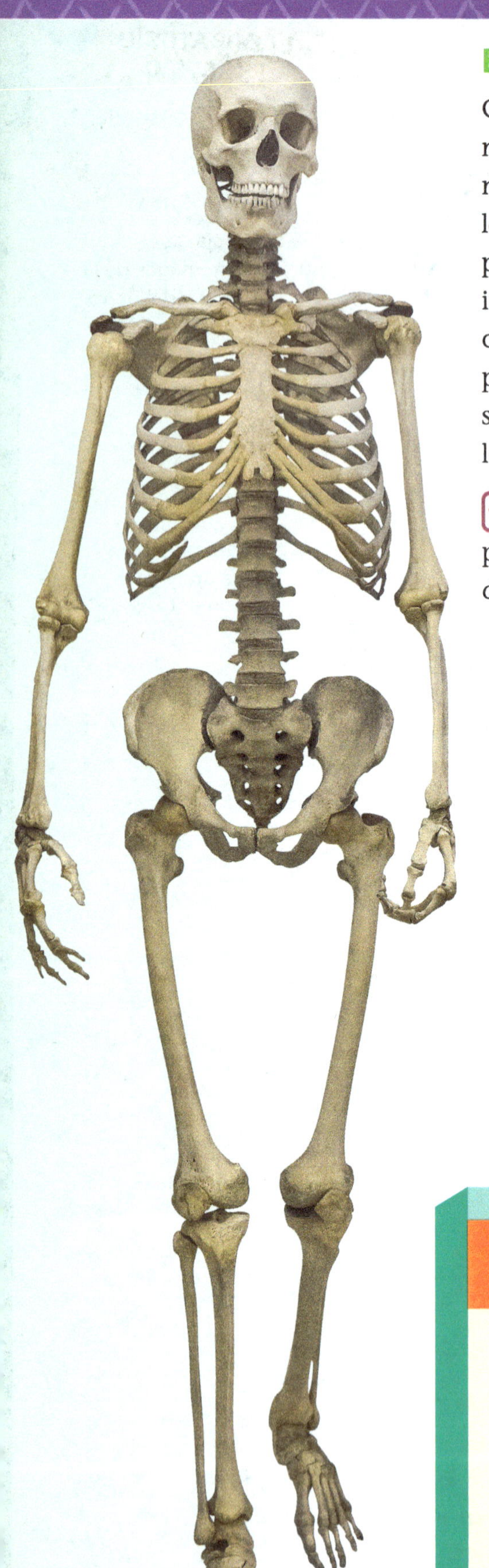

Estructuras de sostén de los animales

Como los cuerpos de las plantas, los cuerpos de los animales necesitan sostén. Como la mayoría de los animales se mueven, necesitan un tipo de sistema de sostén distinto del que necesitan las plantas. Todos los mamíferos, incluidos los humanos y los perros, tienen un **esqueleto**: un sistema de sostén rígido que incluye huesos que se conectan con las estructuras blandas del cuerpo. Sin esqueleto, un mamífero casi no tendría forma y no podría moverse. Los animales con un esqueleto interno de huesos se llaman vertebrados. Los vertebrados incluyen a los mamíferos, los peces, las ranas, las serpientes y las aves.

REVISAR LA LECTURA **Comparar y contrastar** Rotula las partes del esqueleto humano usando los rótulos del esqueleto del perro.

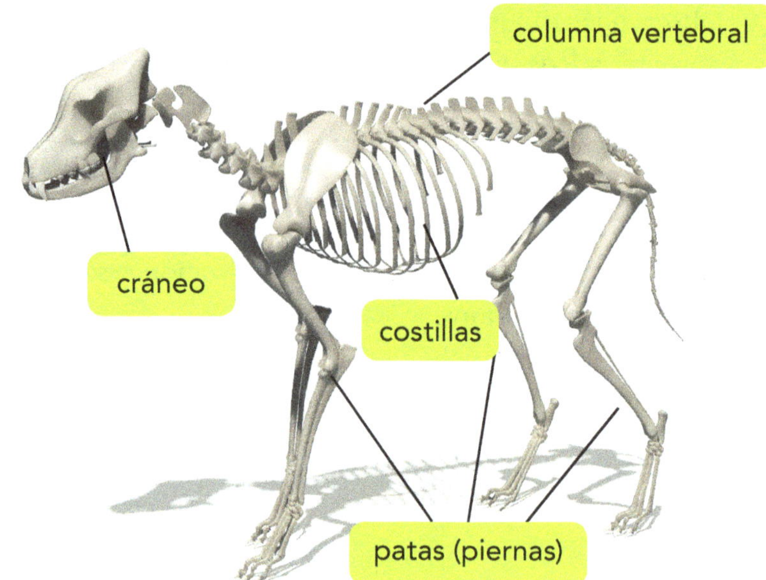

Misión Conexión

Identifica una situación en la que un humano necesitaría algo firme y resistente como sostén. ¿Qué producto recomendarías?

___

___

___

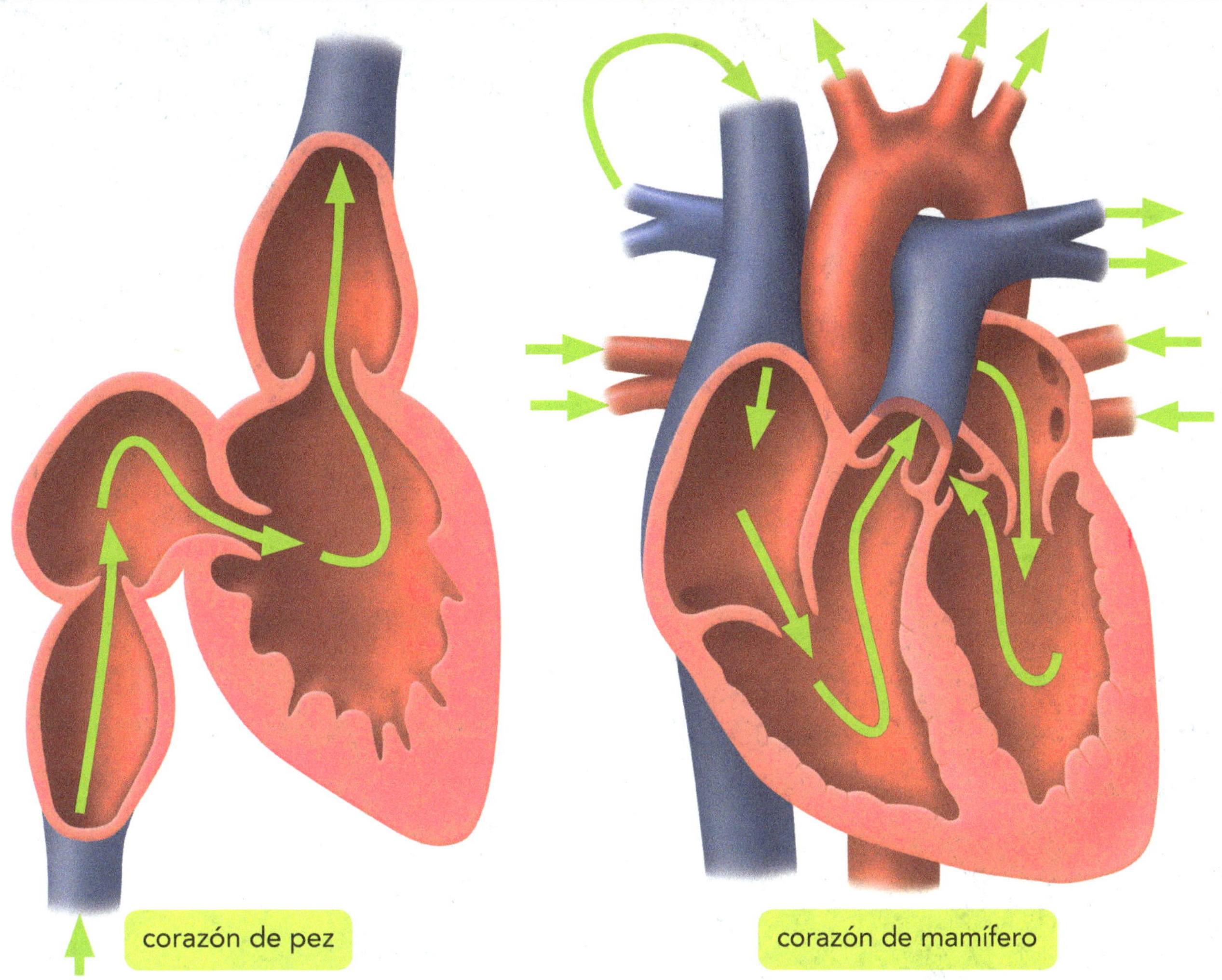

Estructura del corazón humano

Los vertebrados usan la sangre para llevar a las distintas partes del cuerpo muchos de los materiales que necesitan. Para que la sangre se mueva a través del cuerpo, algo debe bombearla. En los animales vertebrados, el **corazón** es el órgano interno que bombea sangre. A menudo está ubicado cerca del centro del cuerpo. Las costillas del esqueleto lo protegen.

La mayoría de los vertebrados que viven en el agua tienen corazones que bombean la sangre a través del cuerpo siguiendo un solo patrón circular. Los vertebrados que viven en la tierra suelen tener corazones que bombean la sangre siguiendo dos círculos distintos. Un lado del corazón bombea sangre desde el corazón y hacia y desde los pulmones. El otro lado bombea la sangre desde los pulmones hacia el resto de las partes del cuerpo.

REVISAR LA LECTURA **Comparar y contrastar** Subraya las diferencias entre el corazón de los vertebrados que viven en el agua y el de los vertebrados que viven en la tierra. Encierra en un círculo las semejanzas.

Matemáticas ▸ Herramientas

Comparar cantidades Un corazón adulto bombea unos 5 L de sangre por minuto. El corazón de un atleta puede bombear hasta 35 L por minuto. ¿Cuánta más sangre que un corazón adulto promedio bombea por minuto el corazón de un atleta?

Conexión con la comprensión visual

¿Cómo se comparan los pulmones y las branquias?

Casi todos los seres vivos deben tomar oxígeno del ambiente y eliminar el dióxido de carbono que producen sus cuerpos. Los **pulmones** aportan oxígeno a la sangre y sacan dióxido de carbono de la sangre. Los pulmones son el par de órganos que los vertebrados usan para respirar. El aire entre y sale de los pulmones.

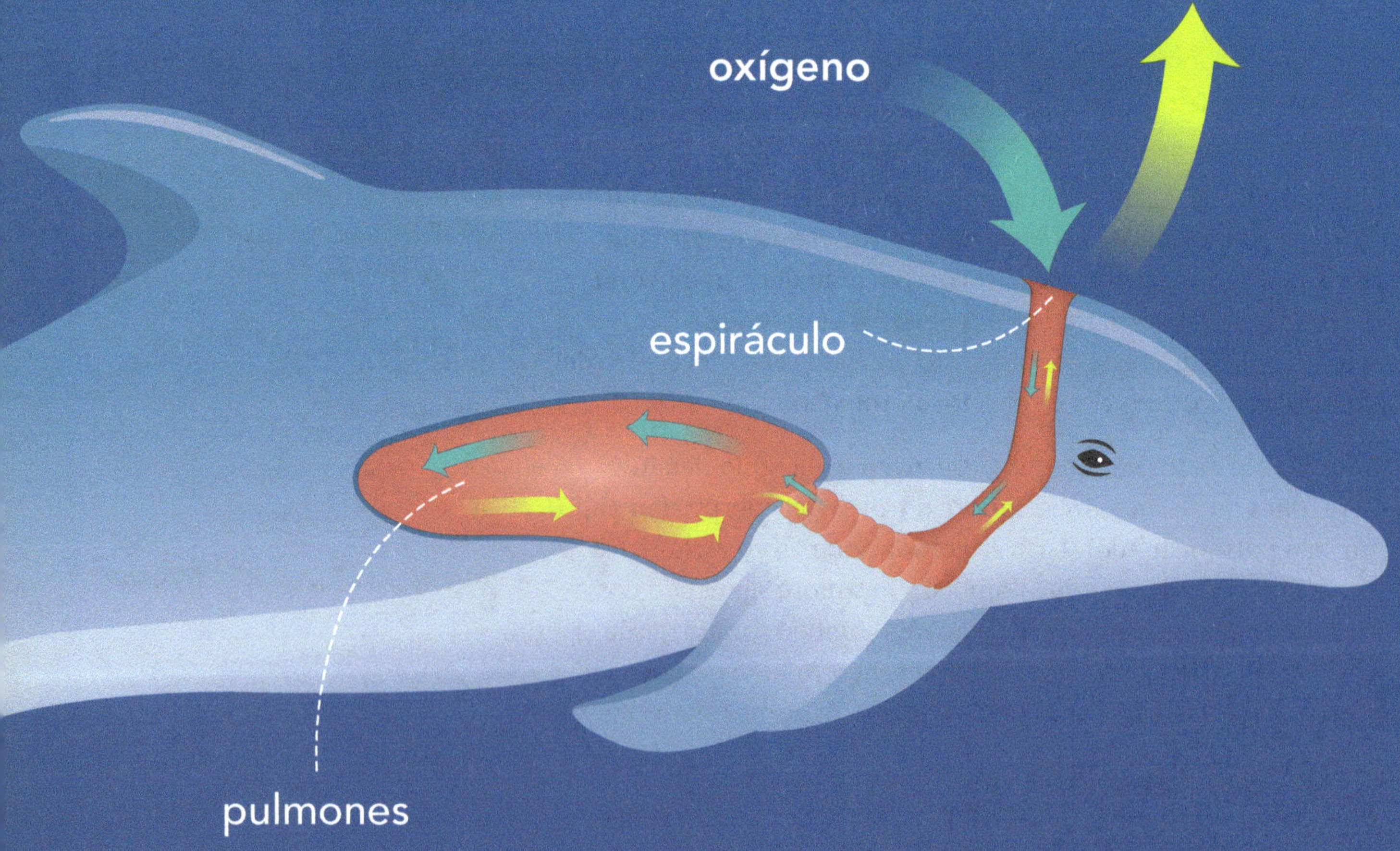

INTERACTIVITY

Completa una actividad acerca de las estructuras y las funciones de las partes internas de los animales.

En los peces, el proceso se produce en las branquias. Las **branquias** son órganos que toman el oxígeno del agua que fluye por ellas.

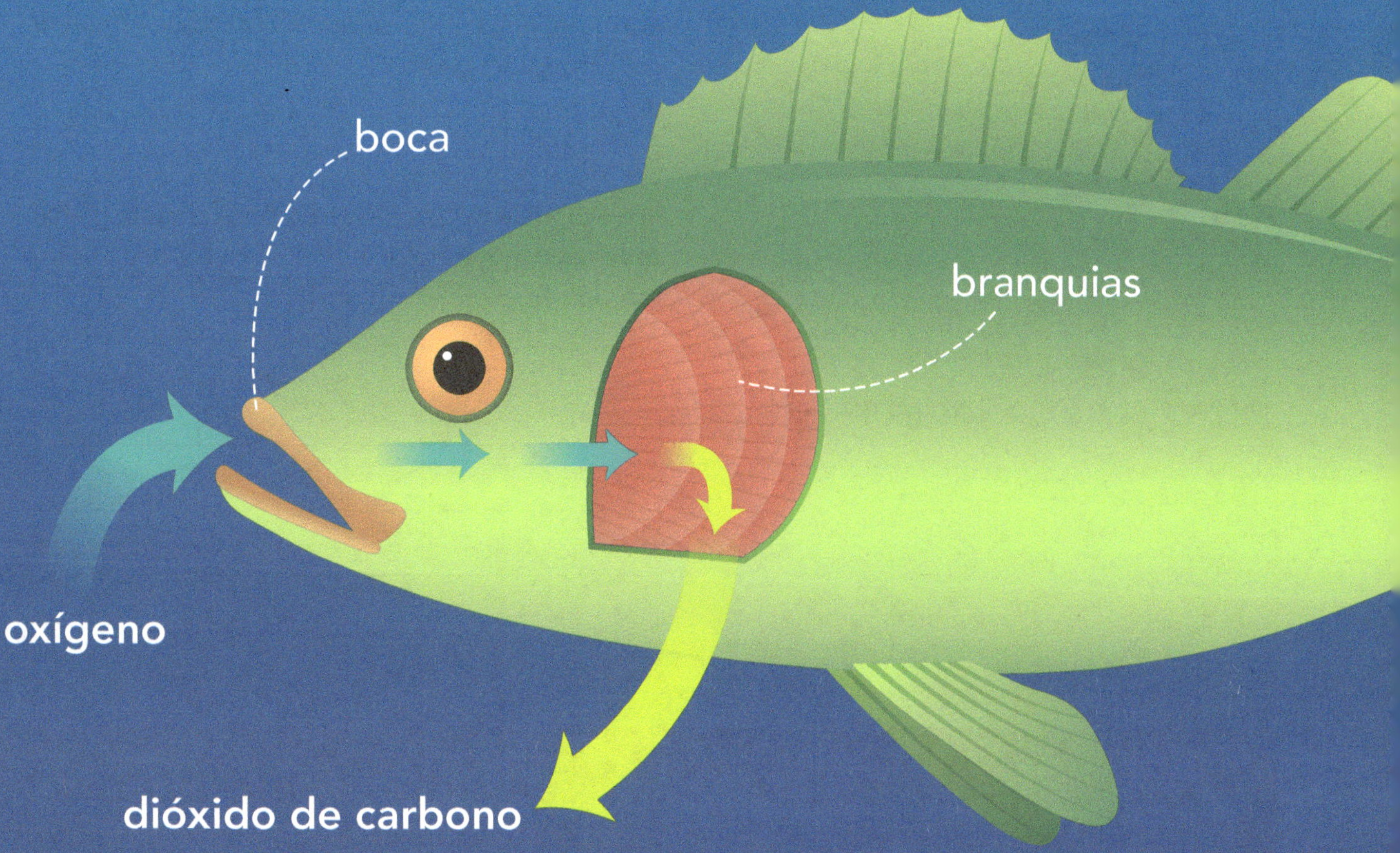

Inferir ¿Por qué crees que los peces y los mamíferos, como los delfines, tienen distintas estructuras para la misma función?

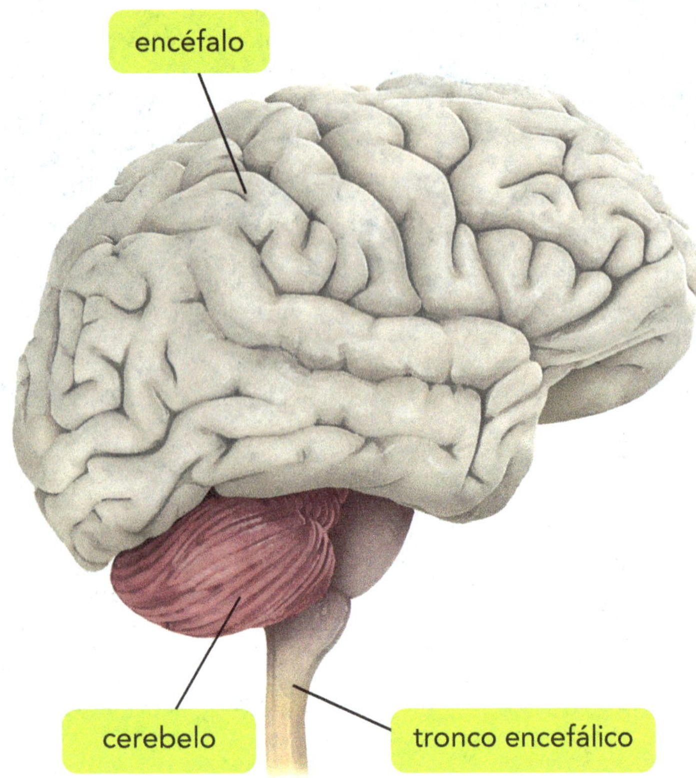

Estructura del encéfalo humano

El **encéfalo** es la estructura que recibe información acerca del ambiente de un animal. **Interpreta** o descifra el significado de la información que recibe, e indica al cuerpo cómo debe responder. En los vertebrados, el encéfalo está protegido por el cráneo. Las distintas partes del encéfalo realizan distintas funciones. Por ejemplo, el cerebro es la parte pensante del encéfalo. Recibe información acerca del ambiente del animal. El cerebelo coordina el movimiento del animal. El tronco encefálico controla cómo funcionan muchas estructuras internas.

Inferir Suele decirse que una persona que piensa mucho es muy cerebral. ¿Por qué crees que se usa esa palabra?

___

___

___

___

Lección 3: Revisión

1. **Identificar** ¿Cuál es la función del esqueleto de los vertebrados?

___

___

2. **Evaluar** ¿Cómo están adaptados los pulmones y las branquias a distintos tipos de ambientes?

___

___

___

Los peces flotan y se hunden

¿Te preguntaste alguna vez cómo hacen los peces para flotar todos los días? ¿O cómo hacen para subir y bajar? La respuesta es que algunos peces tienen una vejiga natatoria. La vejiga natatoria es como un globo que hay dentro del pez. A mayor cantidad de gas dentro de la vejiga, más cerca de la superficie está el pez.

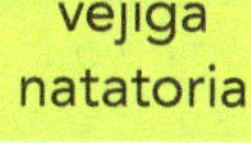

La vejiga natatoria está rodeada de músculos. Para moverse hacia arriba, el pez relaja los músculos que rodean la vejiga, que se llena con más aire. Para moverse hacia abajo, el pez contrae los músculos y expulsa el aire. Hundiéndose y flotando, los peces pueden buscar alimentos y escapar de sus depredadores.

Identificar ¿Qué inventos humanos existentes son similares a la vejiga natatoria de un pez?

____

____

Hacer una lluvia de ideas Piensa en un invento basado en la vejiga natatoria de los peces que pueda resolver un problema humano. Identifica el problema en tu respuesta.

____

____

____

Lección 4

Estructuras externas y funciones de los animales

Puedo...

Describir algunas estructuras externas que ayudan a los animales a sobrevivir y reproducirse.
4-LS1-1

Destreza de lectura
Comparar y contrastar

Vocabulario
exoesqueleto

Vocabulario académico
rasgo

VIDEO
Ve un video sobre las estructuras externas de los animales.

CURRÍCULO Conexión

La cola del caballo está rodeada de un conjunto de pelos largos. Estos pelos tienen la útil función de espantar las moscas que muerden al caballo. Los humanos usan el pelo de la cola del caballo de otra manera. Si alguna vez viste a alguien tocando el violín, viste uno de los usos que dan las personas al pelo del caballo. Se usa en el arco del instrumento de cuerda. El pelo se estira hasta formar una cinta angosta que funciona como arco. Cuando se desliza sobre las cuerdas del violín, produce un sonido que nos parece musical. Las personas han usado así el pelo del caballo desde hace más de 400 años.

Inferir ¿Por qué crees que el pelo de caballo es mejor para los arcos que el de perro?

___

___

___

___

4-LS1-1, SEP.2

¿Cómo puedes diseñar un caparazón de protección de un insecto?

Los científicos diseñan modelos para buscar soluciones para distintos problemas. ¿Cómo puedes diseñar un modelo de un insecto con un caparazón de protección que ayude al insecto a sobrevivir?

Materiales recomendados

- papel de aluminio
- papel
- cinta adhesiva
- pequeñas bolas de espuma
- palillos de dientes
- limpiapipas
- cartón
- crayones
- pedazos de plástico

Diseñar y construir

☐ **1.** Piensa en el escenario que planteó tu maestro. ¿Qué criterios debe cumplir la cubierta externa de tu insecto para protegerlo?

____

____

____

Práctica de ciencias

Los científicos **desarrollan y usan modelos** para probar interacciones.

☐ **2.** Dibuja el diseño de tu insecto. Haz un plan para probar si el insecto cumple con los criterios. Muestra tu dibujo y tu plan a tu maestro antes de empezar. Anota tus observaciones.

Mi insecto

Evaluar el diseño

3. Evaluar modelos Compara tu diseño con los de los demás. ¿Qué diseño cumple mejor con los criterios? ¿Por qué?

____

____

____

____

____

____

Conexión con la comprensión visual

¿Qué hacen los exoesqueletos?

No todos los animales tienen sistemas de sostén como los de los vertebrados. La estructura de sostén de algunos animales es el **exoesqueleto**, una cubierta externa dura que es impermeable. El exoesqueleto protege las partes del cuerpo blandas que tiene debajo. Los exoesqueletos grandes se llaman caparazones.

Caracol

El exoesqueleto del caracol lo protege del sol y de la pérdida de agua. También permite que el caracol se camufle en su ambiente.

Completa una actividad acerca de las estructuras externas de los organismos.

Catarina

El exoesqueleto de una catarina ayuda a proteger sus alas. Las catarinas tienen dos pares de alas: un par de alas duras como su exoesqueleto, y un par de alas más blandas, que usa para volar.

Cangrejo

El caparazón del cangrejo protege sus estructuras internas en el ambiente acuático. Su caparazón es impermeable, lo que lo ayuda a sobrevivir.

Otras estructuras externas de los animales

En el caso de los animales que no tienen exoesqueleto, otras estructuras externas ofrecen protección.

Piel La piel protege el cuerpo del animal y funciona como barrera contra los materiales nocivos. La piel puede tener distintos colores y texturas. Los rinocerontes tienen una piel gruesa y áspera que los protege del sol ardiente de África y de los insectos que los pican. Las ratas topo desnudas tiene una piel suave y fina, porque viven bajo tierra, donde el suelo es fresco y está oscuro.

Pelaje, plumas y escamas Algunos animales tienen pelaje, plumas o escamas como protección. El pelaje del oso es grueso y lo protege del frío. Las plumas de las aves las protegen de los cambios de temperatura. Las plumas también permiten que la mayoría de las aves vuelen. Las aves pueden volar para escapar de los depredadores, buscar alimento y migrar. Las escamas de los reptiles y los peces son una cubierta dura que protege y aísla sus cuerpos.

Garras Las garras son estructuras afiladas y puntiagudas que muchos mamíferos, reptiles y aves tienen en sus patas. Se usan para capturar, llevar y desgarrar presas.

REVISAR LA LECTURA **Comparar y contrastar** Subraya las palabras que muestran en qué se parecen la piel de la rata topo desnuda y las escamas del pez. Encierra en un círculo las palabras que muestran en qué se diferencian.

Misión Conexión

Algunos animales tienen un pelaje que les permite regular sus temperaturas en distintos climas. ¿Qué producto humano permite regular la temperatura del cuerpo? ¿Cómo funciona?

____

____

____

Rasgos animales

Un **rasgo** es una cualidad o una característica. Algunos rasgos de las estructuras animales son el color, el tamaño y la forma. Los animales del mismo tipo comparten la mayoría de los rasgos, pero a veces los rasgos de las mismas estructuras son un poco diferentes entre sí. Los rasgos de un animal permiten que el animal sobreviva y se reproduzca en su ambiente. Por ejemplo, cuando las ranas arbóreas macho buscan pareja, pueden croar muy fuerte usando unos pliegues especiales de piel que pueden inflar o hinchar. Las ranas arbóreas hembra suelen verse atraídas por el sonido más fuerte, porque indica que la rana macho que lo produce es la más saludable.

Explícalo En tu cuaderno de ciencias, identifica algunos rasgos que compartas con otros seres humanos. ¿Cuáles de tus rasgos son únicos?

Lección 4: Revisión

1. **Identificar** ¿Cuáles son las dos estructuras de las ranas de la imagen? ¿Cómo ayudan a que las ranas sobrevivan?

___

___

___

2. **REVISAR LA LECTURA** **Comparar y contrastar** ¿En qué se parece el exoesqueleto al esqueleto de los vertebrados?

___

___

Pinzas de langosta

Una estructura externa que comparten todas las langostas son sus pinzas. Una langosta tiene dos tipos de pinzas: una pinza para triturar y una pinza para sujetar. La primera es más grande y se usa para triturar presas. La segunda tiene pequeños "dientes" que ayudan a la langosta a capturar y abrir los caparazones de sus presas.

Hacer una lluvia de ideas ¿Puedes pensar un invento que ayudaría a los humanos y esté inspirado en un tipo de pinza de langosta? ¿Cómo ayudaría a los humanos ese invento?

____

____

____

Diseñar un modelo Dibuja un diseño de tu invento.

Mi modelo

MISIÓN CUMPLIDA

RESUÉLVELO CON Ciencia

¿Por qué los animales mudan su exoesqueleto?

¿Alguna vez necesitaste ropa nueva porque la ropa vieja ya no te entraba? Tu cuerpo crece, pero tu ropa no crece con él. De alguna manera, un exoesqueleto rígido es similar a la ropa que usan los humanos. Cuando un animal muda su exoesqueleto, este se separa del cuerpo, y el animal lo deja atrás. Luego, se forma un nuevo exoesqueleto alrededor del animal.

¿Por qué necesita la mantis religiosa de la foto mudar su exoesqueleto? Usa evidencia del texto mientras piensas en estas preguntas.

- ¿Cuáles son algunas de las funciones del exoesqueleto?
- ¿Cómo limita al animal el exoesqueleto?
- ¿Qué crees que pasaría si el insecto no mudara su exoesqueleto?

Usa lo que pensaste para escribir una **explicación con base científica** para la pregunta del título.

____

____

____

____

____

____

Lección 5

Respuestas de las plantas y los animales al ambiente

Puedo...

Explicar cómo los animales usan la información sensorial para responder a sus ambientes. Describir cómo las plantas y los animales pueden sobrevivir en distintos ambientes gracias a sus adaptaciones.
4-LS1-2

Destreza de lectura
Comparar y contrastar

Vocabulario
extinto

Vocabulario académico
estímulo

VIDEO
Ve un video sobre las respuestas de los animales.

INGENIERÍA Conexión

Los perros tienen excelentes sentidos, y a menudo pueden oír y oler cosas que los humanos no pueden oír ni oler. Por esa razón, los perros suelen usarse para detectar olores específicos. Por ejemplo, en los aeropuertos, se usan perros para buscar bombas y drogas. Los perros ayudan a proteger a las personas evitando que entren elementos peligrosos a un avión. Los perros también suelen enviarse con los grupos de búsqueda de personas desaparecidas. Huelen una camisa con el olor de la persona buscada. Luego, buscan un olor similar. Cuando encuentran el rastro del olor, los perros lo siguen hasta dar con la persona buscada. Los ingenieros están trabajando para diseñar una nariz artificial, o creada por el ser humano, que pueda funcionar como la nariz de un perro. Analizaron cómo un perro detecta un olor y han comenzado a imitar ese proceso en sus diseños.

Aplicar Si tuvieras un gran sentido del olfato, como un perro, ¿qué cosas que no puedes oler ahora crees que podrías oler?

____

túInvestigas Lab

LABORATORIO PRÁCTICO

4-LS1-2, SEP.2

¿Cómo puedes encontrar un objeto usando únicamente el sonido?

Los científicos usan modelos para responder preguntas acerca de cómo los animales perciben el mundo que los rodea. ¿Cómo puedes encontrar un objeto usando solo el sonido que produce?

Materiales recomendados

- venda para los ojos
- cubeta
- campana
- olla de cocina

Práctica de ciencias

Los científicos **usan modelos** para entender mejor cómo funcionan las cosas.

Procedimiento

☐ **1.** Elige cualquier objeto que produzca un sonido. Haz un plan para hacer un modelo de un animal que use el sonido para encontrar lo que necesita.

☐ **2.** Muestra tu plan a tu maestro antes de empezar. Anota tus observaciones.

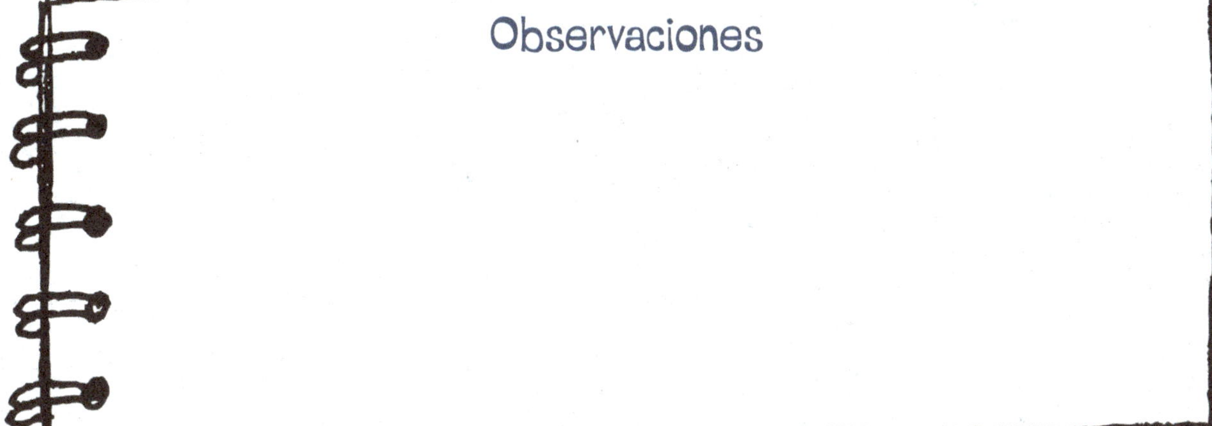

Analizar e interpretar datos

3. Representar ¿Lograste encontrar el sonido? Explica tu respuesta.

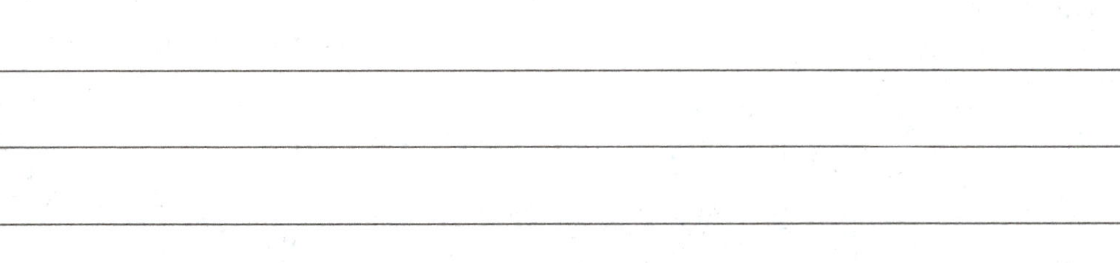

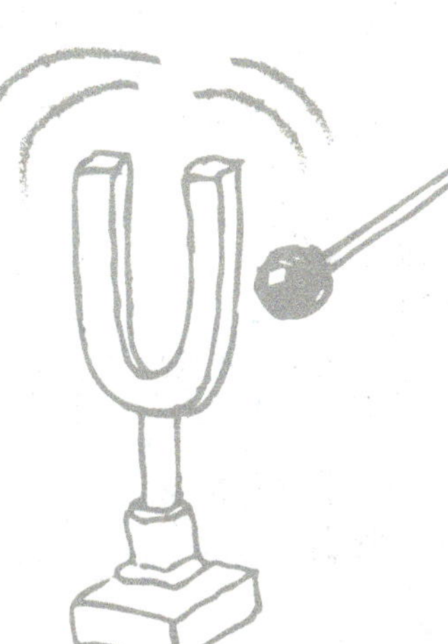

Conexión con la comprensión visual

¿Cómo responden los elefantes a los estímulos?

Cuando los animales reciben un **estímulo**, o una señal nerviosa, la señal llega al encéfalo. El encéfalo interpreta la señal. Luego envía mensajes que indican al cuerpo cómo debe responder. Los elefantes reciben información a través de los sentidos de la vista, el oído y el tacto.

Vista

La mayoría de los elefantes forman grupos familiares. La elefanta más vieja guía a los demás en busca de agua. Usa la dirección de su cuerpo para indicar a los demás elefantes hacia dónde deben ir.

Oído

Los elefantes usan sus trompas para producir sonidos fuertes que alertan a los demás elefantes si hay peligro. Por lo general, los elefantes más viejos forman un círculo alrededor de los más jóvenes para protegerlos.

Tacto

Los elefantes producen sonidos graves y resonantes para comunicarse entre sí. Los elefantes sienten las vibraciones que causa el sonido en el suelo con sus pies. Los humanos no pueden oír esos sonidos.

Describir ¿Cómo te ayudan tus sentidos a responder a distintos estímulos que encuentras en tu ambiente?

Completa una actividad sobre las respuestas al ambiente.

tú, Científico

Pon a prueba tus sentidos

Haz un plan para una investigación que ponga a prueba tu sentido del olfato. Escribe un procedimiento y muéstralo a un adulto antes de empezar. Presenta tus resultados ante tus compañeros.

Respuestas de los animales a los olores

Algunos animales tienen un sentido del olfato mucho más poderoso que el de los humanos. Algunos animales con un gran sentido del olfato son los osos, los tiburones, los perros y las serpientes. Esos animales usan su sentido del olfato para encontrar alimento o para saber si hay otro animal cerca. Si logran identificar al animal que se acerca como enemigo, pueden huir u ocultarse. Las serpientes perciben olores a través de sus fosas nasales, aunque su lengua es mejor.

Aplicar ¿Cómo podría ayudar el sentido del olfato a una madre a proteger a su cría?

____

____

Misión Conexión

¿Cómo podrías estudiar los sentidos de un animal para diseñar un producto para humanos que no tienen uno de sus sentidos?

____

____

____

El cambio de los ambientes y la supervivencia

Los medio ambientes pueden cambiar, y las plantas y los animales deben ser capaces de sobrevivir en esos ambientes que cambiaron. Las plantas y los animales que tengan adaptaciones para vivir en el nuevo ambiente sobrevivirán. Si un ambiente cambia y un tipo de planta o animal específico no puede sobrevivir allí, ese organismo puede extinguirse. Cuando un organismo pasa a estar **extinto**, no quedan ejemplares de ese tipo de organismo en la Tierra. Una vez que un organismo se extingue, desaparece para siempre.

Analizar ¿Qué cambios del ambiente podrían causar la extinción de una planta o un animal?

____

____

____

Práctica de ciencias ► Herramientas

Hacer preguntas Supón que un animal está en peligro de extinción. ¿Qué preguntas podrías hacer para saber cómo podrías ayudar a salvar al animal?

Comportamientos y supervivencia

Muchos comportamientos ayudan a los animales a sobrevivir. Algunos animales, como los ciervos, forman grupos para protegerse. Los animales que forman grupos suelen ser más capaces de avisar si hay un depredador cerca. Los osos hibernan cuando hace frío y escasea el alimento. Mientras hiberna, el oso no necesita tanta energía de su alimento. Los pingüinos no hibernan, por lo que forman grupos muy apiñados para sobrevivir en el clima frío del invierno. Algunos animales que no están adaptados al frío migran. Muchas aves vuelan al sur durante el invierno, para evitar las temperaturas más frías, y vuelven al norte cuando hace más calor.

Reflexiona En tu cuaderno de ciencias, di cómo puedes sobrevivir a los cambios del ambiente.

Lección 5: Revisión

1. **Analizar** Un animal no puede ver en la oscuridad. ¿De qué otras maneras puede el animal reunir información acerca de lo que lo rodea para encontrar alimento en la oscuridad?

____

____

2. **REVISAR LA LECTURA** **Comparar y contrastar** ¿En qué se parecen y en qué se diferencian los comportamientos estacionales de los osos y de los pingüinos?

____

____

____

¡Sonidos que rebotan!

Los murciélagos son animales nocturnos, lo que significa que están despiertos por la noche y duermen durante el día. Viven en ambientes oscuros, como cuevas. Como hay poca luz cuando cazan sus presas, que son insectos, recurren a su sentido del oído. Lo hacen a través de un proceso llamado ecolocación.

Cuando un murciélago emite o produce un sonido, el sonido rebota contra la pared de la cueva, contra un insecto o contra otros objetos del ambiente. El sonido que rebota llega a los oídos del murciélago. Esos sonidos que rebotan dan información al murciélago acerca de los objetos que hay en el ambiente. La información permite que el murciélago sepa qué tan cerca está un objeto o qué tan grande es. Esto lo ayuda a localizar a sus presas.

Resumir ¿Cómo usa el sonido el murciélago para encontrar un insecto?

____

____

____

Relacionar ¿En qué situaciones crees que sería útil para los humanos encontrar objetos usando el sonido?

____

____

____

____

tú, Ingeniero | Hacer modelos | STEM

VIDEO

Ve un video sobre la tecnología de detección óptica y sobre cómo está basada en un ojo animal.

¡Te veo!

Los ojos de los animales son únicos y extraordinarios. Los distintos tipos de animales pueden ver en distintas condiciones ambientales, como condiciones oscuras y luminosas. Los fotógrafos de la naturaleza usan distintos tipos de cámaras que pueden producir buenas imágenes en distintas condiciones. Las cámaras funcionan del mismo modo que los ojos: ambos tienen una lente que concentra la luz que ingresa. Cuando los animales necesitan ver a sus presas de noche, las pupilas de sus ojos permiten que ingrese más luz, para que vean mejor.

Corte transversal de un ojo humano

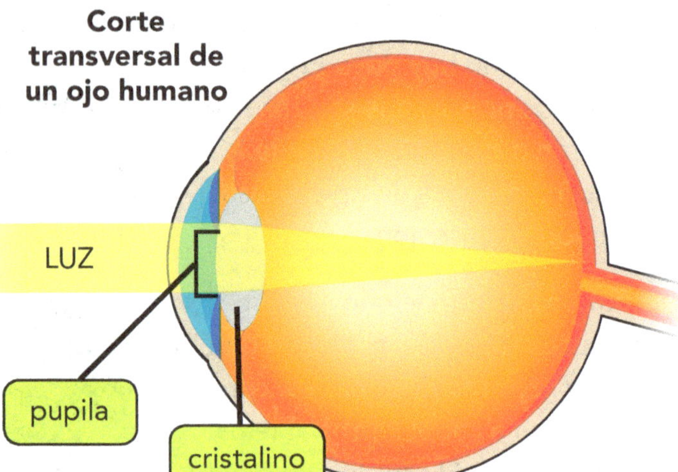

Haz un modelo

littleBits™

Supón que quieres hacer un modelo que puedas usar para enseñar a estudiantes más jóvenes acerca de los ojos animales.

- [ ] Elige un animal e investiga cómo ve.
- [ ] En tu modelo, ¿qué estímulo recibirá el ojo? Por ejemplo, ¿buscará alimento o una presa?

____

____

- [ ] ¿Cuáles son las condiciones del ambiente? ¿Oscuro, luminoso, caluroso o frío?

____

____

- [ ] Piensa en la manera de mostrar todas las partes del ojo en tu modelo.
- [ ] Dibuja y rotula tu modelo de ojo animal. Muestra cómo viaja la luz cuando ingresa al ojo.

Misión Hallazgos

INTERACTIVITY

Organiza tu información para construir tu modelo.

STEM ¡Deja que las plantas y los animales te inspiren!

¿Qué problema humano puedes ayudar a resolver usando lo que aprendes acerca de las plantas y de los animales?

Estudiaste muchas estructuras de plantas y animales que tienen funciones útiles. Es hora de elegir una de esas estructuras como inspiración para un producto que resuelva el problema humano que escogiste. Puede ser una estructura interna o externa. ¡Sé creativo!

Explicar

Elige una estructura de una planta o un animal. Decide cómo usarás la estructura para crear un producto capaz de resolver un problema humano. ¿Qué problema resolverá?

____

____

____

____

____

____

Diseñar y construir el modelo

Dibuja tu diseño. Presenta tu idea de diseño a la clase y pide opiniones para mejorar tu diseño. Luego, ¡construye tu modelo!

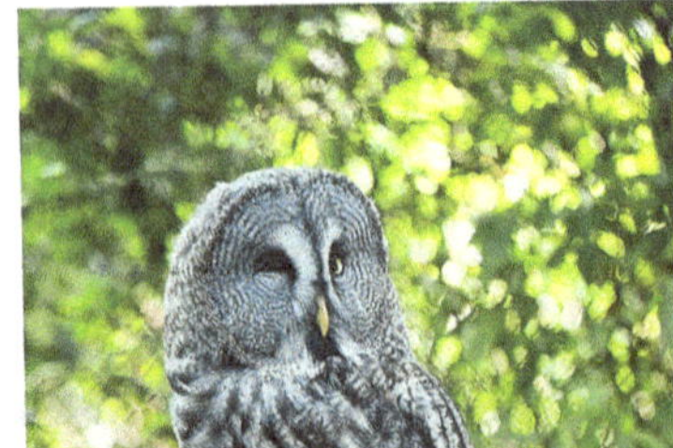

 MISIÓN CUMPLIDA

Conexión con la Carrera

Fotógrafo de la naturaleza

Un fotógrafo de la naturaleza toma fotos de las escenas y los objetos de la naturaleza, como flores, rocas, árboles, montañas, pasto y formaciones de roca. Un fotógrafo de la naturaleza también retrata a los animales en su hábitat natural. Los animales pueden ser comunes, como aves, insectos y perros de la pradera, o exóticos, como guepardos, pitones y leones.

Las herramientas que usa un fotógrafo de la naturaleza son una cámara con película o una tarjeta de fotos digital, y su mente creativa. Captura distintos ángulos de los objetos. Sus fotos son utilizadas para investigaciones científicas sobre plantas y animales. También toman fotos para libros de texto, sitios Web, folletos de viaje y, en ocasiones, ¡solo para divertirse!

Puedes ser un fotógrafo de la naturaleza sin importar dónde vivas, porque la naturaleza está en todas partes. Sin embargo, ¡tiene que gustarte trabajar al aire libre! Además, a veces es necesario viajar, porque las distintas escenas de la naturaleza pueden estar en otro estado u otro país.

El trabajo de los fotógrafos de la naturaleza es muy gratificante, porque sus fotos a menudo inspiran a las personas. Sin fotógrafos de la naturaleza, sabríamos menos acerca de cómo se ven algunas plantas y animales de lugares que no visitamos.

Escríbelo ¿Crees que podrías ser un fotógrafo o una fotógrafa de la naturaleza? ¿Qué cosas de la naturaleza te gustaría fotografiar?

Evaluación

1. **Identificar** ¿Cuál de las siguientes es una estructura interna?

   A. ojo

   B. cráneo

   C. nariz

   D. oreja

2. **Explicar** Nombra tres adaptaciones de un árbol que pueden ayudarlo a sobrevivir en su ambiente. Para cada adaptación, di cómo ayuda al árbol a sobrevivir.

   ____

   ____

   ____

   ____

   ____

   ____

3. **Explicar** Nombra dos estructuras externas que ayuden a los animales a sobrevivir. Explica cómo benefician al animal esas estructuras.

   ____

   ____

   ____

   ____

   ____

   ____

Mira la imagen para responder las preguntas 4 y 5.

4. **Identificar** ¿Cómo se llama la estructura interna que muestra la imagen?

   A. esqueleto

   B. cerebelo

   C. exoesqueleto

   D. tronco encefálico

5. **Describir** ¿Cuál es la función más importante de la estructura interna de la imagen?

   ____

   ____

   ____

6. **Comparar y contrastar** Elige una estructura de una planta y una estructura de un animal. Di un aspecto en el que se parezcan y uno en el que se diferencien.

____

____

____

____

____

____

____

7. **Aplicar** ¿Qué oración describe un comportamiento que ayude a un animal a sobrevivir?

   A. Un animal hiberna durante el invierno.

   B. El corazón bombea sangre a través del cuerpo del animal.

   C. Los animales se cansan después de correr mucho.

   D. El color del pelaje ayuda a un animal a camuflarse en su ambiente.

Pregunta esencial

¿Cómo apoyan las estructuras de las plantas y de los animales su crecimiento y su supervivencia?

Muestra lo que aprendiste

¿Cómo ayudan las estructuras de las plantas y los animales a que sobrevivan en distintos ambientes?

____

____

____

____

____

____

____

____

____

____

____

Evaluación basada en la evidencia

Lee esta situación y responde las siguientes preguntas.

Kyle es un científico que viaja por el mundo estudiando los diferentes organismos. Registró algunas de sus observaciones en la tabla.

Organismo	Estructura	Interna/Externa	Función
roble	tronco		sostén
escarabajo	exoesqueleto	externa	
planta de tomate	semillas	interna	reproducción
cactus	espinas	externa	protección
águila	garras		protección
zorro ártico	cráneo		sostén

1. **Interpretar tablas** Completa la tabla usando lo que sabes sobre estructuras y funciones.

2. **Usar datos** ¿Qué estructuras de la tabla tienen las mismas funciones pero una es externa y la otra es interna?

   A. las garras y las espinas

   B. el tronco y el cráneo

   C. el exoesqueleto y las espinas

   D. las semillas y las espinas

3. **Comparar y contrastar** Elige dos organismos que tengan estructuras con la misma función. Identifica las estructuras y sus funciones.

____

____

____

4. **Explicar** Basándose en sus datos, Kyle afirma que todas las estructuras de reproducción son internas. ¿Tiene suficiente evidencia que apoye este argumento?

   A. Sí, un ejemplo tomado de un organismo es suficiente para sacar conclusiones sobre todos los organismos.

   B. Sí, todas las estructuras reproductivas que observó eran internas, por lo tanto todas las estructuras reproductivas deben ser internas.

   C. No, las estructuras reproductivas podrían ser muy diferentes en organismos diferentes, por lo tanto, Kyle necesita reunir más evidencia para apoyar su argumento.

   D. No, Kyle no es un biólogo profesional, por lo tanto no puede hacer ningún argumento sobre las estructuras de los organismos.

5. **Elaborar argumentos** Usa los datos de la tabla para llegar a una hipótesis sobre las estructuras y funciones de los diferentes organismos. ¿Cómo reunirías los datos para comprobar tu hipótesis?

____

____

____

____

____

____

____

____

____

tú Demuestras Lab

¿Cómo responden la lombrices de tierra a los estímulos?

Los científicos observan cómo responden los animales a distintas situaciones. ¿Cómo puedes investigar cómo responde una lombriz de tierra a un estímulo de su ambiente?

Procedimiento

☐ 1. Elige un estímulo que quieras probar con tu lombriz de tierra. Predice cómo reaccionará la lombriz al estímulo.

____

____

____

____

☐ 2. Haz un plan para poner a prueba el estímulo que elegiste. Recuerda controlar las variables. Muestra tu plan a tu maestro antes de empezar.

____

____

____

____

____

____

____

☐ 3. Realiza tu investigación y anota tus observaciones.

Materiales

- lombriz de tierra
- guantes de plástico

Materiales recomendados

- recipiente
- botella de agua con atomizador
- gotero con agua
- tierra
- agua tibia y fría
- toallas de papel
- papel de aluminio

Ten cuidado cuando trabajes con animales vivos.

Lava tus manos cuando termines.

Usa guantes de plástico.

Práctica de ciencias

Los científicos **analizan la información** de las investigaciones.

4-LS1-2, SEP.4

Analizar e interpretar datos

4. **Analizar datos** ¿Apoyan tu predicción los datos? Explica tu respuesta.

5. **Sacar conclusiones** ¿Qué conclusión puedes sacar de tus observaciones?

Tema 8

Los sistemas del cuerpo humano

Estándares de Ciencias para la Próxima Generación

4-LS1-1 Crear el argumento de que las plantas y los animales tienen estructuras internas y externas que cumplen la función de contribuir a la supervivencia, el crecimiento, el comportamiento y la reproducción.

4-LS1-2 Usar un modelo para describir que los animales reciben diferentes tipos de información a través de los sentidos, procesan la información en su cerebro y responden a la información de diferentes maneras.

Pregunta esencial

¿Cómo puedes representar las interacciones entre los sistemas del cuerpo humano?

Muestra lo que sabes

Un atleta avanza a toda velocidad hacia la meta. ¿Cómo funcionan juntas las partes del cuerpo del atleta para impulsarlo hacia la meta?

____

____

Misión Arranque

Haz un mapa de las carreteras del cuerpo humano

¿Cómo puedes hacer que una cámara minúscula navegue por el cuerpo humano?

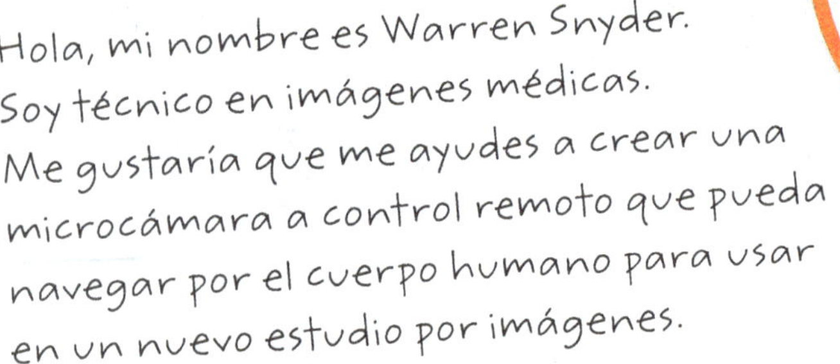

Hola, mi nombre es Warren Snyder. Soy técnico en imágenes médicas. Me gustaría que me ayudes a crear una microcámara a control remoto que pueda navegar por el cuerpo humano para usar en un nuevo estudio por imágenes.

En esta actividad de aprendizaje basada en un problema, debes elegir en qué parte del cuerpo se hará el estudio y cómo se usará la tecnología de la cámara. Debes incluir instrucciones para usar la cámara.

Sigue el camino para llevar a cabo la Misión. Las actividades de cada lección te ayudarán a completarla. Al completar cada actividad, marca tu progreso para indicar que es una **MISIÓN CUMPLIDA** ✓. Conéctate en línea para buscar más actividades de la Misión.

Misión Control 1

Lección 1

Aprende acerca del sistema circulatorio para determinar cómo puede navegar la cámara a control remoto a lo largo de los vasos sanguíneos del cuerpo.

Estándares de Ciencias para la Próxima Generación

4-LS1-1 Crear el argumento de que las plantas y los animales tienen estructuras internas y externas que cumplen la función de contribuir a la supervivencia, el crecimiento, el comportamiento y la reproducción.

4-LS1-2 Usar un modelo para describir que los animales reciben diferentes tipos de información a través de los sentidos, procesan la información en su cerebro y responden a la información de diferentes maneras.

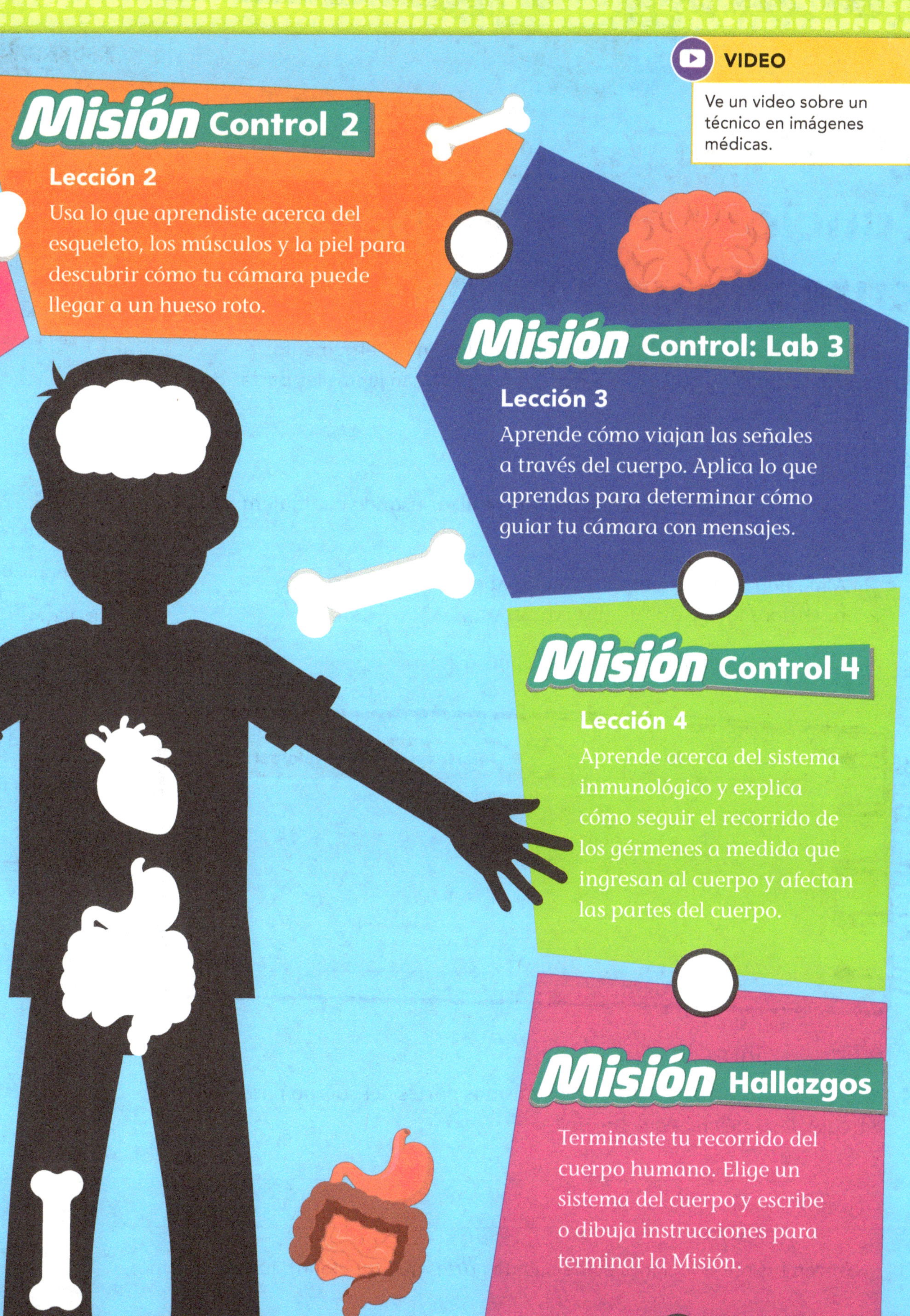

VIDEO

Ve un video sobre un técnico en imágenes médicas.

Misión Control 2

Lección 2

Usa lo que aprendiste acerca del esqueleto, los músculos y la piel para descubrir cómo tu cámara puede llegar a un hueso roto.

Misión Control: Lab 3

Lección 3

Aprende cómo viajan las señales a través del cuerpo. Aplica lo que aprendas para determinar cómo guiar tu cámara con mensajes.

Misión Control 4

Lección 4

Aprende acerca del sistema inmunológico y explica cómo seguir el recorrido de los gérmenes a medida que ingresan al cuerpo y afectan las partes del cuerpo.

Misión Hallazgos

Terminaste tu recorrido del cuerpo humano. Elige un sistema del cuerpo y escribe o dibuja instrucciones para terminar la Misión.

túConectas Lab

LABORATORIO PRÁCTICO

4-LS1-1, SEP.7

¿Qué partes del cuerpo funcionan juntas para cumplir una tarea?

Cuando los científicos investigan una pregunta, basan sus argumentos en sus observaciones. ¿Cómo puedes observar cómo funcionan juntas las partes de tu cuerpo para hacer una tarea sencilla?

Materiales recomendados

- libros
- cronómetro
- pelota de básquetbol
- 2 pelotas de goma
- yoyó

Procedimiento

- [ ] **1.** Elige una tarea sencilla que puedas realizar usando cualquiera de los materiales.
- [ ] **2.** A medida que haces la tarea, observa qué partes del cuerpo participan. Registra tus observaciones.
- [ ] **3.** Elige una segunda tarea y repite el paso 2.

Práctica de ciencias

Los científicos **usan evidencia** para responder preguntas científicas.

No realices actividades físicas si tienes un problema de salud.

Tarea	Partes del cuerpo que participan

Analizar e interpretar datos

4. Comparar y contrastar ¿Usaste las mismas partes del cuerpo para las dos tareas? ¿Por qué crees que fue así?

____

____

5. ¿Ofrecen tus observaciones evidencia de partes que funcionan juntas? ¿Cómo?

____

____

Idea principal y detalles

GAME

Practica lo que aprendiste con los Mini Games.

La idea principal de un texto es el mensaje general que trata de compartir el autor. Los detalles específicos del texto ayudan a respaldar la idea principal.

Las siguientes son algunas estrategias para identificar la idea principal y los detalles:

- Subraya cualquier parte del texto que respalde una idea similar u ofrezca nueva información sobre el mismo tema.
- Usa el texto que subrayaste para inferir qué pretende el autor que el lector se lleve del texto.

Lee la siguiente información sobre los chimpancés.

Chimpancés y humanos

Como los humanos, los chimpancés son animales inteligentes que pueden comunicarse con acciones. Sin embargo, hay muchas diferencias entre los chimpancés y los humanos. Los humanos caminamos distinto de los chimpancés, y usamos el lenguaje para comunicarnos.

Muchas personas también incluyen la diferencia de fuerza. Es correcto, pero no como tú crees. Si bien sus músculos son similares a los de los humanos, los chimpancés son entre dos y tres veces más fuertes que los humanos. Los humanos tienen más control sobre cómo mueven sus músculos, pero eso limita la cantidad de fuerza que pueden ejercer. Como los chimpancés no tienen el mismo tipo de control muscular, tienen mucha más fuerza cuando realizan una acción.

REVISAR LA LECTURA **Idea principal y detalles** ¿Qué quiere el autor que te lleves del texto? Subraya los detalles que te ayudaron a llegar a esa conclusión.

____

____

Lección 1

Los sistemas circulatorio y respiratorio

Puedo...

Explicar cómo el corazón ayuda a mover la sangre a través del cuerpo.

Explicar cómo los sistemas circulatorio y respiratorio interactúan para mover el oxígeno a través del cuerpo.

4-LS1-1

Destreza de lectura

Idea principal y detalles

Vocabulario

sistema de órganos
órgano
tejido
pulmones
diafragma
corazón

Vocabulario académico

función

VIDEO

Ve un video sobre los sistemas circulatorio y respiratorio.

CURRÍCULO Conexión

Piensa en cómo estás respirando ahora. Sientes que el aire se mueve a través de la nariz o la boca. La caja torácica se eleva y baja a medida que el aire entra y sale de tu cuerpo. Si respiras hondo, tal vez sientas que tu abdomen se eleva. Sin embargo, ¿cómo cambia tu respiración cuando hablas o cantas? Muchos cantantes profesionales aprenden y practican métodos de respiración útiles cuando cantan. Esos métodos mejoran la calidad de sus voces. Los cantantes practican cómo expandir la caja torácica para producir sonido. Cuando exhalan, controlan el aire para cantar notas altas y bajas y para mantener frases largas y lentas.

Comparar y contrastar Además de cuando cantas y hablas, ¿cuándo respiras hondo? ¿Por qué crees que así?

____

____

____

túInvestigas Lab

LABORATORIO PRÁCTICO

4-LS1-1, SEP.7, SEP.2

¿Cómo puedes representar cómo respiras?

Los científicos a menudo construyen modelos para estudiar cómo funciona algo. ¿Qué hace que el aire entre a tu cuerpo cuando respiras?

Materiales

- parte superior de una botella de plástico con el fondo recortado
- 2 globos
- cinta adhesiva
- lentes de seguridad
- tijeras

Procedimiento

☐ **1.** Siéntate y observa qué pasa en tu cuerpo a medida que inhalas y exhalas. Usa todos los materiales. Haz un plan para hacer un modelo que muestre cómo el aire entra y sale de tu cuerpo.

☐ **2.** Dibuja tu modelo. Pide permiso a tu maestro antes de empezar a construir tu modelo.

Ten cuidado al usar las tijeras y con los bordes filosos de las botellas de plástico.

Usa lentes de seguridad.

Analizar e interpretar datos

3. ¿Cómo demuestra tu modelo lo que pasa cuando respiras?

Práctica de ciencias

Los científicos **usan modelos** para crear un argumento.

4. Basándote en tu modelo, ¿cómo puedes explicar cómo entra y sale aire de tus pulmones?

Mi modelo

Tejidos, órganos y sistemas de órganos

Si estás sentado quieto en una silla, tal vez pienses que en tu cuerpo no pasa mucho. Sin embargo, en tu cuerpo pasan muchas cosas todo el tiempo. El corazón bombea, y el cerebro recibe y envía señales. Los músculos y los huesos funcionan juntos para que puedas moverte. Todas las partes de tu cuerpo funcionan juntas como sistemas de órganos para cumplir una **función**, o tarea, específica. Un **sistema de órganos** está formado por un grupo de órganos que hacen un trabajo determinado.

Los **órganos** son partes del cuerpo que cumplen funciones específicas. Tu corazón, por ejemplo, es un órgano que forma parte del sistema circulatorio. La función del sistema es mover materiales a lo largo del cuerpo, a través de la sangre. Todos los sistemas del cuerpo funcionan juntos para ayudar a que las células de tu cuerpo satisfagan sus necesidades y sobrevivan.

Los órganos están hechos de **tejidos**, grupos de células del mismo tipo que comparten una función. Tu corazón es un órgano con tejido muscular. Las células que forman el tejido muscular del corazón funcionan juntas para que el corazón bombee.

REVISAR LA LECTURA **Idea principal y detalles** Subraya las oraciones que digan cómo se relacionan los tejidos, los órganos y los sistemas de órganos. Luego, une los rótulos con las partes del diagrama.

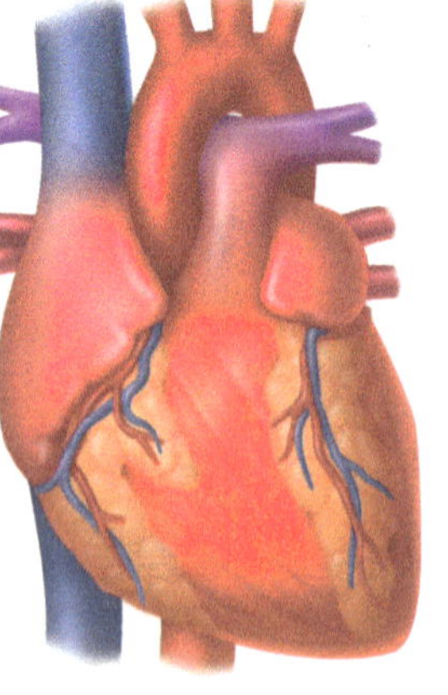

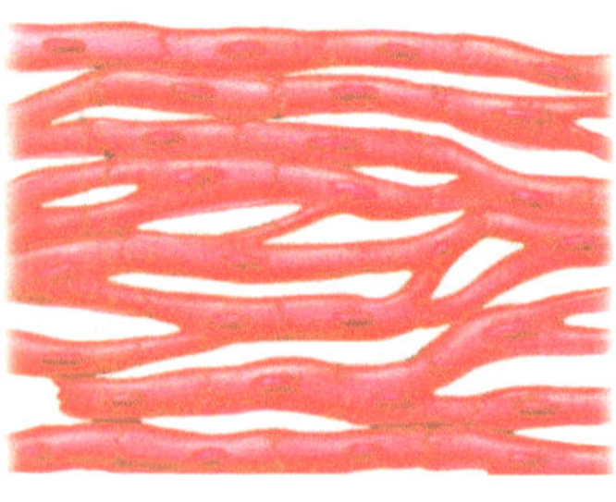

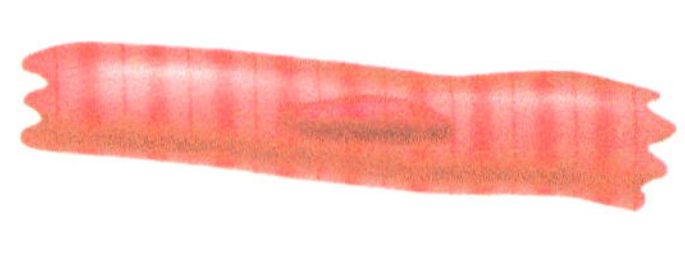

célula | tejido | órgano | sistema de órganos

Sistema respiratorio

El aire entra y sale, una y otra vez. Una persona debe inhalar y exhalar durante toda su vida. Las células del cuerpo necesitan un ingreso sostenido de oxígeno para funcionar correctamente. El oxígeno es parte del aire. El sistema respiratorio toma oxígeno del aire para llevarlo a todas las células del cuerpo. También elimina los desechos gaseosos que producen las células.

El aire entra al cuerpo a través de la nariz o la boca. Fluye a lo largo de la garganta a través de un tubo rígido llamado tráquea. La tráquea se divide en dos tubos más angostos. Cada uno de esos tubos llega a una de las dos partes principales de los **pulmones**, los órganos más importantes del sistema respiratorio. Dentro de los pulmones, esos tubos se dividen en tubos cada vez más pequeños, y terminan en pequeños sacos. En esos sacos, el oxígeno llega a la sangre, y se eliminan los desechos de la sangre.

Los pulmones no pueden expandirse por sí solos para que ingrese el aire al cuerpo. El **diafragma**, un músculo ubicado debajo de los pulmones, hace que el aire entre a los pulmones y salga.

Interpretar diagramas Usa lo que aprendiste para rotular las partes del sistema respiratorio.

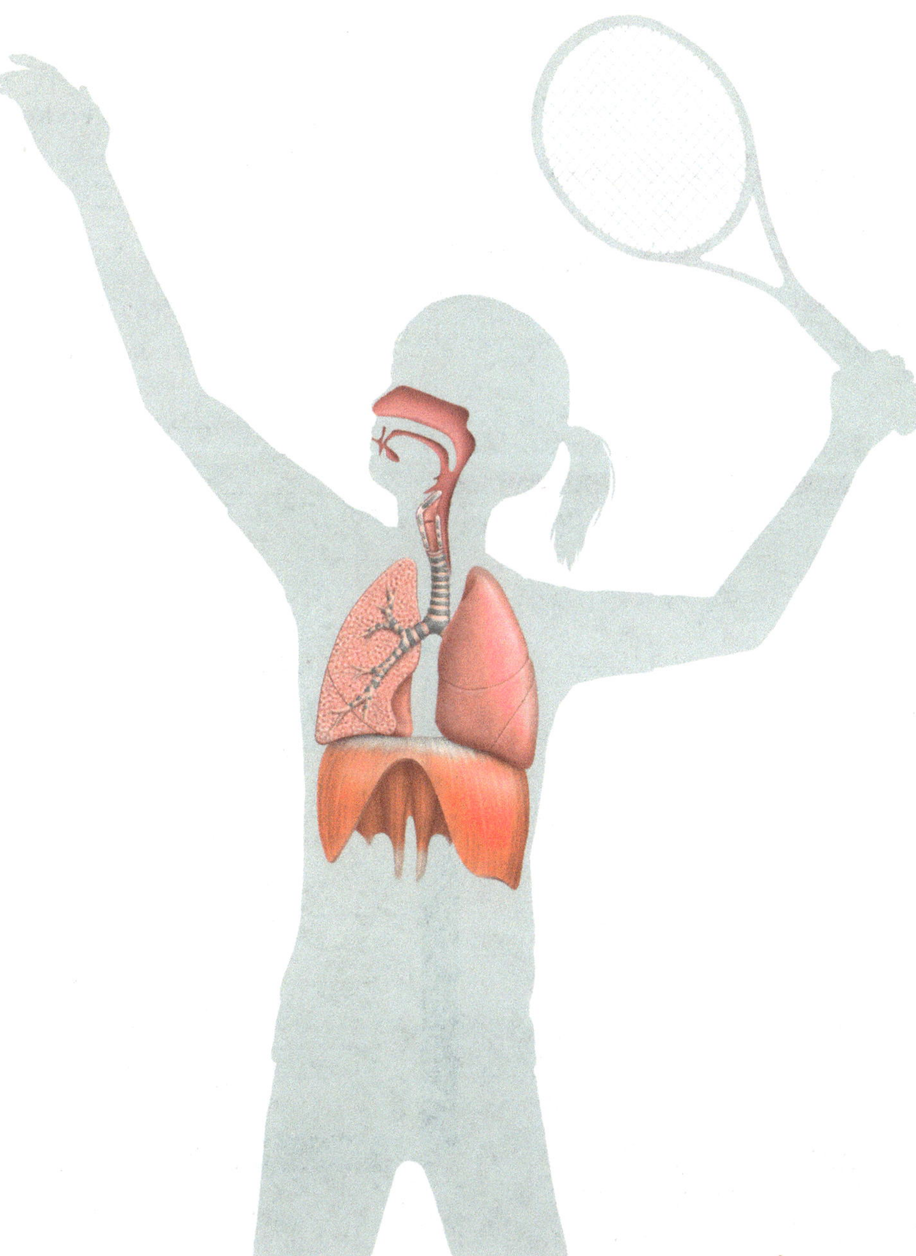

tú, Científico

Investiga tus latidos

Busca tu pulso. Coloca dos dedos debajo de tu mandíbula. Cuenta cuántas veces late tu corazón en 1 minuto. ¿Qué pasará con tu pulso cuando hagas ejercicio? Escribe una hipótesis. Haz un ejercicio con saltos durante 30 segundos. Revisa tu pulso. ¿Los datos apoyan tu hipótesis?

Sistema circulatorio

Si colocas dos dedos debajo de tu mandíbula, en el cuello, puedes sentirte el pulso. Tu pulso es tu ritmo cardíaco, o cuántas veces late el corazón en un minuto. El **corazón** es un órgano muscular que bombea sangre a través de tu cuerpo. El corazón es parte del sistema circulatorio, una red formada por el corazón, la sangre y los vasos sanguíneos. Sigue el camino de la sangre a través del corazón en la imagen. Cuando las cavidades del corazón se relajan, se llenan de sangre. Luego, las cavidades se contraen para expulsarla. Con cada latido, la sangre viaja por tubos a todas las partes del cuerpo.

Los tubos que llevan la sangre a través del cuerpo se llaman vasos sanguíneos. El diagrama muestra solo algunos de los vasos sanguíneos del cuerpo. Los vasos se hacen más angostos a medida que se acercan a las células, hasta que sus paredes tienen solo una célula de espesor. Las arterias son los vasos que sacan la sangre del corazón. Las venas son los vasos que llevan la sangre al corazón.

Lectura ▸ Herramientas

Idea principal y detalles

Los detalles ofrecen información para respaldar una idea principal. ¿Cuáles son dos detalles que hablan del corazón?

Comparar y contrastar Contrasta las funciones de los sistemas respiratorio y circulatorio.

____

____

____

Misión Conexión

¿Cómo fluye la sangre a través del cuerpo?

____

____

____

Identificar En el diagrama del corazón, rotula hacia dónde va la sangre y de dónde viene. Dibuja flechas que muestren el camino de la sangre a través del corazón.

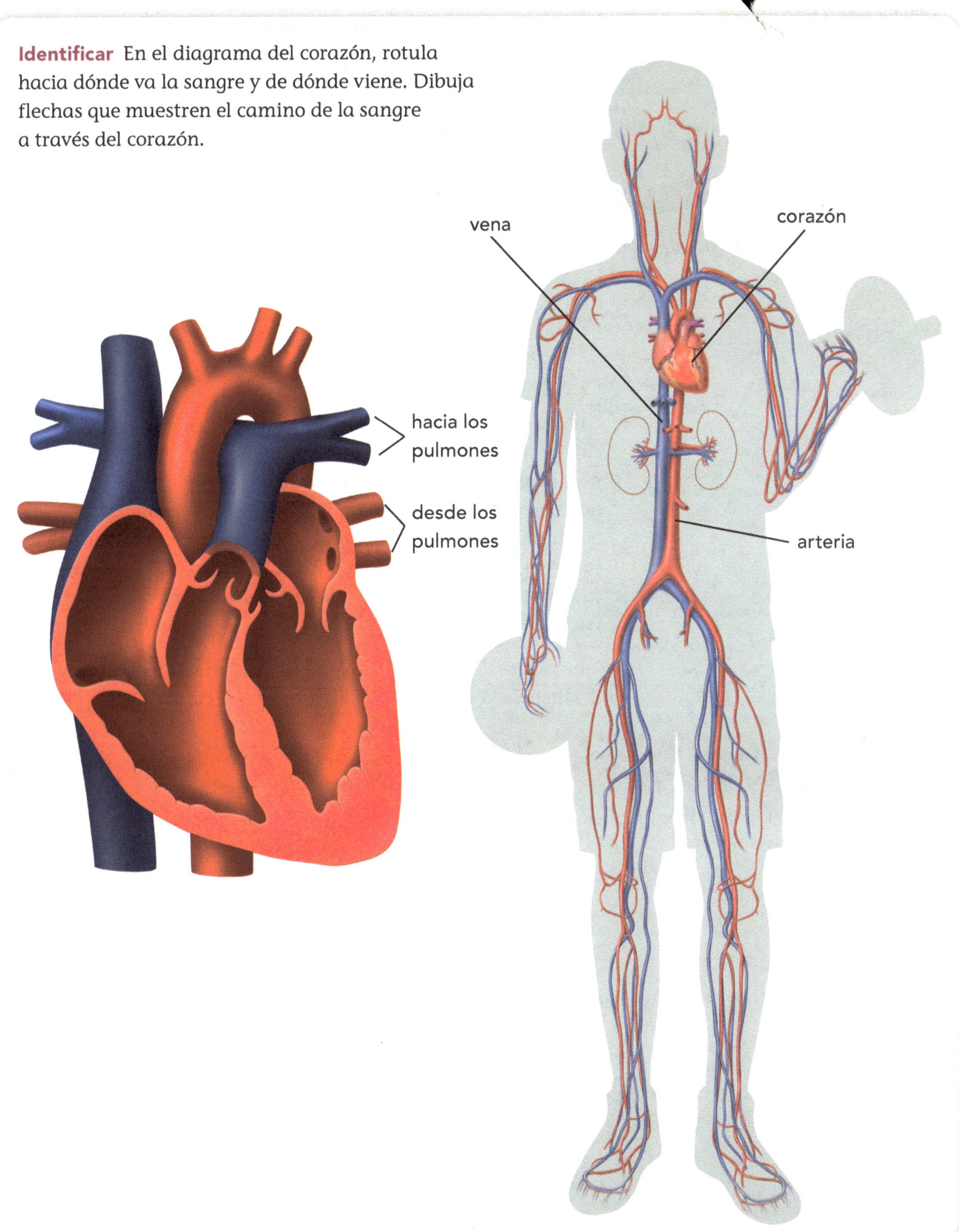

INTERACTIVITY

Sigue el camino de la sangre a través del cuerpo.

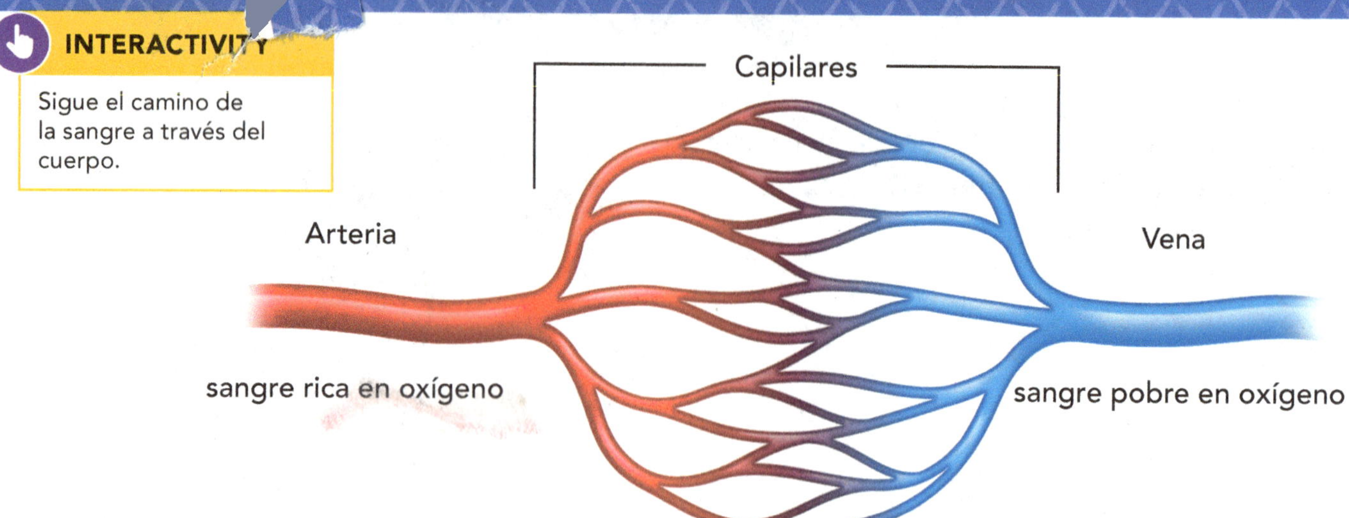

Cómo llega el oxígeno a tus células

Las arterias se dividen en pequeños vasos sanguíneos llamados capilares. ¡Tu cuerpo tiene unos 10,000 millones de esos pequeños vasos! Su función es llevar la sangre a todas las células del cuerpo. El oxígeno, los nutrientes y los demás materiales que transporta la sangre pasan de los capilares a las células. La sangre pobre en oxígeno y los desechos pasan de las células a los capilares, y vuelven a las venas. Las venas llevan la sangre de vuelta a los pulmones.

Interpretar diagramas Usa una flecha para mostrar la dirección del flujo de la sangre en el diagrama de los capilares.

Lección 1: Revisión

1. **Describir** ¿Cuál es la función de los pulmones?

2. **Explicar** ¿Cómo funcionan juntos los sistemas circulatorio y respiratorio?

Misión Control

Sigue la corriente

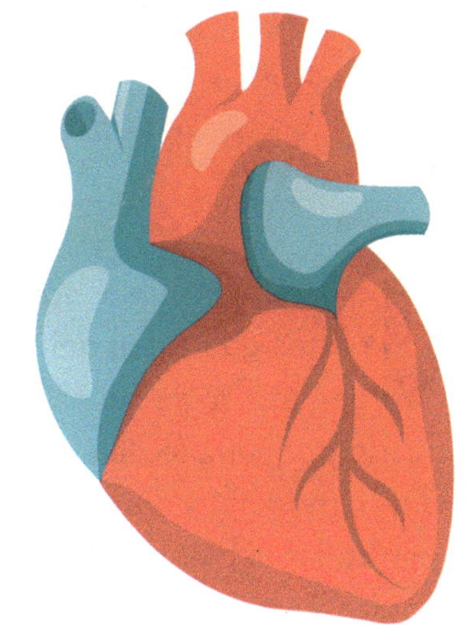

Es hora de pensar en cómo puedes usar tu cámara a control remoto. A veces, las arterias y las venas quedan obstruidas. Puedes usar tu cámara para revisar si algunos vasos sanguíneos están obstruidos.

Una cosa que debes tener en cuenta mientras hagas tu plan es que la fuerza con la que fluye la sangre en los vasos es mayor que la fuerza que podrás aplicar para que la cámara avance. Entonces, la cámara debe seguir la dirección de la sangre.

¿Dónde comenzará el recorrido de tu cámara? Explica tu respuesta.

Dibuja un recorrido que muestre cómo se moverá la cámara a través del sistema circulatorio.

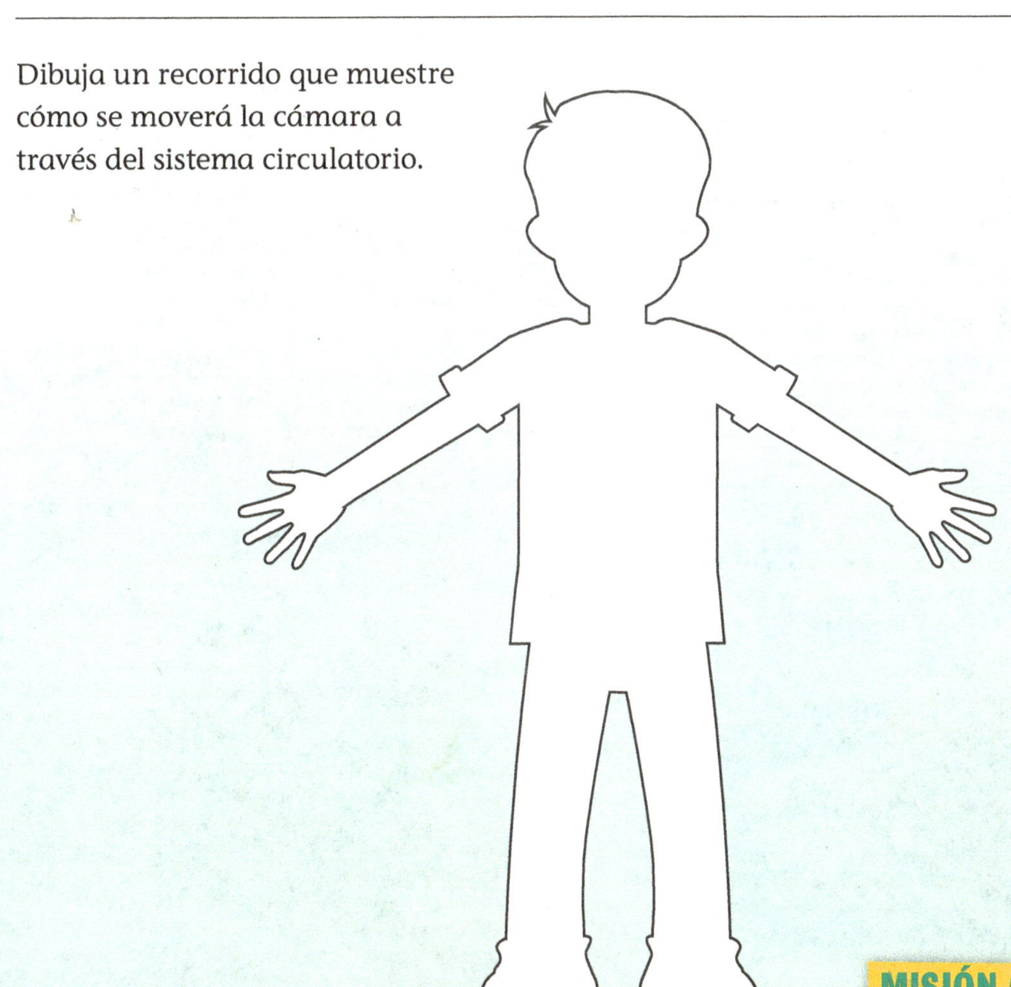

tú, Ingeniero Construir STEM

¡A bombear!

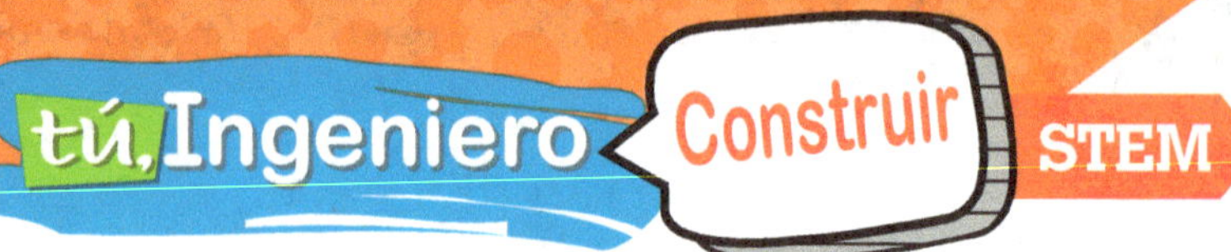

INTERACTIVITY

Conéctate en línea para evaluar y sugerir mejoras en los modelos.

No es fácil observar cómo funciona el sistema circulatorio. No solo se trata de partes que están dentro del cuerpo. Algunas partes, como los capilares, son demasiado pequeñas como para verse sin un microscopio. Cuando algo es demasiado pequeño (o demasiado grande) para verlo, los ingenieros y los científicos construyen modelos para saber cómo funcionan los sistemas. Los científicos pueden observar cómo actúan sus modelos. Pueden usar sus observaciones para desarrollar tecnologías, como corazones artificiales y válvulas mecánicas para el corazón. Pueden usar impresoras 3D para hacer un modelo de un órgano de una persona determinada. Pueden practicar en el modelo antes de realizar una cirugía.

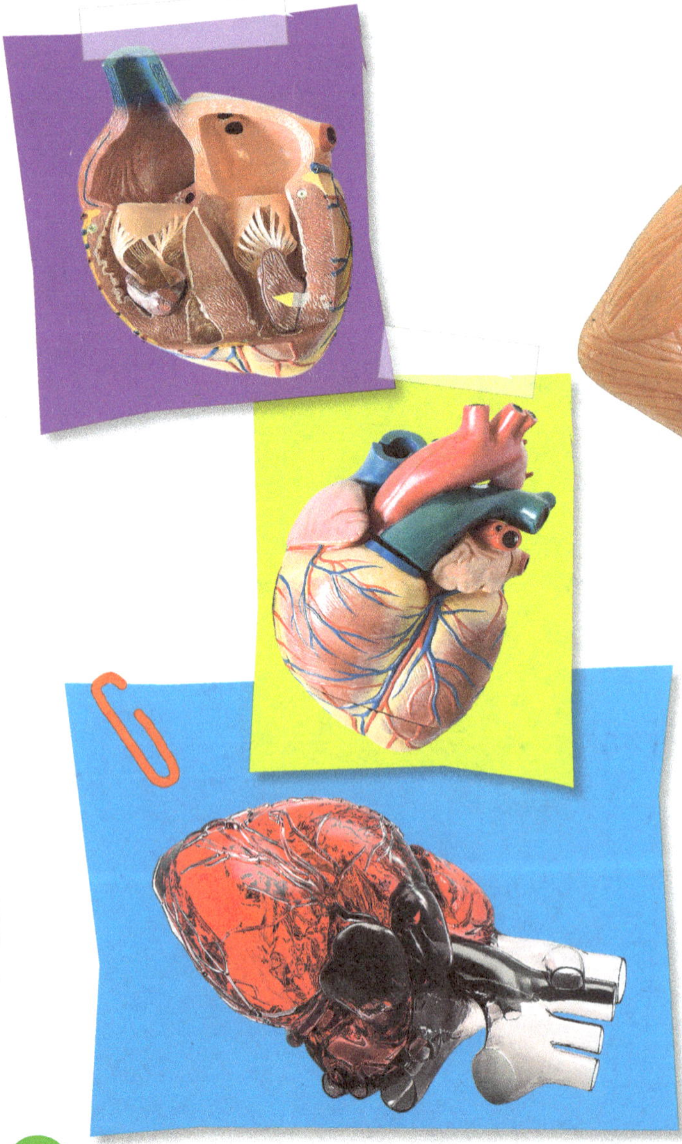

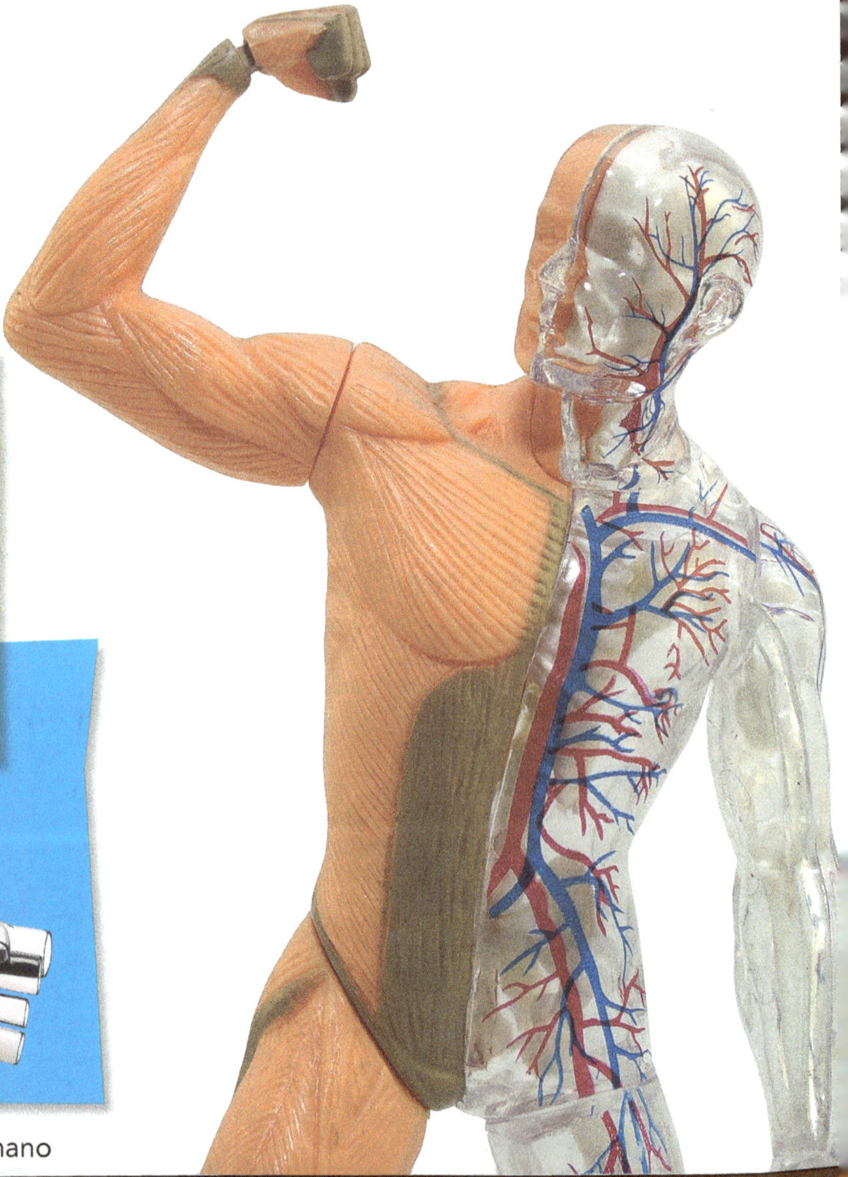

littleBits™

Constrúyelo

Vas a construir un modelo del sistema circulatorio. Tu modelo debe mostrar cómo fluye la sangre a través de las cuatro partes del corazón y cómo fluye entre una parte del cuerpo y otra.

- [ ] Haz un plan para construir tu modelo. Decide qué materiales usarás en cada parte. ¿Cómo funcionará el modelo? Haz un dibujo para mostrar tu plan.

- [ ] Muestra tu plan a tu maestro antes de empezar. Luego, construye tu modelo.
- [ ] Prueba tu modelo. Identifica cualquier problema que tenga. Haz los cambios que sean necesarios.
- [ ] Comparte tu modelo con tus compañeros.

Lección 2

El esqueleto, los músculos y la piel

Puedo...

Describir las funciones del esqueleto, los músculos y la piel.
Explicar cómo los sistemas esquelético y muscular interactúan para permitir el movimiento.

4-LS1-1

Destreza de lectura

Idea principal y detalles

Vocabulario

sistema esquelético
músculo
piel

Vocabulario académico

extender

VIDEO

Ve un video sobre las funciones de la piel.

DEPORTES Conexión

Imagina que vas a toda velocidad en una patineta o en patines. De repente te encuentras dado vuelta en el aire. Caes de cabeza. ¡AY! Qué bueno que tenías un casco para proteger tu cráneo de lesiones. Cada año, más de 3.5 millones de niños de menos de 14 años de edad se lesionan en actividades deportivas. La mitad de las lesiones se producen en bicicleta, en patineta o en patines. Las lesiones en el cráneo son especialmente peligrosas, porque el cráneo protege el cerebro. Los cascos, las antiparras, las rodilleras y las coderas ayudan a reducir las lesiones, como las fracturas, los cortes y los moretones. ¡Recuerda prevenir las lesiones graves usando equipo de protección!

Comunicar ¿Para qué otros deportes debe usar equipo de protección una persona?

___

___

___

túInvestigas Lab

4-LS1-1, SEP.2, SEP.7

¿Cómo puedes probar la fuerza de un hueso?

Materiales recomendados

- cartulina
- cartón
- perforadora
- tijeras
- libros
- cinta adhesiva

Las personas que practican muchos deportes necesitan huesos saludables que sostengan su cuerpo mientras juegan. ¿Cómo puedes comparar la fuerza de distintos huesos?

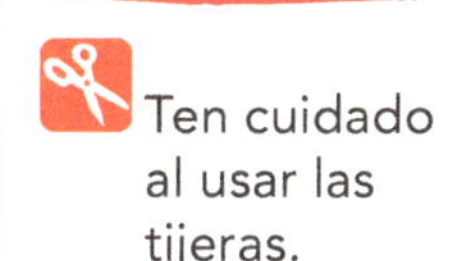

Procedimiento

☐ **1.** Haz un plan para fabricar y usar modelos para responder la pregunta. Di cómo pondrás a prueba tu modelo de huesos. Muestra tu plan a tu maestro antes de empezar.

☐ **2.** Construye los modelos.

☐ **3.** Prueba tus modelos. Registra tus observaciones.

Práctica de ciencias

Los científicos **crean argumentos** apoyados por la evidencia.

Analizar e interpretar datos

4. Usar evidencia ¿Cómo afecta la estructura de un hueso a su fuerza? Cita la evidencia de los datos que reuniste.

Observaciones

tú, Científico

Pon a prueba un hueso débil
Coloca un hueso de pollo en un vaso con vinagre. Deja el hueso en el vaso durante varios días. Retira el hueso. Dóblalo. ¿Qué efecto tiene el vinagre sobre el hueso?

Sistema esquelético

¿Qué crees que pasaría si tus huesos desaparecieran de repente? ¡Te desplomarías en el suelo como una masa! Tu cuerpo tiene 206 huesos, que forman el **sistema esquelético**. El sistema esquelético sostiene tu cuerpo y le da forma. Tus huesos también protegen tus órganos internos.

Identificar Marca con una X los huesos que creas que protegen tus órganos internos. Encierra en un círculo los huesos que te ayudan a estar de pie.

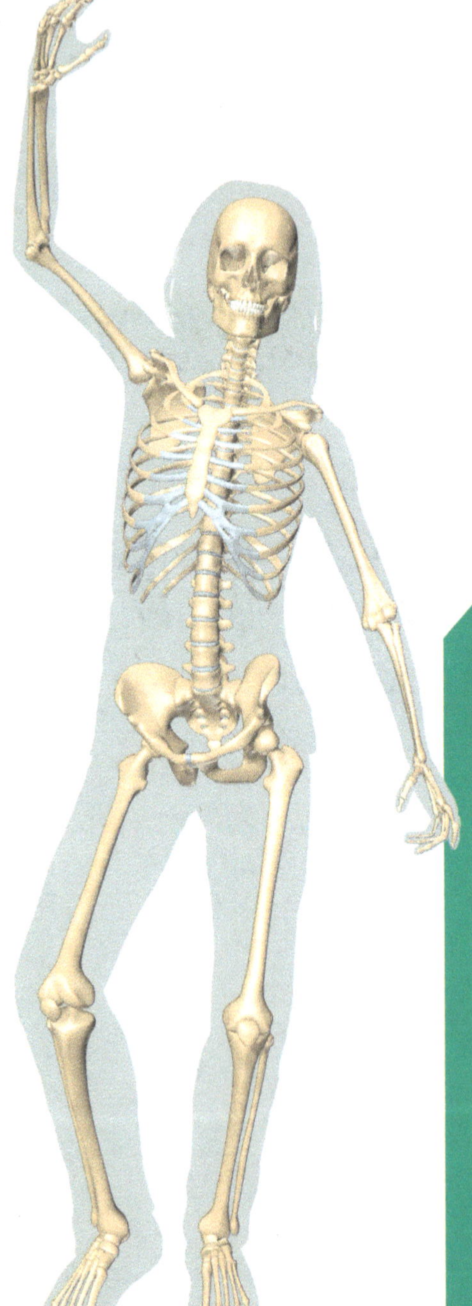

Los huesos están hechos de tejidos vivos. También contienen materiales inertes, llamados minerales. El calcio es un mineral que es importante para tener huesos fuertes y saludables. Los huesos contienen un material flexible llamado cartílago. Tócate la nariz y las orejas. Pueden doblarse. Eso se debe a que partes de tu nariz y tus orejas están hechas de cartílago. Los cartílagos también actúan como amortiguación donde hay dos huesos que se tocan, por ejemplo, en el punto de la rodilla en que se unen dos huesos de la pierna.

Idea principal y detalles Subraya las oraciones que dicen la idea principal acerca del sistema esquelético.

Misión Conexión

¿Cómo podría usarse una cámara a control remoto para identificar una lesión dentro del cuerpo?

____

____

____

____

____

____

Sistema muscular

Los huesos de tu cuerpo no podrían moverse sin músculos. Los **músculos** son órganos que se contraen, o se encogen, y se relajan, o se expanden, para mover los huesos. El sistema muscular está formado por tres tipos de músculos: músculos lisos, cardíacos y esqueléticos. Los órganos del cuerpo, como el estómago, están hechos de músculo liso. El músculo cardíaco forma el corazón. Los músculos necesitan oxígeno para realizar tareas.

Conectar conceptos ▸ Herramientas

Estructura y función
La estructura de los músculos esqueléticos permite que se contraigan. ¿Cómo se relaciona esa estructura con la función de los músculos?

Los músculos esqueléticos están adosados a tus huesos con unos tejidos resistentes, con forma de cuerda, llamados tendones. Los músculos esqueléticos solo pueden jalar de los huesos. No pueden empujarlos. Por eso, trabajan de a dos para mover los huesos. Por ejemplo, si doblas el brazo a la altura del codo, puedes sentir cómo el músculo en la parte superior del brazo se contrae, o se encoge. Esa acción hace que los huesos se muevan, a fin de que tu brazo se doble en el codo. Ahora, **extiende**, o endereza, tu brazo. Pon tu mano en el músculo que está debajo del brazo. Cuando ese músculo opuesto se contrae, tu brazo se endereza.

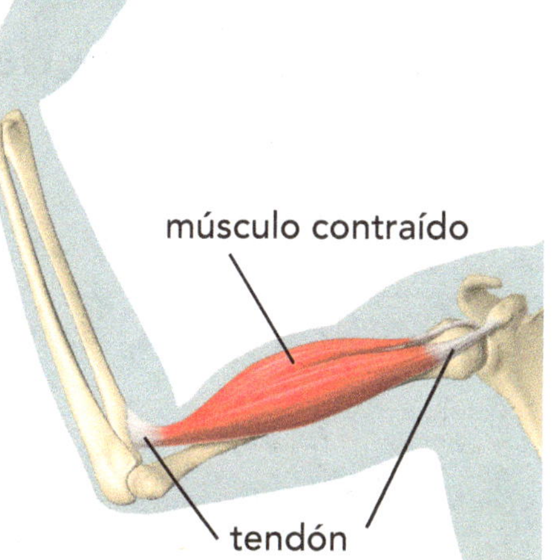

¡Diséñalo! Dibuja un diseño que puedas usar para hacer un modelo que muestre cómo funcionan juntos los pares de músculos para mover un hueso.

¿Cómo PATINAMOS SOBRE HIELO?

Todos los sistemas de tu cuerpo trabajan juntos cuando realizas una tarea o una actividad.

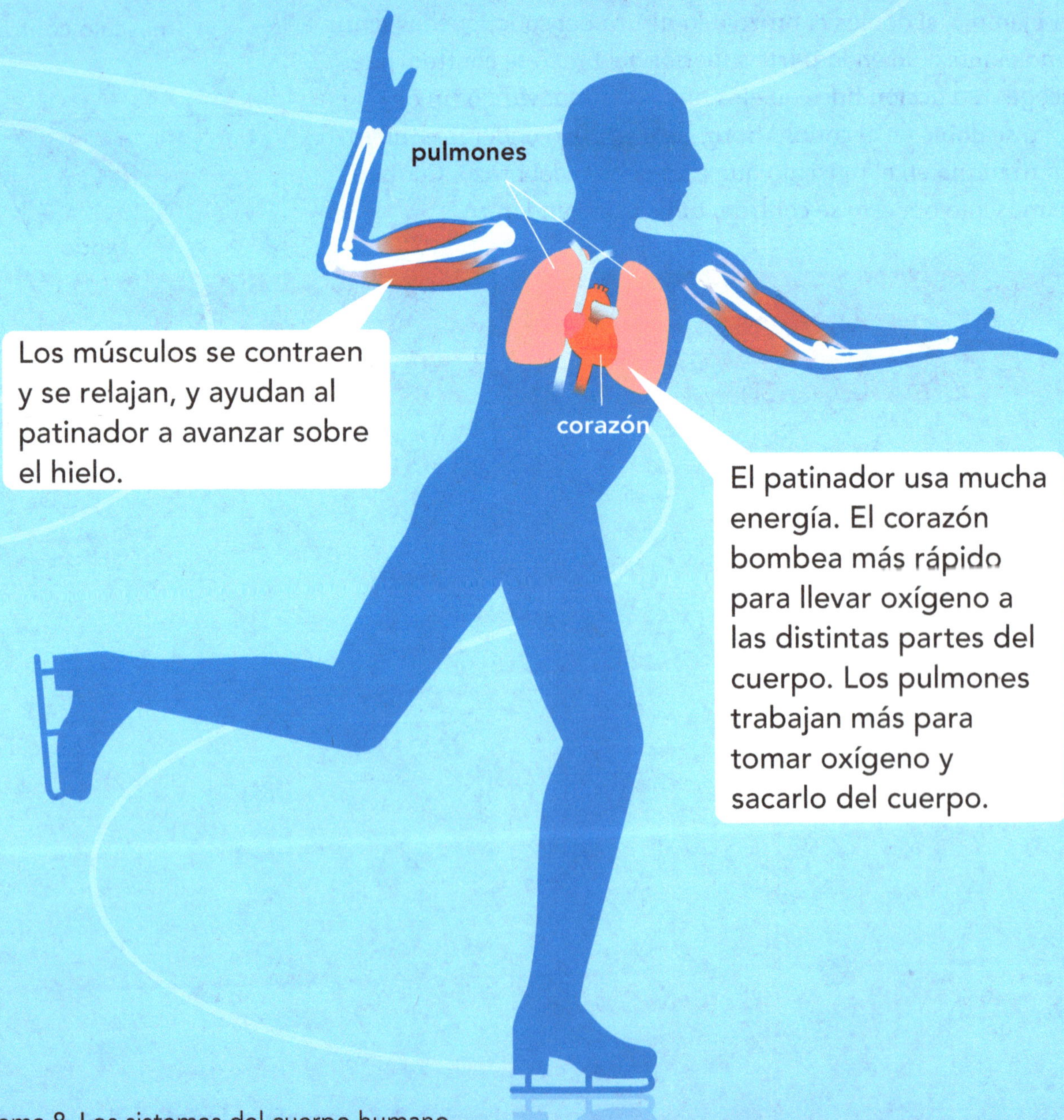

pulmones

corazón

Los músculos se contraen y se relajan, y ayudan al patinador a avanzar sobre el hielo.

El patinador usa mucha energía. El corazón bombea más rápido para llevar oxígeno a las distintas partes del cuerpo. Los pulmones trabajan más para tomar oxígeno y sacarlo del cuerpo.

Haz una actividad acerca de los sistemas que te ayudan a moverte.

El patinador comienza a transpirar a medida que se acerca al final de su actuación.

Los huesos del patinador sostienen el cuerpo cuando el patinador salta y aterriza.

Escribe tu propio pie de ilustración. Describe cómo funcionan juntos los sistemas del cuerpo para que el patinador avance sobre el hielo.

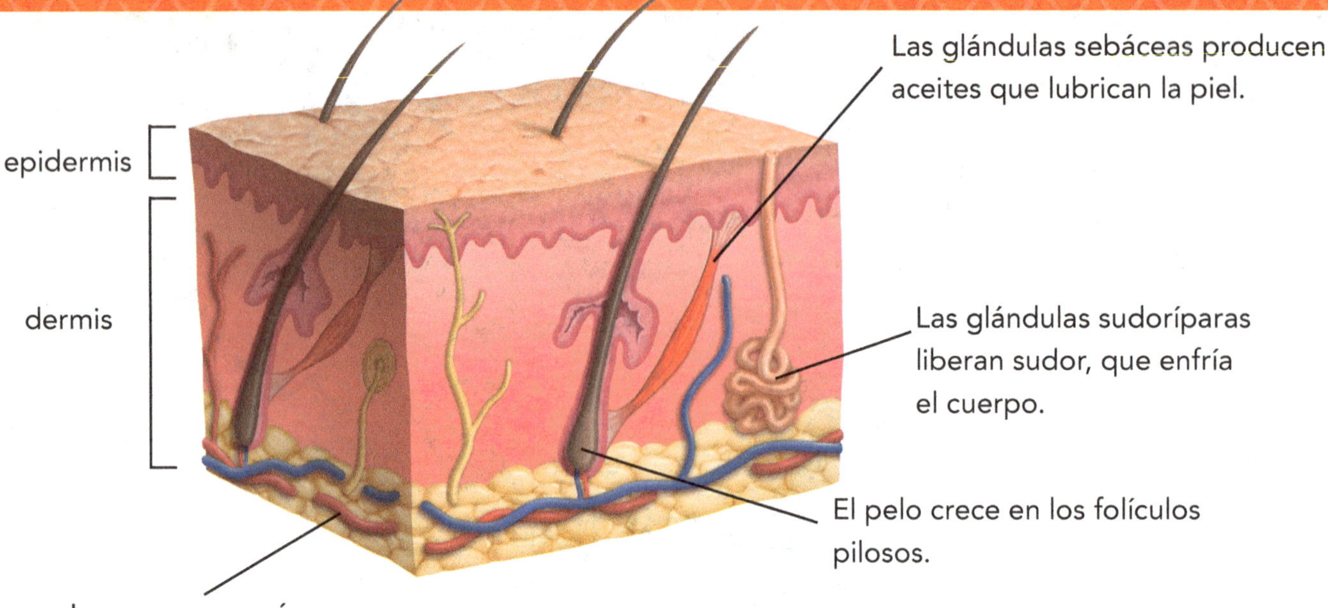

Piel

Tu **piel** es el órgano más grande de tu cuerpo. Cubre y protege tus órganos internos. También protege tu cuerpo de los gérmenes que causan enfermedades y te ayuda a mantenerte fresco, a través de la transpiración. La piel tiene dos capas. Cuando miras tu piel, lo que ves es la fina capa exterior, la epidermis. Pellizca la piel de tu brazo. Puedes sentir la dermis debajo de la epidermis. La capa de la dermis está llena de estructuras con distintas funciones. Debajo de la dermis hay capas de grasa, vasos sanguíneos y músculos.

Explícalo En tu cuaderno de ciencias, escribe por qué es importante cuidar la piel. Haz una lista de maneras en que cuidas tu piel.

Lección 2: Revisión

1. **Resumir** ¿Dónde se encuentran los tres tipos de músculos?

____

____

____

2. **Explicar** ¿Cómo funcionan juntos los músculos y los huesos para mover el cuerpo?

____

____

Búsqueda de lesiones

Supón que acaban de ponerle un yeso a alguien en la pierna. La persona debe usar el yeso por varias semanas, mientras el hueso roto debajo de la rodilla se repara. Durante ese tiempo, la persona no podrá usar los músculos de la parte baja de la pierna.

¿Qué podría pasar con los músculos unidos a los huesos de la pierna? Puedes usar la cámara a control remoto para descubrirlo. La cámara puede inyectarse con una aguja corta. ¿Qué camino debe seguir la cámara para verificar la salud del músculo? Dibuja el recorrido de la cámara.

¿Qué podría descubrir la cámara acerca de la salud del músculo?

____

____

Lección 3

El sistema nervioso

Puedo...

Describir las funciones del encéfalo y los órganos sensoriales.

4-LS1-1, 4-LS1-2

Destreza de lectura
Idea principal y detalles

Vocabulario
órgano sensorial
encéfalo

Vocabulario académico
responder

VIDEO
Ve un video sobre los órganos sensoriales.

INGENIERÍA Conexión

¿Alguna vez pensaste en cómo mueves tu brazo? ¿O simplemente lo mueves, sin pensar demasiado? ¿Cómo envía señales el encéfalo, comúnmente llamado cerebro, para que las partes del cuerpo se muevan? Eso es algo que los científicos y los ingenieros han investigado. Usaron lo que saben para desarrollar un brazo "biónico". Un brazo biónico es un brazo artificial que las personas pueden controlar con sus pensamientos. Las personas que perdieron un brazo en un accidente usan brazos biónicos para hacer muchas tareas distintas. Cuando una persona piensa en realizar una tarea, como levantar un objeto, los mensajes viajan desde el encéfalo, a través del sistema nervioso, hasta el brazo biónico. El brazo biónico interpreta el mensaje y realiza la tarea.

Escríbelo En tu cuaderno de ciencias, escribe cómo crees que las señales del encéfalo pueden llegar al brazo biónico.

túInvestigas Lab

LABORATORIO PRÁCTICO

4-LS1-2, SEP.2

¿Qué partes del cuerpo son más sensibles?

Materiales

- regla métrica
- borradores
- cinta adhesiva

Un técnico en imágenes médicas puede generar imágenes que muestran los nervios de tu cuerpo. ¿Cómo puedes saber si los nervios de distintas partes del cuerpo son más sensibles al tacto?

Práctica de ciencias

Los científicos desarrollan y **usan modelos** para predecir fenómenos.

Procedimiento

☐ **1.** ¿Qué es más sensible al tacto: la punta de tu dedo, tu brazo o tu tobillo? Escribe tu predicción.

___

☐ **2.** Planea un procedimiento para poner a prueba tu predicción. Muestra tu plan a tu maestro antes de empezar. Anota tus observaciones.

Analizar e interpretar datos

3. Hacer modelos Haz un dibujo que muestre en qué crees que se diferencian las cantidades de nervios de las tres partes del cuerpo que probaste.

Observaciones	Cómo se comparan las cantidades de nervios

Conexión con la comprensión visual

¿Qué son los órganos sensoriales?

Tu cuerpo se conecta con el mundo a través de los órganos sensoriales. Cada órgano sensorial reúne tipos específicos de información. La información es enviada al encéfalo, que es el centro de control del cuerpo. El encéfalo interpreta la información y luego indica al cuerpo cómo debe reaccionar a esa información.

Ojo

El ojo nos permite **ver**. La luz entra al ojo a través de una pequeña abertura llamada pupila. Una lente ubicada detrás de la pupila concentra la luz en la parte trasera del ojo. Desde allí, un nervio envía señales al encéfalo. El encéfalo interpreta las señales para formar una imagen visual.

Oído

Puedes **oír** gracias a tus oídos. Las ondas sonoras entran al oído y hacen que el tímpano vibre. El oído convierte las vibraciones en señales nerviosas. Un nervio lleva las señales al encéfalo. El encéfalo interpreta las señales como palabras, música u otros sonidos.

Lengua

El sentido del **gusto** está en la lengua. Tiene pequeñas estructuras llamadas papilas gustativas. Envían señales a tu encéfalo. El encéfalo interpreta las señales como un sabor: dulce, salado, amargo o agrio.

Nariz

La nariz detecta el **olor**. Hay pequeñas estructuras de la lengua que capturan las sustancias químicas del aire. Convierten esas sustancias en señales nerviosas que se envían al encéfalo. El encéfalo interpreta esas señales como distintos olores. Tu sentido del olfato también te ayuda a saborear cosas.

Piel

El sentido del **tacto** está en las terminaciones nerviosas de la piel. Te ayudan a sentir presión, dolor, calor y frío. Algunas partes del cuerpo, como las puntas de los dedos, tienen más terminaciones nerviosas que otras.

Elige uno de los sentidos. Dibuja algo que detectes con ese sentido.

INTERACTIVITY

Haz una actividad acerca del sistema nervioso.

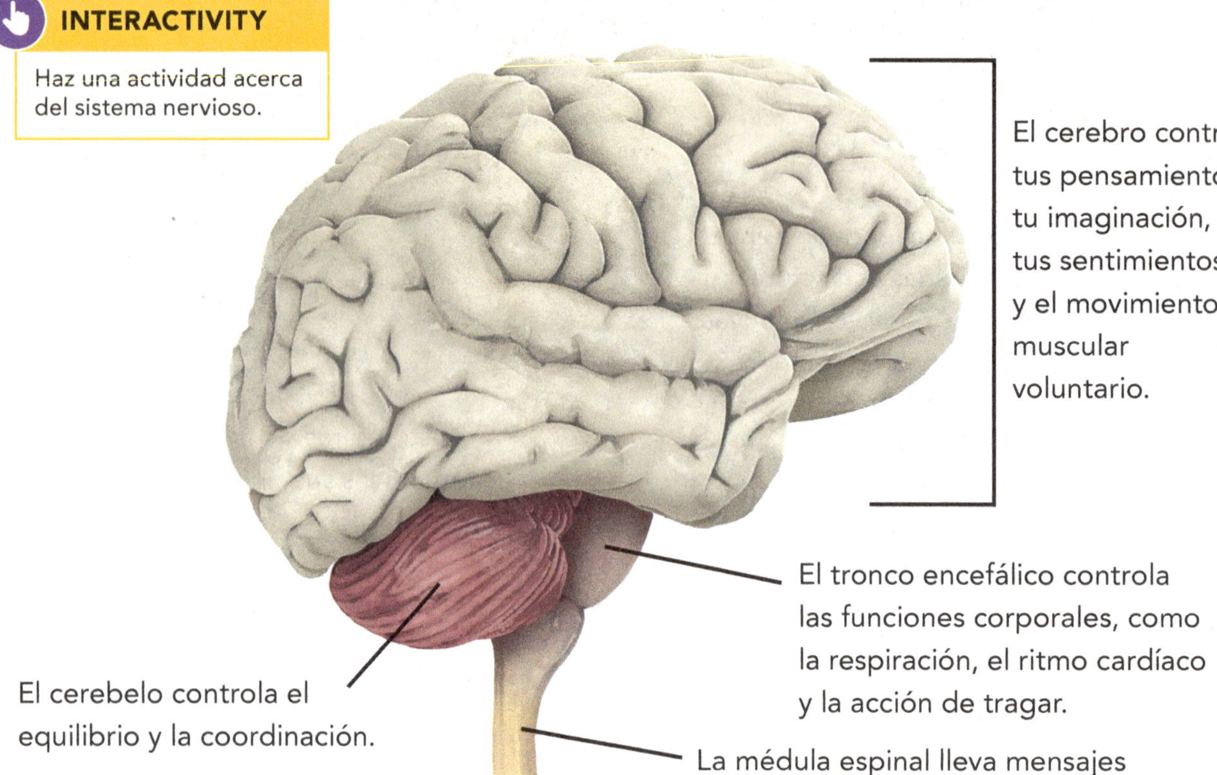

tú, Científico

Tiempo de reacción

El tiempo que te lleva reaccionar ante algo se llama tiempo de reacción. Con un compañero, diseña una manera de poner a prueba tu tiempo de reacción. Haz una predicción. ¿Mejora tu tiempo de reacción con la práctica?

Encéfalo

El sistema nervioso envía mensajes a través de tu cuerpo. El encéfalo es el órgano más complejo de tu cuerpo. ¡Hace más que solo pensar! Interpreta la información que recibe acerca de las condiciones que hay dentro y fuera del cuerpo. Luego envía mensajes al cuerpo, que le indican cómo debe **responder**, o reaccionar. El encéfalo está formado por células nerviosas. Las células nerviosas también llevan mensajes a través de la médula espinal desde y hacia todas las partes del cuerpo.

Misión Conexión

¿A qué tipos de mensajes podría responder el encéfalo si haces equilibrio sobre un solo pie?

____

____

____

Nervios

El encéfalo y la médula espinal forman el sistema nervioso central. La médula espinal está formada por un grupo de nervios. Los mensajes que viajan desde y hacia el encéfalo recorren los nervios de la médula espinal. Esos nervios se dividen y van hacia otras partes del cuerpo. Algunos de esos nervios son nervios motores, que llevan mensajes desde el encéfalo hacia otras partes del cuerpo. Otros nervios son nervios sensoriales, que llevan mensajes desde los órganos sensoriales y otras partes del cuerpo hacia la médula espinal.

Conectar conceptos ▸ Herramientas

Estructura y función La forma de una estructura está estrechamente relacionada con su función. ¿Cómo permite la forma del sistema nervioso que el encéfalo lleve mensajes a todas las partes del cuerpo?

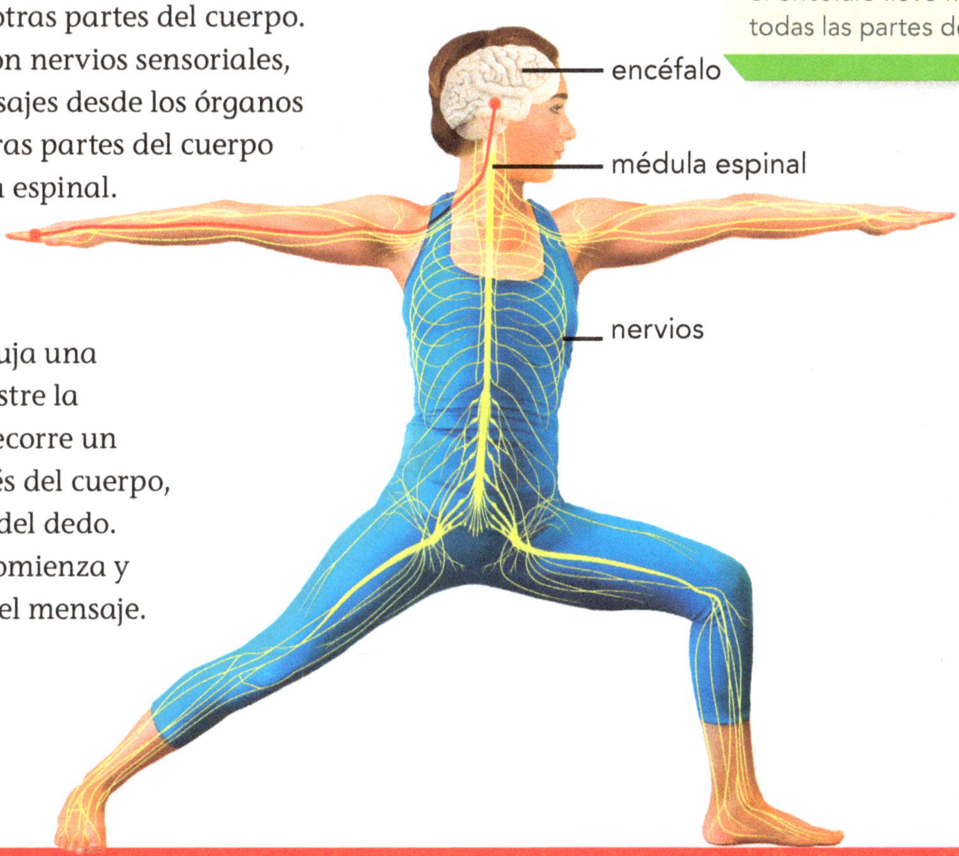

encéfalo

médula espinal

nervios

Identificar Dibuja una flecha que muestre la dirección que recorre un mensaje a través del cuerpo, desde la punta del dedo. Rotula dónde comienza y dónde termina el mensaje.

Lección 3: Revisión

1. **Explicar** ¿Cómo funciona tu sistema nervioso para que puedas oír sonidos?

____

____

____

2. REVISAR LA LECTURA **Idea principal** Escribe un enunciado de idea principal acerca del sistema nervioso.

____

____

____

STEM Misión Control Lab

¿Cómo puedes probar las señales que se mueven desde y hacia el encéfalo?

Materiales

- cinta adhesiva de papel

El encéfalo debe interpretar mensajes para indicar a otras partes del cuerpo qué deben hacer. ¿Cómo te ayudan las señales de tu encéfalo a caminar en línea recta?

Práctica de ingeniería

Los ingenieros **crean explicaciones** usando modelos.

Diseñar una solución

☐ **1.** Piensa en la información que recibe tu encéfalo que te ayuda a caminar en línea recta. Predice qué pasaría si tu encéfalo no recibiera esa información.

____

____

____

____

____

☐ **2.** Usa los materiales para probar tu predicción. Muestra tu plan a tu maestro antes de empezar. Registra tus observaciones.

____

____

____

____

☐ **3.** Piensa en cómo viajan las señales a través de tu cuerpo. ¿En qué se parece ese mecanismo a la microcámara a control remoto? Dibuja un modelo que muestre el camino que debe seguir una señal para viajar del técnico a la cámara y de vuelta al técnico.

4-LS1-2, SEP.6

Comunicar la solución

4. Explicar ¿Muestra tu modelo cómo la cámara a control remoto se mantiene en el camino correcto a través del cuerpo? Explica tu respuesta.

5. Analizar Muestra tu modelo a otro grupo de estudiantes. Compara el recorrido que diseñaste con el de los demás estudiantes. Comenta las diferencias.

Lección 4

Los sistemas digestivo, reproductivo y otros

Puedo...

Relacionar las estructuras de los sistemas digestivo, reproductivo y otros con sus funciones.

4-LS1-1

Destreza de lectura

Idea principal y detalles

Vocabulario

intestino delgado
intestino grueso
páncreas
hígado
estómago
sistema excretor
riñones
vejiga

Vocabulario académico

conectar

VIDEO

Ve un video sobre el sistema digestivo.

LOCAL-A-GLOBAL Conexión

Oh, no ¡Tu cuerpo tiene bacterias! Algunas bacterias son buenas para tu salud. Por ejemplo, el sistema digestivo contiene bacterias que te ayudan a digerir los alimentos. Sin embargo, no todas las personas tienen las mismas bacterias digestivas. En Japón, las personas tienen bacterias con una sustancia que permite digerir algas. Esas bacterias no están en las personas de América del Norte. Los científicos creen que las bacterias llegaron a los intestinos de las personas de Japón a lo largo de muchas generaciones, a raíz del hábito de comer la misma alga en muchas comidas japonesas. Las bacterias viven en las algas que las personas ingieren.

Explicar ¿Por qué estas bacterias se encuentran únicamente en las personas de Japón?

____

____

túInvestigas Lab

4-LS1-1, SEP.7

¿Cómo están organizados dentro del cuerpo los intestinos?

Los datos científicos muestran que el intestino delgado es muy largo. ¿Cómo puede entrar en tu cuerpo algo tan largo?

Materiales

- hoja de papel grande
- cinta de medir

Materiales recomendados

- cordel
- cuerda
- hilo
- pegamento
- tijeras

Práctica de ciencias

Los científicos **usan evidencia** para crear un argumento.

Procedimiento

☐ **1.** Traza el contorno del cuerpo de otro estudiante en la hoja grande de papel.

☐ **2.** Tu intestino delgado tiene aproximadamente 3.5 veces tu altura. Calcula en metros la longitud del intestino delgado del estudiante que delineaste. Registra tus datos.

☐ **3.** Elige un material que represente el intestino delgado. Usa el material para representar cómo podría organizarse el intestino en el cuerpo delineado. Dibuja cómo se ve tu modelo.

Analizar e interpretar datos

4. Usar evidencia ¿Cómo crees que se organiza el intestino delgado para entrar en un espacio tan pequeño? Suministra evidencia tomada de tus observaciones.

Conectar conceptos ▸ Herramientas

Estructura y función Mira la forma de tus dientes en un espejo. Contrasta los dientes frontales y los traseros. ¿En qué se diferencian? ¿Cuáles son las distintas formas en que se usan?

Sistema digestivo

¿Qué comiste hoy para el desayuno? Una vez que tragaste la comida, ¿adónde fue? Entró al sistema digestivo. El sistema digestivo descompone la comida en nutrientes y otras sustancias que el cuerpo puede usar. Las células usan esas sustancias como fuente de energía, crecimiento y reparación. El alimento atraviesa muchos cambios a medida que pasa por el sistema digestivo.

La digestión empieza en la boca, donde tus dientes desgarran y trituran la comida. La saliva, el líquido que hay en tu boca, descompone químicamente parte del alimento. Estudia el diagrama para ver cómo se descompone y se absorbe el alimento a medida que pasa a través del resto del sistema digestivo.

Identificar Rotula la parte que falta del diagrama.

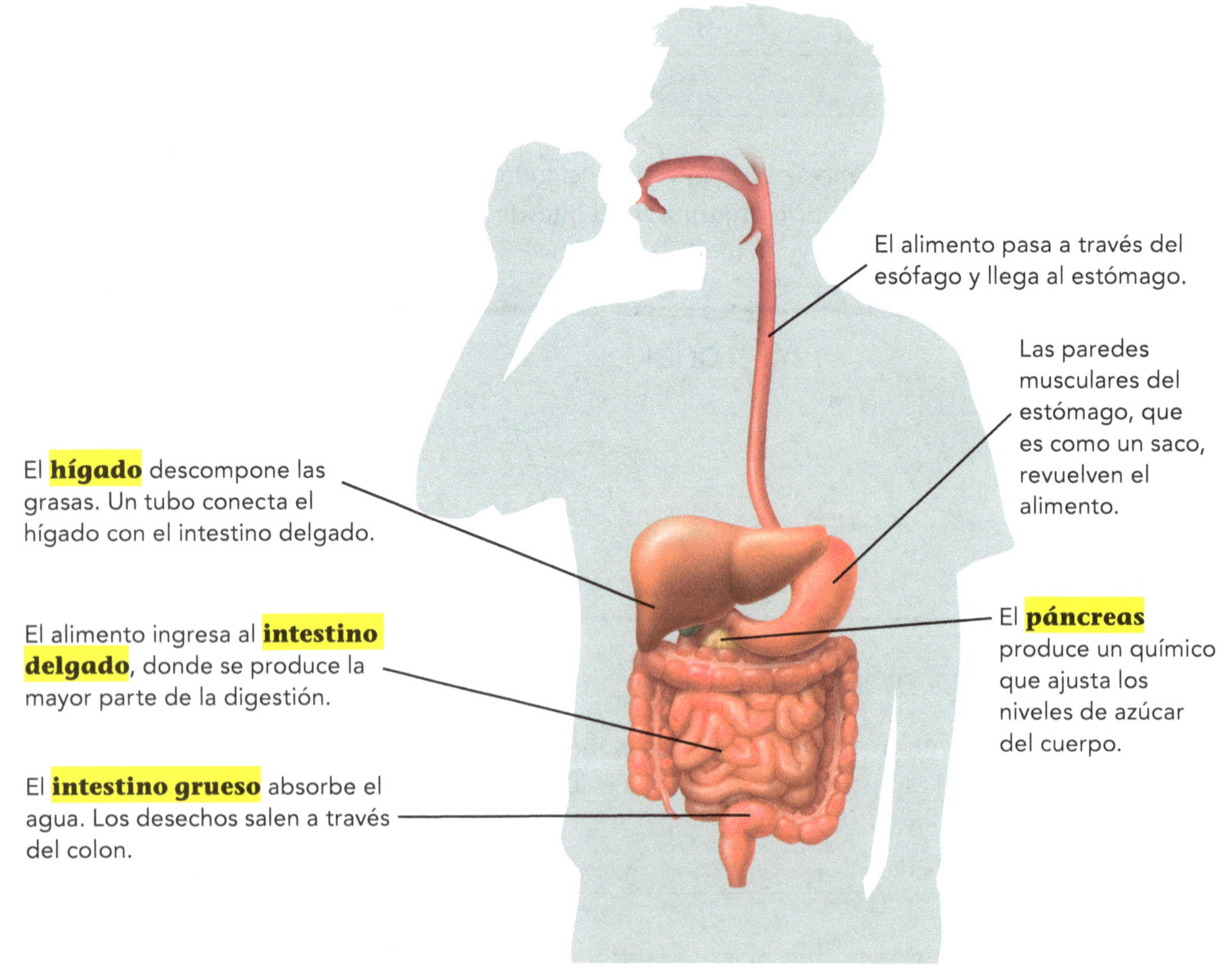

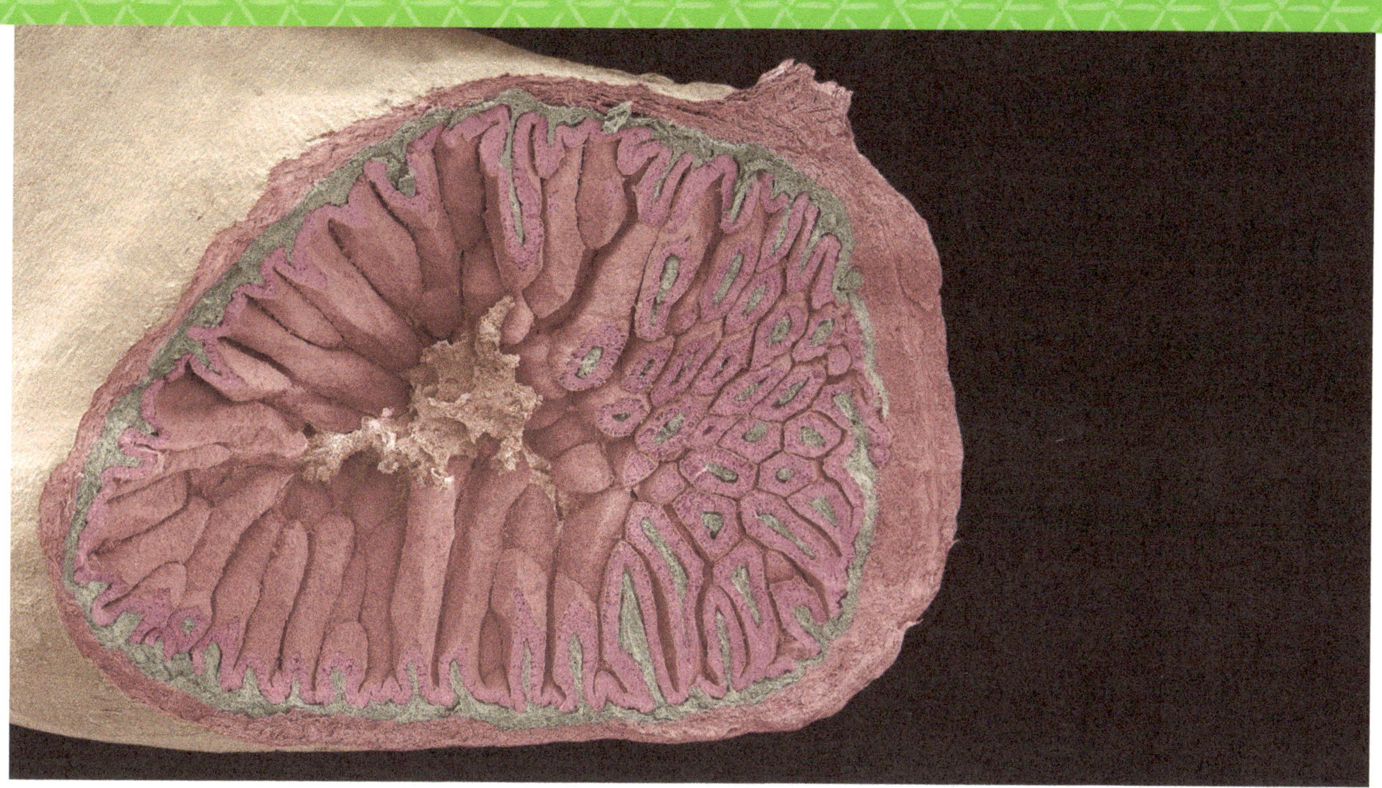

Cómo llegan los nutrientes a las partes del cuerpo

A menudo pensamos que el estómago es el órgano que digiere nuestro alimento. Sin embargo, el **estómago** participa de la digestión solo de algunos tipos de alimento. La mayor parte de la digestión se produce en el intestino delgado. Además de los jugos digestivos que produce el intestino, el hígado y el páncreas envían sustancias químicas al intestino delgado para descomponer el alimento.

Mira las pequeñas estructuras con forma de dedo que hay en la foto transversal del intestino delgado. Son las vellosidades de la parte interna del intestino delgado. Las paredes de las vellosidades están revestidas de capilares. El alimento que está totalmente digerido es absorbido por las paredes de las vellosidades, e ingresa a los capilares. Los capilares se **conectan**, o se unen, con vasos sanguíneos más amplios que llevan los nutrientes al resto del cuerpo.

Relacionar ¿Por qué es importante que las vellosidades absorban el alimento digerido y lo lleven a la sangre?

___

___

___

tú, Científico

Digestión en la boca
Ponte una galleta salada en la boca y observa qué sabor tiene. Luego, mastica la galleta durante un minuto. ¿Qué cambio notas en el sabor? ¿Por qué crees que cambió el sabor?

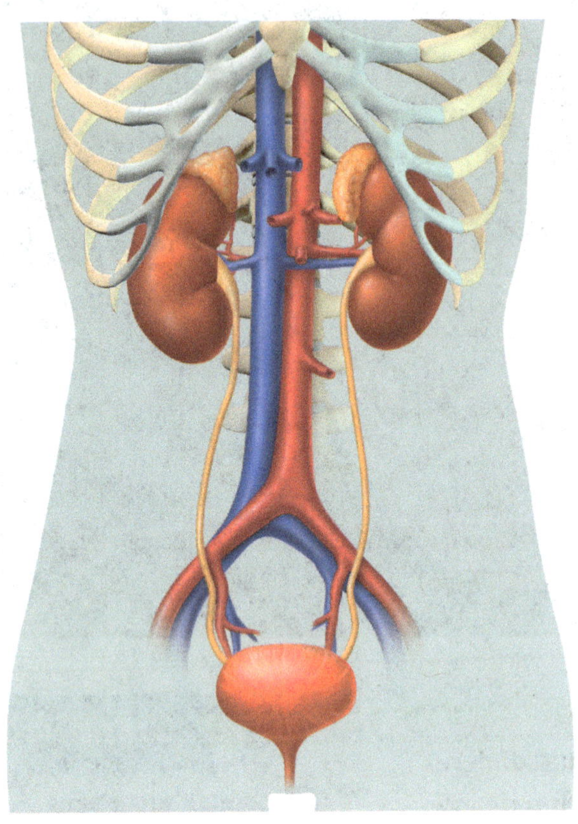

Sistema excretor

Las células absorben nutrientes de la sangre, pero a cambio producen desechos. Esos desechos son eliminados del cuerpo a través del **sistema excretor**. Varios órganos participan del proceso. Incluyen los pulmones, el hígado y la piel, pero principalmente los riñones, la vejiga y la uretra.

Los **riñones** son dos órganos con forma de frijol que filtran los desechos de la sangre. A medida que la sangre pasa a través de los riñones, los capilares eliminan esos desechos. Los desechos se combinan con el agua para formar orina. La orina viaja a través de unos tubos llamados uréteres hasta un saco muscular llamado **vejiga**, donde se almacena hasta que es expulsada del cuerpo.

Identificar Rotula los riñones, la vejiga y los uréteres.

Misión Conexión

¿Cómo podría usarse una cámara a control remoto para buscar un riñón enfermo?

Sistema reproductivo

El bebé de la imagen es muy pequeño. Su cuerpo va a atravesar muchas etapas. Cuando llegue a una etapa llamada adolescencia, tendrá la capacidad de reproducirse, o tener descendencia. El sistema reproductivo está formado por órganos que permiten que las personas se reproduzcan.

El cuerpo femenino tiene órganos llamados ovarios que producen óvulos. Una vez por mes, uno de los ovarios libera un óvulo, que viaja a través de un tubo. Si el óvulo se combina con una célula de esperma, viaja hasta un saco muscular que está en la parte baja del abdomen. Allí, el óvulo fecundado se desarrolla y crece hasta convertirse en un bebé.

El sistema reproductivo masculino produce esperma en órganos con forma de saco. El esperma se mezcla con otros fluidos. Esos materiales viajan a través de un tubo largo y angosto que lo lleva hasta fuera del cuerpo.

La reproducción solo se produce si una célula de esperma masculina se une con una célula de óvulo femenina. Cuando el esperma se junta con un óvulo, las dos células se combinan en una sola. Esa célula se divide y crece hasta convertirse en un bebé.

REVISAR LA LECTURA **Idea principal y detalles** Subraya la idea principal acerca de lo que ocurre durante la adolescencia.

¡Pregúntalo! Supón que trabajas en un laboratorio de análisis clínicos. Recibes una muestra de un germen desconocido. ¿Qué preguntas harías para identificarlo?

____

____

____

____

____

____

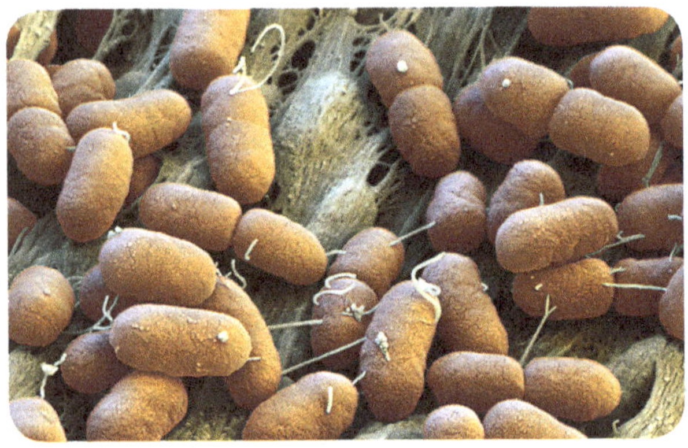

Algunas bacterias pueden causar enfermedades, pero la mayoría son inofensivas. Algunas bacterias útiles de tus intestinos ayudan a digerir el alimento.

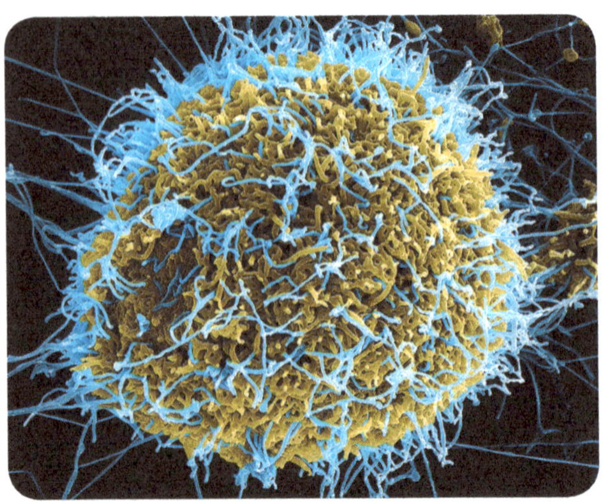

Los virus son gérmenes que pueden causar resfriados y gripe.

Sistema inmunológico

¿Alguna vez tuviste que faltar a clase porque estabas resfriado o tenías gripe? De ser así, tu cuerpo había sido invadido por gérmenes. Los gérmenes, como algunas bacterias, causan enfermedades que evitan que el cuerpo esté saludable. El sistema inmunológico protege al cuerpo de las enfermedades. Tiene un ejército de defensas que puede destruir los gérmenes o evitar que entren al cuerpo.

Una de las primeras líneas de defensa, o protección, del cuerpo es la serie de pequeños vellos y mucosidades que hay en la nariz y la tráquea. Los vellos y las mucosidades atrapan los gérmenes que pueden ingresar cuando respiras. La saliva, otra defensa, mata a los gérmenes que entran en la boca.

REVISAR LA LECTURA Idea principal y detalles Encierra dos detalles sobre cómo el sistema inmunológico protege el cuerpo.

La fiebre es otra defensa. A veces, cuando estás enfermo, tienes fiebre. El aumento de la temperatura del cuerpo mata los gérmenes invasores. Si los gérmenes llegan al estómago, los jugos digestivos los destruyen.

INTERACTIVITY

Haz una actividad sobre el cuerpo humano.

La piel es otra línea de defensa. Actúa como un muro que evita que los gérmenes entren al cuerpo. Si te cortas, los gérmenes pueden entrar a tu cuerpo a través del corte y llegar a la sangre. La imagen muestra un tipo de célula de la sangre que lucha contra los gérmenes. Estas células, llamadas glóbulos blancos, rodean y envuelven los gérmenes.

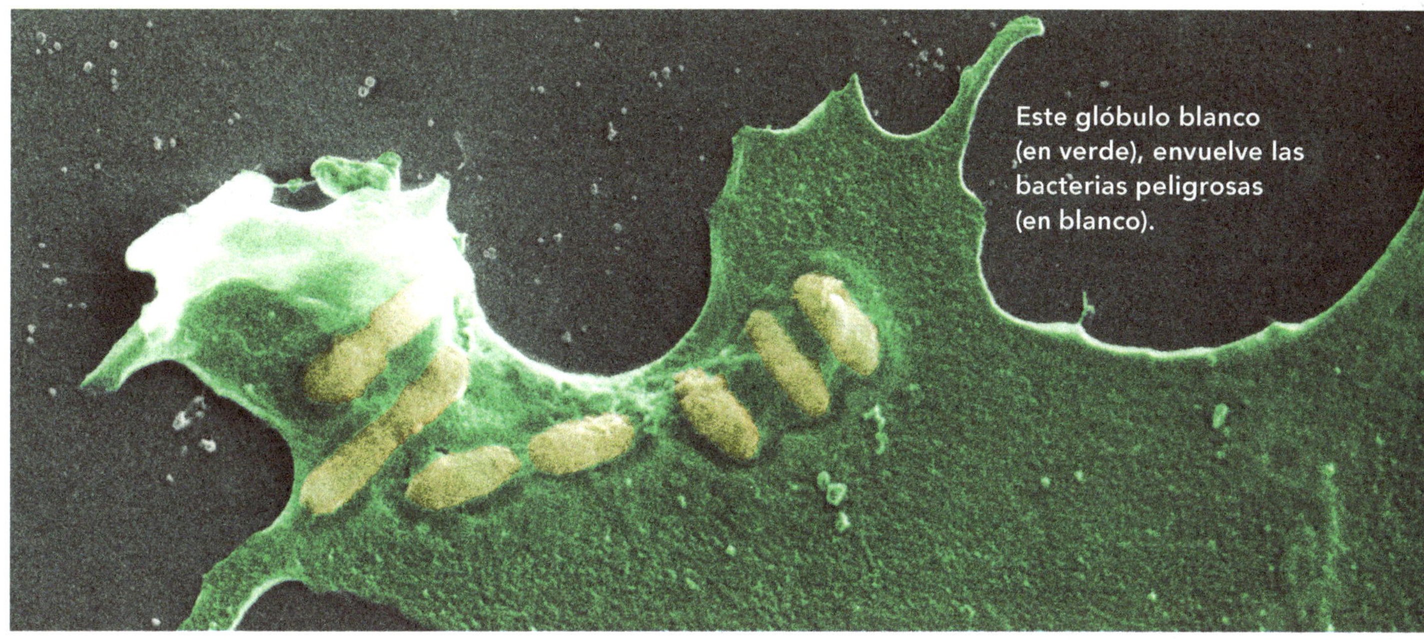

Este glóbulo blanco (en verde), envuelve las bacterias peligrosas (en blanco).

Lección 4: Revisión

1. **Explicar** ¿Cómo ayuda un glóbulo blanco a que el cuerpo sobreviva?

____

____

2. **Relacionar** ¿Cómo funciona el sistema circulatorio con el sistema digestivo?

____

____

____

3. **Explicar** ¿Qué debe pasar para que se forme un embrión en el sistema reproductivo?

____

____

Persiguiendo gérmenes

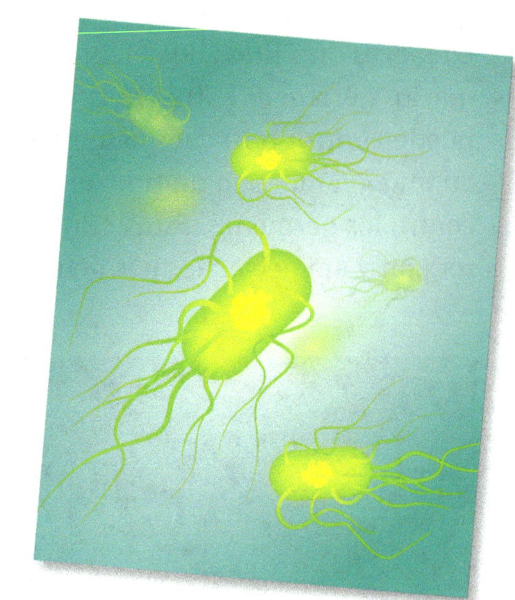

Cuando los gérmenes entran al cuerpo, pueden atacar en más de un lugar. A veces atacan varias partes al mismo tiempo, o pueden pasar de un lugar a otro. ¿Cómo puedes usar tu cámara a control remoto para seguir los gérmenes que invaden tu cuerpo?

Identifica el lugar en que los gérmenes entran al cuerpo.

____

____

¿Qué partes del cuerpo afectan los gérmenes?

____

____

Dibuja el camino que seguirá la cámara.
Rotula los órganos por los que pasará.

STEM Conexión con las matemáticas

Líneas de simetría

Si doblas las figuras a la mitad siguiendo la línea negra, los dos lados de cada figura son iguales. Las dos mitades de cada figura tendrán la misma forma y el mismo tamaño. Las figuras tienen simetría. Cada doblez representa una línea de simetría que divide dos partes idénticas.

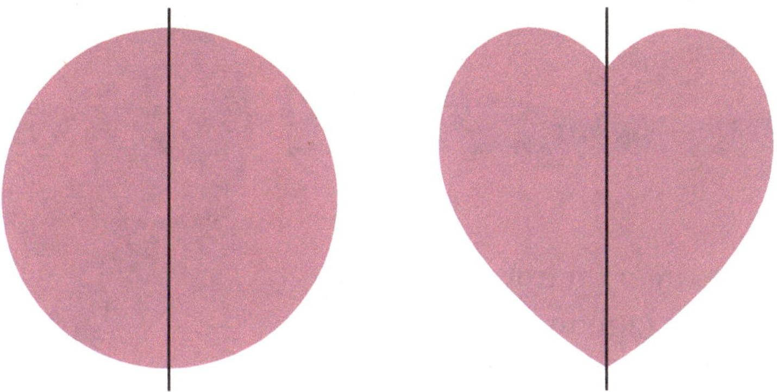

El cuerpo humano tiene simetría. Haz un dibujo de tu cara. Luego, dibuja una línea de simetría. ¿Coinciden las partes?

Identifica un sistema del cuerpo que tenga una línea de simetría. Explica tu respuesta.

Misión Hallazgos

INTERACTIVITY

Organiza los datos para apoyar tus hallazgos de la Misión.

Haz un mapa de las carreteras del cuerpo humano

¿Cómo puedes hacer que una cámara minúscula navegue por el cuerpo humano?

Hacer un plan

Determinaste cómo guiar tu cámara a control remoto para observar algunas partes del cuerpo humano. Es hora de que ofrezcas orientación para que una cámara pueda usarse para una parte específica del cuerpo durante un control médico.

Elige un órgano o un sistema del cuerpo que hayas estudiado. Piensa en las partes del órgano o el sistema y en cómo funcionan juntas.

¿Qué se controlará específicamente usando la cámara?

¿Cómo se usará la cámara durante el estudio médico?

Debes explicar cómo usar la cámara y hacia dónde debería ir. Decide de qué manera las diferentes formas de comunicación te pueden ayudar a guiar a los usuarios. Puedes escribir instrucciones, dibujar mapas y diagramas e incluso hacer "señales de carretera".

¿Cómo mostrarás el camino en un mapa del sistema del cuerpo que has elegido? Escribe tus ideas.

___

___

___

Presenta tu plan a la clase.

Conexión con la Carrera

Técnico en imágenes médicas

Un técnico en imágenes médicas trabaja con casos difíciles y equipamiento médico especializado. Un técnico en imágenes médicas ayuda a capturar imágenes a través de distintos estudios, como resonancias magnéticas, radiografías y ecografías. Esos estudios ayudan a diagnosticar, tratar o controlar pacientes con distintos síntomas.

Por ejemplo, cuando un técnico en imágenes médicas hace una tomografía computada, puede capturar los detalles correctos. La tecnología de computadora que usa el técnico combina varias imágenes de rayos X para ofrecer más detalles e información acerca del estado de un paciente que no habrían sido fáciles de ver en una radiografía común o con otros estudios.

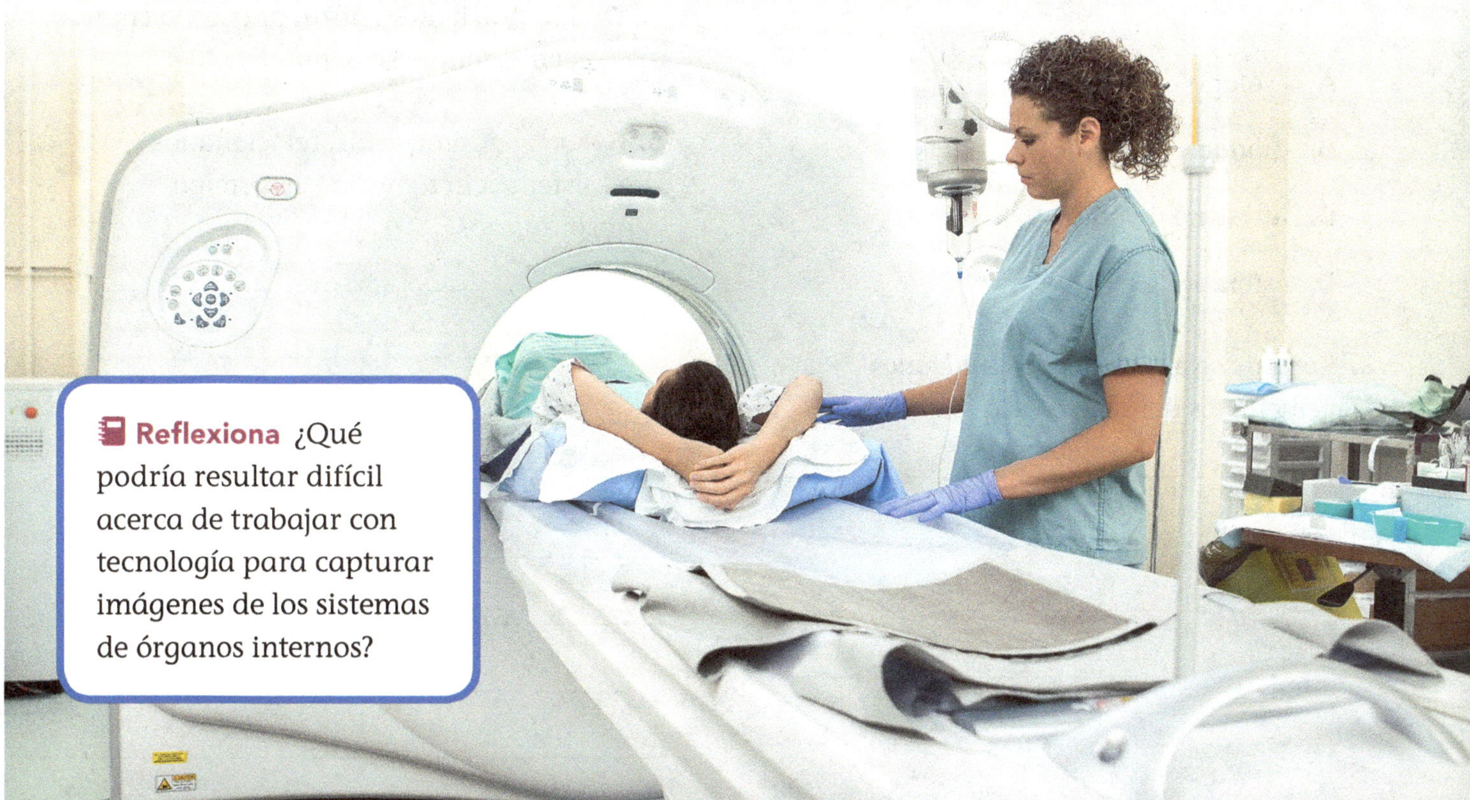

Reflexiona ¿Qué podría resultar difícil acerca de trabajar con tecnología para capturar imágenes de los sistemas de órganos internos?

Evaluación

1. **Vocabulario** ¿Qué órgano descompone las grasas?
   - **A.** la vejiga
   - **B.** el diafragma
   - **C.** el hígado
   - **D.** el páncreas

2. **Usar un diagrama** Une los rótulos con la parte correcta del sistema digestivo.

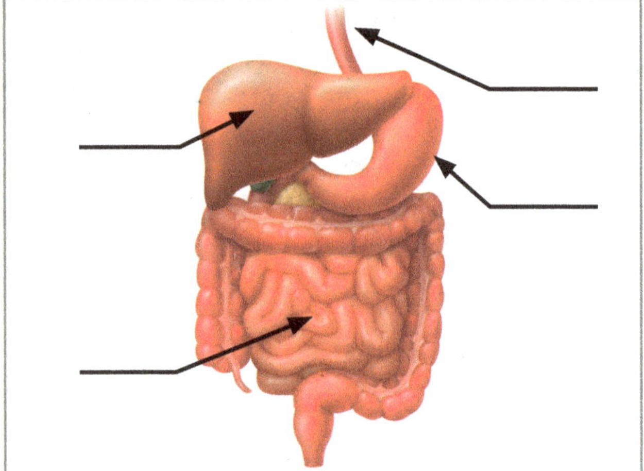

   - **A.** esófago
   - **B.** hígado
   - **C.** intestino delgado
   - **D.** estómago

3. **Resumir** ¿Cuáles son dos funciones principales del sistema esquelético?

____
____
____
____
____

4. **Identificar** ¿Cuál de las siguientes partes del cuerpo une los músculos a los huesos del esqueleto?
   - **A.** el cartílago
   - **B.** los ligamentos
   - **C.** las articulaciones
   - **D.** los tendones

5. **Explicar** ¿Qué enunciado describe cómo el cuerpo absorbe nutrientes?
   - **A.** Los nutrientes viajan a lo largo de las neuronas hacia las células del cuerpo.
   - **B.** Los nutrientes entran a los capilares de las vellosidades.
   - **C.** Los nutrientes viajan a través de la médula espinal hacia los órganos del cuerpo.
   - **D.** Los nutrientes entran al cuerpo cuando el diafragma se expande.

6. **Resumir** ¿Cómo están relacionados el sistema circulatorio y el sistema respiratorio?

____
____
____
____
____
____
____
____

7. **Usar tablas** La tabla muestra los órganos del cuerpo y sus funciones. Completa la tabla.

Órgano	Función
hueso	
encéfalo	
ovario	
riñones	
esófago	

8. **Interpretar un diagrama** ¿Qué estructura respondería más probablemente en una persona que corre una carrera de 5 kilómetros?

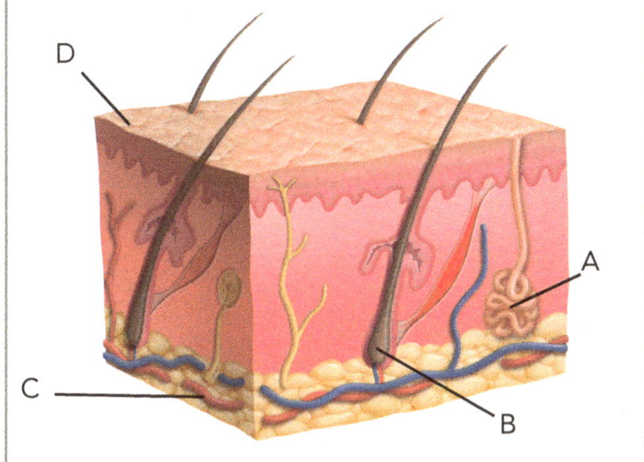

A. A

B. B

C. C

D. D

9. **Describir** ¿Qué enunciado describe **mejor** la sangre que entra al corazón desde los pulmones?

A. La sangre es rica en oxígeno.

B. La sangre contiene dióxido de carbono.

C. La sangre viene de los pulmones.

D. La sangre fluye a través de una vena.

Pregunta esencial *¿Cómo puedes representar las interacciones entre los sistemas del cuerpo humano?*

Muestra lo que aprendiste

Elige dos sistemas de órganos que hayas estudiado. Describe cómo harías un modelo que muestre cómo los dos sistemas interactúan entre sí.

____

____

____

____

____

____

____

____

____

____

____

Evaluación basada en la evidencia

Lee esta situación y responde las preguntas 1 a 5.

Un grupo de estudiantes realizaron una investigación para ver cómo cambian los ritmos cardíaco y respiratorio con el ejercicio. Los estudiantes midieron y registraron su pulso y respiración en reposo. Luego realizaron varias actividades físicas durante 2 minutos y volvieron a tomarse el pulso y el ritmo de respiración. Registraron sus datos en la siguiente tabla.

Actividad	Ritmo cardíaco antes de hacer ejercicio	Ritmo cardíaco después de hacer ejercicio	Ritmo de respiración antes de hacer ejercicio	Ritmo de respiración después de hacer ejercicio
Correr en el lugar	78	102	17	23
Flexiones	72	95	15	22
Hacer equilibrio con un huevo en una cuchara	75	75	14	14

1. **Inferir** Supón que los estudiantes primero corrieron en el lugar y después hicieron flexiones. ¿Qué evidencia ves de que hayan descansado entre esas actividades? Explica tu respuesta.

____

____

____

____

____

____

2. **Usar tablas** ¿Qué evidencia de que los sistemas del cuerpo trabajan juntos encontraron los estudiantes?

   A. Aumentaron los ritmos cardíaco y respiratorio después de correr en el lugar.

   B. El ritmo de respiración aumentó después de hacer flexiones.

   C. Los ritmos cardíaco y respiratorio no variaron después de hacer equilibrio con un huevo en una cuchara

   D. El ritmo cardíaco aumentó después de correr en el lugar.

3. **Usar evidencia** Considerando los resultados del pulso, ¿cómo explicas los cambios que ocurrieron?

____

____

____

____

____

4. **Usar evidencia** Considerando los resultados del ritmo respiratorio, ¿cómo explicas los cambios que ocurrieron?

____

____

____

____

____

5. ¿Cómo explicas la diferencia en los ritmos cardíaco y respiratorio antes y después de hacer equilibrio con un huevo comparados con los resultados de las otras dos tareas?

____

____

____

____

tú Demuestras Lab

¿Cómo reúnen información tus órganos sensoriales?

Materiales recomendados

- venda para los ojos
- vela aromatizada
- pluma
- tubo de papel
- jabón

¡Presta atención a tu seguridad física!

No te lleves a la boca ningún elemento del laboratorio.

Práctica de ciencias

Los científicos **usan evidencia** para crear argumentos.

Los científicos estudian cómo funcionan juntas distintas partes del cuerpo para explicar cómo funciona el sistema. ¿Qué evidencia puedes usar para explicar cómo funcionan tus órganos como sistema?

Procedimiento

☐ **1.** Elige dos órganos sensoriales para aprender más acerca de cómo funcionan. Piensa en una manera de probar cómo tus ojos, oídos, nariz o piel reúnen información.

☐ **2.** Haz un plan. Muestra tu plan a tu maestro antes de empezar. Realiza tu investigación.

☐ **3.** Registra tus observaciones.

4-LS1-1, SEP.7

Analizar e interpretar datos

4. **Explicar** ¿Qué demostraron las pruebas que hiciste acerca de cómo funcionan los órganos sensoriales como sistema? Usa tus observaciones para respaldar tu explicación.

5. **Presentar un argumento** Usa la evidencia para explicar por qué tener más de un órgano sensorial ayuda a los humanos. ¿Qué pasaría si uno no funcionara?

Cuaderno de prácticas de ciencias e ingeniería

Prácticas de ciencias

Hacer preguntas

La ciencia es el estudio del mundo natural mediante el uso de herramientas y métodos científicos. El mundo natural incluye cosas como la materia, la energía, los planetas y los seres vivos. No incluye cosas como opiniones sobre arte o música.

Un científico hace preguntas y luego trata de responderlas. Por ejemplo, un científico podría preguntarse de qué manera una ballena grande encuentra su alimento en las profundidades del océano. El científico puede estudiar primero lo que otros han descubierto sobre el tema. Luego, el científico puede investigar las preguntas que aún no tienen respuesta. Las preguntas podrían ser: “¿Cómo puede una ballena contener la respiración bajo el agua cuando nada en las profundidades?" o “¿De qué manera una ballena encuentra alimento en la oscuridad del océano profundo?”.

Hacer preguntas ¿Qué pregunta harías sobre el animal de la fotografía?

SEP.1 Hacer preguntas y definir problemas
SEP.3 Planear y realizar investigaciones
SEP.4 Analizar e interpretar datos

Realizar investigaciones

Los científicos usan investigaciones y experimentos para hacer su trabajo. Parte de una investigación consiste en observar el mundo natural para aprender cómo funciona. Cuando los científicos hacen observaciones, no cambian nada. Los científicos reúnen datos de sus observaciones. Los datos cuantitativos se expresan en números. Los datos cualitativos describen algo, por ejemplo, cómo huele o de qué color es.

Los científicos también usan experimentos para investigar el mundo. En un experimento, los científicos hacen un cambio al objeto o proceso que están observando. Por ejemplo, la cantidad de sal disuelta en el agua del océano no es igual en todas partes. Para descubrir qué tan rápido se disuelve la sal en el agua a diferentes temperaturas, un científico podría colocar cantidades idénticas de sal y agua en varios recipientes a diferentes temperaturas. El científico cambia la temperatura de los recipientes y mide el tiempo que tarda la sal en disolverse en cada uno. La parte del experimento que el científico cambia se llama variable independiente. La parte que cambia como resultado se llama variable dependiente. En este caso, la variable independiente es la temperatura, y la variable dependiente es el tiempo que tarda la sal en disolverse. Todas las investigaciones científicas incluyen la recopilación de datos, es decir, en todas se reúnen datos.

Planear una investigación Un científico está investigando de qué manera la cantidad de sal en el agua afecta el crecimiento de peces jóvenes. ¿Qué datos cuantitativos puede registrar el científico?

____

____

____

Prácticas de ciencias

Herramientas de ciencias

Los científicos usan herramientas para tomar medidas cuando reúnen datos. También usan herramientas como ayuda para hacer observaciones sobre el mundo natural. Las herramientas científicas expanden el tipo de observaciones que se pueden hacer.

Las herramientas para medir abarcan reglas para medir la longitud, determinados recipientes de vidrio para medir el volumen, termómetros para medir la temperatura y balanzas para medir la masa. Se necesitan diferentes tipos de herramientas para tomar medidas muy pequeñas o muy grandes. Es importante usar la herramienta adecuada para la medida que se debe tomar.

Las herramientas que expanden lo que podemos detectar y medir incluyen los microscopios y telescopios. Estas herramientas permiten a las personas observar cosas que son demasiado pequeñas o demasiado lejanas.

Causa y efecto Las mareas rojas ocurren cuando crece la población de algas diminutas. Estos organismos pueden producir sustancias tóxicas que dañan la vida silvestre y contaminan el agua que las personas consumen. ¿Cómo usarían los científicos un microscopio al estudiar una marea roja?

____

____

____

Herramientas digitales

Muchas herramientas modernas operan usando microprocesadores o computadoras. Estos objetos son herramientas digitales. Las herramientas digitales incluyen herramientas de medición como las balanzas digitales y los termómetros. También incluyen herramientas que los científicos usan para registrar y analizar datos. Muchos instrumentos científicos tienen una computadora que guía la recopilación de datos y registra los resultados. Las cámaras digitales suelen ser una parte importante de telescopios, microscopios y otras herramientas que se usan para hacer observaciones.

Un panel solar aporta energía para los instrumentos digitales y la computadora de esta boya. Los instrumentos pueden medir los cambios en el océano.

Las computadoras y otros aparatos digitales hacen que la recopilación de datos sea más rápida. Los procesadores pueden responder a los cambios y registrar datos mucho más rápido que un observador humano. Las computadoras también son importantes para llevar registros y analizar grandes cantidades de datos. Las computadoras y otros aparatos digitales son una parte importante de las redes de comunicación que permiten a los científicos compartir datos y resultados.

Comunicar Los científicos comunican de diferentes maneras. ¿Cómo podría un científico usar una computadora para comunicarse con otro científico?

Prácticas de ciencias

Analizar e interpretar datos

Los científicos usan la evidencia empírica cuando estudian la naturaleza. La evidencia empírica es información que se puede observar y medir. Las conclusiones científicas siempre se basan en evidencia que se puede poner a prueba. Estas observaciones y medidas son datos que se pueden usar para explicar el mundo natural.

Las medidas y las observaciones aportan evidencia de los cambios a los científicos. Por ejemplo, cuando un sistema natural cambia, el cambio puede afectar a los organismos del sistema. Los científicos pueden observar y registrar los cambios, por ejemplo, cuántos organismos viven en un área en un momento en comparación con otro momento. Luego, los científicos pueden analizar esos datos para hacer predicciones sobre los efectos de otros cambios.

Los científicos analizan medidas y observaciones para responder preguntas científicas. Analizar las medidas de los cambios en un ecosistema puede aportar información sobre cómo trabajan juntas las diferentes partes de un sistema natural.

Medir La temperatura del agua afecta las corrientes oceánicas y los hábitats marinos. ¿Cómo podrían los científicos obtener evidencia empírica sobre la temperatura del agua? ¿Por qué esto es evidencia empírica?

SEP.4 Analizar e interpretar datos
SEP.5 Usar matemáticas y razonamiento computacional

Usar las matemáticas

Se necesitan medidas cuidadosas para reunir datos confiables. Los científicos toman medidas varias veces para asegurarse de que los resultados se pueden repetir. En general, los científicos usan instrumentos digitales para reunir datos cuantitativos.

Los científicos usan las matemáticas para analizar datos cuantitativos. Registran medidas y las comparan para descubrir qué cambia y qué permanece igual. Se pueden comparar varias medidas para mostrar si algo cambia con el tiempo. Los análisis matemáticos también pueden mostrar qué tan rápido ocurre un cambio.

Cuando un científico hace una afirmación basada en la evidencia, otros científicos pueden verificar la afirmación. Cuando otros científicos verifican la afirmación y encuentran resultados semejantes, la afirmación o los hallazgos están respaldados por evidencia semejante.

Evaluar ¿De qué manera los datos numéricos de las medidas facilitan la comparación de los resultados en una investigación?

____

____

Los barcos de investigación llevan muchos instrumentos que reúnen datos.

Prácticas de ciencias

Crear explicaciones

Después de analizar datos, los científicos, usan sus resultados para crear explicaciones de fenómenos naturales. Una explicación científica a menudo usa el cambio en las variables para relacionar un cambio con otro. Por ejemplo, a medida que las condiciones en los ecosistemas marinos cambian, los organismos que viven en el agua podrían cambiar como respuesta. Los científicos observan cambios en los ecosistemas y estudian poblaciones de organismos para aprender sobre los efectos de los cambios. Luego crean explicaciones sobre los organismos.

Desarrollar y usar modelos

Los científicos a menudo usan modelos como ayuda para entender algo. Los modelos son objetos o ideas que representan otras cosas. Un modelo solo muestra parte de aquello que representa.

Los científicos también usan computadoras para hacer modelos. Puedes mirar en la pantalla de una computadora cómo cambian las condiciones del océano con el tiempo. El modelo puede mostrarte cómo se ven afectadas las poblaciones de plantas y animales. Incluso puedes usar palabras para hacer un modelo. Cuando describes algo, estás haciendo un modelo verbal del objeto. Los demás pueden aprender sobre el objeto a partir de tu modelo verbal.

Evaluar ¿Cómo podrías hacer un modelo para explicar cómo sobrevive una langosta en el suelo oceánico?

SEP.2 Desarrollar y usar modelos
SEP.6 Crear explicaciones y diseñar soluciones
SEP.7 Plantear argumentos a partir de la evidencia

Plantear argumentos a partir de la evidencia

Las observaciones científicas son diferentes de las opiniones. Una opinión es una creencia personal y no siempre está basada en los hechos. Un ejemplo de una opinión es que el atún sabe mejor que el salmón. No hay hechos que respalden esa opinión. Un ejemplo de un hecho es que el salmón pone sus huevos en el agua dulce. Este enunciado se puede respaldar con la observación.

Los científicos usan evidencia para respaldar sus conclusiones. Por ejemplo, la conclusión de que las ballenas migran está basada en la evidencia. Se pueden ver ballenas en algunas áreas pero no en otras, según la época del año. Los científicos también pueden rastrear ballenas individuales para ver hacia dónde van.

Cuando un científico hace una afirmación o plantea un argumento, otros científicos pueden verificar la evidencia en la que la afirmación está basada. Diferentes personas que hacen la misma observación encontrarán la misma evidencia. Las explicaciones científicas siempre están basadas en la evidencia empírica.

Explicar Nadie ha visto un calamar gigante que mida 20 metros de longitud. ¿Cómo podrían los científicos usar evidencia para decidir si estos animales existen?

Prácticas de ciencias

Hábitos de la mente

Los científicos deben ser creativos cuando diseñan experimentos. La ciencia se ocupa de responder nuevas preguntas. Eso significa, muchas veces, que los científicos tienen que inventar nuevas maneras de responder preguntas. Para diseñar un buen experimento, tienen que pensar en nuevas maneras de resolver problemas. Tienen que pensar en lo que podría salir mal y cómo solucionarlo. Por ejemplo, un científico que estudia organismos diminutos del océano y quiere contarlos podría usar una máquina con la que se cuentan células de la sangre en medicina.

Cuando los científicos desarrollan nuevos métodos, los evalúan para estar seguros de que están reuniendo los datos correctos para responder la pregunta. Una vez que han analizado los datos y han llegado a una conclusión, los científicos comparten los resultados. Luego, otros científicos revisan y evalúan los métodos y las conclusiones. Este proceso de revisión por colegas ayuda a confirmar que las investigaciones se diseñaron correctamente. Otros científicos también pueden repetir la investigación para confirmar que obtienen los mismos resultados.

Planear una investigación Los erizos de mar comen mucho kelp, un organismo subacuático. Una científica llega a la conclusión de que las crecientes poblaciones de nutrias marinas ayudarían a recuperar los bosques de kelp porque las nutrias comen erizos de mar. ¿Cómo podrían otros científicos confirmar esta conclusión?

Comunicar información

Los científicos se comunican con otros para compartir lo que aprendieron. Las palabras que usan los científicos a veces tienen significados distintos de los que tienen esas palabras en el lenguaje cotidiano. *Corriente, calor* y *energía* son ejemplos de palabras que tienen un significado específico en ciencias. En ciencias, por ejemplo, *calor* puede referirse al flujo de energía térmica. En el uso cotidiano, calor puede referirse a la temperatura de un día caluroso.

Los científicos de todo el mundo comunican y evalúan resultados.

Los científicos no hacen una sola observación o experimento y luego sacan una conclusión. Repiten los experimentos y reúnen el mismo tipo de información. Si los resultados no se pueden repetir, entonces alguna de las observaciones puede tener un error. También es importante que otros investigadores puedan repetir las observaciones científicas. A veces, otros investigadores no pueden llegar al mismo resultado. Entonces los científicos comparan sus métodos para averiguar cuál es la diferencia. Es posible que haya habido un error en alguno de los métodos.

El hecho de que los resultados puedan repetirse hace que la conclusión sea más confiable; por lo tanto, la comunicación entre los científicos es importante. Los científicos comunican sus métodos y resultados para que otros científicos puedan repetirlos y luego compararlos.

Evaluar Un científico repite un experimento y obtiene un resultado diferente. ¿Qué debería hacer el científico a continuación?

____

____

____

Prácticas de ingeniería

Definir problemas

Los científicos estudian el mundo natural. Los ingenieros aplican el conocimiento científico para resolver problemas. El primer paso del proceso de ingeniería es enunciar un problema bien definido. El problema de ingeniería enuncia exactamente lo que la solución del problema debería cumplir. Los ingenieros hacen preguntas para definir problemas que se deben resolver. Por ejemplo, un ingeniero podría querer construir una sonda para tomar muestras en las profundidades del océano. El ingeniero podría comenzar preguntando "¿Qué tipos de herramientas pueden hacer ese trabajo específico?". Los ingenieros usan el conocimiento y los principios científicos para resolver el problema.

Antes de diseñar una solución, los ingenieros identifican los criterios y las restricciones del problema. Los criterios son aquellos que la solución debe cumplir. Por ejemplo, un criterio a la hora de construir un submarino de investigación es que debe funcionar bien bajo la gran presión del océano profundo. Las restricciones son las limitaciones de la solución. Una restricción podría ser que una solución no supere un costo determinado.

Evaluar Un compañero de clase dice que el costo de un proyecto ambiental no debería considerarse una restricción. ¿Estás de acuerdo? ¿Por qué?

SEP.1 Hacer preguntas (para ciencias) y definir problemas (para ingeniería)
SEP.6 Crear explicaciones (para ciencias) y diseñar soluciones (para ingeniería)
SEP.8 Obtener, evaluar y comunicar información

Diseñar soluciones

Antes de diseñar una solución, los ingenieros identifican los criterios y las restricciones del problema. Por ejemplo, un criterio de una solución para reconstruir un puerto podría ser que se recupere un hábitat para determinados animales. Una restricción de la recuperación del puerto podría ser que no cueste demasiado dinero.

Los ingenieros usan los criterios y las restricciones para desarrollar una solución para el problema. Pueden pensar en diferentes maneras de resolver el problema de ingeniería, y luego decidir cuál es la manera que mejor se ajusta a los criterios y las restricciones.

Una vez que deciden una solución, los ingenieros construyen la solución y la ponen a prueba. Pueden usar varias ideas de diseño diferentes y evaluar cada una. A menudo pueden combinar las mejores características de cada una para llegar a una solución de diseño final.

Diseñar soluciones Cuando los barcos descargan agua de lugares distantes, pueden introducir especies invasoras. ¿Qué tipo de solución de ingeniería ayudaría a prevenir la propagación de especies invasivas?

Prácticas de ingeniería

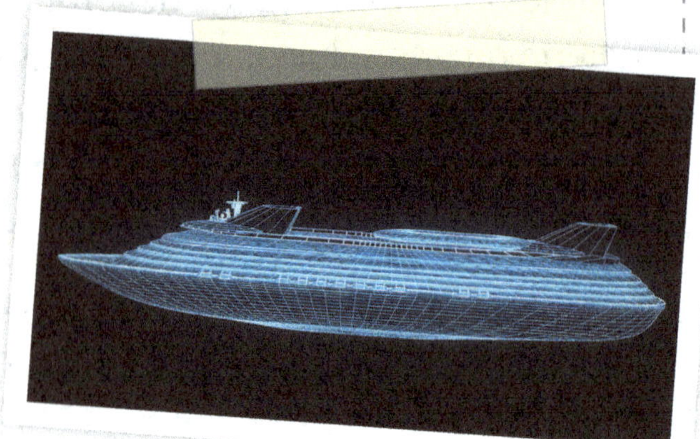

Usar modelos y prototipos

Como los científicos, los ingenieros suelen usar modelos para diseñar soluciones. Los modelos de ingeniería pueden ser aparatos funcionales reales de una solución propuesta. A veces estos aparatos representan la solución final pero quizás a una escala más pequeña. Puede que solo representen una parte de la solución. Otros modelos son aparatos reales a escala real y representan todas las partes de la solución. Este tipo de modelo se llama prototipo. Los ingenieros usan prototipos para reunir datos que pueden ayudarlos a evaluar el diseño.

Los ingenieros pueden usar otros tipos de modelos, como dibujos o modelos computarizados. Un modelo computarizado puede comparar partes de una solución muy compleja. Permite a los ingenieros hacer cambios y observar qué sucede sin invertir una gran cantidad de tiempo o recursos para construir la solución. Por ejemplo, un ingeniero que investiga las maneras de recuperar un ecosistema dañado podría usar una computadora para representar cambios al sistema. La computadora podría representar los efectos de los cambios antes de que el ingeniero decida qué cambios hacer en un área grande.

Inferir ¿Por qué un modelo computarizado del diseño de un nuevo barco podría ahorrar tiempo o dinero durante la construcción del barco?

SEP.2 Desarrollar y usar modelos
SEP.3 Planear y realizar investigaciones
SEP.5 Usar matemáticas y razonamiento computacional
SEP.7 Plantear argumentos a partir de la evidencia

Optimizar soluciones

La ingeniería se ocupa de resolver problemas. Una solución exitosa debe cumplir con todos los criterios y las restricciones. Incluso si una solución es exitosa, también es posible que haya una solución mejor. Cuando se pone a prueba el diseño, los ingenieros pueden pensar en nuevas ideas que podrían funcionar. Los criterios o las restricciones también pueden cambiar durante el proceso.

Los ingenieros usan dibujos detallados y prototipos de un diseño para hacer mejoras antes de completar la solución final.

Incluso después de resuelto el problema de diseño, los ingenieros continúan trabajando en la solución para optimizarla, es decir, mejorarla. Evalúan los resultados y consideran maneras de mejorarlos. Luego pueden hacer un nuevo prototipo para determinar si es una solución mejor. Como los científicos, los ingenieros hacen un cambio y luego observan o miden los resultados del cambio. Después de analizar y evaluar sus datos, los ingenieros pueden cambiar la solución o desarrollar un nuevo problema de ingeniería.

Optimizar soluciones Un ingeniero diseña un proyecto para recuperar un bosque después de un proyecto de minería. Una vez que el diseño está completo, hay más fondos disponibles. ¿Cómo podría el ingeniero optimizar la solución de diseño?

Glosario

absorber tomar algo ininterrumpidamente

aislante material que no permite que la corriente eléctrica fluya a través de él

amplitud la mayor altura que alcanza una onda desde su posición de reposo

analógico se dice de una señal que envía información en un flujo continuo

antena parte de un dispositivo que recibe las señales de frecuencia de radio

aparato objeto hecho con un fin específico

aparecer dejarse ver o hacerse visible

avalancha deslizamiento repentino de una masa de nieve, hielo y rocas por una pendiente

branquias órganos de los peces y los anfibios que toman el oxígeno del agua que fluye por ellas

calor transferencia de energía térmica entre un objeto y otro

cañón zona angosta y profunda rodeada por montañas

capa guía capa de roca que los científicos pueden identificar claramente en qué período de la Tierra se formó

característica 1. Un rasgo, particularidad o cualidad. 2. Algo propio de algo o una parte de algo

carbón combustible fósil sólido que se quema para transferir energía

carga eléctrica propiedad que hace que la materia tenga una fuerza cuando se ubica cerca de otra materia con carga

cerro testigo colina aislada con laderas empinadas y una cima plana

clasificar ordenar objetos o seres vivos en grupos según los rasgos compartidos

colisión acción en la que un objeto choca contra otro

combustible material que libera energía en forma de calor cuando se quema

combustible fósil materiales que se formaron cuando se descompusieron bajo tierra plantas y animales antiguos y que son una fuente energía

combustible nuclear fuente de energía que se obtiene de elementos inestables como el uranio

combustión proceso que consiste en quemar combustible para producir calor y luz

conductor material que permite que la corriente eléctrica fluya a través de él

conectar unir o juntar

contaminante sustancia nociva que se libera al medio ambiente

corazón órgano interno que bombea sangre

corriente eléctrica flujo de partículas con carga en una misma dirección

cresta punto superior de una onda transversal

cutícula cubierta externa y cerosa de las hojas que ayuda a limitar la cantidad de agua que pierde una planta

degradación proceso que desgasta o rompe la roca

depurador dispositivo que utilizan las plantas de energía para reducir la cantidad de contaminantes que llegan al aire

desprendimiento de tierra un gran cantidad de rocas y suelo que se desliza por una pendiente

diafragma músculo ubicado debajo de los pulmones que hace que el aire entre a los pulmones y salga

digital señal que usa valores claramente definidos para representar datos

disponible que se puede usar

emisión acto de liberar sustancias al medio ambiente

encéfalo órgano que recibe información de los órganos sensoriales acerca del ambiente y luego le indica al cuerpo cómo debe reaccionar

energía capacidad de realizar trabajo o causar cambios

energía cinética la energía de un objeto en movimiento

energía geotérmica energía que se genera por la presión y el calor que hay debajo de la superficie de la Tierra

energía hidráulica la energía del agua en movimiento

energía potencial energía almacenada en un objeto en reposo

erosión proceso por el cual las partículas degradadas se separan de la tierra por acción del viento, hielo o agua

erupción expulsión de material volcánico

Glosario

esqueleto sistema de sostén rígido de los vertebrados que incluye huesos que se conectan con las estructuras blandas del cuerpo

estambre parte masculina de una flor que produce polen

estímulo una acción, cambio o señal nerviosa que provoca una reacción en un animal

estómago órgano que descompone ciertos tipos de alimentos en el proceso de digestión

estrato capas de roca

estructura partes organizadas que funcionan juntas para que el organismo sobreviva

evidencia información observable que puede usarse para confirmar o negar una idea

exoesqueleto cubierta externa dura de muchos invertebrados, que les sirve de sostén y protege sus órganos

extender estirar o enderezar

externo algo que está en el exterior de un organismo u objeto

extinto la desaparición de todos los organismos de una especie

falla grieta en la corteza terrestre donde se deslizan las placas tectónicas

fosa zona larga, angosta y hundida en el fondo del océano

fósil restos mineralizados o evidencia de plantas y animales que vivieron hace mucho tiempo

frecuencia la cantidad de veces que se repite una onda en una cantidad de tiempo determinada

fuente punto inicial de donde algo proviene

función la tarea que algo debe realizar

gas de efecto invernadero gas contaminante que aumenta la capacidad de la atmósfera de retener calor, por ejemplo, el dióxido de carbono y el vapor de agua

gas natural combustible fósil en estado gaseoso que se quema para generar energía

generador aparato que convierte la energía del movimiento en energía eléctrica

generar hacer o producir

hígado órgano que descompone las grasas y ayuda con la digestión

horizontal paralelo a la superficie de la Tierra

ígnea tipo de roca que se forma a partir de la roca derretida, o magma

impacto un efecto o consecuencia

incendio forestal un incendio destructivo, sin control

interno algo que está en el interior de un organismo u objeto

interpretar descifrar el significado de algo

intestino delgado órgano donde se produce la mayor parte de la digestión

Intestino grueso órgano que absorbe el agua del alimento digerido y ayuda a eliminar los desechos

inundación exceso de agua que fluye sobre tierras que normalmente no están cubiertas de agua

leyenda explicación que indica qué significan los símbolos de un mapa

longitud de onda la distancia que hay entre puntos similares de una onda

longitudinal onda que se mueve en la misma dirección que las partículas por las que viaja

luz forma de energía que podemos ver

metamórfica tipo de roca que se forma cuando las partículas de otras rocas se combinan por efecto de una gran presión y una temperatura muy alta

muestra una pequeña pieza de material que se utiliza para observación

músculo órgano que se contrae y se relaja para mover los huesos

onda una perturbación que transporta energía y viaja siguiendo un patrón que se repite

onda esférica onda causada por una perturbación en un único punto y que se mueve en todas las direcciones

onda plana onda que se forma cuando la perturbación afecta una línea de materia

órgano parte del cuerpo que cumple funciones específicas

órgano sensorial órgano que reúne tipos específicos de información sobre el entorno de nuestro cuerpo

ovario estructura reproductiva femenina que produce óvulos y ayuda a la planta a reproducirse

Glosario

páncreas órgano que ajusta los niveles de azúcar del cuerpo

patrón algo que aparece o se repite de la misma forma una y otra vez

peligro riesgo relacionado con un suceso

periodo de una onda la cantidad de tiempo que necesita una onda para completar el movimiento hacia delante y hacia atrás entre dos puntos

petróleo combustible fósil líquido formado por la descomposición de plantas y animales antiguos que se quema para transferir energía

piel órgano que cubre y protege el cuerpo y los órganos internos

pila dispositivo que almacena energía química y puede convertir esa energía en energía eléctrica

pistilo parte de la flor que contiene las partes reproductivas femeninas de la planta y recibe el polen que transfiere el estambre

potencial posible

primario primero, original o más importante

pulmones órganos principales del sistema respiratorio encargados de tomar y liberar aire

radiación energía que viaja en forma de onda

rango todas las posibilidades entre dos puntos

rapidez distancia que recorre un objeto en una cantidad de tiempo determinada

rayo línea de energía que sigue avanzando en una dirección hasta que choca con un objeto

receptor parte de un aparato que convierte las ondas de radio en un mensaje comprensible

reflejar rebotar contra un objeto y moverse en una nueva dirección

refractar doblarse cuando se pasa a través de un objeto o se ingresa a un nuevo medio

resistencia dispositivo que controla el flujo de la electricidad

responder reaccionar

resultado desenlace o consecuencia de un evento

riñón órgano con forma de frijol que filtra los desechos de la sangre

rosa de los vientos símbolo de cuatro puntas que muestra cuáles son las direcciones norte, este, sur y oeste en un mapa

sedimentaria tipo de roca que se forma a partir de las partículas del entorno, como tierra, arena y fósiles, que se asientan y forman capas

señal mensaje

sépalo parte verde con forma de hoja que protege la flor cuando empieza a formarse, envolviéndola hasta que esté lista para florecer

sequía período prolongado de tiempo muy seco

símbolo imágenes pequeñas, letras, líneas o colores que aparecen en un mapa y que tienen un significado específico

simular copiar o representar algo para hacerlo más fácil de entender

sistema conjunto de partes que funcionan juntas como un todo para completar una tarea

sistema de órganos grupo de órganos que hacen un trabajo determinado en el cuerpo

sistema esquelético conjunto de huesos del cuerpo humano que interactúan para mover, proteger y darle forma al cuerpo

sistema excretor órganos que eliminan los desechos del cuerpo

sistema vascular conjunto de pequeños tubos que transportan o llevan materiales hacia arriba, hacia abajo y a lo largo de la planta

sonido energía que se puede escuchar

superposición cuando dos ondas o más que atraviesan un medio se encuentran y suman sus amplitudes mientras avanzan

tejido grupo de células del mismo tipo que comparten una función

terremoto movimiento que libera presión sobre la corteza de la Tierra y hace que la corteza tiemble

transferir pasar de un objeto a otro

transformar convertir un tipo de energía en otro

transmisor parte de un dispositivo que envía señales de radio

transversal onda que se mueve de manera perpendicular a la dirección de las partículas por las que viaja

tsunami ola gigantesca provocada por un terremoto que puede hacer mucho daño cuando llega a tierra

turbina aparato que contiene una rueda con cuchillas que giran por la presión del agua en movimiento, el vapor o el aire

uranio elemento inestable que se utiliza como fuente de energía

valle punto inferior de una onda transversal

vejiga órgano que almacena orina hasta que es expulsada del cuerpo

volcán grieta en la corteza de la Tierra que permite que los materiales muy calientes que están bajo la corteza lleguen a la superficie

Índice

*Los números de página de tablas, gráficas, mapas e imágenes están en *itálicas*.

Índice

Índice

Índice

Índice

M

Índice

Índice

T

Índice

Reconocimientos

Ilustraciones

Aaron Ashley Illustration; Peter Bull Art Studio; Sara Lynn Cramb/Astound US; Dan Crisp/The Bright Agency; Patrick Gnan/IllustrationOnline.com; Stuart Holmes/Illustration Inc.; Mapping Specialists, Ltd.; Bojan Orešković; Pronk Media Inc.; Rob Schuster; Geoffrey P. Smith; Jim Steck/Steck Figures; Symmetry Creative Productions; Sam Valentino/Bumblecat Design & Illustration, LLC; Ralph Voltz/IllustrationOnline.com

Fotografías

Photo locators denoted as follows: Top (T), Center (C), Bottom (B), Left (L), Right (R) , Background (Bkgd)

Portada: Scanrail/iStock/Getty Images;
Contraportada: Marinello/DigitalVision Vectors/Getty Images;;

Páginas preliminares

iv: Clari Massimiliano/Shutterstock; vi: Hongqi Zhang/Alamy Stock Photo; vii: Michaeljung/Fotolia; viii: StockLite/Shutterstock; ix: Isuaneye/Fotolia; x: Szefei/123RF; xi: Matthew Ennis/Shutterstock; xii: Racorn/Shutterstock; xiii: Medioimages/Photodisc/Getty Images; xiv B: Lakov Kalinin/Fotolia; xiv TR: Barry Tuck/Shutterstock; xv B: Pearson Education; xv T: Pearson Education

Tema 1

000: ImageBROKER/Alamy Stock Photo; 002: Hongqi Zhang/Alamy Stock Photo; 005 C: Adil Yusifov/Fotolia; 005 R: Adil Yusifov/Fotolia; 006: Dpa picture alliance/Alamy Stock Photo; 008 BR: Hongqi Zhang/Alamy Stock Photo; 008 T: Ryhor Bruyeu/Alamy Stock Photo; 009: Africa Studio/Fotolia; 012: Sergey Nivens/Alamy Stock Photo; 013 BL: Matúš Lošonský/Alamy Stock Photo; 013 BR: irishphoto.com/Alamy Stock Photo; 013 CR: IStockphoto_RAW/Getty Images; 013 TL: Hongqi Zhang/Alamy Stock Photo; 014 BL: Andrew Twort/Alamy Stock Photo; 014 CL: Krasyuk/Fotolia; 014 CR: Photolife2016/Fotolia; 016 BL: JulieRob/Getty Images; 016 BR: Margoe Edwards/Shutterstock; 020 BR: Hongqi Zhang/Alamy Stock Photo; 020 TL: Andresr/Shutterstock; 021: ErickN/Shutterstock; 022: Hongqi Zhang/Alamy Stock Photo; 024: Joseph Giacomin/Science Source; 029: Zastolskiy Victor/Shutterstock; 030 BR: Hongqi Zhang/Alamy Stock Photo; 030 CL: JGade/Shutterstock; 030 T: Janecat/Shutterstock; 032: Hongqi Zhang/Alamy Stock Photo; 033: Blend Images/Alamy Stock Photo; 034: 3drenderings/Shutterstock; 035: Hchjjl/Shutterstock; 036 C: 5/Shutterstock; 036 CL: Einar Muoni/Shutterstock; 037 BC: Hongqi Zhang/Alamy Stock Photo; 037 R: Maksimka37/Fotolia; 039: Marius Graf/Alamy Stock Photo; 040: Hongqi Zhang/Alamy Stock Photo; 041: Robert Crum/Shutterstock; 042 Bkgrd: JTB MEDIA CREATION, Inc./Alamy Stock Photo; 042 TR: Hongqi Zhang/Alamy Stock Photo; 043 B: Mark Scheuern/Alamy Stock Photo; 043 TR: Monty Rakusen/Getty Images; 046: Tetra Images/Alamy Stock Photo

Tema 2

050: Cultura Creative (RF)/Alamy Stock Photo; 052: Michaeljung/Fotolia; 054: Hchjjl/Shutterstock; 055: David Brimm/Shutterstock; 056: Idealink Photography/Alamy Stock Photo; 057: Lineartestpilot/Shutterstock; 058: Shutterlk/Shutterstock; 059: Africa Studio/Fotolia; 062 CL: Scanrail/Fotolia; 062 CR: Michaeljung/Fotolia; 063: Michaeljung/Fotolia; 064 BL: Eric Isselee/Shutterstock; 064 BR: TomasSereda/Getty Images; 065: DesignPie.cc/Shutterstock; 066: Kustov/Shutterstock; 067 Bkgrd: Huyangshu/Shutterstock; 067 TC: Michaeljung/Fotolia; 070: Unlisted Images, Inc./Alamy Stock Photo; 071: blickwinkel/Alamy Stock Photo; 072: Michaeljung/Fotolia; 073 BL: msk.nina/Fotolia; 073 BR: Alexander Potapov/Fotolia; 074: Nd700/Fotolia; 075: 1973kla/Shutterstock; 078: Elbud/Shutterstock; 080: Michaeljung/Fotolia; 082 B: Maicasaa/Fotolia; 082 C: Scyther5/Shutterstock; 082 CR: Elbud/Shutterstock; 083: Tidarat Tiemjai/Shutterstock; 084: Vaclav Volrab/Shutterstock; 086: Martin33/Shutterstock; 087 BC: Michaeljung/Fotolia; 087 CR: Gudellaphoto/Fotolia; 090: Tigergallery/Shutterstock; 091 Bkgrd: buranasak wongsiriphakdee/Shutterstock; 091 TL: Michaeljung/Fotolia; 092 Bkgrd: Chukov/Shutterstock; 092 CR: Michaeljung/Fotolia; 093 B: Jens Brüggemann/123RF; 093 TR: Kadmy/Fotolia

Tema 3

100: PsyComa/Shutterstock; 102: StockLite/Shutterstock; 105 CR: Bedecs_HU/Shutterstock; 105 R: Scanrail1/Shutterstock; 106: Trubavin/Shutterstock; 108: StockLite/Shutterstock; 112: Dudarev Mikhail/Shutterstock; 113 B: Natalia_Maroz/Shutterstock; 113 TL: StockLite/Shutterstock; 114 BL: cristi180884/Shutterstock; 114 BR: Alsu/Shutterstock; 114 C: Pyty/Shutterstock; 115: EW CHEE GUAN/Shutterstock; 116: Aubord Dulac/Shutterstock; 118 BR: StockLite/Shutterstock; 118 T: Inked Pixels/Shutterstock; 119 B: Dave and Les Jacobs/Getty Images; 119 CR: AMCImages/Getty Images; 123 BR: Tan Wei Ming/Shutterstock; 123 CR: Photo Melon/Shutterstock; 123 TC: StockLite/Shutterstock; 124: Tsuneo/123RF; 125: GIPhotostock/Science Source; 126 B: Matthias Kulka/Radius Images/Getty Images; 126 CR: StockLite/Shutterstock; 130: Tiffany Bjellmus/EyeEm/Getty Images; 131: Itsmejust/Shutterstock; 132 BR: Coprid/Shutterstock; 132 TR: StockLite/Shutterstock; 134: World History Archive/Alamy Stock Photo; 136 BL: Kathathep/Shutterstock; 136 CL: Itsmejust/Shutterstock; 138: StockLite/Shutterstock; 139: Studiovin/Shutterstock; 140 TL: StockLite/Shutterstock; 140 TR: Universal Images Group North America LLC/Alamy Stock Photo; 141 BR: Baipooh/Shutterstock; 141 TR: Vladimir Nenezic/Shutterstock; 142 Bkgrd: BESTBACKGROUNDS/Shutterstock; 142 TCR: StockLite/Shutterstock; 143 B: Pressmaster/Shutterstock; 143 TR: Andrey_Popov/Shutterstock; 146: Tewan Banditrukkanka/Shutterstock

Tema 4

150: Michael Dorrington/Shutterstock; 152: Isuaneye/Fotolia; 155 Bkgrd: Bruce Roberts/Science Source; 155 CR: Bruce Roberts/Science Source; 156: Dudarev Mikhail/Shutterstock; 157: Hchjjl/Shutterstock; 158: Isuaneye/Fotolia; 160: Iryna Bezianova/Shutterstock; 163: Isuaneye/Fotolia; 164: Bjul/Shutterstock; 165 CR: Padma Sanjaya/Shutterstock; 165 TR: Jon Manjeot/Shutterstock; 166: Brisbane/Shutterstock; 168: 123rf.com; 169: Isuaneye/Fotolia; 173 B: stocker1970/Shutterstock; 173 TL: Isuaneye/Fotolia; 174: Poravute Siriphiroon/123RF; 175: LHF Graphics/Shutterstock; 176 BC: Sonsam/Shutterstock; 176 BL: Vvoe/Shutterstock; 176 BR: Vvoe/Fotolia; 176 CL: Sumikophoto/Shutterstock; 176 TCL: Siim Sepp/Shutterstock; 176 TL: George Burba/123RF; 177 BC: Isuaneye/Fotolia; 177 Bkgrd: Niti_Photo/Shutterstock; 177 CR: Sakdinon kadchiangsaen/123RF; 180 BL: Mark A. Schneider/

Science Source; 180 BR: Albert Russ/Shutterstock; 180 CL: Stefan Malloch/Shutterstock; 182 C: PurpleImages/Getty Images; 182 CL: Nikolay Se/Shutterstock; 182 CR: stocker1970/Shutterstock; 182 TC: Isuaneye/Fotolia; 184: Sherry V Smith/Shutterstock; 186: Photo Passion/Fotolia; 187 B: NNerto/Fotolia; 187 C: Isuaneye/Fotolia; 188: pisaphotography/Shutterstock; 189 BR: blickwinkel/Alamy Stock Photo; 189 T: Patrick Rambaldo/Shutterstock; 190: Josef Hanus/Shutterstock; 191: Atm2003/Shutterstock; 192: Isuaneye/Fotolia; 193 CR: Aleksej Orel/123RF; 193 TR: Gorov/Fotolia; 194 Bkgrd: Alexander Demyanenko/Fotolia; 194 CR: Isuaneye/Fotolia; 195 Bkgrd: Jeremy Bishop/Science Source; 195 TR: William J. Wysession/Courtesy of Michael Wysession; 197: Bildagentur Zoonar GmbH/Shutterstock; 201: Doodleboards/Shutterstock

Tema 5

202: Henri Leduc/Getty Images; 204: Szefei/123RF; 207: Tribune Content Agency LLC/Alamy Stock Photo; 208: Science History Images/Alamy Stock Photo; 209: Christos Georghiou/Shutterstock; 210: Aurora Photos/Alamy Stock Photo; 211 BC: Szefei/123RF; 211 T: Naypong/Shutterstock; 214: Dpa picture alliance/Alamy Stock Photo; 215 Bkgrd: Larigan Patricia Hamilton/Moment/Getty Images; 215 TL: Szefei/123RF; 216 BC: Lloyd Cluff/Corbis/Getty Images; 216 C: Chase Smith/Corbis/Getty Images; 218: StockShot/Alamy Stock Photo; 222 B: Robert Timoney/Alamy Stock Photo; 222 BR: Szefei/123RF; 222 CL: Willoughby Owen/Moment/Getty Images; 222 TL: Michael Doolittle/Alamy Stock Photo; 224 B: BanksPhotos/E+/Getty Images; 224 TL: Szefei/123RF; 225: Raphotos/E+/Getty Images; 226: W K Fletcher/Getty Images; 227: Kulyk/123RF; 228: DaveArnoldPhoto.com/Moment Open/Getty Images; 229 C: Kum Son Leem/EyeEm/Getty Images; 229 T: Science History Images/Alamy Stock Photo; 230: Szefei/123RF; 231: Fstop123/E+/Getty Images; 232 BR: Roman Bykyhalov/123RF; 232 T: Szefei/123RF; 234 Bkgrd: Siim Sepp/123RF; 234 TR: Szefei/123RF; 235 Bkgrd: RGB Ventures/SuperStock/Alamy Stock Photo; 235 TR: Tanguy de Saint Cyr/Alamy Stock Photo; 241: Wang Wen Chia/123RF

Tema 6

242: Sumikophoto/Shutterstock; 244: Matthew Ennis/Shutterstock; 247 C: Vvoennyy/123RF; 247 R: LiuSol/Shutterstock; 248: Reuters/Alamy Stock Photo; 249: LemonadePixel/Shutterstock; 250 BR: Matthew Ennis/Shutterstock; 250 L: Blickwinkel/Alamy Stock Photo; 251: Antonio Ribeiro/rf123.com; 252 CL: Adam Platt/Alamy Stock Photo; 252 CR: Ste Lane/Shutterstock; 253: 123RF; 254: Matthew Ennis/Shutterstock; 256 BR: MarcelClemens/Shutterstock; 256 C: Rene Martin/Shutterstock; 256 CL: APaterson/Shutterstock; 257: Jiri Vaclavek/Shutterstock; 258: Rafael BenAri/Alamy Stock Photo; 259: ArtAllAnd/Shutterstock; 260: Tom Grundy/Shutterstock; 261 CL: Scigelova/Shutterstock; 261 CR: 3drenderings/Shutterstock; 264 B: Sumikophoto/Shutterstock; 264 CR: Matthew Ennis/Shutterstock; 265 C: Lefteris Papaulakis/Shutterstock; 265 TR: Francois Gohier/Science Source; 266 BC: Tonobalaguer/123RF; 266 BR: Alicephoto/Shutterstock; 266 CR: Shi Yali/Shutterstock; 266 TR: Matthew Ennis/Shutterstock; 268 Bkgrd: Henry Georgi/All Canada Photos/Getty Images; 268 TR: Matthew Ennis/Shutterstock; 269 B: Monkey Busin

Tema 7

276: Scotty/Fotolia; 278: Racorn/Shutterstock; 281 CR: JG Photography/Alamy Stock Photo; 281 R: Alvis Upitis/Photographer's Choice RF/Getty Images; 281 TR: Chris Baynham/Alamy Stock Photo; 282 BL: RuslanHoroshko/iStock/Getty Images Plus/Getty Images; 282 BR: Adriana Marteva/EyeEm/Getty Images; 284 B : Lubilub/E+/Getty Images; 284 CL: Sabine Scheckel/Photodisc/Getty Images; 285: Patrick Walchshofer/EyeEm/Getty Images; 288: Racorn/Shutterstock; 289: Jerry Horbert/Shutterstock; 290 BR: Elina Li/Shutterstock; 290 TC: Racorn/Shutterstock; 291: Syaber/iStock/Getty Images Plus/Getty Images; 292 B: Westend61/Getty Images; 292 BL: David Palos/EyeEm/Getty Images; 293: Elina Li/Shutterstock; 294 BL: Akshit Ughade/EyeEm/Getty Images; 294 CL: Chris Hiscoke/Alamy Stock Photo; 295 BC: Racorn/Shutterstock; 295 R: Judith320/iStock/Getty Images Plus/Getty Images; 298 Bkgrd: Jasmina81/iStock/Getty Images Plus/Getty Images; 298 TL: Jgareri/iStock/Getty Images Plus/Getty Images; 299 BL: Brian A Jackson/Shutterstock; 299 BR: 123RF; 299 CL: Mike Truchon/Alamy Stock Photo; 299 CR: Thomas & Pat Leeson/Science Source; 299 TL: Racorn/Shutterstock; 300 BL : Mihail Syarov/Hemera/Getty Images; 300 BR: Hemera Technologies/PhotoObjects/Getty Images; 301: Bukhavets Mikhail/Shutterstock; 302 BR: Racorn/Shutterstock; 302 L: Potapov Alexander/Shutterstock; 307 B: 123RF; 307 TL: Racorn/Shutterstock; 308 B: Karen Patterson/Alamy Stock Photo; 308 BR: Phekthong Lee/Hemera/Getty Images; 312 bear: Sergey Uryadnikov/Shutterstock; 312 bird: Boonchuay Promjim/Shutterstock; 312 BR: Racorn/Shutterstock; 312 iguana: Stayer/Shutterstock; 312 mole: Dorling Kindersley ltd/Alamy Stock Photo; 312 paw: Pongsathon; 312 rhino: Eric Nathan Alamy Stock Photo; 312 talons: Studybos/Fotolia; 313 C: Gary Retherford/Science Source; 313 TR: Millard H. Sharp/Science Source; 314 TL: Racorn/Shutterstock; 314 TR: Andrew J. Martinez/Science Source; 315: Scott Camazine/Science Source; 316: Ttempus fugit1980/Fotolia; 320 Bkgrd: VisionDive/Shutterstock; 320 BR: Racorn/Shutterstock; 320 CR: Gnagel/Fotolia; 321: Johner Images/Alamy Stock Photo; 322 Bkgrd : Malcolm Schuyl/ lamy Stock Photo; 322 TL: 123RF; 323: Racorn/Shutterstock; 324 BL: Preobrajenskiy/Shutterstock; 324 BR: DC Studio/Fotolia; 324 C : Mgkuijpers/Fotolia; 324 CL: Piotr Krzeslak/Shutterstock; 326 Bkgrd: Dariush M./Shutterstock; 326 TR: Racorn/Shutterstock; 327 Bkgrd: Ueuaphoto/Shutterstock; 327 TR: Rafael BenAri/Alamy Stock Photo; 328: Sabena Jane Blackbird/Alamy Stock Photo; 332: Mhatzapa/Shutterstock

Tema 8

334: Sportpoint/Shutterstock; 336: Medioimages/Photodisc/Getty Images; 339 C: Penny Tweedie/Alamy Stock Photo; 339 R: Praweena style/Shutterstock; 340: Highwaystarz/Fotolia; 344: Medioimages/Photodisc/Getty Images; 347: Medioimages/Photodisc/Getty Images; 348 BL: Medical_IllustrationCorner/Alamy Stock Photo; 348 BR: Lady_in_red13/Shutterstock; 348 CL: Komsan Loonprom/Shutterstock; 350: Angela Hampton Picture Library/Alamy Stock Photo; 352: Medioimages/Photodisc/Getty Images;

357: Medioimages/Photodisc/Getty Images; 358: Erik Tham/Alamy Stock Photo; 362: Medioimages/Photodisc/Getty Images; 364:

Créditos

Medioimages/Photodisc/Getty Images; 366: Jezperklauzen/iStock/Getty Images; 369: Steve Gschmeissner/Science Source; 370: Medioimages/Photodisc/Getty Images; 371: Roddy Paine/Pearson Education Ltd; 372 BL: Callista Images/Cultura/Getty Images; 372 CL: Eye of Science/Science Source; 373: Biophoto Associates/Science Source; 374: Medioimages/Photodisc/Getty Images; 376 Bkgrd: Science Photo Library/Brand X Pictures/Getty Images; 376 CR: Medioimages/Photodisc/Getty Images; 377 Bkgrd: Tyler Olson/Shutterstock; 377 TR: Echo/Cultura/Getty Images

Páginas finales

PF0: Aleksey Stemmer/Shutterstock; PF1: SergeUWPhoto/Shutterstock; PF2 Bkgrd: Don Paulson/Purestock/Alamy Stock Photo; PF2 BR: Rattiya Thongdumhyu/Shutterstock; PF3: Suzanne Long/Alamy Stock Photo; PF5: National Oceanic and Atmospheric Administration (NOAA), U.S. Department of Commerce.; PF6: Fotosearch/Getty Images; PF7: M. Timothy O'Keefe/Alamy Stock Photo; PF9: Hero Images Inc./Alamy Stock Photo; PF11: CANARAN/Shutterstock; PF12: Vandrage Artist/Shutterstock; PF 13: Stephen Barnes/Alamy Stock Photo

Mis notas y diseños

Dibuja, escribe, crea

Mis notas y diseños

Dibuja, escribe, crea

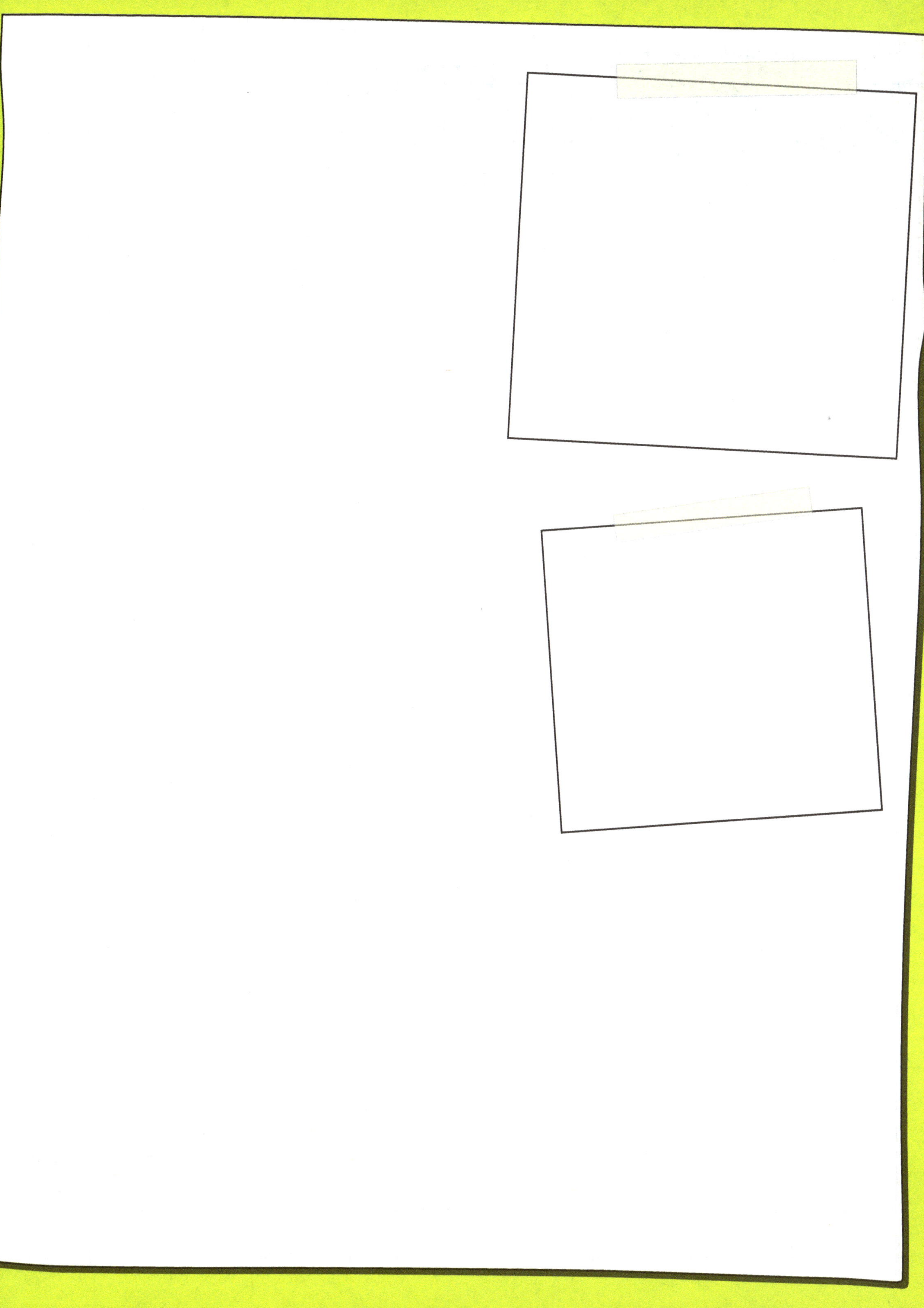

Mis notas y diseños

Dibuja, escribe, crea

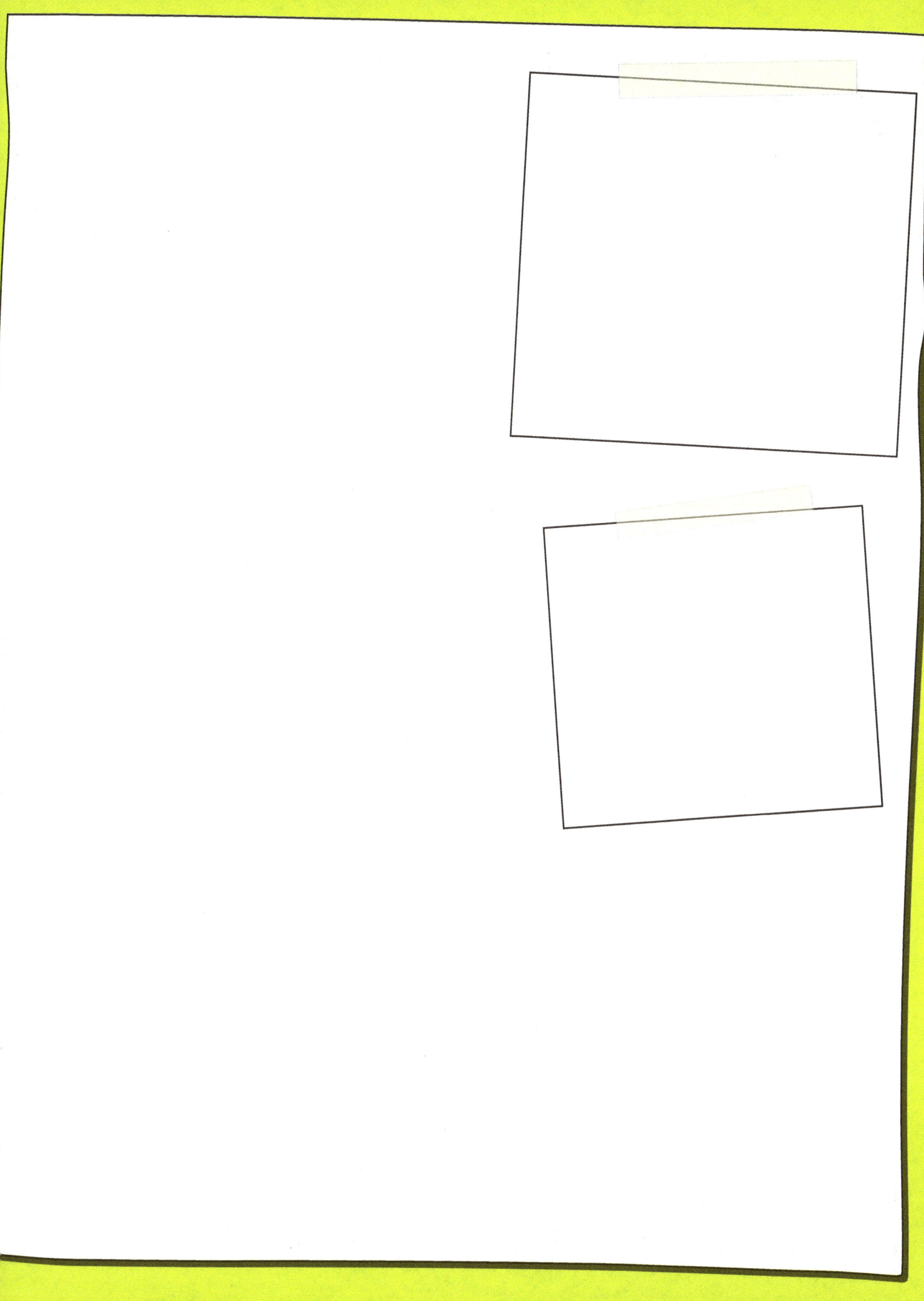

Mis notas y diseños

Dibuja, escribe, crea

Mis notas y diseños

Dibuja, escribe, crea

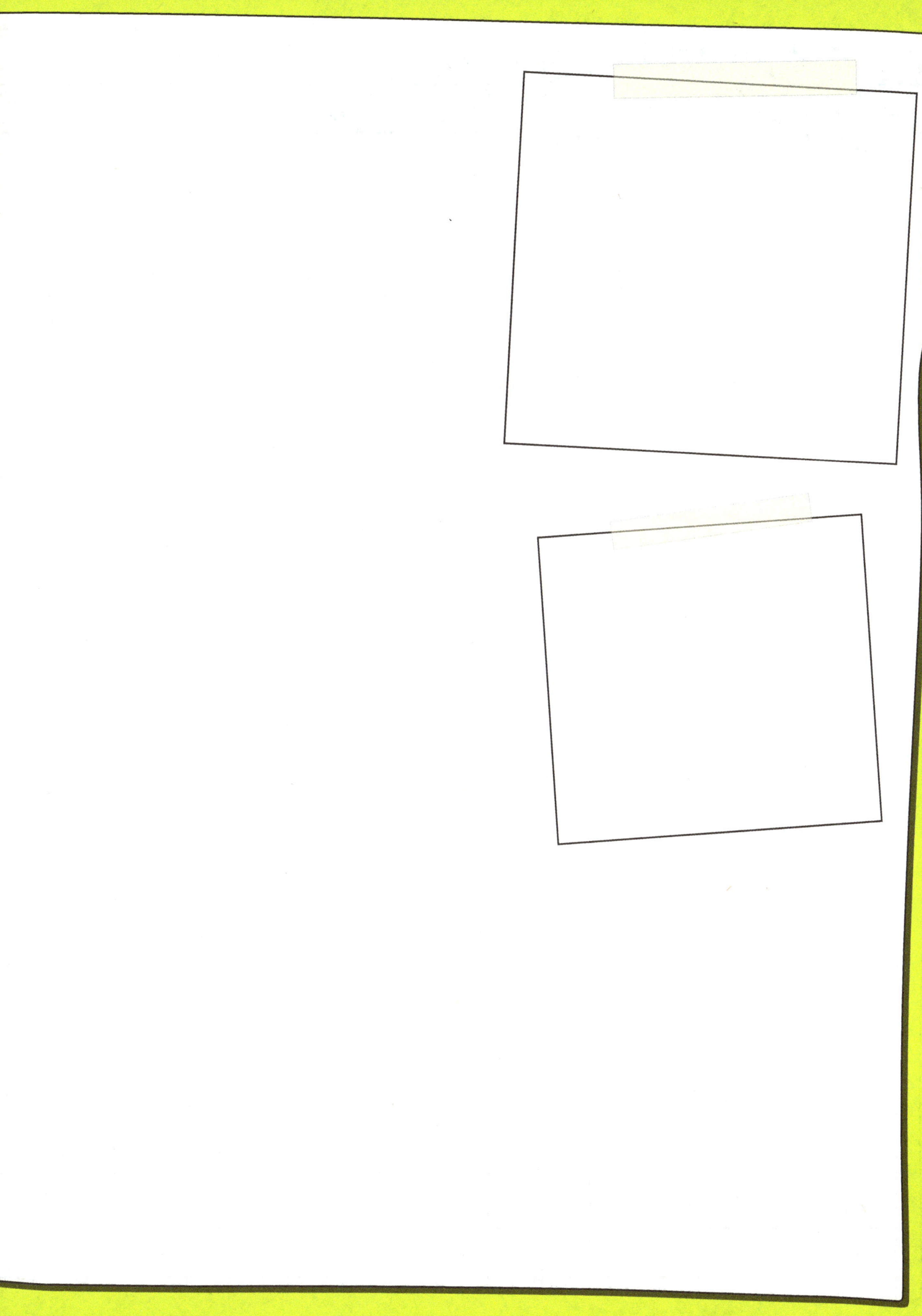

Mis notas y diseños

Dibuja, escribe, crea